아이스퀼로스 비극 전집

아이스퀼로스 비극 전집
-
제1판 1쇄 2008년 10월 10일
제1판 8쇄 2022년 2월 25일
제2판 1쇄 2024년 4월 15일
제2판 2쇄 2025년 8월 25일
-
지은이 아이스퀼로스
옮긴이 천병희
펴낸이 강규순
-
펴낸곳 (주) 숲코퍼레이션
등록 2004년 3월 4일 제2014-000045호
주소 경기도 파주시 돌곶이길 108-14
전화 (031) 944-3139 팩스 (031) 944-3039
E-mail book_soop@naver.com
-
ⓒ 천병희, 2008. Printed in Seoul, Korea
ISBN 978-89-91290-20-4 93890
-
디자인 씨디자인
-
잘못 만들어진 책은 구입하신 서점에서 바꿔드립니다.

디오뉘소스, 일명 박코스(미켈란젤로 작)
그리스 비극은 포도 재배와 포도주의 신
디오뉘소스를 기리는 축제
대 디오뉘소스 제(祭)의 하이라이트로,
아테나이에서 공연되었다.

이피게네이아의 희생
(위쪽은 티에폴로 작,
아래는 기원전 5세기경의 도자기)

트로이아전쟁에 출전하려는
그리스군 함대를 아르테미스가
역풍을 보내 아울리스항에
묶어버리자 아가멤논은 여신의
노여움을 풀기 위하여
딸 이피게네이아를 제물로 바친다.
이 때문에 클뤼타이메스트라는
남편에게 원한을 품게 되어
결국 그를 죽인다.

아가멤논을 살해하기 직전의 클뤼타이메스트라 (피에르 나르시스 게랭 작)
10년 만에 트로이아를 함락하고 귀향하는 날 아가멤논은
아내 클뤼타이메스트라와 그녀의 정부(情夫) 아이기스토스에게 무참하게 살해된다.

**제주를 바치러 아가멤논의 무덤에 간 엘렉트라가
오레스테스와 퓔라데스를 만나다**
(기원전 4세기, 도자기)
아가멤논이 살해될 때 구사일생으로 도망친
어린 오레스테스가 청년이 되어 다시 돌아온다.

델포이의 아폴론 신탁소
오레스테스는 어머니를 죽이고 나서
델포이의 아폴론 신탁소를 찾아가 도움을 청하는데,
아폴론은 오레스테스에게
아테나이로 가서 재판을 받도록 지시한다.

오레스테스와 엘렉트라(기원전 1세기 말)

살라미스 해전(빌헬름 폰 카울바흐 작)
『페르시아인들』은 패배자의 시각으로 본 기원전 480년의 살라미스 해전에 관한 이야기다.
현재 남아 있는 33편의 그리스 비극 중에서 신화가 아닌
역사를 소재로 한 작품은 이 비극이 유일하다.

페리클레스의 흉상
(기원전 425년경 만들어진 원작의 모각품)
당시『페르시아인들』의 코로스의 의상과
훈련 비용을 대주었던 후원자 페리클레스.

프로메테우스
(왼쪽은 얀 코시에르스 작, 위쪽은 루카 조르다노 작)
프로메테우스는 제우스를 도와 티탄 신족을 이기고
올림포스 신족의 시대를 열게 했지만,
불을 주고 기술을 가르쳐주는 등 인간들을 편들다가
제우스의 미움을 사 헤파이스토스 등에 의해
카우카소스산의 높은 암벽에 사슬로 결박당한다.

제우스 상
아이스퀼로스에게 제우스는 신들과 인간들의 아버지라는 차원을 넘어서
정의의 수호자로, 나아가 세계의 궁극적인 의미로까지 승화된 신이다.

하데스의 집
'지하의 제우스'라고도 불리는 하데스는 아내 페르세포네와 함께
사자(死者)들의 세계를 지배하는 저승의 신이다.

아테나 상(왼쪽)과 아르테미스 상
사냥 솜씨를 뽐내는 아가멤논에게 노한
사냥의 신 아르테미스는
그리스군 함대를 아울리스항에 묶어둔다.
아레이오스 파고스 법정에서 열린 재판에서
어머니 없이 제우스의 머리에서 태어난 아테나는
어머니를 죽인 오레스테스를 위하여
캐스팅보트를 던진다.

전쟁의 신 아레스의 흉상
비극에서 아레스는 맹목적인 불화와
살육과 파괴의 동의어로 쓰인다.

뤼라를 연주하는 아폴론(기원전 480년경, 도자기)
뤼라는 하프와는 달리 현의 길이가 모두 같은 고대 그리스의 발현악기로,
기원전 7세기경에 일곱 현으로 확정되었다. 서정시의 반주에 가장 널리 사용되었다.

아이스퀼로스 비극 전집

아이스퀼로스 비극 전집 __ 차례

일러두기 — 20

옮긴이 서문 __ 그리스 비극, 그리스 정신의 가장 위대한 구현 — 21

그리스 비극의 구성 — 23

『아가멤논』 *Agamemnon* — 25

『제주를 바치는 여인들』 *Choephoroi* — 97

『자비로운 여신들』 *Eumenides* — 147

『페르시아인들』 *Persai* — 195

『테바이를 공격한 일곱 장수』 *Hepta epi Thebas* — 243

『탄원하는 여인들』 *Hiketides* — 293

『결박된 프로메테우스』 *Prometheus desmotes* — 343

주석 — 395

옮긴이 해설 __ 아이스퀼로스 비극의 세계 — 429

참고문헌 — 468

주요 이름 — 470

일러두기

1. 고유명사 표기는 앗티케 방언을 따랐다. 현존하는 고대 그리스의 주요 고전들이 아테나이에서 사용하던 앗티케 방언으로 쓰여 있어 그렇게 하는 것이 더 편리할 것이라고 생각했기 때문이다.
2. 대조하거나 참고하기 편리하도록 5행마다 행수를 표시해두었다. 코로스의 노래에서는 행수가 정확히 5행으로 나눠지지 않는 경우가 종종 있는데, 이 역시 텍스트를 일부 누락한 것이 아니라 텍스트에 따른 것이다.
3. 대사 가운데 한 행(行)을 두 명 이상의 배우가 나눠 말하는 경우(antilabe), 번역에서는 배우의 수에 맞춰 독립된 행으로 처리했다.
4. 코로스의 노래 중 편의상 스트로페(strophe)는 '좌'로, 안티스트로페(Antistrophe)는 '우'로, 에포도스(epoidos)는 '종가'로 줄였다.
5. 본문 중 설명이 필요하다고 생각되는 부분에는 주를 달았다.
6. [ ]은 훗날 가필된 것으로 추정되는 부분이다.

옮긴이 서문__그리스 비극, 그리스 정신의 가장 위대한 구현

문예 창작 전반의 원리를 다룬 아리스토텔레스의 『시학』 마지막 장에서 저자는 시적 효과 면에서 비극이 서사시보다 더 우수한 예술형식이라고 주장한 바 있다(제26장). 그 이유로 비극은 조사(措辭), 성격, 사상, 플롯 등 서사시가 가진 모든 것을 가질 뿐더러 음악과 볼거리까지 가지는데 이 중 음악은 드라마의 즐거움을 생생하게 산출하고, 비극적 모방은 서사시에 비해 짧은 시간에 시적 효과를 산출하는데 압축된 것이 분산된 것보다 큰 즐거움을 주며, 한 편의 서사시에서 여러 편의 비극이 만들어진 것으로 미루어 비극이 서사시보다 통일성이 더 강하다는 점을 내세우고 있다.

호메로스의 서사시 『일리아스』와 『오뒷세이아』가 고대 그리스의 언어, 문학, 조형미술과 고대 그리스인의 자의식이 형성되는 데 지대한 영향을 주었다는 점에서 그리스 문학, 나아가 서양문학의 원천이라는 것은 누구나 수긍하는 엄연한 사실이다. 여기서 한 걸음 나아간 그리스 비극은 우주와 자연보다는 인간 자신을 탐구 대상으로 삼던 시대정신에 따라 호메로스의 서사시를 끊임없이 재해석하려던 진지하고도 치열한 시도였다. 또한 2500년이 지난 오늘날에도 우리에게 여전히 절박하게 문제를 제기하며 다가온다는 점에서 인간 정신이 쌓은 위대한 업적이라 할 만하다. 그리스 비극은 인간에 대한 깊은 성찰과 지칠 줄 모르는 탐구정신에 힘입어 그리스 정신을 가장 위대하게 구현했다.

고대 그리스에서는 시와 노래, 춤과 웅변술, 그리고 고급 예술과 대중 예술을 한데 묶은 종합예술로서 비극이 시민들의 사랑을 받았으며, 오늘날에

도 그리스 비극은 여전히 세계 각국 무대에 올려지고, 읽히고, 수많은 예술 작품에 소재와 주제를 제공하는 살아 있는 이슈이다.

그리스 3대 비극작가이며 비극의 창조자라 알려진 아이스퀼로스의 현존하는 비극 7편을 국내에서는 처음으로 모두 원전에서 번역하여 한 권으로 내놓는다. 그중 『페르시아인들』, 『테바이를 공격한 일곱 장수』, 『탄원하는 여인들』은 이번에 처음 번역한 것이다. 그리고 『아가멤논』, 『제주를 바치는 여인들』, 『자비로운 여신들』과 『결박된 프로메테우스』는 1980년대에 번역한 것을 새롭게 번역했다. 언어란 끊임없이 바뀌기도 하거니와 예전 작업의 오류들도 바로잡을 때가 되었기 때문이다. 직역으로 인한 어색하고 애매모호한 표현들을 줄이는 등 우리 시대 언어감각을 고려해 가독성을 높이는 데 주안점을 두었고 최근에 나온 주석들과 번역들을 참고했다.

작품의 순서는 최초 공연 연대를 따르되, 대표작이라 할 수 있는 『아가멤논』, 『제주를 바치는 여인들』, 『자비로운 여신들』로 이루어진 이른바 『오레스테이아』 3부작을 맨 앞에 내놓았다. 부록의 「아이스퀼로스 비극의 세계」는 졸저 『그리스 비극의 이해』 가운데 아이스퀼로스 부분을 손질한 것임을 밝힌다.

2008년 9월
옮긴이 천병희

그리스 비극의 구성

그리스 비극은 프롤로고스(prologos), 등장가(登場歌 parodos), 에피소드(epeisodion), 정립가(停立歌 stasimon), 엑소도스(exodos)로 구성된다.

프롤로고스는 코로스가 오르케스트라(orchestra)에 등장하기 이전 부분으로, 드라마의 주제와 상황을 제시한다. 아이스퀼로스의 『탄원하는 여인들』이나 에우리피데스 작으로 알려진 『레소스』처럼 프롤로고스가 없는 특이한 경우 말고는, 프롤로고스는 한 장면 또는 여러 장면을 포함할 수도 있고, 신 또는 인간에 의해 말해질 수도 있고, 관객을 향한 독백 또는 대화로 시작될 수도 있다.

등장가는 코로스가 그들의 위치인 오르케스트라에 등장하며 부르는 노래이다. 그 안에는 극의 주제, 주인공의 성격, 이야기의 배경 등에 대한 힌트가 담겨 있다.

에피소드는 코로스의 노래와 노래 사이에 삽입된 대화 장면으로 현존하는 비극 작품에는 대개 3~6개의 에피소드가 있는데, 이것이 훗날 로마의 세네카(Seneca)를 거쳐 근대극(近代劇)의 막(幕)으로 발전한다.

정립가는 코로스가 한곳에, 즉 오르케스트라에 자리잡고 서서 또는 그 좌우로 움직이며 부르는 노래이다. 대개 선행 에피소드에 대한 성찰이나 감정을 표현하지만 나중에는 차츰 선행 에피소드와 무관한 막간가(幕間歌)로 변질된다.

엑소도스는 코로스가 오르케스트라를 떠나며 부르는 노래이다. 초기 비극은 으레 코로스의 노래로 끝났다고 한다. 하지만 후기 비극은 노래 대신 배우와 코로스 사이의 대화로 끝나기 때문에, 엑소도스란 마지막 정립가 다음의 대화와 동작을 의미하게 되었다.

그 밖에 많은 비극에서 볼 수 있는 **애탄가**(哀歎歌 kommos)는 코로스와 대개 한 명 때로는 두 명의 배우 사이의 서정적 대화로서 모든 비극에 공통된 것은 아니며, 대개 고인(故人)을 애도하는 성격을 띠고 있다.

아가멤논
Agamemnon

작품 소개

현존하는 유일한 비극 3부작인 이른바『오레스테이아』(*Oresteia* '오레스테스 이야기'라는 뜻)로 아이스퀼로스는 기원전 458년 비극경연대회에서 13번째이자 마지막으로 우승을 차지한다.

3부작의 첫 번째 작품이었던『아가멤논』에서는 트로이아전쟁에서 승리한 그리스군 총사령관 아가멤논이 트로이아에서 10년 만에 귀향하는 날 아내 클뤼타이메스트라와 그녀의 정부(情夫) 아이기스토스에 의해 욕조에서 무참하게 살해된다. 아가멤논은 왜 그런 고통과 불행을 겪어야 하는가. 이것이 아이스퀼로스가 이 작품에서 풀어내고 싶은 이야기다. 아내는 남편이 10년 전 일천 척의 그리스 함대를 이끌고 트로이아로 떠날 때 폭풍을 달래기 위해 둘 사이에서 태어난 딸 이피게네이아를 제물로 바친 것을 용서할 수 없었다고 주장하고, 그녀의 정부는 아가멤논의 아버지 아트레우스가 자기 아버지를 추방하고 형들을 살해한 데 대한 정당한 복수라고 주장한다. 그리스 신화 속 아트레우스 가문의 저주를 차용해 '인간은 고통을 통해 깨달음에 이른다'(pathei mathos)는 아이스퀼로스의 주요 주제가 잘 드러나는 작품이다.

등장인물

파수병

코로스 아르고스 시의 노인들로 구성된

클뤼타이메스트라 아가멤논의 아내

전령

아가멤논 아르고스의 왕, 아트레우스의 아들

캇산드라 프리아모스의 딸, 아가멤논의 포로

아이기스토스 튀에스테스의 아들, 클뤼타이메스트라의 정부

이 작품의 대본은 Aeschylus, *Agamemnon* edited with a Commentary by Eduard Fraenkel in 3vols. Oxford, 1950의 그리스어 텍스트다. 주석은 이 책에 있는 E. Fraenkel의 것과 J. D. Denniston/D. Page (Oxford 1957)의 것을 참고했다. 현대어 번역 중에서는 E. Fraenkel, R. Fagles (Penguin Books 1977), P. Vellacott (Penguin Books ²1959), C. Collard (Oxford 2002), R. Lattimore (University of Chicago Press 1942)의 영어 번역과 J. G. Droysen (Kröner 1939), O. Werner (Tusculum ³1980) E. Staiger (Philipp Reclam 2002)의 독일어 번역을 참고했다.

장소 아르고스에 있는 아트레우스의 아들들의 궁전[1] 앞.
중앙에 큰 문이 있고, 양 옆으로 작은 출입문이 나 있다.
중앙의 문 옆에는 아폴론의 석주상(石柱像)이 서 있다.
별이 총총한 밤. 궁전의 평지붕 위에 파수병이 누워 있다.

파수병 신들이시여, 제발 이 고역에서 벗어나게 해주소서!
긴긴 한 해 동안 나는 망을 본답시고 개처럼
여기 이 아트레우스의 아들들의 지붕 위에
팔베개를 하고 누워 밤하늘 별들의 집회와,
인간들에게 겨울과 여름을 가져다주는   5
창공에 빛나는 저 찬란한 왕자들[2]을 보아왔으며,
별들이 언제 뜨고 언제 지는지 알게 되었나이다.
지금 이 순간도 나는 횃불의 신호가, 트로이아의
함락을 알리는 찬란한 불빛이 오르기를 지켜보고
있나이다. 마음가짐이 사내대장부 같은 그 여인[3]이   10
기대감에 부풀어 이렇게 하도록 분부했기 때문이지요.
밤의 휴식을 모르는 이슬에 젖은 잠자리를,
꿈조차 찾아오지 않는 잠자리를 지키노라면
— 하긴 잠 대신 공포가 내 곁을 지키니
난들 어찌 눈 감고 잠을 잘 수 있겠어요 —   15
그래서 노래라는 약으로 잠을 쫓아버릴 양으로
노래를 부르거나 콧노래를 흥얼거릴라치면,
이전처럼 훌륭하게 다스려지지 않는 이 집안의 불행이
떠올라 노래는 어느새 눈물과 탄식으로 변해요.
제발 이젠 반가운 소식을 전하는 불빛이 어둠 속에   20

나타나 내 고역에 행운의 종말을 가져다주었으면!

(잠시 뒤 봉화가 보이자 파수병이 벌떡 일어선다)

오오, 반갑구나. 대낮같이 밤을 밝혀주는 불빛이여!
드디어 네가 나타났으니 이 행운에 감사하고자
아르고스에는 수많은 합창가무단이 조직되겠구나.
만세야! 만세! 25
아가멤논의 아내에게 이 사실을 소상히 알려야지.
그녀는 당장 잠자리에서 벌떡 일어나 온 집안이
다 듣도록 목청껏 이 횃불을 반기는 환성을 올리겠지.
일리온[4]의 도시가 함락되었음이 분명하니까.
어둠 속에서 빛나는 저 횃불이 그걸 말해주고 있잖아. 30
나부터 먼저 춤을 추어야지. 주인께서 던지신
행운의 주사위가 사실상 내 것이나 다름없을진대,
저 횃불은 나를 위해 세 번 거푸 여섯 점[5]을 던져주었으니까.
아아, 돌아오시는 주인님의 다정하신 손을
내 이 손으로 잡아볼 수 있다면 좋으련만! 35
하지만 다른 일들은 입다물어야겠지. 내 혀에는
커다란 자물쇠가 채워져 있으니까.[6] 이 집 자체가
말할 수 있다면 그간의 내막을 가장 분명히 말해주겠지만.
나야 그저 알아듣는 사람에게나 말하고,
알아듣지 못하는 이에게는 모른 체해야지.

(파수병은 궁전 안으로 퇴장하고, 코로스 등장)

코로스 프리아모스[7]의 강력한 소송 상대자, 40
메넬라오스 왕과 아가멤논,
두 개의 왕좌와 두 개의 왕홀(王笏)의 영광을

제우스 신에게서 함께 물려받은

아트레우스의 늠름한 두 아들,

전쟁을 돕고자 아르고스인들[8]의 45

일천 척의 함선을 이끌고

이 땅을 떠난 지도 어언 십 년.

성난 가슴에서 우렁차게

전쟁의 함성을 지르던 그 모습,

마치 독수리들이 애써 돌본 보람도 없이 50

어린 새끼들을 잃고

극도의 슬픔에 잠겨

날개로 하늘을 노 저으며

둥지 위를 높이 떠돌 때와도 같았네.

그러나 하늘에 계신 어떤 신께서, 55

아폴론 아니면 판[9] 또는 제우스께서

자기 영토의 거주자인 이 새들의 애처로운

비명을 듣고서 측은히 여겨 범법자에게

늦게라도 벌을 내리는 복수의 여신[10]을 보내시는도다.

꼭 그처럼 가정의 보호자[11]이신 통치자 제우스께서도 60

아트레우스의 아들들을 보내 알렉산드로스[12]를

치게 하셨으니, 여러 남편을 섬기는 한 여인[13]을

사이에 두고 혼례를 위한 첫 제물로서

다나오스 백성들[14]과 트로이아인들에게

다 같이 무릎을 먼지에 처박고 창 자루를 부러뜨리는 65

힘겨운 씨름을 쉴 새 없이 시키고자 함이네.

일은 지금 이렇게 되어가지만,

만사는 결국 정해진 대로 이루어지고 마는 법.

불에 구운 제물과 헌주(獻酒)로도,
눈물과 불기가 닿지 않은 제물로도,　　　　　　　　　70
죄지은 자는 신의 가혹한 노여움을 풀지 못하리라.
그러나 우리는 쓸모없는 늙은이들이라
그때의 구원대(救援隊)에도 참가하지 못하고
뒤에 처져 어린아이와도 같은 힘을
이렇게 지팡이에 의지하고 다닌다네.　　　　　　　　75
어린아이의 가슴속에 제아무리 혈기가 뛰어도
그 속에 아레스[15]가 들어 있지 않으니,
노인의 혈기와 무엇이 다르겠는가.
이렇듯 고령이 되어 잎사귀 시든 채
어린아이처럼 허약한 몸을 이끌고　　　　　　　　　80
세 발로 걸어 다니니[16]
그 모습 떠돌아다니는 백일몽 같구나!

(그사이 하녀들이 제물과 제기를 들고 등장하고,
이어 클뤼타이메스트라가 등장해 제물을 바치기 시작한다)

그대, 튄다레오스[17]의 따님이여,
클뤼타이메스트라[18] 왕비여,
어인 일이시오? 새로운 소식이라도 들으셨나요?　　85
무슨 소문을 듣고, 누구의 말을 믿고,
이렇게 사방에 사람을 시켜 제물을 차리시나요?
가장 높으신 신들로부터 지하의 신들에 이르기까지
하늘의 신들로부터 장터의 신들에 이르기까지
이 도시를 지켜주시는 모든 신들의 제단이　　　　　90
선물들로 타오르고 있습니다.
궁전의 안 창고에 비장해두었다가

신께 제물로 바친 신성한 기름의
부드럽고 거짓 없는 설득에 힘입어
불길이 여기저기서   95
하늘로 치솟고 있습니다.
이 일에 관하여 그대가 말씀하실 수 있는 것과
말씀하셔도 좋은 것은 부디 말씀해주시어
내 이 불안의 치유자가 되어주시오.
이 불안으로 나는 마음에 불길한 생각이 들다가도   100
그대가 바치는 제물들을 보니
거기서 희망이 솟아나 마음을 좀먹는
탐욕스러운 근심 걱정을 쫓아주기 때문이오.

(클뤼타이메스트라, 그들의 물음에 대답하지 않고 제물 바치는 일에만 열중하다가
코로스가 다음 노래를 부르는 동안, 궁전 안으로 퇴장한다)

(좌1)[19] 내게는 우리 주군들의 상서로운 원정을 노래할 능력이 있으니,
몸은 비록 늙었어도 저 하늘의 신들께서 아직 내게 노래의   105
설득력을 내려보내 나의 전사로서의 용맹이 되게 하셨도다.[20]
들으시오. 아카이오이족[21]의 두 개의 왕좌를 가진 사령관들,
헬라스[22]의 젊은이들을 이끄는 한마음 한뜻의 장수들,   110
복수의 창과 팔로 무장하고 테우크로스[23]의 나라로 간 것은
용맹스러운 새[24]가 그들을 보냈기 때문이라네.
새들의 왕이 함대의 왕들에게 나타났을 때
한 마리는 검고, 한 마리는 그 꼬리가 희었다네.   115
이들이 왕들의 처소 가까이, 창을 쥐는
오른손 쪽[25] 아래 환히 내다보이는 곳에 앉아
새끼를 배어 배부른 어미 토끼를 뜯어 먹으니,

어미 토끼가 마지막 도망을 칠 수 없었음이네.	120

슬퍼하고 슬퍼하라. 그러나 결국에는 선(善)이 이기기를!

(우1) 이에 진중의 현명한 예언자[26]는 한마음이 아닌 아트레우스의
아들 형제를 보고는, 토끼를 먹어치운 용맹스러운
독수리들이 뜻하는 게 원정대의 사령관들임을 알고 125
그 전조를 이렇게 풀이했다네. "때가 되면 원정대는
프리아모스의 도시를 함락하리니, 성벽 앞의 모든 가축과
백성들의 풍족한 재물은 운명의 여신이 폭력으로
황폐케 할 것이오. 다만 신들께서 시기하여 130
트로이아의 입에 물릴 큰 재갈인 진중의 군사들을 강타하여
전도를 어둡게 하는 일이 없도록 하시오.
정결하신 아르테미스[27] 여신은 동정심이 많은 분이라 135
아버지의 날개 달린 개들[28]이 떨고 있던 가련한 어미 토끼를
새끼도 낳기 전에 제물로 찢어 죽인 것에 원한을 품으니,
이는 여신께서 독수리들의 잔치를 혐오하시기 때문이오."
슬퍼하고 슬퍼하라. 그러나 결국에는 선이 이기기를!

(종가) "아리따운 여신께서는 사나운 사자들의 140
의지할 데 없는 어린 새끼들에게 그토록 상냥하고
들판을 헤매는 온갖 짐승의
젖먹이들을 그토록 사랑하심에도
원정의 길흉을 동시에 보여주는
이 전조가 이루어지기를 허락하시오.[29] 145
치유자 아폴론이여, 그대에게 비노니,
부디 여신께서 법에도 없고 먹을 수도 없는

다른 제물[30]을 마련할 양으로 다나오스 백성들에게   150
시간을 앗아 가고 함선을 억류하는 역풍을 보내
그들을 항구에 붙잡아두지 못하게 하소서.
그런 제물은 남편조차 두려워 않는 뿌리깊은 가정불화의
씨앗이 될 것인즉, 그칠 줄 모르는 무서운 원한이 집을 지키며
자식의 원수를 갚고자 두고두고 흉계를 꾸밀 테니까요."   155
이에 맞추어 슬퍼하고 슬퍼하라.
그러나 결국에는 선이 이기기를!

(좌2) 제우스, 그분께서 어떤 분이든,   160
     이 이름으로 부르는 것이 마음에 드신다면
     내 그분을 이 이름으로 부르리라.
     아무리 저울질해보아도
     그분께 견줄 만한 것은 아무것도 없구나.
     근심에 싸인 마음으로부터 헛된 사념의 짐을   165
     진실로 덜어줄 이는 오직 제우스 한 분뿐이라네.

(우2) 일찍이 모든 싸움에서 용맹을 떨치며
     권세를 누리던 자도 이제는 옛이야기가 되어
     사람들 입에 오르내리지 않을 것이고,   170
     그다음에 나타난 자도
     오늘의 장사(壯士)를 만나 사라졌거니[31]
     "승리자 제우스 만세!"를 진심으로 외치는 자만이
     지혜의 과녁을 명중하게 되리라.   175

(좌3) 그분께서는 인간들을 지혜로 이끌되

고뇌를 통해 지혜를 얻게 하였으니,
그분께서 세우신 이 법칙 언제나 유효하다네.
마음은 언제나 잠 못 이루고
고뇌의 기억으로 괴로워하기에   180
원치 않는 자에게도 분별이 생기는 법.
이는 분명 저 두려운 키잡이의 자리에 앉아
힘을 행사하는 신들께서 내려주신 은총이라네.

(우3)   그리하여 아카이오이족 함대의
       손위 사령관³²도 예언자를 꾸짖지 않고   185
       아카이오이족 백성들이 칼키스의 맞은편 해안
       성난 파도가 밀려왔다 밀려가는 아울리스³³항에
       발이 묶여 배를 띄우지 못하고
       굶주림에 시달리고 있을 때 자신에게   190
       떨어진 운명의 돌풍을 묵묵히 받아들였다네.

(좌4)   스트뤼몬³⁴에서 강풍이 불어와
       사람들을 하릴없이 빈둥거리게 하고,
       굶주림에 시달리고 주위를 배회하게 하며   195
       배와 밧줄을 상하게 하니,
       이렇듯 출항이 거듭 지연되는 가운데
       아르고스인들의 꽃은 지쳐 시들어갔다네.
       이에 진중의 예언자
       이 모두가 아르테미스 탓이라고 밝히며
       괴로운 폭풍을 진정시키기 위해   200
       그보다 더 괴로운 약을 사령관들에게

알려주니, 아트레우스의 아들 형제
손에 든 왕홀로 땅을 치며
흐르는 눈물을 억제하지 못했다네.

(우4) 이윽고 손위 왕이 이렇게 말했다네. 205
"복종치 않는다는 것은 진정 괴로운 일이오.
그러나 내 집안의 낙인 자식을 죽임으로써
제단 옆에서 이 아비의 손을
딸의 피로 더럽힌다면,
이 또한 괴로운 일이오. 210
그 어느 것인들 불행이 아니겠소?
그런데 어찌 동맹의 서약을 저버리고
함대를 이탈할 수 있단 말이오?
처녀의 피를 제물로 바치기를 그토록
열망하는 것도 바람을 잠재우기 위함이니 215
부당하다고는 할 수 없을 것이오.
나는 만사가 잘되기를 바라는 마음뿐이오."

(좌5) 그리하여 그가 한번 운명의 멍에를 목에 매니
그의 마음의 바람도 방향이 바뀌어 불경하고,
불손하고, 부정하게 되었다네. 이때부터 그는 220
마음이 변해 무슨 일이든 꺼리지 않게 되었다네.
치욕을 꾀하는 미망(迷妄)은 사람의 마음을 대담하게
만드는 법. 미망이야말로 모든 재앙의 시작이라네.
이제 그는 한 여인[35]의 원수를 갚으려는 전쟁을 돕고 225
함대를 위해 미리 제사를 지내려고

제 딸을 손수 제물로 바치기로 결심했다네.

(우5) 그녀의 기도에도, '아버지!' 하고 부르짖는
그녀의 절규에도, 그녀의 청순한 청춘에도
호전적인 지휘관들은 아랑곳하지 않았다네.   230
그녀의 아버지는 기도를 드린 뒤
시종들에게, 자기 딸이 졸도하거든
그녀가 입고 있는 겉옷으로 사정없이 휘감아
새끼 양처럼 그녀를 제단에 올려놓되   235
가문을 저주하는 말을 내뱉지 못하도록
그녀의 아름다운 입을 틀어막으라고 명령했다네,

(좌6) 폭력과 소리 없는 노끈의 힘으로.[36]
그리하여 그녀가 샛노란 사프란색 옷을
땅에 떨어뜨리며 자신을 제물로 바치려는 자들에게   240
일일이 눈에서 애원의 화살을 쏘아 보내니,
그림에서처럼 돋보이던[37] 그녀,
그들의 이름을 부르며 말을 건네고 싶었다네.
그럴 것이 남자들을 위해 푸짐한 잔치를 베풀곤 하던
아버지의 연회에서 그녀가 노래 부른 것이 몇 번이며,
세 번째 헌주[38]에 이어 아버지의 축복받은 찬신가를 245
처녀의 청순한 목소리로 축하해드린 것이 몇 번이었던가!

(우6) 그 뒤 일어난 일은 보지 못했으니 말하지 않으리.
그러나 칼카스의 예언은 반드시 이루어지고 마는 법.
정의의 여신께서는 고난을 겪은 자들에게   250

지혜를 주시니, 미래사도 때가 되면

알게 되리라. 이를 미리 기뻐함은

미리 슬퍼함과 무엇이 다르랴! 아침 햇살과 더불어

모든 것이 명백하게 드러날 것을!

(클뤼타이메스트라, 궁전 문 앞에 나타난다)

앞으로는 아무튼 행운이 우리와 함께해주었으면! 255

왕에게 가장 가까운 사람으로 아피아[39] 땅을 지키는

유일한 방벽인 저 여인도 그렇게 되기를 바란다네.

코로스장(長) 클뤼타이메스트라 왕비님, 내 그대의 권능을 존중하는 마음에서

그대를 찾아왔소이다. 주군의 왕좌가 비어 있을 때는

그분의 아내에게 경의를 표함이 마땅하기 때문이오. 260

그대가 제물을 바치는 것은 기쁜 소식을 들었기 때문인가요?

아니면 듣지는 못했지만 기쁜 소식을 바라기 때문인가요?

진심으로 듣고 싶어요. 그러나 말씀 안 하셔도 원망은 않겠습니다.

클뤼타이메스트라 속담에 이르기를, 기쁜 소식을 가져다주는 아침은

어머니 밤의 뱃속에서 태어난다고 했소. 265

그대는 기대 이상의 기쁜 소식을 듣게 될 것이오.

아르고스인들이 프리아모스의 도시를 함락했다 합니다.

코로스장 뭐라 하셨습니까? 믿기지 않는 말씀이라 잘 듣지 못했습니다.

클뤼타이메스트라 트로이아가 아카이오이족의 수중에 있다 했소. 이젠 알아들었소?

코로스장 너무 기뻐 눈물이 납니다. 270

클뤼타이메스트라 그대의 눈물은 그대의 충성심을 말해주고 있소.

코로스장 하지만 믿을 만한 증거가 있습니까?

클뤼타이메스트라 물론이지요. 신께서 나를 속이시는 게 아니라면.

코로스장 그럴싸한 꿈의 환영을 믿으시는 것은 아니겠지요?

클뤼타이메스트라	잠자는 마음의 환상 같은 건 믿지 않아요.	275
코로스장	혹여 날개 달린 뜬소문을 듣고 기뻐하시는 것은 아니겠지요?
클뤼타이메스트라	그대는 내 생각이 어린애 같은 줄 아나 보군요.
코로스장	그럼 언제 그 도시가 함락되었지요?
클뤼타이메스트라	방금 이 아침 햇빛을 낳아준 간밤에요.
코로스장	그럼 어떤 사자(使者)가 그토록 빨리 올 수 있었나요?	280
클뤼타이메스트라	헤파이스토스[40]지요. 그가 이데[41]산에서 밝은 불빛을 보냈소.

그러자 불을 파발꾼 삼아 봉화에 봉화가 이어져

여기까지 왔지요. 이데산이 렘노스[42]섬에 있는

헤르메스 바위로 불빛을 보내자, 거대한 횃불을 제우스의

아토스[43] 산정이 세 번째로 그 섬으로부터 이어받았소. 285

그곳으로부터 여행하는 횃불의 힘이 바다의 등을

즐거운 마음으로 껑충 뛰어넘어 달리니

소나무의 화광은 마치 태양과 같이

그 황금 불빛을 마키스토스[44]의 망대로 보냈소.

그러자 마키스토스도 잠을 자지 않고 지키고 있다가 290

지체 없이 사자로서의 맡은 바 임무를 다하니,

봉화의 불빛은 멀리 에우리포스의 바닷물을 가로질러

멧사피온[45]의 파수병들에게 자신의 도착을 알렸소.

그러자 그들은 이에 호응하여 오래된 황무지의

건초더미에 불을 질러 이 소식을 전방으로 보냈소. 295

그리하여 강렬한 불빛은 여전히 약해지지 않고

밝은 달처럼 아소포스[46]의 들판을 가로질러

키타이론[47]의 바위에 이르러서는 거기서

불을 전달해줄 다른 교대자를 깨워 일으켰소.

그래서 그곳 파수대가 멀리서 보내온 불빛을 300 |

물리치지 않고 시킨 것보다 더 많은 불을 지르니,
불빛은 고르고피스호수[48] 위를 쏜살같이 날아
아이기플랑크토스[49]산에 이르러서는
불의 지시를 존중하라고 재촉했소.
그리하여 그곳 파수병들이 힘을 아끼지 않고 불을 질러 305
커다란 불길의 수염을 계속 앞으로 보내자, 그것은 계속
활활 타오르며 사로니코스[50]해협이 내려다보이는 곳[岬][51] 위를
지나 쏜살같이 날아와 아라크나이온[52] 산정에 이르렀으니
그곳은 우리 도시에서 가장 가까운 파수대가 있는 곳이오.
그리하여 이데산에서 타오른 불의 직계자손인 이 불빛은 310
이곳 아트레우스 아들들의 집으로 날아온 것이오.
그렇게 하도록 내가 봉화의 전달자들에게 지시해두었지요.
이렇게 차례차례 전달해 각자 자기 임무를 다하도록 말이오.
처음 달린 자도 승리자지만 마지막 달린 자도 승리자요.
내 남편이 트로이아에서 보내준 이 징표, 315
이것이 내가 그대에게 제시하는 증거요.

코로스장 신들께는 나중에 기도드리겠어요.
지금은 왕비님의 이 이야기를 다시 한 번 끝까지 듣고
그대의 이야기에 감탄하고 싶습니다.

클뤼타이메스트라 트로이아는 바로 오늘 아카이오이족의 수중에 들어갔소. 320
도시 안에서는 아마 융화되지 않는 목소리들이 똑똑히
들릴 것이오. 식초와 기름을 한 그릇에 담으면, 그대는
아마 이것들을 정답지 않게 갈라서는 자들이라 부를 것이오.
꼭 그처럼 포로와 정복자의 목소리는 서로 구별될 것이니,
그들에게 떨어진 운명이 서로 상반되기 때문이오. 325
한쪽에서는 남편과 형제들의 시신 위에 쓰러져,

그리고 아이들은 집안 어른들의 시신 위에
매달려 이미 자유를 잃은 목청으로
사랑하던 사람들의 죽음을 슬퍼할 것이고,
한쪽에서는 밤새 전투하느라 지친 나머지 330
그저 닥치는 대로 도시 안에 있는 것으로
주린 배를 채울 테니 말이오. 그들은 제 몫을 알맞게
할당받은 게 아니라 각자 운수대로 제비를 뽑아 지금쯤
정복된 트로이아인들의 집에 숙소를 정했겠지요.
노천의 서리와 이슬에서 해방된 그들은 335
축복받은 자들처럼 보초도 세우지 않고
밤새도록 단잠을 자게 되겠지요.
그리고 정복당한 나라의 수호신들과
여러 신들의 제단에 경의를 표하기만 한다면
정복자들이 도로 정복당하는 일은 없을 것이오. 340
제발 그동안 물욕에 눈이 어두워진 군사들이
신성한 물건을 약탈하는 일은 없어야 할 텐데.
그들이 무사히 고향에 돌아오려면
간 거리만큼 되돌아와야 하니까요.
신들의 노여움을 사지 않고 군대가 돌아온다면 345
갑작스레 새로운 재앙이 덮치지 않는 한
죽은 자들의 원한도 풀릴 수 있으련만.
이것이 여자인 내가 그대에게 들려줄 수 있는 말이오.
부디 선(善)이 이겨 미심쩍게 보이지 않았으면!
내겐 미래의 많은 축복보다 현재의 즐거움이 더 좋으니까요. 350

코로스장 왕비님, 그대는 현명한 남자처럼 지혜롭게 말씀하시는군요.
내 이제 그대에게서 확실한 증거를 들었으니

여러 신들께 감사 기도를 드릴까 합니다.
우리의 노고에 적절한 보답이 주어졌으니까요.

(클뤼타이메스트라, 궁전 안으로 퇴장)

코로스53 오오, 제우스 왕이여, 그리고 위대한 영광을   355
  얻게 해주신 그대 자애로운 밤이여,
  그대는 트로이아의 성채에 그물을
  덮어씌워, 어른이든 아이든
  어느 누구도 그 예속의 큰 그물을,
  모든 것을 잡아들이는 운명의 그물을,   360
  벗어나지 못하게 하셨나이다.
  이 일을 성취해주신 가정의 보호자,
  위대한 제우스께 나는 경의를 표하나이다.
  그분께서는 알렉산드로스를 향해 오래전부터
  활을 당기시되 화살이 과녁에 미치지 못하거나   365
  별 너머로 헛되이 날지 않게 하셨도다.

(좌1) 그들이 말할 수 있는 것은
  그것이 제우스의 일격이라는 것.
  그 발자취를 더듬어 올라가는 것은 누구나
  할 수 있는 일, 그분께서는 정하신 대로 이루셨도다.   370
  신성한 물건들의 은총을 짓밟는 자 있어도
  신들께서는 그런 자들에게 관심 갖는 것을 수치스럽게
  여기신다고 사람들은 말해왔으나,
  그런 말을 하는 자들은 경건하지 못한 자들이라네.   375
  집안의 부귀가 도를 넘어 극에 달하자

지나치게 교만을 부리던 자들,

이제 그들의 자손들에게는 재앙이 내려졌다네.[54]

그러나 슬기로운 마음이 몫으로 주어진 자에게는

무해(無害)한 것이 주어져, 이것이 그를 만족케 해주기를! 380

부귀에 싫증이 나서

정의의 여신의 위대한 제단을

걷어차버린 자에게는

피난처가 없는 법.

(우1) 흉계를 꾸미는 아테[55]의 딸 가증스러운 페이토, 385

폭력을 행사하는 그녀에게 당할 도리 없으니,

아무리 치료를 해도 허사라네. 죄는 감춰지지 않고

무섭게 빛나는 불빛인 양 또렷이 보일 뿐이네.

불순한 놋쇠가 긁히고 찌그러지면 390

그 색이 변하듯,

죄지은 자도 심판을 받으면

새까맣게 변색되는 법.

보라, 한 소년[56]이 나는 새를 쫓다가

제 백성들에게 참을 수 없는 고통을 안겨주었네. 395

그의 기도에 귀기울이는 신은 한 분도 안 계시니,

신은 그런 일을 일삼는 불의한 자들을

오히려 끌어내리신다네.

파리스가 바로 그러한 자였으니,

그는 아트레우스의 아들들의 집에 들어가 400

남의 아내를 도둑질함으로써

환대하는 식탁을 모욕했다네

(좌2)　아아 그녀,[57] 동족에게는 방패와 창을 든 전사들의
　　　요란한 소음과 무장한 선원들을 남겨두고,　　　　　　　　　405
　　　일리온을 위해서는 파멸이라는 지참금을 갖고
　　　발걸음도 가벼이 대문을 빠져나갔으니,
　　　차마 못할 짓을 했구나.
　　　이에 집안의 예언자들 크게 탄식하며 이렇게 말했다네.
　　　"아아, 슬프고 슬프도다. 집이여, 집이여, 그리고 왕자들이여!　　410
　　　슬프도다. 침대여, 그리고 남편을 사랑하는 발걸음이여!
　　　눈에 보이는 것은 버림받은 자들의 침묵,
　　　명예도 질책도 믿음도 없는 침묵뿐이로다.
　　　바다 건너 저편에 있는 그녀만 그리워하니
　　　집안은 마치 그녀의 유령이 지배하는 듯하구나.　　　　　　415
　　　아름다운 조각들의 우아함도
　　　남편에게는 역겨울 뿐이니,
　　　그리움에 주린 그의 눈에는
　　　사랑의 온갖 매력이 사라졌도다."

(우2)　"그리고 슬픔에 잠긴 그의 꿈속에 환영이 나타나　　　　　420
　　　기쁨을 주지만, 그것은 공허한 기쁨일 뿐.
　　　사랑하는 이를 보는구나 생각하는 순간
　　　환영은 어느새 그의 품속을 떠나
　　　잠의 동반자인 날개를 타고
　　　영영 떠나가버리니,　　　　　　　　　　　　　　　　　　　425
　　　어찌 공허하다 하지 않으리오."
　　　왕가의 화롯가에 깃든 슬픔만도 이러했거니와
　　　또 다른 슬픔은 이보다 컸으니,

헬라스 땅을 떠나 함께 싸움터로 간
백성들의 집집마다 꿋꿋한 마음으로　　　　　　　　　430
슬픔을 참고 견디는 모습 역력하다네.
실로 가슴 아린 일 많았으니,
그들이 떠나보낸 이들이
누군지 알건만
집집마다 돌아오는 것은　　　　　　　　　　　　　435
사람 대신 단지와 유골뿐이었다네.

(좌3)　시신을 황금과 교환하는 아레스,[58]
　　　창검의 싸움터에서 저울질하는 그이
　　　일리온으로부터 사람 대신 유골 든　　　　　　　440
　　　단지만을 가족들에게 돌려보내니,
　　　불에 타고 남은 재, 들기에는 가벼우나
　　　애통의 눈물 참기에는 너무 무겁구나.
　　　그리하여 가족들은 그들 각자를 찬양하며　　　445
　　　말했다네. "이 사람은 전투에 능했고,
　　　저 사람은 사람 잡는 싸움터에서
　　　영광스럽게 전사했지, 남의 아내를 위해서."
　　　이런 불평을 속삭이는 백성들
　　　소송의 주역인 아트레우스의 아들 형제에게　　450
　　　원한에 찬 증오심을 품게 되었다네.
　　　그러나 다른 사람들은 그곳 성벽 옆에
　　　영광스러운 모습으로 트로이아 땅의 무덤을
　　　차지하고 누웠으니, 그들을 감추고 있는 땅
　　　한때는 적지였다가 지금은 그들 소유가 되었다네.　455

(우3) 시민들이 원한을 품고 하는 말은
　　　무서운 법이니, 백성들의 입에서 나온
　　　저주는 반드시 실현되기 때문이라네.
　　　어둠 속에 감춰진 것을 듣게 되지나 않을까
　　　내 마음 그지없이 불안하니,　　　　　　　　　　　　460
　　　피를 많이 흘리게 한 자 신들의 눈길을
　　　피할 수는 없도다. 때가 되면 복수의 여신들의
　　　검은 무리가 불의한 번영을 누리는 자의
　　　운명을 역전시켜 그의 삶을 역경으로　　　　　　　465
　　　몰아넣고 그를 미약하게 할 것인즉,
　　　사그라지는 그에게 구원은 없으리라.
　　　지나친 명성은 위험한 법,
　　　제우스의 눈에서 벼락이 떨어짐이라.　　　　　　　470
　　　나의 소망은 시기를 사지 않는 행복이니,
　　　나는 도시의 파괴자가 되고 싶지도 않거니와
　　　나 자신이 남의 포로가 되어
　　　종살이하는 꼴도 보고 싶지 않노라.

(종가) 불이 반가운 소식을 전하자　　　　　　　　　　　475
　　　온 시내에 재빠르게 소문이 퍼지는구나.
　　　그러나 그것이 과연 진실인지 아니면
　　　신들의 속임수인지 누가 알랴?
　　　뜻하지 않은 화염의 전갈을 받고
　　　마음이 후끈 달았다가　　　　　　　　　　　　　　480
　　　이야기가 달라지면 금세 낙담하고 마는
　　　그런 유치하고 얼빠진 자 누구란 말인가?

그러나 여인이 통치하는 곳에서는 사실이
밝혀지기도 전에 감사드리는 일이 어울리지.
여인의 명령은 하도 그럴싸해서 잰걸음으로　　　485
퍼져나가지만, 여인이 낸 소문은
금세 시들어 자취를 감추는 법이지.

코로스장 빛을 가져다주는 횃불들의 봉화와
불의 계주가 과연 진실인지 아니면　　　490
그토록 반가웠던 불빛이 꿈처럼 우리의 마음을
속인 것인지 이제 곧 알게 될 것이오.
저기 올리브 가지로 몸을 가린 전령이 해안에서
오고 있는 것이 보이니 말이오. 진흙의 형제요
이웃인 목마른 먼지가 확실히 말해주듯,　　　495
음성이 없지도 않고 산속의 나무에 불을 놓지도 않는
저 전령은 불의 연기로 신호를 보내지 않고
제 입으로 반가운 소식을 더욱 분명히 전해주거나
아니면, 하지만 그 반대의 말은 듣고 싶지 않소이다.
나는 기왕의 좋은 일에 좋은 일이 겹치기를 빌 뿐이오.　　　500
이 일을 두고 우리 도시를 위해 달리 비는 자가 있다면
그런 자는 스스로 제 마음의 과오의 열매를 거두기를!

(전령 등장)

전령 오오, 내 선조들의 땅이여, 아르고스 땅이여!
십 년 만에 내 오늘 너에게 돌아왔노라.
수많은 희망의 닻줄이 끊어졌지만,　　　505
한 가지는 이루어졌구나. 죽어 이곳 아르고스 땅에

묻히리라고는 꿈에도 생각지 못했으니까.
나 이제 만세를 부르노라, 대지여, 햇빛이여!
나라의 최고신이신 제우스여, 그리고 퓌토[59]의 왕이여,
그대는 우리에게 다시는 화살을 쏘아 보내지 마소서. 510
우리는 스카만드로스[60] 강변에서 그대에게 실컷
미움 받았으니[61] 이제는 우리의 구원자와 치유자가
되어주소서, 아폴론 왕이여! 그리고 집회를 주관하는
모든 신들, 특히 나의 보호자이며 모든 전령들이
숭배하는 하늘의 전령 헤르메스[62]께 문안드리나이다. 515
그리고 우리를 내보내신 영웅들[63]이여, 창끝에서
살아남은 군사들을 상냥하게 도로 받아주소서!
오오, 우리 왕들의 궁전이여, 정든 거처여, 엄숙한
왕좌들과 떠오르는 해를 향하고 있는 신상들이여,
전에도 그러셨다면 많은 세월이 지난 오늘도 520
환히 빛나는 눈으로 격식에 맞게, 왕을 맞아주소서.
아가멤논 왕께서는 그대들과 여기 있는 모든 이들을
위해 어두운 밤에 빛을 가지고 돌아오셨소이다.
자, 그분을 크게 환영하시오. 그래야 마땅하오.
그분께서는 정의의 구현자이신 제우스의 곡괭이로 525
트로이아를 파서 무너뜨렸소이다. 그래서 들판이
온통 파헤쳐지고 [제단과 신전들이 파괴되고]
온 나라의 씨앗이 말라가고 있소이다.
아트레우스의 장남이신 우리 왕께서는 트로이아의 목에
그와 같은 멍에를 씌워놓고 돌아오셨소이다. 530
그분이야말로 축복받은 인간이며 이 시대의 모든
인간들 중에 가장 존경받아 마땅한 분이시오.

파리스도 그자와 한통속인 도시도 당한 것보다 행한 것이 많다고
자랑하지 못할 것이오. 그자는 강도죄와 절도죄를 선고받고
제 약탈물을 잃었을 뿐 아니라 국토와 함께 조상들의 집이 535
쑥대밭이 되었으니까요. 프리아모스의 아들들은 이렇듯
자신들의 죄과에 대해 이중의 대가를 치렀소.

코로스장 아카이오이족 군대의 전령이여, 그대에게 기쁨이 있기를!

전령 기쁘고말고요. 이젠 죽어도 여한이 없습니다.

코로스장 그리도 애타게 조국을 그리워했단 말이오? 540

전령 그렇소. 기쁨의 눈물이 눈에서 쏟아질 만큼.

코로스장 그렇다면 그대들은 달콤한 병에 걸렸던 것이오.

전령 그대의 말은 설명이 있어야 알아들을 수 있겠는데요.

코로스장 그대들을 그리워한 자들을 그대들도 그리워했단 말이오.

전령 군대가 고국을 그리워하듯 고국도 군대를 그리워했던가요? 545

코로스장 답답한 마음에서 한숨지은 적이 한두 번이 아니었소.

전령 무엇 때문에 그렇게 괴로워하고 답답해했지요?

코로스장 오래전부터 침묵은 해악에서 나를 지켜주는 약이라오.

전령 어째서요? 왕들도 안 계신데 누가 그리도 두렵단 말이오?

코로스장 그대의 말처럼 죽음조차 큰 은총으로 여겨질 정도였소.[64] 550

전령 그렇겠지요. 일이 잘되었으니까. 오랜 시간에 걸쳐
일어난 일들 중에는 잘됐다고 할 수 있는 일도 많지만
잘못된 일도 있기 마련이지요. 하지만 신이 아닌 이상
평생 동안 늘 편안할 수만은 없지 않겠어요?
우리의 노고와 불편한 잠자리에 관해 말하자면, 555
한날한시도 한숨이 나오지 않는 때가 없었지요.
좁은 갑판 통로에서 아무렇게나 잠을 잤으니까요.
하지만 육지에서의 고생은 한층 더 심했지요.

우리는 적의 성벽 가까이에서 야영을 했는데,
하늘에서는 이슬이 내리고 풀이 난 땅에서는   560
습기가 올라와 한시도 편할 때가 없었으며,
우리의 털옷엔 이가 바글바글했습니다.
겨울은 또 어떻고요. 새도 얼어 죽을 정도였어요.
이데산의 눈이 그만큼 견딜 수 없는 추위를 가져다주니까요.
더위는 또 어떻고요. 한낮에 바다가 낮잠을 잘 때면   565
물결은 잔잔하고 바람 한 점 없어요.
하지만 이런 일들을 슬퍼할 필요가 어디 있겠소?
고통은 이제 다 지나갔어요, 죽은 자들에게조차.
그래서 그들은 다시는 일어서려고 하지 않겠지요.
하거늘 산 자가 죽은 자들을 일일이 호명하며   570
그들의 비참한 운명을 슬퍼할 필요가 어디 있겠소?
이제는 모든 불행과 작별할 참이오.
우리들 살아남은 아르고스인들의 군사들에게는
이익이 우세하고 고통은 그와 균형을 이루지 못하오.
그러니 우리는 마땅히 저 햇빛을 향해 크게 자랑하여   575
우리의 이 자랑이 바다와 육지 위로 날아다니게 해야 하오.
"아르고스인들의 원정대는 일찍이 트로이아를 함락하고
여러 신들을 위해 헬라스의 모든 신전마다
이러한 전리품들을 옛날의 영광으로서 걸어두었노라."
이 말을 듣는 이들은 반드시 우리 도시와 장군들을   580
찬양할 것이오. 그리고 이 일을 성취해주신 제우스의
은총도 높이 찬양받을 것이오. 내 말은 여기까지요.

코로스장 내 그대의 말에 압도되었소. 하지만 유감은 없소이다.
노인들도 배울 수 있을 만큼은 항상 젊으니까.

그대의 말은 우선 이 집과 클뤼타이메스트라에게
관련되는 것이지만 내게도 반가운 소식이오.   585

(클뤼타이메스트라 등장)

클뤼타이메스트라 얼마 전 불의 첫 사자(使者)가 밤중에 와서
일리온이 함락되고 파괴되었음을 알렸을 때
나는 기뻐서 크게 환성을 올렸어요. 그러자 많은
사람들이 이런 말로 나를 나무랐지요. "불의 신호를   590
믿고 트로이아가 이제 폐허가 되었다고 생각하세요?
쉽게 감격하는 게 여자에게 어울리는 일이긴 하죠."
이런 말은 나를 제정신이 아닌 사람처럼 보이게 했어요.
그럼에도 나는 제물을 바쳤고, 그들도 여자인
나를 따라 시내 곳곳에서 기쁨의 환성을 올렸어요.   595
신전마다 향을 머금은 불을 피우고
향기로운 그 불꽃 위에 술을 부으며 말이오.[65]
그러니 그대가 더 자세한 이야기를 지금 내게 말할
필요는 없소. 사건의 전말은 왕에게 직접 듣게 될 것이오.
그러니 나는 서둘러 존경하는 남편의 귀국을   600
성대히 환영할 준비나 해야겠소. 신들의 가호로
전장에서 무사 귀환하는 남편을 위해 문을
열어주는 날보다 아내 된 자에게 더 달콤한 날이
또 어디 있겠소? 그대는 내 남편에게 전하시오. 온 도시가
고대하고 있으니 지체 없이 돌아오시란다고 말이오.   605
그리고 그이의 아내로 말하면, 그이가 돌아와 보시면
아내는 그이가 떠날 때처럼 집안에서 수절하고 있음을
발견하게 될 것이오. 당신에겐 충직하고 당신의 적에겐
적의에 찬 집 지키는 개처럼. 그 밖의 다른 일들도

긴긴 세월 봉인 하나 뜯지 않았음을 발견하시게 될 것이오.　　　610
다른 남자와 재미를 본다든가 추문 같은 것은
쇠의 담금질[66]만큼이나, 나와는 인연이 머니까.
이것이 내 자랑이오. 그리고 이것은 어디까지나 사실이므로
큰 소리로 말해도 고귀한 숙녀에게 수치가 되지 않을 것이오.
(클뤼타이메스트라 퇴장)

코로스장 그녀는 말은 그렇게 해도, 그녀의 그럴싸한 이 말은　　　615
올바른 통역관이 있어야 제대로 이해할 수 있다오.
자, 말해주시오. 메넬라오스에 관해 알고 싶소.
이 나라의 소중한 통치자이신 그분께서도
그대들과 함께 무사히 고향으로 돌아오셨나요?

전령 그럴싸한 거짓말을 하여 친구들로 하여금 오랫동안　　　620
그 열매를 따게 할 능력이 내겐 없습니다.

코로스장 그렇다면 진실에 관해 좋은 말을 하여 과녁을 맞히시오.
좋은 것과 진실한 것은 갈라서면 금세 탄로가 나는 법이니까.

전령 그분께서는 아카이오이족 군대에서 실종되었습니다.
그분 자신도, 함선도. 이것은 거짓말이 아니오.　　　625

코로스장 그렇다면 그분은 그대들이 보는 앞에서 일리온을 출범하셨소,
아니면 공동의 재앙인 폭풍이 그분을 군대에서 앗아 갔소?

전령 그대는 뛰어난 궁수처럼 과녁을 명중하시는군요.
긴 고통을 짤막한 말로 표현하다니.

코로스장 다른 항해자들은 그분에 관해 뭐라고들 하오?　　　630
살아 계신다 하오, 아니면 돌아가셨다 하오?

전령 확실한 소식을 전할 수 있을 만큼 아는 자는 아무도 없습니다.
지상의 모든 생명을 기르시는 태양신[67]을 제외하고는.

코로스장 그렇다면 신들의 노여움이 일으킨 그 폭풍이

어떻게 함대를 덮쳤고, 어떻게 끝났는지 말해보시오. 635

전령 경사스러운 날을 나쁜 소식을 전하는 목소리로 더럽히는 것은
어울리지 않는 일이오. 그런 축하는 하늘의 신들과는 거리가
먼 것이니까요. 어떤 사자가 침울한 표정으로 돌아와
시민들에게 패배한 군대의 무서운 재앙을 전하면서
도시는 모든 시민들에게 공통된 상처를 입었으며 640
많은 집에서 나간 많은 남자들이 아레스가 사랑하는
이중의 채찍, 두 창의 불행, 피 묻은 한 쌍[68]에 의해
저승으로 추방되었다고 전하는 경우라면,
사자가 그런 재앙의 짐을 지고 돌아오는 경우라면,
그런 복수의 여신들의 찬가를 부르는 것도 어울리겠지요. 645
그러나 나로 말하면, 기뻐하는 도시에 모두 무사하다는
기쁜 소식을 갖고 왔는데, 아카이오이족에 대한
신들의 노여움이 일으킨 폭풍에 관해 말함으로써
어찌 좋은 것에다 나쁜 것을 섞을 수 있겠소?
전에는 그토록 상극이던 불과 바다가 650
이번에는 동맹을 맺고 자신들의 맹약을 과시하려고
가련한 아르고스인들의 군대를 유린한 것입니다.
사악한 파도의 재앙이 일어난 것은 밤이었소. 트라케에서
폭풍이 불어와 함선들을 서로 들이받아 부수게 하자,
세찬 폭풍과 억수 같은 비 속에서 함선들은 655
심하게 떠받히다가 사악한 목자에게
심한 매를 맞고는 어디론가 자취를 감추었소.
그러다가 태양의 찬란한 빛이 떠오르니,
아이가이온[69] 바다에 아카이오이족의 시신과
난파선의 파편들이 여기저기 떠다니는 것이 보였소. 660

하지만 우리 자신과 선체가 파손되지 않은 우리 함선은
인간이 아닌 어떤 신께서 키를 잡고 몰래 빼돌렸거나,
아니면 파멸을 면하도록 기도해주셨던 것 같아요.
그리고 구원을 가져다주시는 행운의 여신께서 자비롭게도
우리 함선에 앉아 계셨기에, 그것은 포구에 닻을 내리고 665
밀려드는 파도에 대항하거나 암초에 걸려 침몰하지 않았던
것입니다. 그리하여 우리는 바다에서의 죽음은 면했으나
밝은 대낮에도 우리의 행운을 믿지 못하고
우리 함대가 난파당하고 비참하게 얻어맞았던
그 뜻밖의 재앙만을 마음속으로 슬퍼하고 있었지요. 670
그리고 지금 이 순간 그들 중에 숨 쉬는 자가 있다면,
그는 우리가 죽었다고 말하겠지요. 당연하지요. 우리도
그들에게 이런 일이 일어났으리라 믿고 있으니까요.
아아, 일이 잘되었으면 좋으련만! 믿어주시오.
메넬라오스 왕께서는 꼭 돌아오십니다. 675
만일 태양의 빛살이 무사하고 건강하신 그분을
찾아내기만 한다면, 아직은 이 집안을
완전히 멸하실 의향이 없으신 제우스의 계략에 의해
그분께서 다시 집으로 돌아오실 희망은 있어요.
그대는 내가 들려준 말이 모두 진실임을 알아두십시오. 680

(전령, 바다 쪽으로 퇴장)

코로스70(좌) 누가 이토록 어울리는 이름을 지었을까?
양편이 서로 다투는 저 창검의 신부를
헬레네라고 이름 지은 이는 누구일까?
우리 눈에 보이지 않는 누군가

정해진 운명을 미리 내다보고 자신의 혀를 685
과녁을 향해 똑바로 인도한 것일까?
그녀는 과연 그 이름에 걸맞게
함선을 파괴하고 남자와 도시를 파괴하며[71]
곱게 짠 침실의 장막에서 나와 690
거한(巨漢) 제퓌로스[72]의 입김을 받으며
배를 타고 떠났다네.
그리하여 수많은 장정들이 방패를 들고
사냥꾼처럼 사라져버린 노들의 발자국을 695
뒤쫓았지만, 그녀의 일행[73]은 어느새
시모에이스[74]의 무성한 기슭에 올랐으니,
이는 피비린내 나는 불화의 여신[75] 뜻이라네.

(우1) 마음속 생각을 이루고야 마는 분노의 여신[76]
일리온을 위해 재앙의 결혼[77]을 700
주선하였으니, 훗날 때가 되면
친척들이 불러야 하는 축혼가를,
신부를 위해 부르는 노래를,
소리 높이 축하해준 백성들에게 705
가정의 보호자 제우스와
환대하는 식탁을 모독한 죄로
벌을 내리고자 함이라네.
그리하여 축혼가는 잊고 대신 비탄의 노래를
배우는 프리아모스의 연로한 도시,[78] 710
파리스를 불행한 결혼을 한 자라 부르며
크게 탄식하는구나.

. . . . . .
. . . . . . ⁷⁹

가엾게도 피를 흘린 뒤.

(좌2) 꼭 그처럼 언젠가 어떤 이가 집에서
어린 새끼 사자 한 마리를 길렀다네.
어미젖을 먹지 못해 아직도 젖꼭지가 그리운
그 새끼 사자 어린 시절에는 유순하여
아이들에게는 좋은 친구요
노인들에게는 낙이었다네.
그리고 때로는 젖먹이처럼
그들의 품에 안겨 맑은 눈빛으로
손을 올려다보며⁸⁰ 아양을 떨었지만
이는 다 배가 고파 한 짓이었다네.

(우2) 그러나 그 새끼 사자 세월이 흘러 장성해지자
부모에게서 타고난 본성을 드러냈다네.
길러준 은혜 갚는답시고
시키지도 않았는데 양떼를 도륙하여
잔치를 준비하니,
집안은 피로 물들었다네.
집안 사람들에게는 막을 수 없는 고통이요
많은 사람들을 죽음으로 몰아넣는
큰 재앙이었으니, 그가 집안에서 아테의
사제로 자란 것도 모두 신의 뜻이었다네.

(좌3) 내 말하노니, 그녀 처음 일리온의 도시에
　　　왔을 때 바람 없는 바다의 마음씨요,　　　　　　　740
　　　달콤한 재산의 낙이요,
　　　부드러운 눈의 화살이요,
　　　가슴을 찌르는 애욕의 꽃이었다네.
　　　그러나 그녀는 곧 옆길로 빠져
　　　결혼을 비참한 종말로 이끌며　　　　　　　　　　745
　　　사악한 거주자, 사악한 동반자로서
　　　가정의 보호자 제우스의 인도 하에
　　　프리아모스의 아들들에게 덤벼드니,
　　　신부들에게 눈물을 안겨주는 복수의 여신이었다네.[81]

(우3) 사람들 사이에 전해오는 옛말에 이르기를,　　　750
　　　인간의 행복이 클 대로 커지면 반드시
　　　자식을 낳고 자식 없이 죽지 않는 법이라
　　　그 자손들에게 끝없는 고통이　　　　　　　　　　755
　　　행운으로부터 태어난다고 했다네.
　　　그러나 나는 그렇게 생각지 않는다네.
　　　불경한 짓은 제 뒤에
　　　그 종족을 닮은
　　　더 많은 자식을 낳지만,　　　　　　　　　　　　760
　　　정의를 지키는 집에서는
　　　언제나 훌륭한 자식이 태어난다네.

(좌4) 오래된 오만은 조만간 때가 되면
　　　새로운 오만을 낳고 싶어하는 법,　　　　　　　　765

인간의 불행 속에서 꽃피는 이 젊은 오만은

새로운 증오요, 복수하는 악령이요,

싸움도 전쟁도 소용없는 불경한

만용이요, 어버이를 닮은

집안의 검은 아테라네. 770

(우4) 그러나 정의의 여신은 연기에 그을린 오두막에서도

환히 빛나니, 바른 생활을 존중하기 때문이라네. 775

황금이 번쩍이는 저택이라도 그 안에 더러운 손이

있으면, 여신은 눈길을 돌리며 그곳을 떠나

정결함을 향해 나아가시니, 사람들이 그릇 찬양하는

부(富)의 힘을 존중하지 않기 때문이라네. 780

여신은 이렇듯 만사를 정해진 목표로 인도하시네.

(아가멤논, 여행용 마차를 타고 등장. 그의 뒤에는 반쯤 가려진 캇산드라가 앉아 있다)

코로스장 오오! 왕이여, 트로이아의 정복자여,

그대 아트레우스의 아드님이여,

내 그대에게 어떻게 인사를 올려야 하나요? 785

그대에게 어떻게 경의를 표해야

지나치거나 모자람 없이 예의에 맞을까요?

이 세상의 많은 사람들이 정의의 경계를

뛰어넘어 실속보다는 외관을 더 존중하지요.

누구나 불행을 당한 자를 보면 같이 탄식하려 하지만 790

그렇다고 비탄의 찌르는 듯한 아픔을

마음속으로 느끼는 것은 결코 아니지요.

또한 그런 자들은 남이 기뻐하면 얼굴에

억지미소를 지으며 같이 기뻐하는 체합니다.
그러나 양떼의 심중을 잘 헤아리는 자라면							795
충성스러운 마음에서 우러나온 것처럼 보이지만
사실은 물을 탄 불순한 우정으로 아첨하는
그런 눈빛에는 속지 않겠지요.
헬레네를 위해 군대를 내보내실 때는
솔직히 말씀드려 나는 그대에게							800
아주 나쁜 인상을 갖고 있었어요.
그리고 그대가 제물[82]로 용기를 불어넣어
전사들을 죽음의 길로 인도하실 때는
마음의 키를 잘못 조종하시는 것으로 여겼답니다.
그러나 지금은 마음속으로부터, 그리고 진정한					805
충성심에서 '성공한 자에게는 노고도 달다'는
옛말이 옳았음을 시인하겠어요. 시민들 중에
누가 도시를 잘 지켰고, 누가 잘못 지켰는지는
심문해보시면 차차 아시게 될 것입니다.

아가멤논 아르고스와 이 나라의 여러 신들께 인사부터 드려야겠소.			810
신들의 도움으로 나는 귀국할 수 있었고, 프리아모스의
도시로부터 내가 요구한 정당한 보상도 받을 수 있었습니다.
말씀드리지도 않았는데 신들께서는 양편의 주장을
듣고는 남자들의 죽음과 일리온의 파멸을 위해
자신들의 표를 만장일치로 피의 항아리 안에 던져 넣으셨고			815
그 반대의 항아리에는 희망만이 접근했을 뿐, 그 안에
표를 던져 넣는 손은 하나도 없었다오. 지금도
함락된 도시는 연기에 의해 쉬이 알아볼 수 있을 것이오.
파멸의 돌풍은 살아 있으나 타다 남은 잿더미는 도시와 함께

죽어가며 부의 기름진 입김을 내뿜고 있을 것이오. 820
이에 대해 우리는 신들께 두고두고 감사해야 합니다.
우리는 파렴치한 강도 행위에 대해 보상을 요구했고,
그리고 도시는 한 여인으로 말미암아
아르고스의 괴물[83]에게 유린되고 말았기 때문이오.
방패를 든 백성들을 뱃속에 품은 그 말의 새끼[84]가 825
플레이아데스 별자리가 질 무렵[85] 제 발로 껑충 뛰었소.
그리하여 날고기를 먹는 사자[86]는 성벽을 뛰어넘어
왕자들의 피를 실컷 빨아먹었던 것이오.
신들을 위해 나는 이렇게 긴 서언을 말했소이다.
그대의 생각에 관해 말하자면 잘 듣고 명심해두겠소. 830
나는 그대와 동감이며 그대의 대변인이 될 것이오.
행운을 누리는 친구를 시기하지 않고 칭송하는,
그런 기질을 타고난 사람은 그리 흔치 않기 때문이오.
그러나 마음에 악의를 품고 있는 자는
그 독기로 인하여 이중의 고통을 당하는 법입니다. 835
말하자면 그는 자신의 불행으로 고통 당하는 동시에
남의 행복을 보고 탄식하기 마련이니까요.
이는 내가 확실히 알고 하는 말이오.
나는 많은 사람들과 접촉해보았습니다.
그러나 내게 가장 헌신적인 체하던 자들은 거울에 비친
그림자에 불과했소. 오직 한 사람 오뒷세우스만이 840
처음에는 마지못해 배에 올랐으나[87] 일단 마차에 매자
충성스러운 말임을 보여주었소. 하지만 나는 지금
그의 생사를 알지 못하오. 도시와 신들에 관한
그 밖의 다른 일들은 회의를 열어

모든 사람들이 모인 앞에서 의논하기로 합시다. 845
좋은 것은 앞으로도 존속시키도록 하고,
수술이 필요한 것은
재빨리 칼이나 불을 써서
병의 해악을 근절토록 노력합시다. 850
자, 이제는 집안의 화롯가로 가서
나를 멀리 내보냈다가 다시 돌아오게 하신
신들께 먼저 인사드려야겠소.
나를 따라온 승리가 오래오래 머물러 있기를!

(클뤼타이메스트라, 궁전에서 하녀들을 데리고 등장)

클뤼타이메스트라 아르고스 시민들이여, 이 자리에 와 있는 원로들이여, 855
나는 남편에 대한 내 사랑을 떳떳이 말할 수 있다고
생각해요. 세월과 함께 수줍음도 사라지기 마련이니까요.
남에게 들은 이야기가 아니라 남편이
일리온에 가 계신 긴긴 세월 나 자신이 얼마나
비참한 삶을 살아왔는지 말씀드리려는 거예요. 860
우선 무엇보다도 여자가 남편과 떨어져
독수공방한다는 것은 참으로 괴로운 일이에요.
그다음으로 괴로웠던 것은 끝임없이 비보를 듣는 일이에요.
한 사람이 나쁜 소식을 갖고 오면 곧 다른 사람이
더 나쁜 소식을 갖고 와 온 집안이 다 듣도록 865
외치는 거예요. 만약 이이가 집안에 들려오는
소문만큼 많은 상처를 입으셨다면,
몸에 그물보다 많은 구멍이 났겠지요.
그리고 들려오는 소문만큼이나 자주 전사했다면,

이이는 몸뚱이가 셋인 제2의 게뤼온[88]이 되어 870
세 겹의 흙옷을 입고 있노라고 자랑하실 수 있었을
거예요. 몸뚱이 하나가 죽을 때마다 한 번씩
죽었을 테니 말이에요. 이런 무서운 소문을 듣고
목을 매려 한 적이 한두 번이 아니었어요. 875
남들이 내 목에 맨 밧줄의 고리를 억지로 풀었기 망정이지.
(아가멤논에게) 그래서 우리 백년가약의 담보인
오레스테스는 우리 곁에 있어야 당연한데도 이곳을
떠났어요. 하지만 이상히 여기실 건 없어요.
우리의 우호적인 동맹자인 포키스의 스트로피오스[89]가 880
그 애를 잘 보살피고 있답니다. 그분은 이중의 불행을
경고했는데, 그분 말인즉 당신도 트로이아에서 어찌될지
알 수 없는 일이고, 이곳도 백성들이 통치자가 없다고
떠들다보면 민심이 동요될지 모른다는 거예요.
쓰러진 자일수록 세상 사람들은 더 세게 차는 법이니까요. 885
이것이 그 애가 출타한 이유이고 딴 일이 있었던 건 아니랍니다.
나 자신에 관해 말하자면 너무 많은 눈물을 흘려
이제는 눈물도 말라버렸어요. 더는 나올 게 있어야죠.
새벽까지 뜬눈으로 지새우다 보니 눈도 상했어요.
당신의 봉화를 기다리며 나는 울었지요. 하지만 당신의 890
봉화는 좀처럼 오르지 않더군요. 그리고 꿈결에도
각다귀 날개 소리에 깜짝 놀라 잠을 깨곤 했지요.
내가 잠든 시간에 실제로 일어날 수 있는 것보다
더 많은 고통이 당신을 엄습하는 것을 보았으니까요.
이 모든 고통을 나는 감내했어요. 그러나 이제 비탄은 895
사라졌으니, 당신이야말로 양 우리를 지키는 개와도

같고, 배를 안전하게 지키는 버팀줄과 같고,
높은 지붕을 지탱하는 기둥과 같고, 대를 이을
외아들과 같고, 절망에 빠진 선원에게 나타난
육지와 같고, 태풍이 지난 뒤의 쾌청한 날씨와 같고, 900
목마른 길손 앞에 나타난 솟아오르는 샘물과 같으세요.
오오, 온갖 고난에서 해방된 기쁨이여!
당신은 정말 이런 칭송을 받아 마땅해요.
제발 신들께서 시기하시지 않아야 할텐데! 우리는 이미
많은 고통을 참아냈으니까요. 사랑하는 낭군이여, 905
자, 이제 그만 차에서 내리세요. 하지만 왕이여,
트로이아를 짓밟던 그 발로 흙을 밟으시면 안 돼요.
(하녀들을 향해) 하녀들아, 너희는 뭘 꾸물대느냐?
길에다 융단을 깔라고 내 너희에게 이르지 않았더냐?
어서 자줏빛 길을 만들도록 해라. 정의의 여신께서 910
돌아오리라 생각지도 못한 이분을 집으로 인도하시도록.
그러면 뒷일은 잠도 정복하지 못하는 내 이 마음이
신들의 도움으로 적절히 알아서 처리할 것이다.[90]

(하녀들이 마차와 궁전 문 사이에 융단을 깔기 시작한다)

아가멤논 레다의 따님이여, 내 집의 수호자여,
내가 집을 길게도 비웠지만 915
그에 맞춰 당신 인사도 꽤나 길구려.
그러나 적절한 칭찬은 남에게 받아야 할 선물이
아니겠소! 그리고 여자처럼 나를 나약하게 대하지 마시오.
마치 동방의 군주인 양 머리를 조아리며
큰 소리로 칭찬하지 말고, 길에 천을 깔아 920

신들의 시기를 사지 않도록 하시오.
이런 의식은 신들에게나 어울리는 것이오.
인간이 어찌 화려하게 수놓은 천을 밟을 수 있겠소!
두려워서도 나는 감히 그런 짓은 못하겠소.
나는 신이 아니라 인간으로 존경받고 싶소.   925
발 멍석과 수놓은 천은 듣기에도 서로 다르며,
교만하지 않은 마음은 신이 주신 가장 위대한
선물이오. 행복한 가운데 삶을 마감하는 자만이
축복받은 자라 할 것이오. 이상으로 나는
어떻게 행동해야 마음이 편한지 이야기했소.   930

클뤼타이메스트라 그렇다면 이것도 말씀해주세요. 진심에서 그러시는 거예요?

아가멤논 알아두시오. 나는 마음에 없는 거짓말을 하는 사람이 아니오.

클뤼타이메스트라 위급시라면 당신도 나처럼 하겠다고 신들께 서약하셨을 거예요.[91]

아가멤논 잘 아는 예언자가 이런 의식을 행하도록 지시했다면 그랬겠지요.

클뤼타이메스트라 프리아모스가 이런 일을 해냈다면 어떻게 했으리라 생각하세요?   935

아가멤논 틀림없이 수놓은 천을 밟으며 걸었겠지요.

클뤼타이메스트라 그렇다면 사람들이 욕할까 두려워하지 마세요.

아가멤논 하지만 백성들의 목소리는 큰 힘이 있는 법이오.

클뤼타이메스트라 시기의 대상이 안 되는 자는 경쟁 상대도 못 돼요.

아가멤논 시비를 거는 일은 여자에게 어울리지 않아요.   940

클뤼타이메스트라 행운을 누리는 자는 져주는 것도 어울려요.

아가멤논 이 입씨름에서 이기는 게 당신에게 그리 중요한 일이오?

클뤼타이메스트라 양보하세요. 져주시면 승리는 사실상 당신 것이니까요.

아가멤논 당신 뜻이 정 그렇다면 좋소. 내 발을 위해 노예처럼
봉사해온 이 신발의 끈을 누가 지체 없이 풀도록 하라.   945
그래야만 신들에게 어울릴 법한 이 자줏빛 천을 밟는 나에게

멀리서 누군가 시기의 눈길을 보내지 않을 테니까.
은을 주고 산 귀중한 천을 흙발로 밟아 집안의
재물을 낭비하고 싶은 마음은 추호도 없노라.

(하녀 한 명이 아가멤논의 신발 끈을 풀고 신발을 벗긴다. 아가멤논이 마차에서 내린다)

이 일은 이쯤하고, 이 이방의 여인[92]을 상냥하게 집안으로   950
데려가시오. 힘이 있어도 그 힘을 온건하게 행사하는 자에게는
신께서 저 멀리서 호의의 눈길을 보내시는 법이오.
자진해 노예의 멍에를 질 사람은 아무도 없을 테니까.
이 여인은 군대가 준 선물로, 수많은 재물 중에서
특별히 나를 위해 뽑은 꽃으로서 나를 따라왔소.   955
내 당신에게 져서 이제 당신 말을 들어야 하니,
이 자줏빛 천을 밟으며 궁전 안으로 들어가겠소이다.

(아가멤논, 문 쪽으로 천천히 걸어간다)

클뤼타이메스트라 저기 바다가 있어요. 누가 그것을 말릴 수 있겠어요?
저 바다에서는 옷을 물들이는 은처럼 귀한
자줏빛 염료가 쉴 새 없이 솟아오른답니다.   960
왕이시여, 우리집에는 신들의 은총으로 그런 물건들이
풍족해요. 이 집은 가난이란 걸 모르니까요.
어떻게 하면 이이가 무사 귀환할 수 있을까 그 방법을
생각하고 있을 때, 신탁이 명령했다면, 나는
더 많은 옷이라도 발로 밟겠다고 서약했을 거예요.   965
뿌리가 살아남으면 다시 새 잎이 돋아나 지붕 위에서
그늘을 드리워 천랑성[93]의 열기를 막아주듯,
당신이 가정의 화롯가로 돌아오시니
엄동설한에 따뜻한 햇빛을 만난 것 같아요.
그리고 제우스 신께서 쓰디쓴 포도로 포도주를   970

만드실 때도, 가정을 성취하는 가장이 돌아다니면
집안이 갑자기 서늘해지는 법이지요.

(아가멤논, 집안으로 들어간다)

오오, 성취자 제우스여, 내 기도를 성취해주소서.
그리고 그대가 성취하시고자 하는 일을 유념해주소서!

(클뤼타이메스트라, 아가멤논을 따라 궁전 안으로 퇴장)

코로스94(좌1) 어인 일일까? 975
예감으로 설레는 내 가슴 앞을
마치 수호자인 양 이 두려움이
이다지도 끈덕지게 날아다니는 것은?
청하지도 않은 노래 보수도 받지 않고
예언자처럼 부르건만, 내 이를 980
뚜렷한 의미가 없는 꿈인 양
쫓아버리고 내 가슴의 왕좌에
확고한 신념을 앉힐 수 없음은
대체 어인 일일까?
무장한 함대가 일리온으로 떠날 때
매어둔 밧줄을 풀어 던지자 985
모래가 날아오르던 것도
이미 오래전 이야기가 아니던가!

(우1) 내 이제 그들이 돌아왔음을
내 이 눈으로 보아 알고 있노라.
그러나 아직도 내 가슴속 영혼은 990
희망의 신념이라고는 조금도

갖지 못한 채, 뤼라[95]도 없이
스스로 배운 복수의 여신들의
만가(輓歌)를 부르고 있노라.
인간의 내심은 헛되이 예감하지 않는 법.   995
감정이 성취의 소용돌이에서 마음을 향해
사납게 날뛰어도 마음은 정의의 응보를
알고 있도다. 그러나 내 이 두려움
부디 성취되지 말고
거짓이 되어 땅에 넘어지기를!   1000

(좌2) 아무리 좋은 건강이라도
결국은 상하고 마는 법.
담 너머 이웃에
질병이 도사리고 있는 까닭이라네.   1005
그와 같이 순풍에 돛 단 인간의 행운도
눈에 보이지 않는 암초에 걸리는 법.
그러나 재물을 구하고자 신중에 신중을 기하여
지나친 부분을 알맞게 재서
물속에 던져버린다면,   1010
과중한 풍요로 말미암아
집 전체가 침몰하는 일은 없을 것이며,
선장도 배를 바닷속에
가라앉히는 일은 없으리라.
제우스의 선물은 풍성하거늘   1015
해마다 들판에 풍작을 내려주어
기아의 고통을 쫓아주시노라.

(우2) 그러나 인간의 검은 피
한번 죽어 대지를 적시면,
어느 누가 마술로 1020
이를 되돌릴 수 있으랴?
죽은 자를 일으킬 수 있던 그이[96]조차
제우스의 제지를 받았으니,
이는 후환을 막기 위함이로다.
정해진 몫을 초과하여 1025
신들로부터 더 많은 것을
얻지 못하도록, 정해진
운명이 막지 않는다면,
내 마음 혀를 앞질러
이 모든 것을 털어놓으련만. 1030
하지만 괴로운 내 마음, 제때에 일을
성취할 가망도 없이 속만 태우며
어둠 속에서 혼자 중얼거리고 있네.

(클뤼타이메스트라 등장)

클뤼타이메스트라 그대도 안으로 들라, 캇산드라여. 1035
제우스 신께서 자비를 베풀어 그대에게
다른 노예들과 함께 집안의 제단 옆에 서서
성수(聖水)[97]에 참여하는 것을 허락해주셨으니까.
자, 너무 거만하게 굴지 말고 마차에서 내리거라.
알크메네의 아들[98]도 한때는 노예로 팔려 가 1040
별수 없이 하인들의 거친 음식을 먹었다지 않느냐?
어차피 이런 운명의 멍에를 질 바에는 대대로

부귀영화를 누려온 주인을 만난 게 천만다행이지.
뜻밖에 벼락부자가 된 자들은 하인들에게 매사에
가혹하고 깐깐하게 굴 테니까. 그러나 우리집 1045
풍습이 어떻다는 것은 방금 내게서 들었겠지.

코로스장 그대에게 하시는 말씀이오. 너무나 자명한 말씀일 텐데.
기왕 운명의 올가미에 걸려든 이상 복종하도록 하구려,
복종하겠다면. 하지만 복종하고 싶지 않은 모양이구려.

클뤼타이메스트라 제비처럼 알아들을 수 없는 1050
다른 나라 말로 지껄이지만 않는다면
말로 설득할 수 있으련만.

코로스장 따라가구려. 지금은 이분 말씀을 따르는 게 좋소.
여기 이 마차 위 자리에서 내려와 복종하시오.

클뤼타이메스트라 여기 문밖에서 이러고 있을 시간이 없어. 1055
집안의 큰 화롯가에는 벌써 제물로 바칠
양들이 준비되어 있다고. 그러니 내 말대로 할
생각이 있거든 어서 서두르도록 해라.
하지만 아직도 내 말을 못 알아듣겠다면 1060
야만인들처럼 손짓이라도 해보든지.

코로스장 이방의 이 여인에게는 똑똑한 통역이 필요한 듯하오.
그 태도가 갓 잡혀온 야수 같으니 말이오.

클뤼타이메스트라 확실히 돌았군. 말을 안 듣기로 작정한 모양이야.
함락된 도시를 떠나 방금 이곳으로 온 터라 1065
피거품을 토하며 자만심을 버리기 전에는
아직 재갈을 물 생각이 없는 모양이야.
더이상 말을 말아야지. 결국 내 망신이니까.

(클뤼타이메스트라 퇴장)

코로스장 내 그대가 불쌍해 화를 내지는 않겠소. 자, 마차에서
내려요, 불행한 여인이여. 그리하여 몸에 익지 않은   1070
이 굴종의 멍에를 자진해 지도록 하구려.

(좌1)⁹⁹

캇산드라 아아, 슬프고 슬프도다.
아폴론이여, 아폴론이여!
코로스장 어인 일로 록시아스¹⁰⁰를 부르며 그다지도 애통해하시오?
만가가 어울리는 분은 아닌데.   1075

(우1)

캇산드라 아아, 슬프고 슬프도다.
아폴론이여, 아폴론이여!
코로스장 불길한 목소리로 그분을 또 한 번 부르는구려.
그러나 그분은 결코 비탄의 소리와는 어울리지 않을 것이오.
(캇산드라, 마차에서 내려 궐의 문을 향해 걷기 시작한다.
조금 걷다가 문 앞에 아폴론의 석주상이 있음을 발견한다)

(좌2)

캇산드라 아폴론이여, 아폴론이여,   1080
길의 신이여, 나의 파괴자¹⁰¹여,
그대는 두 번씩이나 나를 완전히 파괴하시는군요.
코로스장 보아하니, 자신의 불행을 예언하려는 모양인데
노예가 된 마음에도 신의 선물¹⁰²은 그대로 남아 있구려.

(우2)

캇산드라 아폴론이여, 아폴론이여,   1085

길의 신이여, 나의 파괴자여,

아아, 나를 어디로 데려오셨나요? 이 무슨 집으로?

코로스장 아트레우스의 아들들 집이오. 모르겠다면 내 그대에게 말해주겠소. 설마 내 말이 거짓이라고는 못하겠지.

(좌3)

캇산드라 아아, 아아!

신을 두려워하지 않는 집. 친족을 살해하고, 1090

목을 베고 얼마나 많은 악행이 저질러졌던가!

남자들의 도살장, 땅 위에 피를 뿌리는 곳.¹⁰³

코로스장 이 이방의 여인이 개처럼 냄새를 잘 맡는구먼.

꼭 찾아낼 만한 살인만을 뒤쫓으니 말이오.

(우3)

캇산드라 여기 믿을 만한 증거가 있어요. 여기 자신들이 1095

도살되었다고 슬피 우는 어린아이들이 있고,

아비들이 먹어치운, 불에 구운 살점도 있네요.

코로스장 그대가 예언 잘한다는 말은 우리도 들어 알고 있소만,

우리가 찾는 것은 예언자가 아니오.

(좌4)

캇산드라 아아, 끔찍도 하여라. 이 무슨 음모인가? 1100

이 무슨 새로운 불행인가? 이 집의 안쪽에서는

너무나 끔찍한 악행을 꾸미고 있어요.

혈육간에는 참을 수 없는 일을,

도저히 구제할 길 없는 일을 말이에요.

　　　　　하지만 구원의 손길은 저 멀리 떨어져 있어요.
코로스장　방금 한 예언은 전혀 모르는 일이나, 아까 한 말이라면   1105
　　　　　나도 아는 바요. 온 도시가 떠드는 말이니까.

(우4)

캇산드라　아아, 가엾은 여인! 그런 짓을 하려 하다니!
　　　　　잠자리를 같이하는 남편을
　　　　　욕조에서 깨끗이 씻긴 뒤 –
　　　　　내 어찌 끝까지 말하리?
　　　　　곧 끝장이 날 것을!   1110
　　　　　벌써 손을 자꾸만 앞으로 내밀고 있네요.
코로스장　아직도 알아듣지 못하겠구려. 그녀의 수수께끼 같은 이야기
　　　　　애매모호한 신탁처럼 나를 더욱 어리둥절하게 할 뿐.

(좌5)

캇산드라　아아, 슬프고 슬프도다! 여기 보이는 것은 뭐지?
　　　　　지옥의 그물[104]인가? 아니, 그와 잠자리를 같이한,   1115
　　　　　살인에 가담한 덫[105]이로구나. 이 가문에 깃든
　　　　　탐욕스러운 불화여, 돌로 쳐죽임으로써
　　　　　복수하게 될[106] 제물을 보고 환성을 올리려무나!
코로스장　어인 일로 그대는 복수의 여신들더러 이 집을 보고
　　　　　소리치라는 것이오? 그대의 말은 달갑지 않구려.   1120
코로스　노랗게 물든[107] 핏방울이 내 심장으로 몰려드는구려.
　　　　　이러한 핏방울은 창에 맞아 쓰러진 자들에게,
　　　　　꺼져가는 생명의 석양과 함께 찾아오는 것이오.
　　　　　그리하여 순식간에 파멸이 덮치는 것이오.

(우5)

캇산드라 아아, 보세요. 저것 보세요. 암소에게서 황소를 1125
떼어놓으세요. 그녀가 옷으로 그를 싸잡아
뿔 달린 검은 흉기[108]로 내리치니, 그가 물이 담긴
그릇 속[109]으로 쓰러지고 있네요. 사람을 음흉하게
죽이는 가마솥[110]의 흉계를 말하는 거예요.

코로스장 내가 신탁풀이를 썩 잘한다고 자랑할 수는 없지만 1130
이건 아무래도 불길한 일인 듯하오.

코로스 그러나 신탁이 언제 인간들에게
반가운 소식을 전한 적이 있었습니까?
예언자들의 수다스러운 재주는 불행을
말함으로써 공포를 가르쳐줄 뿐이오. 1135

(좌6)

캇산드라 아아, 이 가엾은 여인의 불행한 운명이여!
불행의 잔을 채우며 통곡하는 것이 내 자신의 고통이로구나.
어쩌자고 이 가엾은 여인을 이리로 데려왔나요?
결국 같이 죽게 하려고? 그 밖에 또 무슨 이유가 있나요?

코로스장과 신이 들려 그대는 아무래도 제정신이 아닌 것 같구려. 1140
코로스 울어도, 울어도 시원치 않아 서글픈 마음으로
"이튀스, 이튀스!" 하고 부르며
불행한 자신의 일생을 통곡하는
밤꾀꼬리[111]와 같이 자신에 관하여
곡조도 없는 노래를 부르고 있으니 말이오. 1145

(우6)

캇산드라 아아, 노래하는 밤꾀꼬리의 죽음이여![112]
신들께서는 날개 달린 모습과 눈물 없는
즐거운 삶을 밤꾀꼬리에게 주셨지요.
그러나 나를 기다리는 것은 쌍날칼에 찢기는 것.

코로스장과 코로스 하늘이 보낸 이 격렬하고 무익한　　　　　　　　　　1150
고통의 출처가 대체 어디기에
그대는 알아들을 수 없는 큰 소리로
이토록 무서운 노래를 부르는 거요?
불행을 말하는 이 예언의 노래를
그대는 대체 어디서 배웠소?　　　　　　　　　　　　　　　1155

(좌7)

캇산드라 아아, 결혼이여, 결혼이여,
친척들에게 파멸을 안겨준 파리스의 결혼이여!
아아, 내 조국의 강물 스카만드로스여!
가련한 이 몸, 한때는 네 기슭에서　　　　　　　　　　　　1160
크고 자랐건만 이제 곧
코퀴토스 강변과 아케론[113]의 기슭에서
내 예언을 노래하게 되었구나.

코로스장과 코로스 그대가 그토록 알아듣기 쉽게 말하다니
어린애라도 알아들을 수 있겠구려.
그대의 애절한 노래, 듣기에도 애처로우니
그대의 잔혹한 운명에　　　　　　　　　　　　　　　　　1165
내 가슴은 치명상을 입는구려.

(우7)

캇산드라 아아, 고통이여, 고통이여,
완전히 멸망한 도시의 고통이여!
아아, 아버지께서 성벽 앞에서 아낌없이
바치셨던 풀을 뜯던 양떼들의 제물이여!
그것들도 이 비참한 운명에서　　　　　　　　　　　1170
도시를 구하지 못했구나.
나 또한 머지않아 뜨거운 피를 땅에 뿌리리라.

코로스장과 이렇게 똑같은 말투로 말에 말을
코로스 잇는 걸 보니, 어떤 사악한 힘이
그대를 무겁게 짓누르며　　　　　　　　　　　　　1175
쓰라린 고통을 노래하게 함이 분명하오.
그러나 어떻게 끝이 날지 나는 알지 못하네.

캇산드라 자, 이제부터 내 예언은 갓 결혼식을 올린 신부처럼
면사포 사이로 내다보는 그런 예언이 되지 않고,
신선한 바람처럼 환히 빛나며 떠오르는 태양을 향해　1180
세차게 불어갈 것인즉, 그러면 그보다 더 큰
불행이 밝은 빛을 향해 파도처럼 밀려들 거예요.
이제 더이상 수수께끼 같은 말은 하지 않겠어요.
그리고 내가 바싹 뒤쫓으며 먼 옛날 저질러진 악행의
자국을 냄새 맡거든 여러분이 증인이 되어주세요.　　1185
합창가무단이 한시도 이 집을 떠나지 않고 있네요.
하지만 그들의 노래가 듣기 좋은 것은 아니에요.
그들이 들려주는 말은 즐겁지 못하니까요. 그들은 인간의 피를
빨아먹고 점점 대담해졌어요. 이 집안과 일족간인 복수의 여신들

무리가 이 집에 산단 말이에요. 이 주정뱅이들은 내쫓지도 못해요.   1190
그들은 방을 몽땅 차지하고 그들의 노래를 불러요.
이 모든 재앙의 단초가 된 눈먼 마음을 노래해요.
그리고 형의 침상을 짓밟은 자[114]를 증오하며 차례차례
그 침상을 저주하고 있네요. 내가 잘못 맞혔나요, 아니면
궁수처럼 바로 맞혔나요? 아니면 이집 저집 찾아다니는 수다스런   1195
돌팔이 예언자인가요? 그렇다면 이 집안의 오래된 악행을
들은 바도, 아는 바도 없다고 맹세하고 그 증거를 대보세요.

코로스장 제아무리 굳게 맹세한들 지금 와서 그게 우리에게
무슨 도움이 되겠소? 하지만 우리와 다른 말을 쓰며
바다 건너 저편에서 자란 그대가 마치 이곳에 있었던 양   1200
사실을 바로 알아맞히니 감탄하지 않을 수 없구려.

캇산드라 예언자 아폴론이 내게 그런 임무를 주셨지요.

코로스장 신이신 그분께서도 연정의 포로가 되셨던가요?

캇산드라 전에는 이런 말을 하는 것을 창피하게 여겼어요.

코로스장 형세가 좋을 때는 누구나 까다롭게 구는 법이오.   1205

캇산드라 그래요. 그분은 내게 강렬한 은총의 입김을 내뿜는 씨름꾼이었지요.

코로스장 그렇다면 그대들도 남들처럼 아이를 낳았나요?

캇산드라 약속은 했으나 결국 내가 록시아스를 속였지요.

코로스장 그때는 이미 예언의 능력을 부여받은 뒤인가요?

캇산드라 나는 이미 백성들에게 닥쳐올 모든 재앙을 예언했지요.   1210

코로스장 그렇다면 틀림없이 록시아스의 노여움에 무사하지 못했을 텐데?

캇산드라 그분을 배신한 뒤로 아무도 내 말을 믿어주지 않았어요.

코로스장 하지만 우리에게는 그대의 예언이 믿을 만해 보이오.

캇산드라 아아, 아아, 이 고통!
진정한 예언자의 무서운 고통이 또다시   1215

전주가를 부르며 맹렬한 기세로 나를 엄습해요.
저기 어린아이들이 꿈속의 환영 같은 모습을 하고
집 바로 옆에 앉아 있는 것이 보이지 않으세요?
친족들에게 살해된 어린아이들이네요. 손에는
식탁에 오른 자신들의 살점을 잔뜩 들었어요.　　　　　　　　1220
그리고 그들 아버지가 먹어치운 끔찍한 내장덩어리를
든 모습도 또렷해요. 그래서 누군가
복수할 음모를 꾸미고 있어요. 어떤 비겁한 사자[115]가
집안에 도사리고 앉아 침상에서 뒹굴며 돌아오는 주인에게,
내 주인에게 – 내가 그분의 멍에를 져야 하니　　　　　　　　1225
그분은 내 주인인 셈이지요 – 음모를 꾸미고 있단 말이에요.
하지만 함대의 사령관이요 트로이아의 정복자인 그분은,
더러운 암캐의 혓바닥이 음흉한 아테처럼 반가운 표정을
지으며 그럴싸한 말을 길게 늘어놓자, 악의 축복을 받으며
그녀가 대체 무슨 짓을 저지를지 모르고 있어요.　　　　　　　1230
그녀는 그만큼 대담해요. 아내 된 몸으로 남편을 죽이다니!
대체 어떤 가증스러운 괴물의 이름으로 그녀를 불러야
어울릴까요? 쌍두사(雙頭蛇)라 할까요, 아니면 선원을
잡아먹으며 바위틈에 사는 스퀼라[116]라 할까요? 아니면
가족에게 끝없는 전쟁을 걸어오는 광기에 사로잡힌　　　　　　1235
지옥의 어머니라 할까요? 참 뻔뻔스럽기도 하지.
전쟁에서 돌아온 개선장군인 양 승리의 환호성까지 지르다니.
그러고도 그분이 무사히 돌아온 것을 반기는 체하다니!
물론 내 말을 안 믿어도 괜찮아요. 올 것은 오고야 마니까.
이제 그대는 곧 현장 목격자가 되어 연민의 눈물을 흘리며　　　1240
나를 너무나 진실한 예언자였다고 말하게 되겠지요.

78

| 코로스장 | 제 자식들의 살점을 먹은 튀에스테스의 잔치라면
| | 나도 알고 있소. 그리고 상상을 통해서가 아니라
| | 사실 그대로를 듣고 나니 공포와 전율이 나를 사로잡는구려.
| | 그러나 나머지 이야기는 전혀 종잡을 수 없소. 1245
| 캇산드라 | 아가멤논의 죽음을 보시게 될 거란 말이에요.
| 코로스장 | 닥치오, 가련한 여인이여. 그런 불길한 말은 입 밖에 내지 마오.
| 캇산드라 | 그러나 내가 말하는 이 일을 관장하시는 분은 구원자가 아니에요.
| 코로스장 | 그런 일이 일어난다면, 물론 아니겠지. 제발 일어나지 말았으면!
| 캇산드라 | 그대는 기도하지만 그들은 죽이려 해요. 1250
| 코로스장 | 그런 끔찍한 짓을 저지르려는 자가 대체 어떤 놈이란 말이오?
| 캇산드라 | 그대는 내 예언을 전혀 알아듣지 못하고 있어요.
| 코로스장 | 글쎄, 나는 이 계획을 실행하려는 자들이 누군지 모르니까.
| 캇산드라 | 하지만 나는 헬라스 말을 너무나 잘 알고 있는걸요.
| 코로스장 | 퓌토[117]의 신탁도 헬라스 말이긴 하나 역시 이해하기 어렵소. 1255
| 캇산드라 | 아아, 슬프도다.
| | 어찌 이리 맹렬한 불길이 나를 엄습할까!
| | 아아, 아아,
| | 뤼케이오스[118] 아폴론이여, 아아, 가련한 내 운명이여!
| | 그녀는 고귀한 수사자가 집을 비운 사이
| | 늑대와 잠자리를 같이한 두 발 달린 암사자이거늘,
| | 그녀가 이제 이 가련한 여인을 죽이려 해요. 약을 조제하는 1260
| | 이처럼 제가 만든 독약에 나에 대한 보복까지 첨가할 거예요.
| | 그녀는 남편에게 칼을 갈면서 나를 데려온 것에
| | 죽음의 복수를 하겠노라 큰소리를 치고 있어요.
| | 하거늘 나는 무엇 때문에 망신스럽게 이따위 장식들과
| | 지팡이와 예언자의 목 띠를 아직도 지니고 있는지! 1265

내 운명의 시간이 오기 전에 너라도 부수어놓으리라.
부서져라! 땅에 떨어진 이 순간이나마 네게 앙갚음하리라.
나 대신 다른 여인을 네 저주와 불행으로 가득 채우려무나.
보세요, 아폴론이 내 예언의 옷을 벗기고 있어요.
그분은 내가 이 옷을 입고 크게 조롱당하는 걸 1270
보았어요. 나는 친구들[119]에게 조롱당했지요.
친구들은 나를 미워했고, 분명 제정신들이 아니었어요.
그리고 나는 떠돌이 비렁뱅이 예언자처럼
"배를 곯는 가련한 거지"라고 불러도 꾹 참았지요.
한데 이제 예언자인 그분이 예언자인 내게 빚을 1275
갚으라며 이런 죽음의 운명으로 나를 인도하셨어요.
아버지의 제단 대신 도마가 나를 기다려요. 내가
장례 제물로 죽을 때 내 뜨거운 피로 붉게 물들 도마.
그러나 신들은 우리의 죽음을 반드시 복수해주실 거예요.
우리의 원수를 갚아줄 다른 사람이 와요. 어미를 죽여 1280
아버지의 원수를 갚을 자식[120]이 올 거란 말이에요.
지금 그는 고국을 떠나 비참한 유랑 생활을 하지만
언젠가 돌아와 가문을 위해 이 모든 악행의 갓돌을 놓게
될 거예요. 땅속에 누운 아버지의 시신이 그를 고향으로
인도할 거예요. 한데 나는 왜 이렇듯 처량하게 울고 있지? 1285
이미 일리온의 도시가 그토록 비참한 종말을
고하는 것을 보았고, 또 그 도시를 함락한 자들도
신들의 심판에 의해 이렇게 죽어가는 것을 보았으니,
가서 나도 용감하게 죽음을 감당하겠어요.
여기 이 문을 저승의 문으로 알고 인사하겠어요. 1290
비노니, 제발 단 한 번의 치명적인 일격에 피를 쏟으며

	버둥대지 않고 편안한 죽음을 맞게 해다오.	
	그러면 나는 눈을 감고 고이 잠들 테니까.	
코로스장	아아, 정녕 가련하면서도 정녕 지혜로운 여인이여,	1295
	그대는 무척이나 많은 이야기를 했소. 하지만 진실로	
	자신의 죽음을 안다면, 어째서 신에게 끌려가는 암소처럼	
	그토록 겁도 없이 제단을 향해 걸어가는 것이오?	
캇산드라	피하려 해도 이젠 피할 수 없어요, 이방인들이여!	
코로스장	하지만 최후의 시간은 언제나 가장 소중한 법이오.	1300
캇산드라	그날이 온 거예요, 도망쳐도 별 소용 없는.	
코로스장	알아두시오. 그대야말로 용감하고 참을성 많은 사람이오.	
캇산드라	행복한 사람은 그런 말을 듣지 않지요.	
코로스장	하지만 명성을 얻고 죽는다는 것은 인간에게는 하나의 은총이오.	
캇산드라	아버지, 나는 아버지와 아버지의 고귀한 자녀들을 위해 슬퍼해요.	1305
	(캇산드라, 문턱을 넘으려다 말고 뒷걸음친다)	
코로스장	왜 그러시오? 뭐가 무서워 뒷걸음치는 거요?	
캇산드라	아아, 슬프도다!	
코로스장	왜 그러시오? 공포의 환영이 그대를 사로잡은 것은 아니오?	
캇산드라	이 집이 피가 뚝뚝 듣는 살인의 입김을 내뿜고 있네요.	
코로스장	그럴 리가? 화롯가에서 흘러나오는 제물 냄새겠지요.	1310
캇산드라	이것은 무덤에서 나오는 것과 같은 증기예요.	
코로스장	이 집을 영광으로 가득 채우는 쉬리아 산(産) 방향은 말도 않고.	
캇산드라	가겠어요. 가서 집안에서 내 자신의 운명과 아가멤논의	
	운명을 슬퍼하겠어요. 나는 살 만큼 살았어요.	
	(다시 걸음을 멈춘다) 아아, 이방인들이여, 나는 덤불을 피하는	1315
	새처럼 결코 두려워 비명을 지르는 게 아니에요.	
	그러니 여인인 나로 인하여 한 여인이 죽고,	

　　　　　악처를 만난 남자로 인하여 한 남자가 쓰러지거든,
　　　　　여러분은 내가 어떻게 죽었는지 증언해주세요.
　　　　　내 죽음을 앞두고 이런 호의를 여러분에게 부탁해요.　　　　1320
코로스장　가엾은 여인이여, 그대가 예언한 죽음에 동정을 금할 수 없구려.
캇산드라　한마디만, 아마도 내 자신의 만가가 될 한마디만 할게요.
　　　　　나는 이 마지막 햇빛을 향해 태양신에게 빌겠어요.
　　　　　내 복수자들이 살인자들을 베어 눕힐 때
　　　　　왕의 죽음뿐 아니라, 비록 간단히 없애버릴 수 있는　　　　1325
　　　　　노예의 몸이어도 나의 죽음에도 복수해달라고 말이에요.
　　　　　아아, 가련하구나, 인간의 운명이여! 행복할 때는
　　　　　하나의 그늘이 행복을 뒤바꾸어놓고, 불행할 때는
　　　　　젖은 해면이 한꺼번에 그림을 지워버리는구나!
　　　　　더불어 후자는 전자보다 한결 애통한 일이로다.　　　　　1330

　　　　　(캇산드라, 궁전 안으로 퇴장)

코로스　인간은 부귀영화에 만족할 줄 모르는 법.
　　　　남들이 손가락을 들어 가리키는 궁전을 가졌어도
　　　　"이젠 더이상 들어오지 마!"라며
　　　　행운을 물리치는 자 아무도 없도다.
　　　　여기 이 사람을 보시오. 축복받은 신들은　　　　　　　　　1335
　　　　그에게 프리아모스의 도시를 함락케 하였고
　　　　그는 하늘의 영광 속에서 고향에 돌아왔다네.
　　　　그러나 그런 그가 선조들이 흘린 피의 대가를 치러야 하고,
　　　　죽은 자들에게 자신의 죽음으로 죽음을
　　　　보상해야 한다면, 죽어야 할 인간들 중에　　　　　　　　　1340
　　　　누가 이 말을 듣고도 재앙을 모르는

	행운을 타고났다 자랑할 수 있을까?	
아가멤논	(궁전 안에서) 아아, 정통으로 가격 당했구나. 치명타로다!	
코로스장	조용히들 해요. 누군가 치명타를 입었다고 소리치지 않는가?	
아가멤논	아아, 또 한 번. 두 번째로 당하는구나.	1345
코로스장	왕의 신음 소리로 미루어 범행이 이미 저질러진 모양이오. 무슨 좋은 방안이 있을지 함께 의논해봅시다.	
	(열두 노인들, 차례차례 말한다)	
코로스1	거리낌없이 내 의견을 말하겠소. 전령들을 시켜 시민들을 지체 없이 이 궁전으로 불러 모으는 것이 좋겠소이다.	
코로스2	내 생각 같아서는, 지금 당장 안으로 뛰어들어 칼에 아직 피가 묻어 있는 동안 범행을 확인하는 게 좋을 듯하오.	1350
코로스3	나도 그 제안에 동의하오. 무슨 행동이든 행동을 해야 하오. 지금은 지체할 때가 아니오.	
코로스4	이것은 분명 우리 도시에 참주정치[121]를 하겠다는 전조요. 그들의 행동이 이를 말해주고 있소.	1355
코로스5	우리가 우물쭈물하기 때문이오. 하지만 그들은 신중(愼重)의 명예를 짓밟고 있고, 그들의 손은 쉴 줄 모르오.	
코로스6	어떤 계획을 제시해야 할지 나는 모르겠소이다. 계획을 세우는 것은 역시 행동하는 자가 할 일이오.	
코로스7	나도 같은 생각이오. 죽은 사람을 말로써 다시 일으켜 세울 방도를 나는 알지 못하기 때문이오.	1360
코로스8	그렇다면 목숨을 연장하기 위해 이 집을 더럽힌 자들을 우리 통치자로 떠받들겠단 말씀인가요?	
코로스9	그건 안 될 말, 차라리 죽는 편이 낫지. 죽음이 참주정치보다는 더 나은 운명이니까.	1365
코로스10	하지만 신음 소리만 듣고 그분께서 돌아가셨다고	

		확실히 말할 수 있겠소?
코로스 11	먼저 확실히 파악한 다음 이 일을 논의합시다.	
	추측과 확실한 지식은 전혀 별개의 것이오.	
코로스장	여러 모로 생각해보니, 먼저 아트레우스의 아드님께서	
	어떡하고 계신지 확실히 알아보는 것이 좋을 듯하오.	1370

(그들이 결정을 내리지 못하고 있는 사이 문들이 활짝 열리며, 클뤼타이메스트라가 욕조 옆에 서 있는 것이 보인다. 욕조에는 수놓은 큰 옷에 덮인 채 아가멤논의 시신이 누워 있다. 바로 옆으로 캇산드라의 시신이 누워 있다)

클뤼타이메스트라	아까는 그 상황에 맞춰 많은 말을 했는데,	
	지금은 그와 반대되는 말을 한다고 부끄럽게 여기지 않소.	
	해치우려는 적이 친구인 척하는데, 그렇게 하지 않고서야	
	어찌 그 적이 훌쩍 뛰어넘어 달아나지 못하도록	1375
	재앙의 그물로 울타리를 높이 칠 수 있겠소?	
	해묵은 불화를 끝내줄 이 결전을 나는 오래전부터	
	계획하고 있었고 이제 드디어 성취했을 따름이오.	
	그를 내리친 그 자리에 나는 서 있소. 일을 끝내고 말이오.	
	그가 자신의 운명을 피하거나 막지 못하도록	1380
	나는 이렇게 해치웠고 부인하고 싶지 않소.	
	나는 끝없는 그물을 고기잡이 그물처럼 그에게 던졌소.	
	재앙으로 가득찬 이 옷 말이오. 그러고는 그를	
	두 번 내리쳤소. 그러자 두 번의 신음 소리를 내고는	
	그는 그 자리에 사지를 뻗었소. 그가 쓰러지자	1385
	세 번째 타격을 가했소. 세 번째 타격은 죽은 자의	
	구원자인 지하의 제우스[122]에게는 반가운 제물이었지요.	
	이렇게 쓰러지며 그는 자신의 목숨을 토해냈소.	
	그리고 그는 단검처럼 날카롭게 피를 내뿜으며	

피이슬의 검은 소나기로 나를 쳤소. 그래서 나는 1390
이삭이 팰 무렵 제우스의 풍성한 비의 축복을 받아
기뻐하는 곡식 못지않게 기뻤소. 일이 이러하니
여기 있는 아르고스의 원로들이여, 기뻐할 테면 기뻐하시오.
나는 이 일을 자랑스럽게 여기오. 그리고 시신에
제주를 붓는 것이 격식에 맞는다면, 이러한 내 행동[123]은 1395
정당하다 할 것이오. 정당하고말고요. 이 사람은
집안에 그토록 많은 저주스러운 악으로 잔을 채워놓고는
이제 귀국해 스스로 그 잔을 비우고 있으니 말이오.

코로스장 그토록 대담한 말을 하는 그대의 혀가 놀랍기만 합니다.
제 남편을 향해 그토록 큰소리를 치다니! 1400

클뤼타이메스트라 지각없는 여자인 양 그대가 나를 시험하는구려.
하지만 조금도 겁내지 않고 나는 그대에게 말하겠소.
그대는 알 만한 사람이니까. 그대가 나를 칭찬하든
비난하든 아무래도 좋아요. 여기 이 사람이 내 남편
아가멤논이오. 하지만 지금은 시신이오. 올바른 일꾼인 1405
내 오른팔이 해놓은 일이오. 일이 지금 이렇게 되었소.

(좌1)

코로스 오오 여인이여,
그대는 땅에서 자란 독초를 먹었소,
아니면 바다에서 솟은 독액을 마셨소?
대체 무슨 독약을 먹고 자랐기에 그대는
이토록 백성들의 원성과 저주를 짊어지는 것이오?
그대는 자르고 던졌으니,[124] 시민들의 격렬한 1410
증오의 대상이 되어 도시에서 추방될 것이오.

클뤼타이메스트라 지금 그대는 내게 도시로부터의 추방과 시민들의 증오와
백성들의 원성과 저주라는 판결을 내리는구려.
하지만 그대는 여기 이 사람이 트라케의 바람을
잠재우기 위해 내 산고(産苦)의 소중한 결실인 1415
그 자신의 딸을 제물로 바쳤을 때는 잠자코 있었소.
탐스러운 털을 가진 수많은 양떼 중 한 마리가 죽는 것처럼
그는 제 자식의 죽음을 대수롭지 않게 여겼소.
부정(不淨)한 짓을 대가로 이 나라에서 추방했어야 할 사람은
바로 이 사람이 아닌가요? 한데 그대는 내 행동을 1420
심리할 땐 엄한 판관이 되었구려. 그대에게 이르노니,
나도 그대 못지 않게 대비한다는 사실이나 알고
협박을 해요. 그대가 힘으로 나를 이긴다면 그대가 나를
지배하게 되겠지만, 신께서 그와 반대되는 결정을 내리신다면
그대는 늦게나마 겸손이 무엇인지 배우게 될 것이오. 1425

(우1)

코로스 크고 대담하도다, 그대의 생각은!
오만불손하도다, 울려 퍼지는 그대의 말들은!
피가 뚝뚝 듣는 이 일에 그대의 마음이 뒤집혔음에랴.
그대 두 눈에 핏자국이 선명하구나.
그러나 그대는 이제 그 죗값으로 친구들을 잃고,
주먹을 썼으니 주먹으로 되받게 되리라. 1430

클뤼타이메스트라 그렇다면 그대는 정당한 내 맹세도 들으시오.
내 자식의 원수를 갚아주신 정의의 여신과 아테와
복수의 여신들에게 나는 이 사람을 제물로 바쳤거늘,
이들 여신의 이름으로 맹세하건대 여전히 내게 충성을

다하는 아이기스토스가 내 화로에 불을 지피는 동안에는 1435
나를 위해 희망이 공포의 집을 거니는 일은 없을 것이오.[125]
우리에게 아이기스토스는 작지 않은 신뢰의 방패니까요.
여기 제 아내를 모욕하고 일리온 앞에서
크뤼세이스[126]들을 농락하던 사람이 누워 있소.
그리고 창으로 얻은 그의 포로며 점쟁이며 1440
그의 충실한 첩이던 여인도 누워 있소.
이 여인은 그의 잠자리 친구였으며 함선 위에서는
나란히 앉아 있었소. 이들은 응분의 보답을 받은 셈이오.
그는 내가 말한 그대로 죽었고, 그의 애인이던 그녀는
백조처럼 자신의 마지막 만가를 부르고 나서 1445
여기 누웠소. 그리하여 그녀는 나의
성대한 잔치에 더한 맛을 내는 양념이 된 셈이오.

(좌2)

코로스 아아, 고통도 없고 병석에 오래 눕지도 않는
어떤 운명이 내게 다가와 끝날 줄 모르는
영원한 잠을 내게 가져다준다면! 1450
이제 우리의 상냥하신 보호자
한 여인의 소행으로
많은 고통을 당한 뒤 누워 계시니
그 여인의 손에 목숨을 잃었기 때문이라네.

(종가)

코로스 아아, 헬레네여, 그대 미친 헬레네여,
그대 혼자서 그 많은 생명을 1455

트로이아의 성벽 밑에서 전멸시키다니!

이제 그대 마지막으로 잊지 못할 완전한 화환으로,

씻지 못할 피로 자신을 장식했구려!

철벽 같은 이 집에 남편의 파멸을 초래하는 1460

불화가 생긴 것은 진정 그때[127]였다네.

클뤼타이메스트라 이 일에 상심하여

죽음의 운명을 기구하지도 말고,

그대의 노여움을 헬레네에게 돌리지도 마시오.

또한 그녀를 남자들의 파괴자라거나, 그녀 혼자서 1465

수많은 다나오스 백성들의 생명을 파괴함으로써

견딜 수 없는 슬픔을 가져다주었다고 말하지도 마시오.

(우2)

코로스 이 집과 탄탈로스의 두 자손[128]에게 덮친 악령이여,

그대는 두 여인[129]을 통해 똑같은 힘을 과시하며 1470

내 심장을 찢어 놓는구나.

그는 밉살스러운 까마귀처럼 시신 위에 앉아

곡조도 없는 노래를 부르며 뻐기는구나.

클뤼타이메스트라 세 번씩이나 게걸스레 먹어치운[130] 1475

이 집안의 악령을 부르는 걸 보니,

이제 그대도 생각을 고친 듯하구려.

다름 아닌 그의 소행으로 말미암아 피를 빨려는

욕망이 뱃속에서 자랐으며, 묵은 고통이

끝나기도 전에 새 종기가 곪았던 것이오. 1480

(좌3)

| 코로스 | 그대는 집안을 좀먹고, 무서운 원한을
| | 품고 있으며, 사악한 성공에 물리지 않는
| | 강력한 악령을 칭찬하지만,
| | 아아, 그것은 나쁜 칭찬이라오.
| | 아아, 슬프도다. 이 모두 제우스의 뜻일지니, 1485
| | 만사의 원인이며 만사의 실행자이신 제우스 없이
| | 무슨 일이 필멸의 인간들에게 이루어지리?
| | 이 가운데 어느 것도 신께서 결정하지 않은 것이 있으리?
| | 아아, 왕이시여, 왕이시여,
| | 내 그대를 위해 어떻게 울어야 하나이까? 1490
| | 그대를 사랑하는 이 마음 무어라 말해야 하나이까?
| | 그대는 처참하게 숨을 거두고
| | 거미줄에 걸리어 여기 누워 계시나이다.
| | 아아, 슬프도다.
| | 아내의 손에 쌍날 흉기를 맞고
| | 음흉한 죽음을 당한 채 1495
| | 여기 이렇듯 비천하게 누워 계시나이다.
| 클뤼타이메스트라 | 그대는 이것이 내 소행이라 믿고 있구려.
| | 하지만 나를 아가멤논의 아내라 생각하지 말아요.
| | 무자비한 잔치를 베푼
| | 아트레우스의 악행을 1500
| | 복수하는 해묵은 악령이
| | 여기 죽어 있는 자의 아내의 모습을 하고 나타나
| | 어린것들에 대한 보상으로, 마지막을 장식하는
| | 제물로서 이 성숙한 어른을 죽인 것이오.

(우3)

코로스 그대가 이 살인과 무관하다고 1505
누가 증언하겠소? 그건 안 될 말이오.
하지만 아버지의 죄악에서 생겨난
복수의 악령은 그대를 도와주겠지요.
솟아오르는 혈족의 피의 흐름 속을
늙고 검은 아레스[131] 폭력을 휘두르며 1510
사납게 달리니, 그는 가는 곳마다
어린것들을 잡아먹는 서리를 내릴 것이오.
아아, 왕이시여, 왕이시여,
내 그대를 위해 어떻게 울어야 하나이까?
그대를 사랑하는 이 마음 무어라 말해야 하나이까? 1515
그대는 처참하게 숨을 거두고
거미줄에 걸리어 여기 누워 계시나이다.
아아, 슬프도다.
아내의 손에 쌍날 흉기를 맞고
음흉한 죽음을 당한 채
여기 이렇듯 비천하게 누워 계시나이다. 1520

클뤼타이메스트라 이 사람이 비천한 죽음을 당했다고
난 생각지 않소. 집안으로
재앙을 불러들이기 위해
그는 물론 간계를 쓰지는 않았소.
내가 그에게서 잉태한 내 자식을,
두고두고 눈물을 흘리게 한 이피게네이아를 1525
그는 남들이 보는 앞에서 공공연히 죽였으니까.
그는 자기 행동에 대한 응분의 벌을

90

받은 것이오. 칼에 찔려 죽음으로써
죗값을 치른 셈이니 저승에 가서도
그는 큰소리치지 못할 것이오.

(좌4)

코로스 집이 무너져 내리고 있건만   1530
 마음속에 확고한 대책이 없으니,
 내 어디로 가야 할지 모르겠구나.
 쉬엄쉬엄 소나기는 그쳤어도, 억수 같은
 피의 비가 집을 무너뜨릴까 두렵구나.
 그리고 운명은 새로운 악행을 성취하고자   1535
 새 숫돌에 정의의 칼날을 갈고 있구나.

(종가) 오오, 대지여, 대지여, 차라리 네가 나를 받아주었더라면!
 그랬더라면 나는 은으로 테두리를 댄 욕조의 더러운
 침대에 그분께서 누워 계신 것을 보지 않았을 텐데!   1540
 누가 그분을 묻어줄 것인가?
 누가 그분을 위해 만가를 불러줄 것인가?
 그대는 감히 제 손으로 죽인 남편을 위해 통곡하며
 그분의 위대한 공적에 대한 보답으로 그분의 혼백을 위해   1545
 무엄하게도 친절 아닌 친절을 베풀려 할 것인가?
 아아, 누가 이 신과 같은 영웅의 무덤에 눈물을
 뿌리며 고인을 찬양하는 노래를 부를 것이며,
 누가 그곳에서 그분을 진심으로 애도할 것인가?   1550

클뤼타이메스트라 그것은 그대가 염려할 일이 아니오.
 그는 내 손에 쓰러져 내 손에 죽었으니,

그를 묻는 것도 내 손으로 하겠소.
집안 사람들은 아무도 그를 애도하지 않을 것이오.
하지만 그의 딸 이피게네이아는   1555
재빨리 흘러가는
재앙의 여울목에서
법도에 따라 반가이 아버지를 맞아
두 팔로 껴안고 입맞춰주겠지요.

(우4)

코로스 이렇게 비난에 비난이 맞서니   1560
사리를 판단하기가 어렵구나.
그러나 약탈자는 약탈당하고, 살해자는 대가를 치르나니,
제우스께서 왕좌에 계시는 동안에는
행한 자는 당하기 마련. 그것이 곧 법도임에랴.
누가 이 집에서 저주의 씨앗을 몰아낼 수 있을 것인가?   1565
이 가문에는 재앙이 아교처럼 단단히 붙어 있나니.

클뤼타이메스트라 그대가 드디어 진실을 말하는구려.
하지만 나는 플레이스테네스[132] 가문의 악령과
계약을 맺고, 비록 어려운 일이긴 하지만,
지금까지 있었던 이 모든 일을   1570
기꺼이 참고 견딜 것이오.
그가 앞으로 이 집을 떠나 다른 가문을
동족상잔으로 멸망시키겠다면 말이오.
만일 내가 동족상잔의 광기를
이 집에서 내쫓을 수만 있다면,   1575
재산은 조금밖에 없어도 만족할 것이오.

(아이기스토스, 호위병들을 데리고 등장)

아이기스토스 오오, 정의의 날의 상냥한 햇빛이여!
통쾌한지고. 여기 이자가 제 아비의 죗값을 치르고
복수의 여신들이 짠 옷을 휘감고 누운 걸 보니,
이제야 드디어 인간을 벌하시는 신들께서 1580
저 높은 곳에서 지상의 고통을 유심히
굽어보고 계신다고 말할 수 있겠구나!
내 분명히 밝혀둘 것인즉, 이 나라의 왕이던
이자의 아비 아트레우스는 나의 아버지이며
자기 아우인 튀에스테스에게 왕권을 도전받게 되자 1585
그분을 도시와 집에서 추방했소이다.
가련한 튀에스테스께서는 다시 고향에 돌아오시어
화로를 붙들고 애원한 끝에 죽음을 면하셨고,
고향땅을 당신 피로 물들이지 않아도 되게 되셨소.
하지만 신을 두려워하지 않는 이자의 아비 아트레우스는 1590
나의 아버지를 열렬히 환영하는 척하며, 축제일을
기념한답시고 형제간의 우애 이상의 열의를 보이며
그분의 친자식들의 살점으로 그분께 잔치를 베풀었소.
아트레우스는 발 부분과 팔의 끝 부분들을 잘게 썰어
접시에 담은 다음 따로 떨어져 앉아 계시던 1595
튀에스테스 앞에 내놓았소. 그분은 영문도 모르고
잘 구별되지 않는 살점을 잡수셨고, 이 식사는
그대도 보다시피 이 가문에 파멸을 안겨주었소.
하지만 이 끔찍한 소행을 알게 되자 그분께서는
비명을 지르고 살육을 토하며 뒤로 넘어졌고, 1600
식탁을 걷어차며 이렇게 정의의 저주를 내리셨소.

"플레이스테네스의 자손들은 모두 이렇게[133] 멸망할지어다!"
이런 연유로 이자는 여기 쓰러져 누워 있는 것이오.
그리고 내게는 이번 살해를 모의할 정당한 이유가 있었소.
이자는 불쌍하신 내 아버지와 함께 그분의 열하고도 세 번째   1605
아들인 나를 추방했소, 포대기에 싸인 어린애를. 하지만
성인이 되자 정의의 여신이 나를 도로 고향에 데려다주셨소.
그리하여 나는 이 치명적인 모든 계획을 함께 세움으로써
현장에 있지 않으면서도 손을 내밀어 이자를 붙잡은 것이오.
이제 죽어도 여한이 없소이다. 내 눈으로 이자가   1610
정의의 여신의 올가미에 걸린 것을 보았으니 말이오.[134]

코로스장 아이기스토스여, 남의 불행에 기뻐 날뛰는 것은 결코
잘하는 짓이 아니오. 그대는 공언하는 것인가, 그대 혼자서
이분을 계획적으로 살해했고, 이 처참한 죽음을 생각해냈다고?
그대에게 이르노니, 똑똑히 알아두시라. 심판의 시간에   1615
그대의 머리는 백성들이 던져대는 돌[135]과 저주를 면치 못하리라고.

아이기스토스 키잡이 자리에 앉은 자들이 배의 통치자이거늘
밑에 앉아 노나 젓는 주제에 내게 그따위 말을 하다니.
그대가 분별 있는 행동을 강요받게 된다면, 그 나이에
가르침을 받는다는 것이 얼마나 괴로운 일인지   1620
늙어서 알게 되리라. 노인을 가르칠 때도 감옥의 속박과
굶주림의 고통은 마음의 가장 훌륭한 의사요
예언자니까. 그대는 눈을 뜨고도 보지 못하는가,
돌부리를 차면 발부리만 아프다는 것을?

코로스장 이 비겁자여, 전장에서 막 돌아온 분에게 이런 짓을 하다니!   1625
집안에만 틀어박혀 그분의 침상까지 더럽힌 주제에
전장에 나가 있는 장군에게 이따위 죽음을 모의하다니!

아이기스토스	그 말 역시 그대에게 회오에 찬 눈물의 씨앗이 되리라.
	그대의 혓바닥은 오르페우스의 그것과는 영 딴판이로구나.
	그는 자기 음성으로 만물을 즐거움으로 이끌었는데, 1630
	그대는 주책없는 소리로 사람을 노엽게 하니 그대 자신이
	끌려가게 되리라. 한번 혼이 나면 좀 고분고분해지겠지.
코로스장	그리고 그대는 아르고스인들의 통치자가 되고 싶겠지.
	이분에게 죽음을 모의해놓고 막상 실행 단계에 이르자
	제 손으로 이분을 살해할 용기도 없었던 주제에. 1635
아이기스토스	속이는 것은 자고이래로 분명 여자들 몫이고,
	나로 말하면 이자의 숙적(宿敵)으로 의심받아 왔으니까.
	하지만 이제 나는 이자의 재산을 밑천 삼아 시민들을
	다스릴 작정이다. 그리고 복종하지 않는 자에게는
	무거운 멍에를 씌울 참이야. 내게 그런 자는 1640
	보리를 먹여 키우는 경마용 망아지가 결코 아니니까. 천만에.
	그런 자는 어둠¹³⁶의 가증스러운 동거자인 굶주림이 부드럽게 해주리라.
코로스장	그렇다면 어째서 그대는 비겁하게도 여기 이분을
	제 손으로 죽이지 않고, 여자를 시켜 죽임으로써
	이 나라와 이 나라의 신들을 모독했단 말인가? 1645
	아아, 오레스테스가 어딘가 살아서 햇빛을 보고 있다면,
	상서로운 행운의 인도를 받아 이곳으로 돌아와
	이 두 남녀를 죽이고 승리를 쟁취하련만!
아이기스토스	그대가 정녕 이따위로 행동하고 말하기로 작정했다면, 지체 없이
	본때를 보여주리라. 자, 호위병 친구들, 자네들이 할 일이 생겼네. 1650
코로스장	자, 모두들 칼을 빼들고 대비토록 하시오.
아이기스토스	나도 칼을 빼든 이상 죽음도 불사하겠다.
코로스장	그대의 죽음이라니 듣던 중 반갑구나. 그대의 말대로 해주겠다.

클뤼타이메스트라	제발 불행에 불행을 쌓지 말아요, 내가 가장 아끼는 남자여!
	여기 이것만 해도 거둬들일 게 많아요. 불행의 수확이에요. 1655
	재앙은 이것으로 족해요. 이젠 피 흘리는 것만은 피하도록 해요.
	노인장들은 집으로 돌아들 가세요, 그대들의 행동이 고통을
	가져다주기 전에. 우리는 주어진 운명을 받아들여야 해요.
	고통이 이것으로 끝날 수 있다면, 우린 기꺼이 받아들여야 해요.
	비록 악령의 무거운 발굽에 호되게 얻어맞긴 했지만. 1660
	그대들이 귀기울이겠다면, 이것이 여자로서의 내 생각이에요.
아이기스토스	하지만 이자들이 자신들의 운명을 시험해보려고
	허튼 혀를 놀려 내게 그따위 욕설을 퍼붓지 뭐요.
	주인을 이렇게 모욕하다니 그대는 필시 제 마음이 아닌게지.
코로스장	악당에게 아첨하는 것은 아르고스인답지 못한 짓이지. 1665
아이기스토스	하지만 훗날 그 언젠가 내 그대에게 앙갚음하리라.
코로스장	운명이 오레스테스를 고향에 데려다준다면 그렇게는 안 될걸.
아이기스토스	추방당한 자들이 희망으로 살아간다는 것쯤은 나도 알지.
코로스장	잘해보구려. 정의를 모독하며 살이나 찌구려. 할 수 있을 때.
아이기스토스	때가 되면 그대는 이따위 어리석은 짓의 대가를 반드시 치르리라. 1670
코로스장	암탉 옆의 수탉처럼 큰소리나 탕탕 치구려.
클뤼타이메스트라	허튼소리는 그만 무시해버리세요. 나와 당신은
	이 집의 주인으로서 만사를 잘 꾸려나가야 하니까요.

(클뤼타이메스트라와 아이기스토스는 궁전으로 퇴장하고
코로스는 오르케스트라를 떠난다)

제주를 바치는 여인들
CHOEPHOROI

작품 소개

현존하는 유일한 비극 3부작인 이른바 『오레스테이아』(Oresteia '오레스테스 이야기'라는 뜻)의 두 번째 작품 『제주를 바치는 여인들』에서는 아가멤논이 살해될 때 그 틈바구니에서 구사일생으로 피신한 후 방랑하던 그의 아들 오레스테스가 청년이 되어 돌아온다. 오레스테스는 친구 퓔라데스와 함께 아버지 무덤을 찾아가는데 집에 남아 온갖 박해를 받던 누이 엘렉트라가 제주를 바치러 마침 아버지의 무덤을 찾는다. 누이와 재회하고 아버지가 받은 모욕과 누이가 받은 수모의 전모를 전해 들은 오레스테스는 누이와 힘을 모아 어머니와 그녀의 정부 아이기스토스를 죽이고 아버지의 원수를 갚을 계획을 세운다. 그리하여 오레스테스는 나그네로 변장하고 오레스테스가 객사했다는 거짓 소식을 전함으로써 클뤼타이메스트라를 안심시키며 궁 안으로 들어가는 데 성공한다. 오레스테스는 아버지의 원수를 갚는 효자 중의 효자지만 동시에 모친 살해자로서 그의 가문을 옭아매고 있는 죄와 벌의 사슬 속으로 뛰어들게 된다.

등장인물

오레스테스 아가멤논과 클뤼타이메스트라의 아들

퓔라데스 오레스테스의 친구

코로스 여자 노예들로 구성된

엘렉트라 오레스테스의 누이

킬릿사 오레스테스의 유모

문지기

클뤼타이메스트라 아가멤논의 미망인

아이기스토스 클뤼타이메스트라의 정부

하인 아이기스토스의

이 작품의 대본은 Aeschylus, *Choephori* edited with Introduction and Commentary by A. F. Garvie, Oxford 1986의 그리스어 텍스트다. 주석은 이 책에 있는 A. F. Garvie의 것과 A. Sidgwick (Oxford 1952)의 것을 참고했다. 현대어 번역 중에서는 R. Fagles (Penguin Books 1977), P. Vellacott (Penguin Books ²1959), C. Collard (Oxford 2002), R. Lattimore (University of Chicago Press 1942)의 영어 번역과 J. G. Droysen (Kröner 1939), O. Werner (Tusculum ³1980) E. Staiger (Philipp Reclam 2002)의 독일어 번역을 참고했다.

장소 아르고스의 궁전 가까이 있는 아가멤논의 무덤

(오레스테스와 퓔라데스, 여행복 차림으로 등장.
오레스테스는 손에 머리털 두 타래를 들고 있다)

오레스테스 아버지의 권능을 지키시는¹ 지하의 헤르메스여,
부디 내 편이 되어 나의 구원자가 되어주소서!
나는 추방되었다가 이 나라로 돌아와 여기 무덤가에 서서
내 말씀을 들어주십사 큰 소리로 아버지를 부르고 있나이다.
여기 내 머리에서 자른 머리털 두 타래를 들고 있나이다. 5
하나는 나를 길러준 이나코스강에 바치는 것이고,
다른 하나는 늦었지만 아버지 무덤에 애도의 뜻으로 바칩니다.²
아버지께서 돌아가셨을 때 나는 옆에 지켜 서서 울지도,
시신을 운구할 때 손을 내밀지도 못했으니까요.³
저기 보이는 게 뭘까? 가까워지는 저 여인들 무리는 대체 뭐지? 10
검은 옷을 입은 걸 보니 누군가를 애도하는 듯한데
무슨 불상사가 일어나서 저렇게 애도하는 걸까?
혹시 집안에 무슨 새로운 불행이라도 닥친 걸까?
아니면 고인의 원한을 풀기 위해
아버지의 무덤으로 제주(祭酒)를 들고 오는 것일까? 15
그런 게 틀림없어. 저기 내 누이 엘렉트라가 슬픈 빛을 띠고
지친 모습으로 이쪽으로 걸어오는 것이 보여.

오오, 제우스 신이여, 제발 아버지의 죽음을
복수할 수 있게 해주시고 기꺼이 내 편이 되어주소서!
필라데스, 잠깐 옆으로 피해 있자. 대체 무엇을 기구하려고   20
저 여인들이 저렇게 몰려오는지 확실히 알아보도록 하세.
(오레스테스와 필라데스, 옆으로 몸을 숨긴다. 코로스가 제주 바칠 그릇을 들고 등장하고 엘렉트라도 뒤따라 등장해 아가멤논의 무덤 쪽으로 함께 천천히 걸어간다)

코로스4(좌1)   궐에서 시킨 대로
주먹으로 가슴을 세차게 치며
고인을 위해 제주를 가져온 이 몸
두 볼은 손톱에 찢겨   25
빨간 피 이랑이 생겼구나.
긴긴 세월 비탄의 노래로 살아온
가련한 내 신세여,
슬픔으로 갈기갈기 찢긴 이 옷은
운명의 타격에 넝마처럼 해진 채   30
가슴 앞에서 너덜거리고 있구나.

(우1)   이 궁전의 영특한 꿈의 예언자 공포[5]가
머리털을 곤두세운 채 잠결에 노여운 숨을
몰아쉬며 한밤중에 무서운 비명을 지르니   35
집안 깊숙한 곳에서 울려 퍼지는
이 공포의 목소리
여인들의 침소를 무겁게 뒤흔들었다네.
이에 꿈풀이하는 예언자들
신에게 맹세하고 이렇게 말했다네.

"지하의 죽은 자들이 노여워하고 있으니,　　　　　　　　　　40

자신들을 살해한 자들에게 원한을 품고 있도다."

(좌2)　아아, 어머니 대지여,

나에게 미움을 산 그 여인[6]

나를 보낸 것은

이렇듯 달갑지도 않은 호의로　　　　　　　　　　　　　　45

재앙을 막고 싶었기 때문이라네.

이는[7] 진정 말하기조차 무서운 일.

한번 땅에 쏟은 피 그 무엇으로 보상할 수 있을까?

아아, 슬픔이 깃든 화로여,

아아, 산산이 무너진 집이여.　　　　　　　　　　　　　　50

주인의 죽음으로 인해 이 집은

뭇사람들의 저주를 받으며

햇빛 없는 어둠 속에 싸여 있구나.

(우2)　한때는 정복도 항거도 할 수 없는

꺾을 수 없는 위엄[8]이　　　　　　　　　　　　　　　　55

만인의 귀와 마음속에 미쳤건만

이제는 그것도 자취를 감추고

모두들 공포에 싸여 있으니

행운[9]만이 만인의 신이요,

신 이상의 것이 되었다네.　　　　　　　　　　　　　　　60

그러나 언제나 정의의 여신의 저울은 지켜보고 있으니

혹자는 대낮에 일찌감치 방문을 받고,

혹자는 오랫동안 기다렸다가

해 저물 무렵에 가서야 고통 받고,
혹자는 무력한 어둠 속에 싸여버린다네.[10]

(좌3) 어머니 대지가 마신 피, 복수를 부르는
살인의 피는 엉겨 붙은 채 풀어질 줄 모르고,
두고두고 고통을 주는 아테는 역병의 잔이
가득찰 때까지 죄진 자를 벌하지 않는다네.

(우3) 처녀의 침실이 한번 더럽혀지면
치유할 길 없듯이,
이 세상 강물을 한곳에 모두 모아도
살인의 핏자국은 지울 수 없다네.

(종가) 하지만 나는 우리 도시[11]에 멍에를
씌우신 신들의 뜻에 따라
고향도 친척도 뒤로하고
노예의 처지가 된 신세.
주인의 처사가 옳든 그르든 꾹 참고
쓰라린 마음의 증오를 눌러야 하니,
남모르는 고통에 한기[12]를 느끼며
이렇게 옷자락에 얼굴을 묻고
주인의 허무한 운명을 눈물로 슬퍼한다네.

엘렉트라 집안의 방들을 말끔히 치우는 하녀들이여,
너희들은 나를 따라 이 무덤에 기도드리러
왔으니, 부디 내 의논 상대가 되어줘.

　　　　애도의 제주를 바치며 아버지께 뭐라고 말씀드리지?
　　　　어떤 상냥한 말씀을 드려야, 어떤 기도를 드려야
　　　　아버지를 감동시킬 수 있을까? "사랑하는 아내로부터
　　　　사랑하는 남편에게 이 선물을 가져왔어요."라고 해야 할까?　　　90
　　　　어머니가 보낸 건 맞지만 차마 그런 말은 못하겠어.
　　　　이 제주를 아버지의 무덤에 바치며 뭐라 해야 좋을지
　　　　난 모르겠어. 아니면 관습에 따라 이렇게 말할까?
　　　　"이 화환을 보낸 자들에게 충분한 보답을,
　　　　그들의 악행에 걸맞은 보답을 보내주시길!"　　　　　　　　　　95
　　　　아니면 대지가 마시게 될 이 제주를 아버지께서
　　　　살해되셨을 때처럼 아무런 경의도 표하지 않고 쏟은 다음,
　　　　마치 부정한 물건을 문 밖에 내던지는 것처럼,
　　　　잔을 팽개치고 뒤도 안 돌아보고 집으로 돌아갈까?
　　　　친구들이여, 이 일에 대해 내 의논 상대가 되어줘.　　　　　　100
　　　　우리는 저 집안에 같은 원한을 품고 있으니,
　　　　아무도 두려워 말고 마음속 생각을 말해줘.
　　　　자유민이든 남의 손에 노예가 된 사람이든
　　　　이미 정해진 운명은 피할 수 없는 법이니까.
　　　　그러니 달리 좋은 생각이 있거든 말해줘.　　　　　　　　　　105

코로스장　내 그대의 아버지 무덤을 제단같이 공경하는 뜻에서
　　　　　　그대의 요청대로 내 마음속 생각을 말씀드릴게요.

엘렉트라　내 아버지의 무덤을 공경하는 뜻에서 말해줘.

코로스장　그분을 사랑하는 이들을 위해 축복의 말을 하며 제주를 바치세요.

엘렉트라　하지만 아버지의 친족 중 그렇게 부를 사람이 누가 있어?　　110

코로스장　먼저 그대 자신을. 그리고 아이기스토스를 증오하는 모든 이들을.

엘렉트라　그렇다면 나와 너희들을 위해 기도드려야겠네?

코로스장 　잘 알고 계시니 스스로 생각해보도록 하세요.
엘렉트라 　우리 편이라 할 만한 사람이 또 있단 말이야?
코로스장 　오레스테스를 생각하세요. 비록 외국에 나가 있지만. 115
엘렉트라 　잘 말해주었어. 그대는 내게 가장 귀중한 조언을 해주었어.
코로스장 　그렇다면 살인에 책임 있는 자들도 잊지 마시고…
엘렉트라 　뭐라고 하지? 나는 모르겠으니 제발 좀 가르쳐줘.
코로스장 　그자들에게 어떤 신이나 사람이 찾아가라고 하세요.
엘렉트라 　재판관으로 아니면 복수자로? 어느 쪽인지 말해봐. 120
코로스장 　간단히 살인을 살인으로 갚는 이라고 말씀하세요.
엘렉트라 　신들께 그런 기도를 드리고도 내 마음이 편할 수 있을까?
코로스장 　적에게 죗값으로 재앙을 내려달라는 기도를 왜 못 드려요?
엘렉트라 　(무덤 앞에 무릎을 꿇고 기도한다)

　　　　 위쪽 세계와 지하 세계의 가장 위대한 전령이신
　　　　 지하의 헤르메스 신이여, 나를 도와주소서. 125
　　　　 아버지 집을 지켜보는 지하의 여러 신들과
　　　　 만물을 낳아 기르되 도로 그 씨앗을 잉태하는
　　　　 대지에게 내 기도가 닿게 해주소서! 죽은 자들을 위해
　　　　 이 제주를 부어드리며 나는 아버지를 부릅니다.
　　　　 아버지께서는 부디 나와 나의 골육지친인 오레스테스를 130
　　　　 불쌍히 여기시어, 우리가 이 집을 다스리게 해주소서.
　　　　 우리는 팔린 몸이라 집도 없이 떠돌아다녀요. 우리를 낳은
　　　　 그 여인이 우리를 팔았어요. 그리고 우리 대신
　　　　 살인에 가담한 아이기스토스라는 사내를 사들였어요.
　　　　 나는 노예나 다름없는 신세예요. 오레스테스는 재산을 135
　　　　 물려받지 못하고 추방되어 유랑 생활을 하며, 아버지께서
　　　　 애써 모으신 재산은 그자들이 수치스러운 환락으로 탕진하고 있어요.

행운의 인도를 받아 오레스테스가 고향으로 돌아오게 해주소서.
이렇게 기도드리오니, 아버지께서는 부디 내 기도를
들어주소서. 아버지, 내가 어머니보다 훨씬 더 140
순결한 마음씨와 깨끗한 손을 갖게 해주소서.
우리를 위해서 이렇게 기도합니다. 하지만 우리의 적에게는 부디
아버지의 원수를 갚아줄 사람이 나타나, 이번에는
거꾸로 살인자들이 정의의 심판을 받아 죽게 해주세요.
이와 같이 나는 선의의 기도에 저주의 기도를 보태지만 145
저주의 기도는 그자들을 위한 기도예요.
아버지께서는 우리를 위해 축복을 올려 보내주세요.
여러 신들과 대지와 정의의 여신께서도 우리를 도와주소서.
(코로스에게) 내 이렇게 기도드리며 제주를 바치니
너희들은 애도의 조화(弔花)로 그 기도를 장식하며 150
큰 소리로 노래 불러 죽은 자를 찬양하도록 해.

(엘렉트라, 제주를 바친다)

코로스 이제 제주를 바쳤으니,
선악을 초월한 이 무덤에
돌아가신 주인을 위해 눈물을 뿌려
저주받은 오물[13]을 씻어버려요. 155
존엄하신 왕이시여, 내 기도를 들어주소서.
아아, 슬프도다.
누가 창의 힘으로 이 집을 구할 것이며,
누가 아레스처럼 스퀴티스의 활을 160
힘껏 당기며 싸울 것인가?
누가 손에 칼을 빼들고

　　　　　　용감하게 돌진할 것인가?

엘렉트라　대지가 마신 이 제주는 아버지께 바친 거예요.

　　　　　(오레스테스의 머리털을 발견하고는 깜짝 놀란다)

　　　　　아니, 이게 뭐지? 못 보던 거야! 너희들도 와서 봐! 165

코로스장　말씀 계속하세요. 내 가슴은 두려움에 떨고 있어요.

엘렉트라　누군가 머리털을 잘라 무덤에 갖다놓았어.

코로스장　남자 거예요, 아니면 허리띠를 깊숙이 매는 처녀 거예요?

엘렉트라　이건 누구나 쉽게 알아볼 수 있어. 170

코로스장　말씀해주세요. 젊은이가 늙은이를 가르칠 수도 있으니까요.

엘렉트라　이 머리털을 바칠 수 있는 사람은 나 말고는 아무도 없어.

코로스장　머리털을 바치며 애도해야 할 자들[14]은 모두 그분을 미워하니까요.

엘렉트라　이것 봐! 머리털이 어쩌면 이리도 똑같을까!

코로스장　누구의 머리털과 같단 말이에요? 그것이 알고 싶어요. 175

엘렉트라　누구긴 누구야. 내 머리털과 똑같아 보인다는 거지.

코로스장　그렇다면 이건 오레스테스가 몰래 바친 선물일까요?

엘렉트라　그러고 보니 그 애의 머리털과 아주 흡사해 보여.

코로스장　하지만 그분이 어찌 감히 고향에 돌아올 수 있었을까요?

엘렉트라　아버지를 애도하려고 머리털을 보낸 것이 틀림없어. 180

코로스장　그분이 이 나라에 다시는 발을 들여놓으실 수 없다는 뜻에서

　　　　　하신 말씀이라면, 이건 정말 눈물겨운 일이에요.

엘렉트라　내 마음 또한 거센 분노의 물결에 휩쓸리니,

　　　　　빠른 화살이 나를 꿰뚫은 것처럼 고통스럽구나.

　　　　　이 머리털을 보고 있자니 두 눈에서 홍수처럼 세차게 185

　　　　　쏟아져 내리는 그리움의 눈물을 억제할 수 없구나.

　　　　　아마도 아르고스의 시민 중에 이 머리털을 제 것이라고

　　　　　주장할 사람은 오레스테스 말고는 아무도 없을 테니까.

아버지를 살해한 그녀가, 내 어머니가 이 머리털을
잘랐을 리 없지. 천만에. 어머니답지 않게 자식들을 미워하는 190
그 여인이, 신의 미움을 받는 그 여인이 그럴 리 없지.
한데 이 장식물이 사람들 중에서 내가 가장 사랑하는
오레스테스의 것인지 어떻게 확인한담?
어쩌면 희망의 달콤한 속삭임일지도 몰라.
아아, 이 머리털이 전령처럼 반가운 목소리를 갖고 있어, 195
두려움과 희망에 전율하는 내게 분명히 말해주면
좋으련만. "나는 그대가 미워하는 사람의 머리에서
잘라낸 것이니 멀리 던져버리세요."라든가,
"나는 그대와 피를 나눈 친족이에요. 그래서 나도 그대처럼
아버지를 애도하고 아버지의 무덤을 장식하러 온 거예요."라고. 200
신들이시여, 우리를 도와주소서. 폭풍을 만난 배처럼
우리도 길을 잃고 헤매고 있어요. 그대들은 잘 알고
계실 거예요. 하지만 우리가 살 운명이라면
작은 씨앗에서 큰 나무가 자라나게 될 거예요.
자, 여기 두 번째 증거가 있구나. 발자국들, 205
내 발자국과 똑같은 이 발자국들을 보란 말이야.
두 사람의 발자국이야. 하나는 그 사람 자신의 것이고,
다른 하나는 동행한 사람의 발자국이야.
뒤꿈치와 안쪽의 움푹 팬 부분을 재어보니,
발자국마다 내 것과 정확히 일치해. 210
의아심과 안타까움에 내 마음 미칠 것만 같구나.
(오레스테스와 필라데스, 무덤 뒤에서 불쑥 나타난다)

오레스테스 그대의 기도가 이루어지게 해주신 신들께 앞으로도
그대의 기도가 이루어지게 해달라 기도드리세요.

엘렉트라　지금 내가 신에게서 무엇을 얻었다는 거죠?

오레스테스　그대가 오랫동안 기구하던 것이 그대 눈앞에 나타났어요.

엘렉트라　그렇다면 그대는 내가 부른 사람이 누군지 안단 말인가요?

오레스테스　알고말고요. 그대는 오레스테스를 무척 그리워하고 있지요.

엘렉트라　그래서 내 기도가 어떻게 해서 이루어졌다는 거죠?

오레스테스　내가 바로 그 사람이오. 나보다 더 친근한 사람은 찾지 마세요.

엘렉트라　나그네여, 그대가 내게 흉계의 올가미를 씌우려 하는군요.

오레스테스　그렇다면 나 자신을 흉계로 묶는 결과가 되겠지요.

엘렉트라　그대는 내 불행을 조롱하고 싶은 거예요.

오레스테스　그대의 불행을 조롱하는 것은 내 불행을 조롱하는 것이지요.

엘렉트라　그렇다면 그대를 오레스테스라 불러야 한단 말인가요?

오레스테스　이렇게 직접 대면하고도 나를 알아보지 못하다니!
애도의 표시로 자른 이 머리털을 발견하고
그대의 발로 내 발자국을 일일이 재어볼 때는
나를 보기나 한 양 기뻐 날뛰더니!
그대 오라비의 이 머리털을 그대 머리에 대보세요.
그러면 그것이 그대 머리에도 잘 어울린다는 것을 알게
되겠지요. 그리고 그대가 손수 짠 이 겉옷을 보세요.
베틀 북이 남긴 흔적인 이 짐승 무늬 말이에요.

(엘렉트라, 오레스테스를 열렬히 포옹한다)

진정하세요. 기쁘다고 정신을 잃으면 안 돼요.
친족들은 우리를 몹시 미워하고 있으니까요.

엘렉트라　오오, 아버지 집안의 귀염둥이여,
눈물로 기다리던 희망이여, 구원의 씨앗이여,
이제 네 팔을 믿고 아버지의 집을 도로 찾아다오.
아아, 내게는 네 곱절로 사랑스러운 귀여운 얼굴이여!

내 마음은 너를 아버지라 부르도록 강요하는구나.
그리고 어머니에 대한 사랑도 네게 줄 수밖에 없고. 240
그 여인은 미움 받아 마땅하니까. 그리고 무자비하게
희생된 언니[15]에 대한 사랑도, 너 말고 누구에게 주겠느냐!
너는 또 내 명예를 회복해줄 믿음직한 오라비야.
그러니 힘과 정의에 이어 세 번째로 누구보다도
강력한 구원자 제우스께서 네 편이 되어주시기를! 245

오레스테스 오오, 제우스 신이여, 우리 행동을 굽어보소서.
아비 독수리[16]를 잃은 이 외로운 새끼들을 굽어보소서.
아비 독수리는 무서운 독사[17]에게 친친 몸이 감겨
죽었나이다. 그래서 아비를 잃고 고아가 된 새끼들은
굶주림에 시달리고 있나이다. 하지만 그들은 아직 어려 250
아비 독수리처럼 둥지로 먹이를 날라 올 힘도 없나이다.
보소서, 아비 잃은 고아인 우리 두 오누이
엘렉트라와 오레스테스는 그처럼 비참한 신세가 되어
똑같이 집에서 쫓겨났나이다. 아버지께서는
그대를 존경하는 마음에서 제물을 바치셨는데도 255
그러한 아버지의 자식들을 그대가 죽게 내버려둔다면
앞으로 누가 그대에게 정성껏 제물을 바치겠나이까?
독수리의 종족이 다 죽고 나면 앞으로 누가 그대의
믿음직한 전조를 인간들에게 전할 수 있겠나이까?[18]
그리고 이 왕가의 대가 완전히 끊기고 나면 앞으로 누가 260
소를 잡는 축제일에 그대의 제단을 보살피겠나이까?
우리를 지켜주소서. 지금은 비록 보잘것없고 영락해
보이겠지만 우리 가문은 크게 뻗어나갈 것이옵니다.

코로스장 오오, 아버지의 화로를 구하게 될 자녀들이여,

말을 삼가세요. 혹여 누군가 듣고 잡담 삼아
우리 주인들에게 일러바칠까 두려워요.
아아, 제발 송진이 부글부글 끓는 화염 속에서
그들이 타 죽는 꼴을 볼 수 있다면!

오레스테스 내게 이런 모험을 하도록 명령하신 록시아스[19]의
강력한 신탁은 결코 나를 저버리지 않을 거예요.
만일 아버지의 살해자들을 뒤쫓지 않으면
이 뜨거운 가슴속에 차디찬 불행의 겨울을 느끼게
해주겠다고 그분께서 내게 분명하게 경고하셨어요.
그자들이 내 재산을 탕진한 데 대한 노여움으로
그자들과 똑같은 방법으로 그자들을 죽이라 하셨어요.
그렇지 못한 경우에는 수많은 고통을 겪으며
내 자신의 생명으로 그 대가를 치러야 한다고.
지하에 있는 죽은 자의 힘이 노여워하며 인간들을 찾아온다고
선언하며 그분께서는 질병에 관해서도 말씀하셨어요.
살 위로 솟아오르는 문둥병이 그 사나운 이빨로
본래의 모습을 파먹어 들어가 마지막에는 관자놀이에
독기를 품은 흰 머리털이 자라날 거라고.
그뿐 아니라 그분께서는 복수의 여신들이 찾아와
아버지의 피의 대가를 요구하게 될 거라 하셨어요.
살해된 혈족의 혼백이 복수해주기를 청하며
지하에서 검은 화살을 쏘아 보내게 되면,
그리고 광기와 형태 없는 공포가 어둠 속에서
똑똑히 보기 위해 눈을 부라리며
나를 추격하게 되면, 고문당한 내 육신은
청동 채찍을 맞으며 도시에서 쫓겨난다 하셨어요.

그런 자는 주연의 즐거움에도, 신성한 제주를
바치는 일에도 낄 수 없으며, 아버지의 눈에 보이지 않는
노여움에 쫓겨 제단 옆에도 못 가고, 어느 누구의
집에서도 잠자리를 구하지 못할 거라고.
그리하여 친구도 없이 만인의 멸시 속에서 서서히   295
시들어가며 비참한 최후를 맞게 된다 하셨어요.
이런 신탁을 어찌 믿지 않을 수 있겠어요?
설령 믿지 않는다 하더라도 이 일은 해치워야 해요.
여러 가지 요구들이 한데 뭉쳐져 나를 재촉하니까요.
신의 명령도 있고, 아버지에 대한 깊은 애도의 마음도   300
있는 데다 재산을 잃어 고생이 막심하니까 말이에요.
게다가 나는 트로이아 함락에서 용맹을 떨친 아르고스의
시민들이 그토록 고매한 마음을 가졌음에도, 두 여자[20]에게
머리를 조아리는 꼴을 더는 보고 싶지 않아요. 그자는 여자의
마음을 갖고 있어요. 그게 아니라면, 곧 드러나게 되겠지요.[21]   305

(오레스테스와 엘렉트라, 코로스, 아가멤논의 무덤가에 모이며 노래한다)

코로스[22] 위대한 운명의 여신들이여,
제우스의 뜻에 따라 정의가 향하는
방향대로 일이 이루어지게 하소서.
"악담은 악담하는 자에게 돌아갈지어다."
이렇게 호통치며 정의의 여신은   310
빚진 죗값을 거두어들이신다네.
"살인의 가격은 살인의 가격으로 갚을지어다."
"행한 자는 당하기 마련이니까."
이는 먼 옛날부터 전해오는 말이라네.

(좌1)

오레스테스 오오, 아버지, 불쌍하신 아버지,   315
무슨 말을 하고, 어떻게 행동해야
멀리 떨어져 있는 제가 암흑 속에 누워 계시는
아버지 곁에 갈 수 있을까요?
광명은 암흑과 상반되는 것.
하지만 사람들이 말하기를, 정중한 애도는   320
돌아가신 아트레우스 가의 옛 주인에게
복을 가져다줄 것이라 하옵니다.

(좌2)

코로스 오오, 젊은이여,
화염[23]의 사나운 이빨도 죽은 자의 혼백을
억제하지 못하는 법. 세월이 흘러도   325
그의 노여움은 가시지 않는다네.
죽은 자를 애도하면
살인자는 드러나기 마련.
어버이의 죽음을 슬퍼하는
의로운 목소리 크고 높으니   330
어찌 죄진 자를 찾아내지 못하리.

(우1)

엘렉트라 오오, 아버지, 눈물겨운
제 슬픔도 들어주소서.
두 자식이 아버지 무덤가에서
탄식의 노래를 부르고 있나이다.   335

　　　　똑같이 집에서 쫓겨난 우리 남매
　　　　의지할 곳은 오직 당신의 무덤뿐.
　　　　이 세상은 악으로 충만해 있으니
　　　　끝내 불행은 극복할 수 없는 것인가요?

　코로스　하지만 신은 원하시기만 하면　　　　　　　　　　340
　　　　눈물을 기쁨으로 바꿀 수 있으니,
　　　　무덤가에서 부르는 만가를 승전가로
　　　　바꾸어 다시 결합한 골육지친을
　　　　궁전으로 인도하실 수도 있어요.

(좌3)

오레스테스　아아, 아버지께서 차라리　　　　　　　　　　345
　　　　일리온[24]의 성벽 밑에서
　　　　뤼키아[25]인의 창에 쓰러지셨더라면,
　　　　집안에는 명예가 남았을 것이고,
　　　　자식들에겐 남들이 우러러보는
　　　　영광스러운 앞날이 약속되었겠지요.　　　　　　　350
　　　　바다 건너 저편에
　　　　아버지의 무덤이 우뚝 솟았다면
　　　　집안 사람들의 슬픔도 한결 가벼웠겠지요.

(우2)

　코로스　그러셨더라면 영광스럽게 전사한
　　　　전우들의 사랑을 받는 가운데　　　　　　　　　355
　　　　지하에서도

왕의 위엄을 떨치며
저승을 다스리는 위대한 통치자들[26]의
제후가 되셨을 것을!
그분께서는 살아 계실 적에도　　　　　　　　　　　　　　360
만인이 복종하는 홀(笏)의 권세로
맡은 바 임무를 다하는 왕 중의 왕이셨습니다.

(우3)

엘렉트라 아니야. 아버지께서 트로이아의
성벽 아래서 창끝에 쓰러진
다른 백성들과 함께　　　　　　　　　　　　　　　　365
스카만드로스[27] 강변에 묻히실 것이 아니라,
아버지를 살해한 자들이 오히려
그자들의 친척들에게 이렇게 죽임을 당해,
우리가 이런 고통을 당하지 않고
그자들의 죽음의 운명을　　　　　　　　　　　　　　370
멀리서 전해 들었어야지.

코로스 아아, 그대는 황금보다 귀중하고
북풍 부는 저쪽 축복받은 자들[28]이 누리는 행복보다
더 큰 것을 말씀하시네요. 물론 원하기는 쉬운 일이지요.
하지만 이중의 채찍[29] 소리 가까이 다가오니,　　　　　375
이미 그대들을 도울 이들은
지하에 누워 있고 지금 권세를 휘두르는
저 가증스러운 자들의 손은 피로 물들었어요.
승리는 그대들에게 돌아갈 거예요.

(좌4)

오레스테스 그대의 말이 시위를 떠난 화살처럼　　　　380
내 귀를 뚫는구려. 제우스 신이여,
지하에서 뒤늦게나마 재앙을 올려 보내는
제우스 신이여, 비록 나를 낳아준
어머니이긴 하지만 사악하고 뻔뻔스러운
그 여인에게 복수할 수 있게 해주소서!　　　　385

(좌5)

코로스 죽어 넘어진 남녀의 시신 위에서
찢어질 듯한 환희의 노래를 부르는 일일랑
부디 내게 맡겨주세요.
내 마음의 뱃머리엔 거센 분노와
무서운 증오의 돌풍이 불거늘,　　　　390
내 어찌 마음속 생각을
감출 수 있겠어요?

(우4)

엘렉트라 위대하신 제우스 신이여,
주먹을 힘껏 휘둘러　　　　395
그자들의 머리통을 내리치소서.
그리하여 이 땅에 신뢰를 회복해주소서.
이는 불의 대신 정의를 요구하는 것이오니,
대지여, 지하의 위대한 힘들이여, 내 기도를 들어주소서!

코로스 땅에 쏟아진 피는　　　　400

또 다른 피를 부르는 법.
살육이 불러낸 복수의 여신이
이전에 살해된 자들을 위해
재앙에 재앙을 포개는 것이지요.

(좌6)

오레스테스 대지여, 저승의 통치자들이여, 405
죽은 자들의 강력한 저주여,
집에서 쫓겨나 어찌할 바를 모르는
여기 아트레우스 가의 잔해를 보소서.
오오, 제우스 신이여, 어디로 가야 하나이까?

(우5)

코로스 그대의 탄식을 들으니 410
내 가슴은 또다시 두근거리고,
그대의 슬픈 말씀을 들으니
온갖 희망이 사라지고
내 마음은 어둠에 싸여요.
하지만 희망이 다시 힘과 용기를 주며 415
내 머리 위로 찬란한 아침 햇살을 보내
슬픔을 쫓아버려요.

(우6)

엘렉트라 하지만 한 가지 확실히 말할 수 있는 것은
어머니한테서 심한 고통을 받았다는 것.
어머니가 아무리 애원해도 우리 고통은 420

가시지 않으리. 어머니에게 타고난 우리 기질은
사나운 늑대와 같아 화해할 줄 모르니까.

(좌7)

코로스 아리오이족[30]처럼 가슴을 치며
킷시아[31] 여인들처럼 통곡하는 이 몸
손이 아래위로 움직이며 425
쉴 새 없이 내리치니,
이 가련한 머리는 매를
이기지 못해 소리지르는구나.

(좌8)

엘렉트라 오오, 잔인하고 뻔뻔스러운 어머니,
마치 적의 병사를 묻어버리듯 430
시민들의 접근과 애도를 금지한 가운데
한 나라의 왕을, 자기 남편을
눈물도 없이 묻어버리다니!

(좌9)

오레스테스 아아, 듣기에도 창피스러운 장례식.
아버지를 욕되게 한 자 435
신들께서 명령하신 대로
이 손으로 복수하리라. 내 그자를
죽일 수만 있다면 목숨도 아깝지 않으리.

(우9)

| 코로스 | 끔찍한 말씀이오나, 아버지께서는
| | 그 여인의 손에 난도질당한 채[32] | 440
| | 묻히셨으니, 이는 아버지의 죽음으로
| | 그대의 일생에 무거운 짐을 지우자는 거예요.
| | 아버지께서는 이런 모욕과 고통을 당하셨어요.

(우7)

| 엘렉트라 | 아아, 아버지의 비참한 죽음이여!
| | 하지만 나는 수치스럽게도 아버지 곁에서 | 445
| | 쫓겨나 개처럼 방구석에 갇힌 채
| | 웃음 아닌 눈물로 슬픔을 달래며
| | 남몰래 울었어요. 아버지,
| | 제 말이 들리시면 가슴속에 새겨두소서! | 450

(우8)

| 코로스 | 이 말씀 들리시면
| | 마음속 깊이 새겨두소서.
| | 지난 일들은 이러하거니와
| | 다가올 일은 스스로 알도록 하소서.[33]
| | 그리고 불굴의 용기로 싸움에 임하소서! | 455

(좌10)

| 오레스테스 | 아아, 아버지! 부디 당신께서 사랑하시는 자들을 도와주소서!
| 엘렉트라 | 저도 눈물을 흘리며 아버지를 부르나이다.
| 코로스 | 우리도 한마음 한뜻이 되어 큰 소리로 부르나이다.
| | 우리의 기도를 들으시고 광명을 향해

일어서시어 우리와 함께 적을 무찔러주소서! 460

(우 10)

오레스테스 그자들의 힘과 내 힘이, 그자들의 정의와 내 정의가 맞서리라.
엘렉트라 오오, 신들이시여, 정당한 판결을 내려주소서!
코로스 그대들의 기도를 들으니 온몸이 떨려요.
운명은 이미 오래전에 정해져 기다리고 있으니,
기도하는 그대들을 향해 다가올 거예요. 465

(좌 11)

코로스 아아, 이 집안에 뿌리내린 저주여,
재앙이 내리치는 피투성이 채찍의
곡조 없는 노랫소리여.
슬프도다, 참을 수 없는 불행이여.
슬프도다, 가실 줄 모르는 고통이여. 470

(우 11)

코로스 고통을 멎게 할 약은 집안에 있어요.
바깥의 낯선 사람들이 아니라
집안 사람만이 피의 불화를
내쫓을 수 있으니까요.
지하의 신들께 이 노래를 바치나이다. 475

지하에 계신 축복받은 이들이여,
두 남매의 기도를 들으시고
그들이 승리하도록 도움을 보내주소서.

오레스테스	왕이면서 왕답지 않게 세상을 떠난 아버지, 제 기도를
	들으시고 제가 당신의 집을 다스릴 수 있는 힘을 주세요! 480
엘렉트라	아버지, 저도 도움이 필요해요. 아이기스토스에게
	파멸을 안겨줌으로써 제가 자유의 몸이 되게 해주세요!
오레스테스	그러면 사자(死者)에게 바치는 장례 음식을 아버지께 드릴 수
	있을 거예요. 그렇지 않으면 아버지께서는 김이
	모락모락 나는 풍성한 제물을 못 받으시게 돼요. 485
엘렉트라	저도 유산을 물려받게 되면, 결혼식 때
	아버지 집에서 제주를 가져와 바칠 것이며
	누구의 무덤보다 당신의 무덤을 공경하게 될 거예요.
오레스테스	오오, 대지여! 내 싸움을 지켜보시도록 아버지를 보내주소서!
엘렉트라	오오, 페르세포네여! 영광스러운 승리의 힘을 주소서! 490
오레스테스	오오, 아버지, 아버지께서 살해되셨던 욕조를 생각하소서!
엘렉트라	아버지께 씌워진 그물을 생각하소서!
오레스테스	아버지께서는 놋쇠로 만들지 않은 덫에 치이신 거예요.
엘렉트라	흉악한 마음에서 생각해낸 겉옷에 휩싸이셨던 거예요.
오레스테스	그런 수모를 당하시고도 깨어나지 않으실 거예요, 아버지? 495
엘렉트라	그 정다운 머리를 똑바로 들지 않으시겠어요?
오레스테스	패배를 설욕하기 위해 승리를 쟁취하고 싶다면
	정의의 여신을 보내 우리를 돕게 해주시거나
	우리가 그자들과 맞서 다시 싸울 수 있게 도와주소서!
엘렉트라	아버지, 저의 마지막 절규를 들어주세요. 500
	당신의 무덤가에 앉아 있는 당신의 병아리들을 보세요.
	아들과 딸의 이 탄식을 불쌍히 여기소서.
오레스테스	펠롭스[34] 가의 씨를 없애버리지 마소서.
	그러면 아버지께서는 죽어도 죽으신 것이 아닌 거예요.

엘렉트라	사람이 죽어도 자식들이 기억의 목소리가 되어	505
	망각으로부터 지켜줄 테니까요. 자식들은 그물이	
	바다 밑으로 가라앉는 것을 막아주는 부표와도 같아요.	
오레스테스	들어주소서. 우리 탄식은 아버지를 위한 것이오니, 우리의	
	애원을 들어주시면 아버지 자신이 구원받게 될 거예요.	
코로스장	자, 그 정도면 그대들의 나무랄 데 없는 긴 기도는	510
	만가마저 금지된 아버지의 무덤에 충분한 보상이	
	되었을 거예요. 이제 행동할 일만 남았어요.	
	일단 행동하기로 결심한 이상 운명을 시험해보세요.	
오레스테스	물론이오. 하지만 그전에 한 가지 물어볼 게 있소.	
	그 여인이 무슨 연유로 이 제물을 보냈으며, 무슨 생각에서	515
	자신의 치유할 수 없는 고통을 뒤늦게야 달래보려는	
	것이오? 그녀는 사자를 위해 하찮은 선물을 보내지만	
	사자는 거들떠보지도 않을 것이오. 이 선물을 보낸 속셈이	
	무엇인지 알 수 없지만, 그녀의 악행을 속죄하기에는 너무나	
	보잘것없는 선물이오. 일단 피를 흘리게 한 뒤에는 범행을	520
	속죄하려고 있는 대로 다 갖다 부어도 헛수고라 하지 않소.	
	하지만 그 속셈은 알고 싶으니 알고 있다면 말해줘요.	
코로스장	내 아들이여, 물론 알고 있어요. 가까이 있었으니까요.	
	신을 두려워 않는 그 여인은 자다가 밤의 어둠 속을	
	배회하는 무서운 악몽을 꾸고는 이 제주를 보낸 거예요.	525
오레스테스	그게 어떤 꿈인지 들어서 알고 있다면 사실대로 말해줘요.	
코로스장	뱀을 낳는 꿈을 꾸었다고 그녀가 제 입으로 말했어요.	
오레스테스	이야기의 요점은 무엇이며, 결말은 어떻게 됐지요?	
코로스장	그래서 그녀는 뱀을 애처럼 포대기에 싸서 재웠대요.	
오레스테스	그런데 그 어린 괴물은 어떤 먹이를 원했대요?	530

코로스장	꿈속에서 자기 젖을 빨라고 내밀었대요.
오레스테스	그러고도 그 가증스러운 짐승에게 어떻게 젖꼭지를 물리지 않았지?
코로스장	물렸대요. 뱀이 빨아낸 젖 속에 핏덩이가 섞여 있었대요.
오레스테스	그 여인의 남편이 보낸 꿈은 결코 환상이 아닐 것이오.
코로스장	그래서 그녀는 놀라 비명을 지르며 잠에서 깼고, 535
	밤이 깊어져 이미 꺼버린 수많은 횃불들이
	안주인을 안심시키려고 온 집안에 환히 켜졌지요.
	그런 일이 있고 난 뒤 그녀는 고통을 제거해주리라
	믿고 이 애도의 제주를 무덤으로 보낸 거예요.
오레스테스	대지와 아버지의 무덤에 비나이다. 나를 위해 540
	부디 이 꿈이 이루어지게 해주소서. 내가 풀이하기에,
	이 꿈은 앞으로 일어날 일과 완전히 일치해요.
	뱀이 진실로 내가 태어난 바로 그곳에서
	나와 나를 잠재우던 바로 그 포대기에 싸여 있었다면,
	그리고 뱀이 내가 빨던 바로 그 젖가슴을 빨아 545
	그 달콤한 어머니의 젖에 핏덩이가 섞여
	그 여인이 무섭고 괴로워 비명을 질렀다면,
	괴물에게 젖꼭지를 물리는 꿈을 꾸었다는 것은
	그녀가 분명 비명횡사할 전조요. 내가 바로 뱀이 되어
	그녀를 죽일 것이오. 꿈은 그렇게 말해주고 있소. 550
코로스장	그럴듯한 풀이예요. 나는 그대의 해몽을 받아들이겠어요.
	제발 그렇게 되었으면! 이제 그대의 친구들인 우리에게
	누가 행동하고, 누가 행동하지 말아야 하는지 말해주세요.
오레스테스	이야기는 간단하오. 누나는 궐로 들어가고,
	그대들은 내 계획을 입 밖에 내지 마시오. 555
	그래야만 존경받아 마땅한 분을 간계로 살해한 그자들도

간계에 넘어가 같은 올가미를 쓰고 죽임을 당할 것이오.
그렇게 하도록 록시아스께서도 명령하셨는데,
아폴론 왕께서는 한 번도 거짓말한 적이 없는 예언자시오.
나는 나그네로 변장한 다음 필요한 장비를 모두 갖추고 560
여기 이 사람 퓔라데스와 함께 궐문으로 가서
나그네 행세와 동맹자 행세[35]를 동시에 하겠소.
우리 두 사람은 포키스 말투를 흉내내며
파르낫소스 사투리를 쓸 것이오. 하지만
어느 문지기도 우리를 반가이 맞아주지는 않겠지요. 565
집 전체가 하늘이 내린 재앙으로 가득차 있으니까.
그러면 우리는 그 옆을 지나는 사람이 이상히 여기고
이렇게 말할 때까지 기다릴 참이오.
"왜 아이기스토스는 대문을 걸어 잠그고 탄원하러 온
사람을 외면하는 거지? 집안에 있으면서 말이야." 570
하지만 문을 지나 문턱을 넘어서게 되면,
아버지의 왕좌에 앉아 있는 그자를 내가 발견하게 되든,
그자가 나와 대면하려고 걸어와서는 눈을 들어
나를 위아래로 훑어보게 되든, 내 장담하건대
"그대는 어디서 온 뉘시오?"라고 묻기도 전에 575
그자는 번개 같은 내 칼에 시신이 되어
나둥그러질 것이오. 그러면 피가 모자라지 않는
복수의 여신은 물도 안 탄 세 번째 잔[36]의 피를 마시게 될 것이오.
그러니 누나는 집안을 빈틈없이 살피며
모든 일이 척척 잘 맞아 돌아가도록 해주세요. 580
나머지 일은 내게 칼의 대결을
명령한 그분[37]께 맡기도록 해요.

(오레스테스와 퓔라데스, 엘렉트라 퇴장)

코로스38(좌1) 대지는 사악하고 무서운 것들을　　　　　　　　　585
　　　　　　수없이 기르고,
　　　　　　바다의 품속에는
　　　　　　위험한 괴물이 득시글거리며,
　　　　　　하늘과 대지 사이에는
　　　　　　유성이 불을 뿜는구나.　　　　　　　　　　　　590
　　　　　　그리고 공중을 나는 새들과
　　　　　　땅 위를 걷는 짐승들도 다같이
　　　　　　폭풍의 드센 노여움을 말하는구나.

　　　(우1) 그러나 남자의 대담한 마음은
　　　　　　누가 말하며,　　　　　　　　　　　　　　　　595
　　　　　　인간들에게 불행을 가져다주는
　　　　　　대담한 여인들의 분별없는 욕정은
　　　　　　누가 말하랴?
　　　　　　여자의 마음을 꿰뚫는
　　　　　　사악한 욕정은
　　　　　　결혼의 인연보다 더 강한 법.　　　　　　　　　600
　　　　　　이는 사람도 짐승도 마찬가지라네.

　　　(좌2) 마음이 경박하지 않은 자는
　　　　　　테스티오스의 딸 알타이아39의 이야기를 듣고
　　　　　　내 말이 진실임을 알라.
　　　　　　제 자식을 죽인 그 여인은　　　　　　　　　　605

그릇된 생각에서 제 아들과 동갑내기인
장작개비에 손수 불을 지르니,
그 장작개비는 그가 울음을 터뜨리며
어머니의 뱃속에서 태어난 때부터
운명의 날이 올 때까지 610
그와 목숨을 같이 했구나.

(우2) 또 하나의 가증스러운 이야기는
적을 위해 아버지를 죽인
처녀의 살인 이야기.⁴⁰ 615
미노스가 준 크레테의
황금 목걸이에 매수된 그녀
아버지 니소스가
아무런 의심도 없이 깊이 잠들었을 때
아비의 불사(不死)의 머리털을 잘랐으니, 620
진정 개 같은 여인이로다. 그리하여
헤르메스가 니소스를 지하로 인도하셨다네.

(좌3) 기왕 잔혹한 이야기가 나왔으니
클뤼타이메스트라 이야기도 하고 싶지만,
지금은 집안에 파멸을 가져다준 625
사랑 없는 결혼 이야기나
적을 공포에 떨게 한 용감한 남편을 쓰러뜨린
여인의 간사한 계교를 말할 때가 아니지.
하지만 나는 정열에 불타지 않는 가정의 화로와
여인의 대담하지 않은 기질을 존중한다네. 630

(우3) 역시 으뜸가는 범행은

렘노스섬에서 있었던 일.⁴¹

모두들 저주받은 재앙이라고 탄식하며

끔찍한 일은 으레 렘노스의 참사에 비긴다네.

사악한 탓에 신에게 미움 받는 인간 종족들은   635

치욕 속에서 사라져버리기 마련이라네.

신에게 미움 받는 것은 아무도 존중하지 않으니까.

내가 말한 이야기들 가운데 어느 것이 틀렸나요?

(좌4) 정의의 여신이 지닌 칼은 예리하여

심장 깊숙이 찌르거늘   640

불경하게도 제우스의 신성한 위엄을

죄악으로 짓밟으면, 그 범행은

발 밑에 묻히거나 잊히지 않는 법이라네.   645

(우4) 정의의 여신의 모루는 튼튼하게 세워졌고,

운명의 여신은 미리 칼을 벼리는구나.

그리고 생각이 깊은 강력한 복수의 여신은

드디어 아들을 집으로 돌려보내   650

먼 옛날에 흘린 피의 대가를 요구하는구나.

(궁전 앞으로 무대가 바뀌며, 오레스테스와 퓔라데스가 여행복 차림으로 등장한다)

오레스테스 여봐라, 문 두드리는 소리가 안 들리느냐?

여봐라, 다시 묻노니 안에 아무도 없느냐?

이제 세 번째로 부르니 만일 아이기스토스의 통치하에서   655

이 집이 손님을 우대한다면 누군가 나와 문을 열라.

문지기	(안에서) 듣고 있어요. 한데 나그네는 어디서 온 뉘시오?	
오레스테스	집주인들에게 전하도록 해라,	
	내가 소식을 갖고 그분들을 찾아왔다고.	
	어서 서두르거라. 밤이 어둠의 마차를 타고	660
	다가오고, 나그네가 손님을 반겨주는	
	여인숙에 닻을 내릴 시간이 됐으니까.	
	이 집을 다스리는 분이 나왔으면 좋겠네.	
	안주인도 괜찮지만 바깥주인이면 더 좋겠군.	
	서로 거북해하면 이야기가 모호해지기 마련이나	665
	남자들끼리 탁 터놓고 이야기하면	
	하고 싶은 말을 분명히 할 수 있으니까.	

(문이 열리며 클뤼타이메스트라, 등장)

클뤼타이메스트라	나그네들이여, 필요한 게 있으면 말하시오.	
	이런 집에 어울리는 것이라면 무엇이든	
	그대들을 위해 준비되어 있소. 따뜻한 목욕 물과	670
	피로를 씻어주는 잠자리, 그리고 세심한 배려까지.	
	그대들이 의논을 요하는 중대한 용건으로 오셨다면	
	그건 남자들이 할 일이니 남자들에게 전하겠소.	
오레스테스	나는 포키스의 다울리아에서 온 나그네올시다.	
	보따리를 등에 메고 아르고스로 오다가 - 이제는	675
	이곳에 도착해 휴식을 취할 수 있게 되었소만 -	
	어떤 사람을 만났는데, 우리는 서로 모르는 사이였소.	
	그는 내 갈 길을 묻고 나서 제 갈 길을 말하더군요.	
	이야기를 듣고 알게 되었는데, 그는 포키스의 스트로피오스란	
	사람이었소. "나그네여, 그대가 어차피 아르고스에 가신다니	680
	잘 기억해두었다가 오레스테스의 부모님을 찾아가,	

부디 잊지 말고, 그는 이미 죽었다고 전해주시오.
그리고 그의 유골을 집으로 돌려보내 주기를 원하는지
영원한 추방자로서 객지에 묻기를 원하는지
친족의 의사를 알아보고 내게 전해주시오.   685
애도의 눈물을 비 오듯 흘리게 한 그의 유골이
지금 청동 단지 안에 들어 있으니 말이오."
나는 들은 대로 다 전했소. 지금 내가 말씀드리는 분이
이 집안의 어르신인 그의 부모님인지는 모르겠으나,
누구보다 먼저 그의 아버지께서 아셔야 할 거요.   690

클뤼타이메스트라 아아, 슬프도다. 그 소식은 우리에게 완전한 파멸을 안겨주었어요.
아아, 이 집안의 쫓아버릴 수 없는 저주여,
너는 안전한 곳에 떨어져 있는 것조차 놓치지 않고
멀리서 겨눈 활로 어김없이 쏘아 맞혀 이 가련한
여인에게서 사랑하는 사람을 모조리 앗아 가는구나!   695
이젠 오레스테스마저 가버렸구나. 그 애는 현명한 충고를
받아들여 죽음의 진창으로부터 먼 곳으로 발길을 돌렸는데,
이제 이리 되었으니, 그 애가 집안의 이 사악한 광란을
치유해줄 수 있으리라는 희망조차 사라져버렸구나!

오레스테스 기왕 이렇게 행운을 누리고 있는 집에 오려면   700
좋은 소식을 가져와 인사도 드리고
손님 대접을 제대로 받을 수 있었다면 좋았을 것을.
손님과 주인 사이의 우의보다 더 소중한 것이 어디 있겠어요?
하지만 약속을 한 데다 손님으로 와 있으면서도
이런 중대한 소식을 가족들에게 전하지 않는다는 것은   705
아무래도 도리가 아니라고 생각되더군요.

클뤼타이메스트라 그렇다고 그대가 응분의 대접을 못 받거나

이 집의 환영을 받지 못하는 일은 없을 것이오.
그대가 아니라도 다른 사람이 이 소식을 전했을 테니까.
자, 이제 온종일 먼길을 걸어온 나그네들에게   710
편의를 제공해야 할 시간이 되었군요.
(하인 중 한 명에게) 이분과 이분의 하인들과 동행인을
손님들을 환대하는 남자들의 객실로 안내하여
이 집에 어울리는 접대를 해드리도록 해라.
내 명령이니 책임지고 정성껏 살펴드려라.   715
그사이 나는 집주인에게 이 소식을 전하겠다.
친구들도 많으니 그들과도 이 일을 의논할 것이다.
(코로스만 남고 모두 퇴장)

코로스 오오, 집안 일을 돕는 친구들이여,
언제 우리는 오레스테스를 위해   720
승리의 노래를 힘차게 부르게 될까요?
아아, 신성한 대지여, 신성한 무덤이여,
그대의 품속엔 함대의 사령관
아가멤논 왕께서 누워 계시거늘,
이제 우리의 기도를 들으시고   725
도움을 베풀어주소서.
이제 페이토[42]가 싸움에 끼어들려고
온갖 계략을 짜고, 지하의 헤르메스가
칼의 대결을 지켜보실 시간이 됐어요.

(오레스테스의 유모, 궁전에서 등장)

코로스장 보아하니, 나그네가 일을 내고 있는 모양이군요.   730

저기 오레스테스의 유모가 눈물을 흘리며 나오네요.
그렇게 문을 나와 어디로 가는 길예요, 킬릿사?
슬픔이 보수도 없이 그대의 길동무 노릇을 하는군요.

유모 나그네들에게 지체 없이 아이기스토스를 모셔드리라고
왕비님께서 명령하셨어요. 몸소 와서 남자들끼리 대면하면 735
소문을 좀더 자세히 알 수 있을 거라며.
왕비님께서는 하인들이 보는 앞에서는 슬픈 표정을
지었지만, 그 눈 속엔 웃음을 감추고 있었어요.
나그네들이 전해준 소식에 따를 것 같으면,
이 집안에는 더없는 불상사가 일어났지만, 740
왕비님에게는 가장 기쁜 일이 생긴 셈이니까요.
이 소식을 듣자마자 아이기스토스 그자도
기뻐 날뛰겠지요. 아이고, 가련한 내 팔자!
나로 말하면 이 아트레우스의 집에서
예로부터 지금까지 가슴이 미어지도록 745
온갖 불행을 남김없이 고루고루 겪어왔지만
그래도 오늘 같은 슬픔은 겪어본 적이 없다오.
다른 슬픔들은 묵묵히 참고 견뎠어요.
그런데 귀여운 오레스테스가! 그 애는 내가 정성을
다해 기른 애예요. 어머니 뱃속에서 나오자마자 750
받아 길렀지요. 울 때마다 밤잠을 설치고 일어나
보살펴드리려 무척이나 애를 썼지만 아무
소용 없었어요. 지각없는 어린애란 가축처럼
타고난 성질대로 길러야 해요. 안 그래요?
포대기에 싸인 어린애는 배가 고프든 갈증이 나든 755
오줌이 마렵든 말을 할 수가 없으니까요.

어린 아이의 배란 도대체가 고집불통이지요.
이런 점들을 미리 알아서 보살펴드려도
가끔은 실수하여 포대기를 빨아야 했지요.
그렇게 세탁부와 유모 노릇을 동시에 한 셈이지요. 760
나는 두 가지 일을 능숙하게 잘해냈고, 그래서
오레스테스를, 아버지를 위해 받아 길렀던 거예요.
그런데 그 애가 이제 죽었다니 이 무슨 날벼락인지,
그리고 우리집을 더럽힌 자에게 이 소식을 전하러 가야 하다니!
아아, 불쌍한 내 신세. 하지만 그자는 듣고 기뻐하겠지. 765

코로스장 왕비님께서 그자더러 어떻게 하고 오라시던가요?
유모 어떻게라니? 알아들을 수 있게 한 번 더 말해보오.
코로스장 호위병을 거느리고 오라시던가요, 아님 혼자서?
유모 무장한 호위병들을 데리고 오라 하셨는데.
코로스장 하지만 그대는 가증스러운 주인에게 그 말은 전하지 말고 770
어서 가서 기쁜 표정으로 이렇게 말하세요.
"혼자 오세요. 겁내실 것 없어요. 반가운 소식이에요."
전령은 비뚤어진 이야기도 바룰 수 있는 법이지요.
유모 그럼 그대도 이 소식을 듣게 되어 기쁘단 말인가?
코로스장 제우스께서 역풍을 순풍으로 바꾸신다면 어찌 기쁘지 않겠어요? 775
유모 어떻게 바꿔? 이 집의 희망인 오레스테스가 죽었는데.
코로스장 그는 죽지 않았어요. 돌팔이 예언자라도 그쯤은 알 수 있어요.
유모 무슨 말이야? 그대는 전해진 것과 다르게 알고 있어?
코로스장 가서 소식이나 전하세요, 내가 시키는 대로.
신들께서 하실 일은 신들께서 알아서 하실 거예요. 780
유모 그럼 내 가서 그대가 시킨 대로 전하지.
아아, 신들의 도움으로 만사가 잘되었으면 좋을 텐데!

(유모 퇴장)

코로스43

(좌1) 올림포스 신들의 아버지 제우스여,
내 기도를 들으시고
정의를 위해 애쓰는 자들에게   785
확고한 행운을 내려주소서.
내 말은 정당하오니,
제우스여, 그⁴⁴를 지켜주소서!

(종가) 제우스여, 궁전 안에 들어선 그를   790
그의 적 앞으로 인도해주소서.
그에게 승리의 영광을 내려주신다면
그는 기꺼이 두 배 세 배 보답할 거예요.

(우1) 그대가 사랑하던 이의 고아가 된 망아지는
슬픔의 마차에 매였거늘,   795
그에게 재갈을 물리시고
주로(走路)를 제한해주소서.
너무 성급히 달리다 도가 지나쳐
들판을 건너지 못할까 두려워요.

(좌2) 이 궁전의 풍요로운 안방에 거주하시는   800
한마음 한뜻의 신들이여,
우리 기도를 들어주소서.
옛날에 흘린 살인의 피를

　　　　새로운 정의의 심판으로 씻어주소서.
　　　　해묵은 살인이 집안에서　　　　　　　　　　805
　　　　더이상 자식을 낳지 못하게 하소서.

(종가2)　웅장하고도 아름다운 델포이 동굴에 거주하시는
　　　　분[45]이여, 그의 집이 고개를 들어
　　　　암흑의 면사포 뒤에서
　　　　자유의 찬란한 광명을　　　　　　　　　　810
　　　　반가운 눈으로 쳐다보게 해주소서.

(우2)　마이아의 아드님 헤르메스께서도
　　　　정의를 위해 도움을 주시어
　　　　일이 순조롭게 이루어지게 해주소서.
　　　　그분은 어둠 속에 감춰진 것도 마음대로 밝힐 수
　　　　있나이다. 하지만 모호한 말씀을 하실 때는　　815
　　　　듣는 이의 눈에 어둠을 씌워, 밤에도 낮에도
　　　　그 뜻을 헤아릴 수 없게 하지요.

(좌3)　그러면 그때는 우리도 죽은 자를 위한
　　　　만가와 함께 이 집을 위해 해방의 노래를,　　820
　　　　여인의 목소리가 부르는
　　　　축복의 노래를
　　　　힘차게 부르리라.
　　　　"도시를 위해 다행한 일이로다.
　　　　내게도 행운이 오기를! 불행은　　　　　　　825
　　　　친구들로부터 멀리 사라졌도다."

|(종가)| 그리고 그대는 행동할 때가 되면 용기를 내세요.
그 여인이 "내 아들아!" 하면
큰 소리로 "아버지!" 하고 부르며 해치우세요.
그대의 살육에는 허물이 없어요. 830

|(우3)| 그대는 페르세우스[46]처럼
마음을 굳게 먹고
지하의 친구들과
지상의 친구들의 원한을
풀기 위해 집안에서 저 끔찍한 835
고르고[47]를 피투성이로 만들고,
살인에 책임이 있는 자[48]를 제거하세요.

(아이기스토스, 혼자 등장)

아이기스토스 사람을 보내 나를 오라는 부름을 받고 왔노라.
들자하니, 나그네들이 새로운 소식을 가져온 모양인데
그리 반가운 얘기는 아니로구나. 오레스테스가 죽었다니 840
말이다. 옛날의 살육으로 아직도 심한
고통을 당하고 있는 이 집이 그와 같은 공포의 짐을
져야 하다니, 그 밑에서 무너져버릴까 두렵구나.
이 소식을 살아 있는 진실이라고 믿어야 하나?
아니면 여인들의 공포심에서 나와 허공을 날아다니다가 845
시들어 죽고 마는 뜬소문에 지나지 않는 것인가?
너희들은 아마 확실한 것을 들려줄 수 있겠지?

코로스장 우리도 들었을 뿐이에요. 안으로 드셔서 나그네들에게
직접 물어보세요. 사자의 말이란 믿을 수 없는 것이오니,

	남자들끼리 직접 대면해 알아보세요.	850
아이기스토스	이 소식을 전한 자가 직접 죽음을 목격한 것인지	
	아니면 뜬소문만 듣고 그렇게 전하는 것인지	
	내 그자를 직접 대면해 떠보아야겠다. 그자도	
	내 마음의 눈은 쉽게 속일 수 없을 테니까. (아이기스토스 퇴장)	
코로스⁴⁹	제우스여, 제우스여,	855
	무슨 말을 해야 하나이까? 먼저 뭐라고 기도하며	
	신들의 도움을 청해야 하나이까?	
	어떻게 기도드려야 옳은 기도가 될까요?	
	이제 살인의 피 묻은 칼끝이	
	일을 내려 하나이다.	860
	아가멤논의 가문이	
	완전히 멸하든지,	
	아니면 그가 자유의 횃불을 켜며	
	선조들의 왕권과 부귀를	
	되찾게 될 것이옵니다.	865
	신과 같은 오레스테스는	
	혼자 두 사람을 상대로 싸우려 하나이다.	
	부디 그가 이기게 해주소서!	
아이기스토스	(안에서) 어이쿠, 사람 살려, 사람 살려!	
코로스장	잘 들어봐요?	870
	어떻게 된 것일까요? 집안에서의 일이 끝난 것일까요?	
	일이 끝날 때까지 우린 멀리 떨어져 있도록 해요.	
	그래야만 이 끔찍한 일에 우리가 가담하지 않은 것처럼	

[주] 49

보일 테니까요. 싸움은 이미 끝났으니 말이에요.

(아이기스토스의 하인, 허겁지겁 등장)

하인 　아아, 슬프도다. 주인 나리께서 세상을 떠나셨어요. 　　875
아아, 슬프도다. 이것이 두 번째고, 아아, 슬프도다.
이것이 세 번째요. 아이기스토스 님은 이미 이 세상 사람이
아니오. 어서 문을 열어요. 규방의 빗장을 부수란 말이오.
건장한 젊은이가 필요해요. 죽은 사람을 돕기 위해서가
아니오. 죽은 사람에게 무슨 소용이 있겠어요. 　　880
이봐요, 이봐요!
불러도 소용없으니 모두 귀머거린가, 아니면 잠들었나.
클뤼타이메스트라 왕비님은 어디 계시오? 뭘 하고 계시오?
보아하니 이제 왕비님의 머리도 정의의 칼을 받아
도마 위에 떨어질 시간이 머지 않은 것 같은데.

(클뤼타이메스트라 등장)

클뤼타이메스트라 　무슨 일이냐? 집안에서 왜 고래고래 고함을 지르는 게냐? 　　885
하인 　죽은 사람이 산 사람을 죽이고 있단 말이에요.
클뤼타이메스트라 　아아, 슬프도다. 수수께끼 같은 네 말이 무슨 뜻인지
알겠다. 간계로 죽인 우리, 이제 간계로 죽는구나.
누가 당장 살인의 도끼를 가져오라.
우리가 이길지 아니면 질지 어디 두고 보자꾸나. 　　890
일이 여기까지 왔으니 피하지 않겠다.

(오레스테스와 필라데스, 궁전에서 달려온다.
오레스테스의 칼에서 핏방울이 떨어진다)

오레스테스 　내 당신도 찾고 있었소. 그자는 충분한 보답을 받았으니까.
클뤼타이메스트라 　슬프도다. 가장 사랑하는 강력한 아이기스토스여, 당신이 죽다니!
오레스테스 　그자를 사랑한다고? 그렇다면 그자와 같은 무덤에 누우시오.

	그러면 당신은 결코 그자를 배신하지 못할 테니까.	895
클뤼타이메스트라	멈춰라, 내 아들. 애야, 너는 이 젖가슴이	
	두렵지도 않느냐? 잠결에도 이 어미의 젖가슴에 매달려	
	그 부드러운 잇몸으로 달콤한 젖을 빨곤 했는데.	
오레스테스	어떻게 할까, 필라데스? 어머니를 죽이기가 두렵구나.	
필라데스	그러면 록시아스의 예언은 앞으로 어떻게 되며, 퓌토의 신탁과	900
	우리의 그 엄숙한 맹세는 또 어떻게 되겠는가?	
	만인을 적으로 만들지언정 신들을 적으로 만들지는 말게.	
오레스테스	자네 말이 옳은 것 같아. 좋은 충고를 해주었네.	
	(클뤼타이메스트라에게) 자, 따라오시오. 그자 옆에서 당신을	
	죽이겠소. 그자가 살았을 때도 아버지보다 그자를 더	905
	사랑했으니, 죽어서도 그자 곁에 잠드시오. 당신은 그자를	
	사랑하고 마땅히 사랑했어야 할 분은 미워했으니까.	
클뤼타이메스트라	내가 너를 기르지 않았느냐. 노년을 너와 함께 지내고 싶구나.	
오레스테스	아버지를 죽이고도 나와 함께 살겠다고?	
클뤼타이메스트라	내 아들아, 이 모든 일에 운명의 탓도 없지는 않다.	910
오레스테스	그렇다면 당신의 죽음도 운명 탓이겠죠.	
클뤼타이메스트라	어머니의 저주가 두렵지 않느냐, 아들아?	
오레스테스	어머니라니요? 당신은 나를 낳아 불행 속으로 내던졌어요.	
클뤼타이메스트라	내던진 것이 아니라 동맹자의 집에 보낸 것이다.	
오레스테스	나는 자유인의 아들인데도 수치스럽게 팔려갔어요.	915
클뤼타이메스트라	그렇다면 너를 팔아 받은 대가가 무엇이란 말이냐?	
오레스테스	창피해서 차마 대놓고 당신을 비난할 수도 없어요.	
클뤼타이메스트라	내 잘못을 말하려거든 네 아버지의 잘못도 말해야지.	
오레스테스	밖에 나가 수고하신 분을 집안에 앉아 심판하지 말아요.	
클뤼타이메스트라	남편과 떨어져 산다는 건 여자에겐 괴로운 일이란다, 아들아.	920

오레스테스	하지만 남편의 수고가 집안에 앉아 있는 아내를 부양하지요.
클뤼타이메스트라	아들아, 너는 이 어미를 꼭 죽이겠다는 게냐.
오레스테스	내가 아니라, 당신이 당신을 죽이는 거지요.
클뤼타이메스트라	너는 어머니의 복수심에 불타는 개들[50]을 조심해라.
오레스테스	하지만 당신을 살려주면 아버지의 개들은 어떻게 피하죠? 925
클뤼타이메스트라	산 사람인 내가 무덤에 대고 눈물로 호소하는 것 같구나.
오레스테스	아버지의 운명이 당신에게 이런 운명을 내린 것이오.
클뤼타이메스트라	아아, 슬프도다. 내가 이런 뱀을 낳아 길렀다니!
오레스테스	당신의 악몽은 진정한 예언자였소. 당신은 죽여서는 안 될 사람을 죽였으니, 이제 그 대가로 받아서는 안 될 고통을 받으시오. 930

(오레스테스, 클뤼타이메스트라를 앞세우고 궁전으로 퇴장)

코로스장 나는 이들의 이중의 죽음을 슬퍼하지 않는 바는 아니지만,
불쌍한 오레스테스가 드디어 수많은 유혈의 정상에
올랐으니, 헤아리건대, 이는 오히려 잘된 일이에요.
이 집의 맑은 눈빛이 완전히 꺼지기를 원치 않기 때문이오.

코로스[51](좌1) 정의의 여신께서는 프리아모스[52]의 아들들에게도 935
마침내 엄중한 복수를 하셨거늘,
아가멤논의 집에도 한 쌍의 사자,[53]
한 쌍의 전사가 나타났다네.
퓌토의 신께서 보내신 추방자는
신의 명령을 받고 달려와 940
정해진 주로를 끝까지 달렸다네.[54]

(종가1) 아아, 기쁨의 환성을 올리자!

우리가 섬기는 이 왕가가 재앙을 면하고
가산을 탕진하던 두 살인자의 손에서 벗어났도다.
아아, 끔찍한 불행이여!   945

(우1) 음흉한 공격을 꾀하던 자[55]에게
계략에 의한 복수가 이루어졌네.
제우스의 진정한 따님께서 손수 싸움을
도우셨도다. 사람들이 그분을
정의의 여신이라고 부르는 것은   950
참으로 적절한 이름이로다.
여신께서는 원수들에게 죽음의 입김을 불어넣으신다네.

(좌2) 파르낫소스 땅의 큰 동굴에 기거하는
록시아스, 오랫동안 지체하시다가
마침내 정의의 여신을 큰 소리로 불러   955
간계 아닌 간계를 쓰도록 명령하셨다네.
신의 힘은 악한 자를 돕지 못하게 되어 있는 법.
그래서 하늘을 지배하는 힘을 공경해야 하니,
내가 빛을 볼 수 있게 되었음이라네.   960

(종가2) 집을 짓누르던
무거운 멍에가 벗겨졌도다.
오오, 집이여, 일어서라. 오랫동안 너는
너무도 오랫동안 먼지 속에 누워 있었구나.

(우2) 이제 그가 저주를 몰아내는 정화의식으로   965

온갖 더러운 것을 화롯가에서 몰아내게 되면,
만사를 성취해주는 시간이 머지않아
이 집 문턱을 넘으리라. 그러면 행운의 주사위도
패가 바뀌어 이 집에 함께 사는 우리에게도
상냥한 얼굴로 좋은 패를 보여주겠지. 970
내가 빛을 볼 수 있게 되었노라.

(궁전의 문이 열리며 아이기스토스와 클뤼타이메스트라의 시신 옆에 서 있는 오레스테스의 모습이 보인다. 한 손에는 칼을, 다른 손에는 아가멤논이 살해될 때 입고 있던 겉옷을 들고 있다)

오레스테스 보시오. 여기 이 나라의 두 폭군이 누워 있소이다.
이들은 내 아버지를 살해하고 가산을 탕진했소.
왕좌에 앉아 있을 때는 위엄도 있었겠지요. 이들의 운명을 975
보아하니, 지금도 둘은 서로 사랑하는 사이인 듯하오.
말하자면 이들은 맹세를 충실히 지킨 셈이지요. 둘은
불쌍하신 내 아버지를 같이 죽이기로 맹세했고, 죽어도
같이 죽자고 맹세했거늘, 이제 그들 뜻대로 된 셈이오.
이 참사의 목격자인 여러분은 불쌍하신 980
아버지를 묶었던 이 흉측한 발명품을 보시오.
바로 이것이 그분의 손발을 꽁꽁 묶었던 것이오.
이 물건을 대체 뭐라 불러야 어울릴까요? 짐승을 잡는
덫, 아니면 사자(死者)의 발을 감싸주는
목욕탕의 휘장이라 할까요? 아니, 역시 그물, 올가미 985
또는 발을 휘감는 겉옷이라 하는 게 좋을 것 같네요.
이런 물건은 지나가는 행인의 금품을 약탈하고

목숨을 빼앗는 날강도나 갖고 다니는 물건이오.
날강도는 이런 흉측한 물건으로 수많은 사람을
죽여놓고는 마음속으로 기뻐하니까 말이오. 990
(하인들에게) 가까이 둘러서서 남자를 위한 이 큰 수의를
펼쳐 보여드려라. 아버지께서 보실 수 있도록.
내 아버지가 아니라 만물을 굽어보는 위대한 아버지
태양신께 말이다. 그래야만 그분께서 어머니의 저주받을
소행을 보시고 언젠가 내가 심판받는 날,⁵⁶ 내가 어머니를 995
죽인 것은 정당한 행동이었다고 나를 위해 증언해주실 게
아니냐. 단언하건대, 아이기스토스의 죽음은 문제될 게 없소.
그자는 정부(情夫)가 받아 마땅한 벌을 받은 셈이라오.
하지만 이 여인은 자식까지 둔 남편에게 이런 저주받을 짓을
생각해낸 것이오. 그래서 자식들도 한때는 사랑했지만 1000
이제는 보시다시피 증오심에 불타는 적으로 변했소이다.
이 여인을 어떻게 생각하시오? 바다뱀이나 독사로 태어난
이 여인은 물지 않고 닿기만 해도 상대방을 썩어 문드러지게 하는
그런 존재요. 그만큼 그녀는 대담하고 사악했소.
제발 이런 여인을 아내로 맞아들이지 않아야 할 텐데. 1005
그럴 바엔, 신들이여, 차라리 자식 없이 죽게 해주소서.

코로스 아아, 슬프도다. 이 무슨 끔찍한 짓인가!
그녀는 비참하게 죽임을 당하여 가고 없으나,
아아, 뒤에 남은 자에게도 고통의 꽃은 만발하리라.

오레스테스 그녀의 소행일까요, 아니면 그녀의 소행이 아닐까요? 1010
하지만 아이기스토스의 칼에 피로 물든 이 겉옷이 그녀의
소행임을 증언하고 있어요. 보시오, 살인의 핏자국이 시간과
공모해 이 다채롭던 겉옷의 색깔을 많이도 지워놓았구려.

|이제야 나는 아버지께서 돌아가신 이 자리에 서서 아버지를
찬양하며 애도하고 있소이다. 아버지를 죽인 겉옷이여, 1015
들어라. 나는 내 행동과 고통과 온 가문을 슬퍼하노라.
내가 얻은 것은 피로 얼룩진 자랑스럽지 못한 승리뿐이니까.

코로스 그 누구도 한평생을 고통 없이 살아갈 수 없는 법.
보라, 여기 하나의 고통이 있는데
또 다른 고통이 다가오리라. 1020

오레스테스 잘 알아두시오. 이 일이 어떻게 끝날지 나도 모르겠소.
내 비록 고삐를 잡고 있기는 하나 말들은 이미
주로 밖으로 멀리 벗어난 느낌이오. 내 마음은
걷잡을 수 없이 소용돌이치고, 내 가슴속에는 벌써
공포가 노래 부르며 격렬한 춤을 추려 한다오. 1025
아직 정신이 있을 때 친구들에게 말해두고 싶소.
내가 어머니를 죽인 것은 정당한 행동이었소.
어머니는 아버지를 살해하고 신들의 미움을 샀던 것이오.
그리고 누구보다도 퓌토의 예언자 록시아스께서 내게
이런 행동을 하도록 촉구하셨소. 그분의 말씀인즉, 1030
나는 살인을 하더라도 벌 받지 않을 것이라 하셨소.
하지만 이 일을 행하지 않으면 – 그 벌에 관해서는
말하지 않겠소. 누구도 말의 활로는 그 고통을 적중할 수 없어요.
자, 여러분은 나를 보시오. 나는 이렇게
올리브 가지와 화관[57]으로 무장하고서 대지의 배꼽[58]으로, 1035
록시아스의 신성한 언덕으로 영원히 꺼지지 않는
불빛[59]을 향해 구원을 청하러 가는 길이오.
이 친족 살해의 피를 씻으려면 다른 화로로 향해서는
안 된다고 록시아스께서 말씀하셨소.

	제발 부탁이니, 아르고스의 모든 시민들은 훗날	1040
	어찌하여 내가 이런 고통을 당하게 되었는지 증언해주시오.	
	나는 살아서나 죽어서나 고향에서 추방되어 객지를	
	떠돌다 이런 이름[60]만 남길 운명인 것 같으니 말이오.	
코로스장	그대 행동은 훌륭했어요. 제발 그대의 입에	
	그런 악담의 재갈을 물리지 말고 자신을 매도하지 마세요.	1045
	그대는 다행히도 두 독사의 머리를 한꺼번에 베어	
	아르고스 시 전체에 자유를 찾아주었어요.	
오레스테스	아, 저게 웬 여인들이지? 보시오, 고르고 자매들처럼	
	검은 옷을 입고 머리에 우글거리는 뱀의 관을 쓴 저 여인들을.	
	이제 나는 더이상 지체할 수 없게 되었소.	1050
코로스장	아버지께서 가장 사랑하던 자식이여, 무슨 환상이	
	그대를 괴롭히나요? 굳건히 버티고 공포를 이기세요.	
오레스테스	하지만 내게는 고통의 환상이 아니오.	
	저건 분명 어머니의 원한에 찬 개들이오.	
코로스장	그대의 손에는 아직도 생생한 피가 묻어 있어요.	1055
	그래서 그 피로 인해 마음이 산란해진 탓이겠지요.	
오레스테스	아폴론 왕이여, 저들은 자꾸만 불어나고 있나이다.	
	저들의 눈에서는 원한에 찬 핏방울이 뚝뚝 떨어지고 있어요.	
코로스장	정화할 방법이 한 가지 있어요. 록시아스께서 그대를 만지시면,	
	그분의 손길이 그대를 이 고통에서 벗어나게 해줄 거예요.	1060
오레스테스	그대들의 눈에는 안 보이지만 내 눈에는 보이오.	
	저들이 나를 몰아대니 더이상 지체할 수 없구려.	

(오레스테스가 뛰쳐나간다)

코로스장	그럼 잘 가세요. 부디 신께서 호의로 그대를 굽어보며

　　　　　안전과 행운의 기회를 내려주시기를!

코로스　아아, 이 왕가에　　　　　　　　　　　　　　1065

혈족 살해의 무서운 폭풍이

세 번째로 불어닥쳤구나.

첫 번째는 제 자식의 살점을 먹은

튀에스테스[61]의 비참한 운명이고,

두 번째는 아카이오이족[62]의 군대를　　　　　　　1070

지휘하시던 왕[63]이 욕조에서 피살된 일이라네.

세 번째는 구원자께서 나타나실 차례이거늘,[64]

내 이제 그를 구원자라 불러야 할 것인가

아니면 파멸이라 불러야 할 것인가?

이 살인의 광기는 기운이 다해 잠들기 전에　　　　1075

또 어디로 달려갈 것인가?

　　(코로스, 오르케스트라를 떠난다)

자비로운 여신들
EUMENIDES

작품 소개

현존하는 유일한 비극 3부작인 이른바 『오레스테이아』(Oresteia '오레스테스 이야기'라는 뜻)의 세 번째 작품 『자비로운 여신들』은 오레스테스가 죽은 어머니의 혼백이 불러낸 '복수의 여신들'에게 쫓기며 찾아간 델포이의 아폴론 신탁소에서 시작된다. 오레스테스는 아폴론 신에게 도움을 청하는데 아폴론은 오레스테스에게 아테나이로 가서 재판을 받도록 지시한다. 오레스테스는 이 명령에 따라 아테나 신전으로 들어가 신상을 붙잡고 호소한다. 곧 복수의 여신들이 들이닥쳐 오레스테스를 위협한다. 이때 등장하는 아테나 여신의 주재로 아레이오스 파고스 법정에서 고소인인 복수의 여신들과 변호인인 아폴론 간의 논쟁이 벌어지는데, 이 장면을 통해 서로가 주장하는 '정의'의 갈등 양상을 보여준다. 아들이 어머니를 죽이는 것을 용납할 수 없는 복수의 여신들과 아버지로부터 비롯되는 남성 중심의 권위를 지키려는 아폴론이 펼치는 논리는 서로 상반된다. 아폴론의 피고인 심문이 끝난 뒤 아테나이 시민들로 구성된 배심원의 투표가 진행된다. 유죄와 무죄의 투표가 동수를 이루자, 아테나 여신의 캐스팅 보트에 의해 오레스테스는 무죄방면된다. 복수의 여신들은 격분하여 아테나이에 재앙을 내리겠다고 위협하는데 아테나 여신은 이들이 새로운 질서 속에서 이른바 '자비로운 여신들'로 순기능을 하도록 설득한다.

등장인물

예언녀 델포이에 있는 아폴론 신전의

아폴론

오레스테스

클뤼타이메스트라의 혼백

코로스 자비로운 여신들로 구성된

아테나

수행원들의 코로스

이 작품의 대본은 Aeschylus, *Eumenides* edited A. H. Sommerstein, Cambridge University Press 1989의 그리스어 텍스트다. 주석은 이 책에 있는 A. H. Sommerstein의 것을 참고했다. 현대어 번역 중에서는 R. Fagles (Penguin Books 1977), P. Vellacott (Penguin Books [2]1959), C. Collard (Oxford 2002), R. Lattimore (University of Chicago Press 1942)의 영어 번역과 J. G. Droysen (Kröner 1939), O. Werner (Tusculum [3]1980) E. Staiger (Philipp Reclam 2002)의 독일어 번역을 참고했다.

장소 첫 번째 부분(1~234행)은 델포이에 있는 아폴론 신전 앞에서,

두 번째 부분(235~564행)은 아테나이의 아크로폴리스에 있는 아테나 신전 앞에서,

세 번째 부분(565~끝까지)은 아크로폴리스 맞은편에 있는

바위 언덕 아레이오스 파고스에서 진행된다.

예언녀 (아폴론 신전의 문 앞에 서서 기도한다)

나는 신들 가운데 맨 먼저, 최초의 예언녀인 가이아[1]에게,
그다음에는 전설에 따르면 그녀의 딸로
어머니에 이어 두 번째로 이 신탁소를 지켰다는
테미스에게 기도하며 경의를 표하나이다.
세 번째로, 강압에 의해서가 아니라 그녀의 동의를 받아   5
대지[2]의 딸로서 티탄 신족(神族)에 속하는 여신인
포이베가 이곳에 앉았지요. 그녀는 이곳을 포이보스[3]에게
생일선물로 주었는데, 포이베란 이름에서 그분의 별칭이 유래했지요.
포이보스께서는 델로스의 못[4]과 바위섬을 떠나, 배들이
항해하는 팔라스의 해안[5]에 오르신 다음 여기 이 나라와   10
파르낫소스[6]산에 있는 당신의 거처로 오셨나이다.
그리하여 헤파이스토스의 자손들[7]이 그분을 호송하고
그분을 경배했으니, 그들은 그분을 위해 길을 내며
경작할 수 없던 땅을 경작할 수 있게 해놓았지요.
그분께서 오셨을 때 백성들과 이 나라의 키잡이인   15
델포스[8] 왕은 그분을 우러러 받들었지요. 그러자 제우스께서
그분의 예언술을 위해 그분의 마음에 영감을 불어넣으시고는
그분을 네 번째 예언자로 이 왕좌에 앉히셨지요.
그러니 록시아스[9]께서는 아버지 제우스의 예언자세요.

이들 신들께 나는 먼저 기도드립니다. 하지만   20
신전 앞의 팔라스[10]에게도 나는 기도로 경의를 표해요.
속이 비고 새들이 즐겨 찾으며 신들이 찾아드는 저기 저
코뤼키온 동굴[11] 안의 요정들에게도 경의를 표해요.
이곳의 주인이신 브로미오스[12]도 나는 잊지 않아요.
그분께서 박코스 여신도들을 이끌고 가시어 펜테우스[13]를   25
마치 토끼처럼[14] 죽음의 덫으로 몰아넣으신 뒤로는.
나는 또 플레이스토스[15]의 샘들과 포세이돈[16]의 힘과
지고하신 완성자 제우스도 부르나이다.
그런 다음 나는 예언녀로서 자리에 앉으러 들어갑니다.
그러니 그분들께서 이번에는 내가 전에 입장할 때보다   30
훨씬 더 큰 축복을 내려주소서. 그리고 여기 헬라스[17]인들이
있으면 관습에 따라 제비 뽑은 순서대로 들어오시오.
나는 신께서 인도하시는 대로 예언할 것이오.

(안으로 들어갔다가 잠시 뒤 질겁하며 밖으로 나온다)

아아, 말하기도 끔찍하고 눈으로 보기에도 끔찍한 것들이
나를 록시아스의 신전에서 밖으로 도로 내쫓는구나.   35
나는 힘이 빠져 똑바로 서 있을 수가 없어
날랜 넓적다리들이 아니라 두 손으로 달려 나왔어요.
나이 많은 여인은 겁에 질리면 아무것도 아니에요. 아니,
어린애 같지요. 많은 화관으로 장식된 맨 안쪽으로
들어갔을 때, 신들에게 미움 받는 한 사내가   40
대지의 배꼽[18]에 탄원자의 자세로 앉아 있는 것을 보았어요.
피[19]가 뚝뚝 떨어지는 두 손에 최근에 뺀 칼과
우뚝 자란 올리브나무 가지를 들었고,
거기에는 또 긴 양털실과 하얀 털 송이가 – 내 말은

사실 그대로예요 – 격식에 맞게 감겨 있었어요. 45
그 사내 앞에는 해괴망측한 여인들 무리가
의자에 앉은 채 잠들어 있었어요. 나는 그들을
여인이 아니라, 고르고 자매들[20]이라고 부르겠어요.
아니, 그 모습은 고르고 자매들과도 달라요.
전에 나는 피네우스[21]에게서 음식을 낚아채 가는 여인들[22]의 50
그림을 본 적이 있는데, 저기 저 여인들도 날개만
보이지 않을 뿐, 전체적으로 검고[23] 구역질이 났어요.
가까이할 수 없는 입김을 내뿜으며 코를 고는데,
그들의 눈에서는 역겨운 액즙이 떨어지고 있어요.
복장은 그것을 입고서는 신상들에 다가가기에도, 55
인간의 집에 들어가기에도 마땅찮은 그런 것이에요.
나는 이들 무리가 소속된 부족을 아직 본 적이 없으며,
어느 나라가 피해를 입지 않고 또 기른 노고를 후회하지 않고
그런 족속을 길렀다고 자랑하는지 모르겠어요.
앞으로 이 일은 이 신전의 주인인 강력한 록시아스께서 60
맡으셔야 해요. 그분께서는 예언자 겸 치유자이니
조짐을 올바로 해석하여 다른 사람들도
집에서 부정을 깨끗이 몰아낼 수 있게 해주시니까요.[24]

(예언녀 퇴장. 문이 열리며 신전의 내부가 보인다. 복수의 여신들은 의자에서 자고 있고
오레스테스는 대지의 배꼽 돌을 껴안고 있다. 아폴론이 헤르메스를 데리고 그에게 다가간다)

오레스테스 아폴론 왕이여, 그대는 올바른 행동이 무엇인지 알고 85
계시니, 보살펴주는 것이 무엇인지도 알고 계십니다. 86
그대의 힘은 그대가 내게 약속하신 도움에 보증이 되옵니다. 87

아폴론 나는 결코 그대를 버리지 않을 것이니라. 나는 끝까지 보호자로서
그대를 가까이에서 지켜줄 것이고, 설혹 멀리 65

떨어져 있더라도 그대의 적들에게 상냥하지는 않을 것이니라.
그대는 지금 이 미친 것들이, 역겨운 처녀들[25]이,
어떤 신도 어떤 인간도 어떤 짐승도 한데 어울리지 않는
아직도 소녀라 할 수 있는 이 노파들이 내게 사로잡혀
곯아떨어져 자고 있는 것이 보이지 않느냐! 70
이들은 악을 위해 태어났느니라. 그래서 이들은
사악한 어둠 속에, 지하의 타르타로스[26]에 살며,
인간들에게도 올림포스의 신들에게도 미움 받느니라.
하지만 그대는 계속 달아나지 말고 나약해지지 말지어다.
이들은 그대가 떠돌아다니게 될 대지를 끊임없이 75
거닐며 넓은 본토(本土)를 지나, 그리고 바다 위와
바닷물에 둘러싸인 도시들을 지나 그대를 뒤쫓을 것이다.
그러니 그대는 그러한 고난의 풀밭으로 내몰리더라도 미리
지치지 말고, 팔라스의 도시[27]로 가서는 탄원자로서 앉아
여신의 오래된 신상[28]을 꼭 껴안도록 하라! 80
그곳에서 우리는 이 사건의 재판관들과, 그들의 마음을
설득할 말들을 갖게 될 것이며, 이 노고에서 그대를
완전히 해방해줄 수단을 발견하게 될 것이다.
어머니를 죽이도록 그대를 설득한 것은 나였으니까.
명심하고, 공포가 그대의 마음을 제압하지 못하게 하라. 88
(헤르메스에게) 같은 아버지에게서 태어난 내 친아우 헤르메스여,
그대는 이 사람을 보호해주고, 별명에 걸맞게 90
호송자가 되어 내 탄원자인 이 사람을 잘 인도해다오.[29]
존경받아 마땅한 이런 나그네는 제우스께서도 존중해주시도다.
훌륭한 호송을 받으며 인간들에게 돌아가기 때문이오.

(아폴론과 헤르메스, 오레스테스, 퇴장. 클뤼타이메스트라의 혼백 등장)

클뤼타이메스트라의 혼백

그대들[30]은 자고 있나요? 자면 어떡합니까?
그대들 때문에 나는 죽은 자들 사이에서 이런 수모를   95
당하고 있는데. 내가 죽인 자들[31]이 나를 비난하는 목소리가
죽은 자들 사이에 끊임없이 울려 퍼져 수치스럽게도
나는 떠돌아다니고 있어요. 그대들에게 솔직히 말하지만,
그들은 내게 가장 무거운 죄를 씌우고 있어요.
가장 가까운 혈육에 의해 이런 끔찍한 일을 당했건만,   100
내가 모친 살해범의 손에 살해되었다고 해서
노여워하는 신은 아직 한 분도 안 계세요.
그대는 마음의 눈으로 여기 이 치명상을 보세요.
[마음이 잠들면 눈은 환히 밝아지는 데 반해, 환한
대낮에는 우리 인간들은 앞을 내다보지 못하니까요.]   105
얼마나 많은 제물을 그대들은 홀짝거리며 내게서 받아 마셨소!
그대들에게 나는 포도주 없는 제주[32]들과 마음을 달래는 청량한
음료들을 부어드렸으며, 어떤 신도 그대들과 함께하지 않는 시간에는
불기 있는 화롯가[33]에서 신성한 밤참[34]을 제물로 바치곤 했어요.
하지만 보아하니 그 모든 것이 발에 짓밟히고 마는 것 같네요.   110
녀석이 그대들에게서 벗어나 새끼 사슴처럼 달아나고 있어요.
아니, 녀석은 발걸음도 가벼이 덫 한복판에서 빠져나가
그대들에게 심한 조롱의 눈길을 보내고 있어요.
내 말 좀 들으세요. 나는 내 혼백을 위해 말하고 있어요.
제발 정신 좀 차리세요, 그대들 지하의 여신들이여!   115
나 클뤼타이메스트라가 지금 꿈속에서 그대들을 부르고 있어요.

(코로스의 신음 소리)

그대들은 신음하고 있나요? 하지만 녀석은 벌써 달아났어요.
더이상 내 아들이 아닌 녀석을 돕는 이들이 있기 때문이죠.

(코로스의 신음 소리)

그대는 내 고통을 불쌍히 여기지 않고 쿨쿨 잘도 자는구려.

이 어미를 죽인 살인범 오레스테스는 떠나고 없단 말이에요.

(코로스의 신음 소리)

그대는 비명을 지르며 여전히 자는구려. 어서 일어나지 못해요?

재앙을 가져다주는 것 말고 대체 무엇이 그대의 소임이죠?

(코로스의 신음 소리)

둘이서 힘을 모으면 강력한 힘을 갖게 되는 잠과 노고가

무시무시한 암용35의 기운을 완전히 마비시킨 게로구나.

코로스 (잇달아 크게 신음한 다음)

잡아, 잡아, 잡아, 잡아! 저길 봐!

클뤼타이메스트라의 혼백 그대는 꿈속에서 사냥감을 추격하며, 마치 잠시도

자신의 소임을 잊지 않는 사냥개처럼 짖는구려.

대체 뭘 하는 거요? 일어나세요! 노고에 제압되지 마세요.

잠에 무기력해져 고통을 외면하지 마세요.

그대는 정당한 비난이 안겨주는 아픔을 마음속으로 느껴보세요.

지혜로운 이들에게 정당한 비난은 채찍과도 같죠.

그대는 입김과 함께 피를 내뿜으며 바람처럼 뒤에서 몰아쳐

숨결과 내장의 열기로 녀석을 바싹 말려버려요.

자, 뒤쫓아가 두 번째 추격으로 녀석을 쓰러뜨려요.

(코로스가 잠을 깨자 클뤼타이메스트라의 혼백이 사라진다)

코로스장 깨워요, 깨워요, 그대는 여기 이 여자를. 내가 그대를

깨우듯이. 그대는 자나요? 일어나요. 잠을 떨쳐버리고.

자, 우리 이 서곡이 아무 근거도 없는 것인지 살펴봐요.

코로스36

(좌1) - 아아, 이럴 수가! 자매들이여, 우린 당했어요.
- 나는 그토록 당했건만 다 허사예요.
- 아아 슬프도다. 우리는 비참한 고통을 당했어요,   145
참을 수 없는 고통을.
- 덫에서 빠져나갔어요, 그 사냥감이.
- 잠에 제압되어 다 잡은 것을 놓쳤어요.

(우1) 아아, 제우스의 아들이여, 교활한 도둑이여,
그대는 젊은 신으로서 연로한 여신들을   150
짓밟고 탄원자를, 무도한 인간을,
제 어미의 원수를 존중하고 있어요.
그대는 신이면서도 모친 살해범을 빼돌렸어요.
여기 이들 중에 누가 그것을 옳은 행동이라 하겠소?

(좌2) 꿈속에서 원성이 들려오더니   155
마부처럼 몰이 막대기 한가운데를
잡고는 후려쳤어요,
내 심장을, 내 간을.
그리하여 준엄한 형리의 태형에 싸늘한   160
전율이 무겁게, 무겁게 나를 엄습하는구나.

(우2) 젊은 신들은 그처럼 처신하고 있어요.
정당한 몫을 넘어 절대 권력을 휘두르며.
왕좌[37]는 머리에서 발끝까지
온통 핏덩이를 뒤집어쓰고 있고,   165
대지의 배꼽이 피의 끔찍한 오염을

제 몫으로 차지한 것을 보는구나!

(좌3) 그는 예언자면서도 자신의 화롯가에서 그런 오물로
자기집 맨 안쪽을 더럽혔구나, 자진해, 자청해.   170
신들의 법을 어기며 인간들을 존중하고,
먼 옛날에 주어진 몫을 짓밟는 그는.

(우3) 그는 나도 모욕했으나 녀석을 풀어주지는
못하리라. 설령 지하에 숨는다 해도 결코 녀석은   175
자유의 몸이 되지는 못하리라. 어디를 가든 녀석은
결국 같은 핏줄의 다른 응징자와 맞닥뜨리리라.

아폴론 (신전 안에서 나타나며)
나가시오, 명령이오. 어서 이 집에서 물러가고
이 예언의 성소(聖所)를 떠나시오.   180
그대들이 황금 시위에서 튀어나간 날개 달린
번쩍이는 뱀[38]에 물려 괴로운 나머지 인간들에게
빨아 마신 검은 거품[39]을 토하고, 살육하며 핥아 마신
핏덩이를 내뱉는 일이 없도록!
여기 이 집은 그대들이 접근할 곳이 아니오.   185
아니, 그대들은 목을 베고 눈을 파내는 판결이 내려지고
집행되는 곳으로, 거세(去勢)에 의해 소년들의 양기가
꺾이고, 사지가 절단되고, 돌로 쳐죽이는 곳으로,
그리고 말뚝에 척추가 꿰뚫린 자들이 길게 비명을 지르며
신음하는 곳[40]으로 가시오! 그대들은 들었겠지요,   190
그대들은 그런 잔치를 좋아하는 까닭에 신들에게

얼마나 미움 받는지? 그대들 외모 하나하나가
그것을 말해주오. 그런 무리에게는 피를 핥아 마시는
사자 굴이 거처로 어울리고, 이 예언소에서는 누구든
가까이 있는 이들을 오염시켜서는 안 될 것이오. 195
물러가서 목자 없는 가축 떼처럼 헤매시구려.
그런 무리는 어떤 신도 좋아하지 않기 때문이오.

코로스장 아폴론 왕이여, 그대는 내 말도 들어보시오.
그대는 이 신전을 오염시킨 공범이 아니라
단독 정범이니, 모든 책임은 그대에게 있어요. 200

아폴론 어째서 그렇지요? 말을 어디 계속해보시오.

코로스장 그대가 그 이방인[41]에게 어머니를 죽이도록 명령하지 않았던가요?

아폴론 나는 그에게 아버지의 원수를 갚으라고 명령했소. 왜 안 되나요?

코로스장 그리고 그대는 방금 피를 흘린 살인자를 자청해 받아주었소.

아폴론 나는 다만 그에게 탄원자로서 이 집을 찾도록 지시했소. 205

코로스장 그런데 그대는 그의 호송자인 우리를 비난하시는구려.

아폴론 그렇소. 그대들은 이곳에 접근하기에 적절치 않기 때문이오.

코로스장 하지만 그것은 우리에게 주어진 임무인걸요.[42]

아폴론 거 참 대단한 명예로군. 그 아름다운 권리를 실컷 뽐내시구려!

코로스장 우리는 모친 살해범을 집에서 내쫓는 것이오. 210

아폴론 그렇다면 남편을 죽인 여인은 어떻게 하고?

코로스장 그것은 같은 혈족에 대한 살인이라고 할 수 없지요.

아폴론 정말이지 그대는 혼인을 이루어주는 헤라와 제우스의
혼인서약마저 아무 가치 없는 것으로 무시하는구려.
인간들에게 가장 소중한 것을 가져다주는 퀴프리스[43]마저 215
그대의 그 말에 명예가 실추되고 마는구려.
사실 남자와 여자의 혼인은 운명에 의해 정해지는 것이고

맹세보다 더 위대한 것이기에 정의의 보호를 받는 것 아니겠소.
부부가 서로 죽여도 그대가 우유부단하게 그들을
벌주지 않거나 화를 내며 지켜보지 않는다면, 나는 그대가   220
오레스테스를 집에서 내쫓는 것을 옳다고 인정할 수 없소.
보아하니 그대는 한쪽 일에 대해서는 마음 깊이 새기면서
다른 쪽 일에 대해서는 분명 더 너그럽게 행동하고 있소.
이 일들에 대한 재판은 팔라스 여신이 지켜볼 것이오.

코로스장 절대로 내가 녀석을 놓아주는 일은 없을 것이오.   225
아폴론 그렇다면 그대는 그를 추격하여 스스로 노고를 늘리시구려.
코로스장 그런 말로 내 명예를 실추시키지 마시오.
아폴론 그대의 명예라면 가지라고 준다 해도 받지 않겠소.
코로스장 그대는 제우스의 왕좌 옆에서 아주 위대한 자라 일컬어지니까요.
하지만 어머니의 피가 나를 몰아대니, 나는 녀석을   230
벌주기 위해 뒤쫓을 것이고 사냥하여 쓰러뜨릴 것이오.

(코로스 퇴장)

아폴론 그러나 나는 탄원자를 도와주고 보호할 것이오.
내가 그를 의도적으로 버린다면, 인간과 신들 사이에
탄원자의 원한이 기승을 부릴 테니 말이오.

(아폴론, 신전 안으로 퇴장)

(장소가 아테나이의 아크로폴리스에 있는 팔라스 아테나의 신전으로 바뀐다.
그 앞에 제단과 신상이 있다)

오레스테스 (등장하며)
아테나 여왕이여, 나는 록시아스의 명으로 여기 왔습니다.   235
그대는 이 탄원자를 호의로써 받아주소서. 하지만 나는

이미 정화가 필요하지도 손이 불결하지도 않나이다.
아니, 내 피의 얼룩은 남들과 함께 여행하고, 남들의
집을 방문함으로써 흐릿해지고 이미 닳아 없어졌습니다.
나는 육지와 바다를 가리지 않고 떠돌아다녔으니까요. 240
록시아스의 지시를 충실히 따르며 나는 그대의 집과
신상에 다가가고 있나이다, 여신이여! 나는 여기서
파수를 보며 재판의 결말을 기다릴 것이옵니다.
(오레스테스가 앉은 채 신상을 껴안자, 코로스가 등장해 여기저기를 뒤진다)

코로스장 됐어요! 이건 분명 녀석의 흔적이에요.
이 고발자의 무언의 지시를 따릅시다. 245
마치 사냥개가 부상 당한 새끼 사슴을 찾아내듯,
우리는 떨어진 핏방울을 쫓아 녀석을 찾아낼 거예요.
인간을 기진맥진케 하는 수많은 노고로 인하여
내 가슴은 헐떡이고 있어요. 우리는 떼를 지어 온 대지를
횡단했고, 날개도 없이 바다 위를 날아 녀석을 예까지 250
뒤쫓으며 날랜 배에도 결코 뒤지지 않았으니까.
지금 녀석은 분명 여기 어딘가에 웅크리고 있어요.
사람의 피 냄새가 나를 향해 웃고 있다니까.

코로스44 찾아보고 또 찾아봐요. 사방을 살펴봐요.
모친 살해범이 대가도 치르지 않고 255
몰래 달아나는 일이 없도록!
바로 여기 있구나. 녀석은 도움을 청하며
불멸의 여신의 신상을 껴안고서
자신의 빚을 여신의 정의에 맡기려 하는구나. 260
그렇게는 안 되지. 땅에 쏟아져,

아아, 다시는 되돌릴 수 없는 어머니의 피가

땅바닥에 흘러내려 없어졌는데!

안 돼요. 갚아야 해요. 우리는 살아 있는 네 몸에서

걸쭉한 검붉은 액체를 빨아 마실 것이다. 나는 너한테서　　265

실컷 마시고 싶어, 인간은 마실 수 없는 음료를!

너를 산 채로 쇠약하게 해서 저 아래로 끌고 갈 가야.

모친 살해죄의 대가를 고통으로 치르도록.

너는 보게 되리라. 다른 사람도

신과 주객(主客)과 사랑하는 부모에게　　270

불경한 죄를 짓는 자는 누구든

그 죄에 상응하는 고통을 당한다는 것을.

하데스는 지하 깊숙한 곳의

위대한 심판관이니까. 그분은 만사를

보고 마음의 서판(書板)에 새겨두시지.　　275

오레스테스 고통을 통해 배운 덕분에, 나는 정화의 방법을 많이

알고 있으며, 어떤 상황에 말을 하고 어떤 상황에

침묵해야 하는지도 알고 있소. 한데 지금

이런 처지에서는 말을 하라고 현명하신 내 스승님[45]께서

지시하셨소. 이제 피는 잠들고 내 손에서 말라버렸으며,　　280

모친 살해의 오염은 씻겨 나갔소이다. 오염이 신선할 때,[46]

포이보스 신의 화롯가에서 새끼 돼지의 제물에 의해

정화되고[47] 제거된 거요. 내가 얼마나 많은 사람들을

찾아갔는지 - 그분들은 나와 만났어도 피해를 입지 않았소 -

처음부터 시작하자면 이야기가 길어질 것이오.　　285

[세월이 지나면 모든 것이 정화되기 마련이니까요.][48]

　　　　그래서 나는 지금 깨끗한 입에서 상서로운 말로
　　　　이 나라의 여주인 아테나를 부르고 있는 것이오,
　　　　오셔서 나를 구해달라고. 그렇게 해주시면 여신께서는
　　　　창 없이도 나와 내 나라와 아르고스 백성들을　　　　　　290
　　　　언제까지나 진실로 충실한 동맹군으로 얻게 되실 것이오.
　　　　그러니 여신께서는 리뷔에⁴⁹ 땅의 들판에서,
　　　　당신이 태어난 트리톤⁵⁰의 강물 옆에서
　　　　친구들을 돕고자 다리를 곧추세운 채,
　　　　또는 다리를 덮으신 채⁵¹ 걸음을 옮기고 계시든,　　　　295
　　　　플레그라⁵² 평야에서 대담한 장군처럼 주위를 두루
　　　　살펴보고 계시든, 오셔서 – 신은 멀리서도 들을 수
　　　　있으니까요 – 이 곤경에서⁵³ 나를 구해주소서!

코로스장　천만에. 아폴론도 아테나의 힘도 버림받고 헤매지 않도록
　　　　너를 구해주지는 못할 것이다. 마음속 어디에　　　　　300
　　　　즐거움이 있는지조차 잊어버린 채 너는
　　　　우리 여신들의 먹이가 되어 피를 모두 빨리고
　　　　그림자가 되리라. 너는 대답조차 않는 것이냐, 내가 한 말을
　　　　내뱉는 것이냐? 너는 사육되어 내게 제물로 바쳐졌으니,
　　　　산 채로 먹힐 것이고, 먼저 제단 옆에서 도살되지는　　　305
　　　　않으리라. 너를 결박할 노래를 듣도록 하라.

코로스　자, 우리 모두 어우러져 윤무(輪舞)를 추자.
　　　　무시무시한 노래를 부르기로,
　　　　그리고 인간의 운명을 우리 일행이
　　　　어떻게 그들에게 나눠주는지　　　　　　　　　　　　310
　　　　말해주기로 결정했으니까.

우리는 스스로 준엄하고 공정하다고
생각한다네. 깨끗한 마음으로
깨끗한 손을 내미는 자에게는
결코 우리의 노여움이 다가가지 않을 테니,
그는 인생을 무사통과할 수 있다네. 315
하지만 여기 이자처럼 죄를 짓고도
피 묻은 손을 감추는 경우, 우리는
정직한 증인으로서 피살자를 돕고자
나타나서 결국 우리가
유혈의 복수자라는 걸 그자에게 보여주리라. 320

(좌1) 54 어머니여, 죽은 자들과
산 자들에게 복수의 여신으로
나를 낳아주신 어머니 밤[55]이여,
내 말을 들어주소서. 레토[56]의 자식이
내게 불명예를 안겨주고 있나이다. 325
그는 저기 저 토끼를,
모친 살해를 정화하기에 적합한
제물을 내게서 빼앗아 갔나이다.

(에퓜니온1) 57 희생될 저 제물에 대한
우리의 노래는 이러하다네. 330
착란이여, 정신을 혼란시키는 광기여,
복수의 여신들이 부르는, 마음을
결박하고 포르밍크스[58]를 싫어하는
노래여, 인간들을 말려버려라!

164

(우1)	그런 몫을 우리가 영원히 가지도록
	가차 없는 운명의 여신이
	실을 자았으니, 335
	인간들 가운데 까닭 없이
	악행을 저지르는 자를 우리는
	그가 지하로 들어갈 때까지 미행한다네.
	그자는 죽어서도
	결코 자유의 몸이 되지 못한다네. 340

(에펌니온1)	희생될 저 제물에 대한
	우리의 노래는 이러하다네.
	착란이여, 정신을 혼란시키는 광기여,
	복수의 여신들이 부르는, 마음을
	결박하고 포르밍크스를 싫어하는 345
	노래여, 인간들을 말려버려라!

(좌2)	우리가 태어날 때[59] 그것은 우리 몫으로 주어졌다네.
	그리고 불사신들과 접촉하지 않는다는 것도. 350
	우리와 함께 회식하는 불사신은 아무도 없지 않은가!
	그리고 흰옷[60]을 가까이하지 않는 우리는
	인간들의 즐거운 모임을 멀리한다네.

(에펌니온2)	왜냐하면 우리는 가정의 전복을
	택했으니까. 집안에서 자란 폭력이 355
	가족 중 한 명을 죽이면,
	우리는 얼씨구나 하고 그자를 뒤쫓는다네.

         그자가 아무리 강해도, 방금 쏟은
         피 때문에 우리는 그자를 없애버린다네.

(우2)   나는 모두에게 이 일을 덜어주기를 열망하며   360
         나의 노력으로 신들이 이 일을 면제받게 해주었고,⁶¹
         그리하여 그들은 예비 심문조차 할 필요가 없다네.
         하거늘 제우스는 피가 뚝뚝 듣는 가증스러운 우리 종족을   365
         자기와 함께할 자격이 없다 생각했다네.

(에펌니온2) 왜냐하면 우리는 가정의 전복을
         택했으니까. 집안에서 자란 폭력이
         가족 중 한 명을 죽이면,
         우리는 오호라 하며 그자를 뒤쫓는다네.
         그자가 아무리 강해도, 방금 쏟은
         피 때문에 우리는 그자를 찾아 없애버린다네.

(좌3)   자신에 대한 인간들의 환상은, 그것이 살아 있는 동안
         제아무리 드높아도 결국은 녹아 아무런 명예도 없이
         지하로 소멸되고 만다네, 검은 옷 펄럭이는 우리의   370
         공격 앞에, 성난 우리의 발춤 앞에!

(에펌니온3) 나는 힘껏 솟구쳐 올랐다가
         묵직하게 떨어지는
         발의 힘으로
         달리는 자에게 세찬 딴죽을 걸어   375
         참을 수 없는 재앙을 안겨준다네.

(우3) 그자는 넘어지면서도 부상에 정신을 잃고 그것을 모른다네.
  그런 것이라네, 그자의 머리 위를 맴도는 오염의 먹구름은.
  그리고 그의 집을 짓누르는 캄캄한 안개에 관한
  슬픔에 찬 목소리[62]가 울려 퍼진다네. 380

(에퓜니온3) 나는 힘껏 솟구쳐 올랐다가
  묵직하게 떨어지는
  발의 힘으로
  달리는 자에게 세찬 딴죽을 걸어
  참을 수 없는 재앙을 안겨준다네.

(좌4) 그것[63]은 변함이 없다네. 지략이 뛰어나고,
  목적의식이 강한, 악행을 결코 놓치지 않는
  우리들 두려운 여신들은
  인간들의 애걸복걸에도 누그러뜨리지 않고
  온갖 멸시에도 맡은 바 소임을 한다네. 명예도 없이. 385
  신들과 떨어져 햇빛 없는 암흑 속에서.
  그 소임은 또한 산 자들에게도
  죽은 자들에게도 똑같이 바위투성이의 험한 산길이라네.[64]

(우4) 인간들 가운데 누가 내게서
  운명에 의해 정해지고 390
  신들이 인정한
  완전한 규약을 듣고도
  경외하고 두려워하지 않는가?
  내게는 오랜 권위가 있고, 나를 존중하는

자들도 없지 않다네. 내 비록 지하의 컴컴한 곳,

햇빛 한점 닿지 않는 암흑 속에 살지라도.

아테나 (무장한 채 등장하며)

머나먼 스카만드로스[65] 강변에 머물던 내게

외치는 소리가 들렸소. 그곳은 내가 점유하는 땅이라오.

그곳은 아카이오이족[66] 장수들과 대장들이 창으로 얻은

전리품 가운데 큰 몫으로서 나에게 완전히

그리고 영구히 나누어준 곳이오,

테세우스의 자손들[67]을 위해 고르고 고른 몫으로 말이오.

그곳으로부터 나는 지칠 줄 모르는 발걸음을 재촉해

날개도 없이 아이기스[68] 자락을 휘날리며 오는 길이오.

[이 힘센 말들을 전차 앞에 매고서 말이오.]

한데 지금 이 나라를 찾은 낯선 방문객들을 보니

두렵지는 않으나 기이해 보이는구려.

그대들은 대체 뉘시오? 그대들 모두에게 묻는 것이오.

내 신상 옆에 앉아 있는 저기 저 이방인과,

태어나 존재하는 그 어떤 종족과도 같지 않고,

신들이 보아온 여느 여신들 축에 끼지도 않으며,

그 생김새가 인간과도 비슷하지 않는 그대들 말이오.

과오가 없는데도 이웃들을 모욕한다는 것은

정의와 거리가 멀고 예의에도 어긋나는 짓이오.

코로스장 간단히 자초지종을 말하겠어요, 제우스의 따님이여!

우리는 밤의 영원한 딸들이며,

지하에 있는 집에서는 '저주'라 불리지요.

아테나 이제 그대들의 근본과 이름은 알겠소.

코로스장   그럼 이제 명예로운 내 소임에 관해서도 말하겠습니다.
아테나   내가 알 수 있게 분명히 말해주길 바라오. 420
코로스장   우리는 살인자들을 집에서 내쫓는 일을 한답니다.
아테나   그러면 그 살인자들에게 도주의 종점은 어디요?
코로스장   낙(樂)이라고는 없는 곳이지요.
아테나   그대는 저 사람도 괴롭히면서 그렇게 도주케 하나요?
코로스장   저자는 자기가 어머니를 죽일 자격이 있다고 여겼답니다. 425
아테나   다른 강압 때문이오, 누군가의 원한이 두려웠던 것이오?
코로스장   아니, 자기 어머니를 죽이게 하는 그런 몰이 막대기가 어디 있습니까?
아테나   여기 양쪽이 다 있는데 나는 지금 한쪽 말만 들었소.
코로스장   그는 맹세를 하지도, 받으려 하지도 않을 것이오.[69]
아테나   그대는 옳게 행동하기보다 옳다는 평을 듣고 싶어하는군요. 430
코로스장   어째서요? 뛰어난 지혜를 가진 그대가 가르쳐주십시오.
아테나   맹세 따위로 불의가 이길 수는 없다는 말이오.
코로스장   그렇다면 심문하되, 공정한 재판으로 심판해주십시오.
아테나   지금 그대들은 이 소송의 판결을 내게 맡기는 것이오?
코로스장   그럴 수밖에요. 그래야만 존경스러운 분에 걸맞게 존경할 수 있겠지요. 435
아테나   이방인이여, 다음은 그대 차례니라. 이에 대해 그대는
         무슨 대답을 하겠는가? 그대는 먼저 그대의 고향과 가문,
         불행을 말하고 나서 저들의 비난을 물리치도록 하라.
         만약 그대가 진실로 익시온[70] 같은 존경스러운 탄원자로서
         자신의 정의를 믿고 여기 내 신상을 지키며, 440
         내 화로 가까이 앉아 있다면 말이다.
         이 모든 것에 대해 그대는 알기 쉽게 대답하라.
오레스테스   여왕 아테나여, 저는 먼저 그대의 마지막 말씀에
         잠들어 있는 큰 염려부터 덜어드릴까 하나이다.

저는 탄원자가 아니며, 손이 오염된 채 445
그대의 신상 앞에 앉은 것이 아니옵니다.
이에 대해 확실한 증거를 말씀드리겠나이다.
법에 따르면, 손에 피를 묻힌 자는 피의 오염을 정화할 수
있는 이가 젖먹이 새끼 돼지를 제물로 바쳐 그 피로
오염을 정화할 때까지는 일절 말을 해서는 아니 됩니다. 450
한데 저는 오래전에 다른 사람 집에서
짐승의 피와 흐르는 물에 의해 정화되었사옵니다.
그러니 그런 염려는 없다고 말씀드리는 것이옵니다.
다음으로, 가문에 관하여 지체 없이 말씀드리겠나이다.
저는 아르고스인으로 아버지는 그대도 잘 아시는, 455
함대에 승선한 전사들의 총사령관 아가멤논이옵니다.
그대는 그분과 함께 트로이아의 일리온 시를 완전히
파괴하셨사옵니다. 그런 분이 고향에 돌아오시어 명예롭지
못하게 세상을 떠나셨습니다. 천만에! 마음이 시커먼
내 어머니가 알록달록한 덫[71]으로 그분을 죽였으니, 460
그 덫이 욕조에서의 살인을 증언해주고 있습니다.
그래서 추방된 몸으로 떠돌던 저는 고향으로 돌아가
나를 낳아준 여인을 죽이고 – 부인하지 않겠나이다 –
사랑하는 아버지를 죽인 원수를 갚았습니다.
그리고 이 일에는 록시아스께도 공동 책임이 있사옵니다. 465
만일 내가 죄진 자들에게 그렇게 하지 않으면 몰이 막대기로
가슴을 찌르는 듯한 고통을 당하게 되리라고 그분께서
예고해주셨으니까요. 내 행동이 옳았는지 아닌지, 판결은
그대가 해주소서. 저는 그대의 판결을 군말 없이 따르겠나이다.

아테나 인간들이 심판할 수 있다고 생각하기에 이 사건은 470

너무나 중대하노라. 그러므로 극심한 분노를 야기하게 될
이 사건을 심판할 권한은 나에게도 없노라.
다만 그대는 관습에 따라 이미 정화되어 무해한 탄원자로
내 집에 왔으니, 내 그대를 받아들이겠노라. 474
하지만 저들에게도 쉽게 거부할 수 없는 몫이 있노라. 476
그리고 이 사건이 저들의 승리로 끝나지 않는다면,
저들의 상처 받은 자존심에서 독이 뚝뚝 땅에 떨어져
참을 수 없는 무서운 역병이 이 나라를 덮칠 것이다.
일이 이러하니, 나로서는 원한을 사지 않고는[72] 480
그대를 머물게 하기도, 보내기도 어려운 처지니라.
하지만 사건이 이미 나에게 떨어졌으니, 482
나는 선서하되 결코 불의한 마음으로 선서를 어기지 않을 475
사건의 재판관들을 뽑을 것이고, 483
그러한 법규를 영원토록 확립할 것이니라.
(오레스테스와 복수의 여신들에게) 그대들은 재판에서 485
그대들을 도와줄 조력자로서 증인과
증거를 모으도록 하시오. 나는 이 사건을
공정하게 심판하기 위해 내 시민들 가운데
가장 훌륭한 자들을 선임하여 돌아올 것이오.

(아테나 퇴장)

코로스[73](좌1) 이제 새로운 법규로 말미암아 490
모든 것이 전복되리라.
만일 저 모친 살해범의
해로운 탄원이 이기게 된다면.
그렇게 된다면 인간들은 모두

　　　　남들이 혐오하는 일을 거리낌없이 　　　　　　　　495
　　　　해치우게 되리라. 앞으로 부모들은
　　　　자식들이 일삼는 폭력이 주는
　　　　모진 고통을 각오해야 하리라.

(우1)　인간의 모든 행동을 지켜보는
　　　　우리 드센 존재들의 분노도　　　　　　　　　　500
　　　　그런 나쁜 짓들을 뒤쫓지 않게 되리라.
　　　　나는 온갖 종류의 살인을 풀어놓겠노라.
　　　　이웃들의 잇단 재앙이 널리 알려지면
　　　　사람들은 재앙을 멈출 방도를 찾아
　　　　백방으로 헤매게 되리라.　　　　　　　　　　505
　　　　불행을 당한 자는 고통을 덜고자
　　　　약을 쓸 것이나 백약이 무효이리라.

(좌2)　앞으로는 어느 누구도
　　　　불상사를 당하고 나서
　　　　이런 말로 통곡하지 말지어다.　　　　　　　　510
　　　　"오오, 정의의 여신이여!
　　　　오오, 왕좌에 계신 복수의 여신들이여!"
　　　　머지않아 어떤 아버지가,
　　　　어떤 어머니가 괴로운 나머지
　　　　그렇게 비탄하게 되리라.　　　　　　　　　　515
　　　　정의의 여신의 집이 무너질 테니까.

(우2)　무서운 것이 이롭게 작용하는 곳도 있다네.

그리고 그 마음의 감시자는
그곳에 계속 앉아 있어야 한다네.
고통을 통해 지혜로워진다는 것은 520
유익한 것이라네.
도시든 인간이든 행복의
광휘 속에서 마음속으로 결코
두려움을 느끼지 않는 자가
어찌 정의를 존중하겠는가? 525

(좌3) 그러니 그대는 주인 없는 생활[74]도,
주인에게 예속된 생활도 찬양하지 마라.
신은 언제나 중용에 우위를
부여하셨노라. 대상에 따라 530
비록 다스리시는 방법은 다를지라도.
내가 하는 말들은 앞뒤가 맞으리라.
오만은 진실로 불경의 자식이로다. 535
하지만 건강한 마음은 늘 누구나
사랑하고 바라는 복(福)을 잉태한다네.

(우3) 내 그대에게 특별히 당부하노니,
정의의 여신의 제단을 존중하라.
이익을 노리고 무례한 발길질로 540
정의의 여신의 제단을 모독하지 마라.
그대는 벌 받게 되리니 정해진
종말이 그대를 기다리고 있도다. 545
그러니 각자 부모를 잘 공경하고,

집에 손님이 찾아오면 주인으로서
환대의 의무를 다하라!

(좌4) 따라서 강요당하지 않고도 정의로운 자는　　　　　　　　　　550
　　　복 받지 못하는 일이 없을 것이며,
　　　비참하게 파멸하는 일 또한 없으리라.
　　　하지만 단언하건대, 정의에 맞서 대담한 짓을 하고는
　　　불의하게 얻은 막대한 재물을 뒤죽박죽이 된 채
　　　화물로 실어 나르는 자는 언젠가 때가 되면　　　　　　　　555
　　　강요에 못 이겨 돛을 내리게 되리라. 폭풍의 곤경이
　　　그자를 붙들고, 활대를 부러뜨리게 되면.

(우4) 소용돌이 한복판에서 아무리 소리쳐도 힘겹게
　　　씨름하는 그에게 귀기울이는 이 아무도 없네.
　　　안하무인인 그 사내 더이상 큰소리치지 못하고,　　　　　　560
　　　속수무책으로 무기력하게 물마루 위로
　　　오르지 못하는 것을 보고 신은 그저 웃을 뿐이네.
　　　그자는 지난날의 재물과 함께 결국
　　　정의의 여신의 암초에 걸려 파멸하고 만다네.
　　　울어주는 이 없이, 흔적도 없이!　　　　　　　　　　　　　565

(아테나가 전령과, 아레이오스 파고스 법정의 최초 배심원으로 뽑힌 11명의
아테나이 시민들과 수많은 백성들을 데리고 등장한다)

아테나 전령이여, 그대는 큰 소리로 백성들에게 외쳐라!
　　　　질서를 지키라고. 그대[75]는 귀청이 떨어질 듯 소리가
　　　　날카로운 튀르세니아[76]의 나팔이 사람의 숨으로 가득차

백성들에게 요란한 소리를 들려주게 하라!
이제 여기 이 법정도 다 찼으니, 전 시민들은　　　　570
침묵을 지키고 영원한 미래를 위해 내 법규들을
알아두는 것이 좋을 것이다. 또 그래야만
이들의 사건도 공정하게 심판받게 될 것이니라.

(나팔 소리가 울리자 재판 당사자들은 모두 자기 자리로 간다.
이어서 아폴론이 오레스테스 옆에 나타난다)

아폴론 왕이여, 그대는 그대의 소임을 하시오.
이 사건과 그대는 무슨 상관이 있는지 말하시오!　　　　575

아폴론 나는 증인으로 왔을 뿐 아니라 – 이 사람은 법규에 따라
내 탄원자이고, 내 집의 화롯가를 찾았으며,
내가 이 사람을 살인에서 정화해주었기 때문이오 –
이 사람을 변호하고자 왔소이다. 이 사람이
어머니를 살해한 것은 내 책임이기도 하니까요. 그대는　　　　580
사건 심리를 시작하되 최선을 다해 판결하시오!

아테나 (복수의 여신들에게) 그대들의 발언으로 재판을 시작하겠소.
고발자가 먼저 발언하여 사건의 전말을 말함으로써
우리에게 사건에 관해 알려주는 것이 옳기 때문이오.

코로스장 우리는 수는 많지만 말은 간단히 하겠소. (오레스테스에게)　　　　585
일문일답으로 순서에 따라 묻는 말에만 대답하도록 하라.
먼저 너는 어머니를 살해했는가?

오레스테스 살해했소. 나는 그것을 부인하지 않습니다.

코로스장 그것은 레슬링 경기의 세 판 가운데 첫째 판이었어.[77]

오레스테스 내가 아직 진 것도 아닌데 그렇게 큰소리치시는군요!　　　　590

코로스장 어떻게 살해했는지도 말해야 한다.

오레스테스 말하지요. 이 손으로 칼을 빼들고 목을 쳤습니다.

코로스장	너는 누구의 설득과 조언에 따라 그렇게 하였는가?
오레스테스	이분의 신탁에 따라서요. 이분 자신이 증언하고 계시지 않소!
코로스장	예언자가 너에게 어머니를 살해하도록 시켰단 말인가? 595
오레스테스	그리고 나는 지금까지 내 운명을 원망해본 적이 없소이다.
코로스장	판결이 내려지면 곧 다른 말을 하게 될 것이다.
오레스테스	나는 믿소. 무덤 속 내 아버지께서도 도움을 보내주실 것이오.
코로스장	어머니를 살해한 지금 시신에 기대를 걸다니! 걸 테면 걸라지!
오레스테스	그녀는 이중의 악행에 오염되어 있었습니다. 600
코로스장	어째서? 그에 관해 재판관에게 알려드리도록 하라.
오레스테스	그녀는 남편을 죽였고, 또 내 아버지를 죽였소.
코로스장	하지만 너는 아직 살아 있고, 그녀는 살해됨으로 자유의 몸이 되었다.
오레스테스	그대는 왜 그녀가 살아 있을 때 그녀를 내쫓지 않았지요?
코로스장	그녀는, 자신이 살해한 남자와 혈족은 아니었으니까. 605
오레스테스	그런데 나는 내 어머니와 혈족이다, 이 말인가요?
코로스장	더러운 살인자여, 아니라면 어째서 그녀가 너를 자궁 안에서 길렀겠느냐? 어머니의 더없이 소중한 피마저 부인하는 것인가?
오레스테스	(아폴론에게) 이제 그대가 증언해주십시오. 제가 그녀를 살해한 것이 정당한지 그대가 저를 위해 밝혀주십시오, 아폴론이여! 610 저는 행위 자체를 부인하려는 게 아닙니다. 하지만 그 유혈 행위가 그대의 마음에 옳다고 생각되는지 아닌지 결정해주십시오. 내가 저분들[78]에게 말씀드릴 수 있도록.
아폴론	(배심원들에게) 내가 그대들에게 말하겠노라, 아테나의 법규에 의해 창설된 기관이여. 그의 행위는 정당했노라. 예언자인 내가 어찌 거짓을 615 말하겠는가. 나는 예언자의 왕좌에서 남자에 관해서도, 여자에 관해서도, 도시에 관해서도 올륌포스 신들의 아버지인

제우스께서 명령하지 않은 것을 말한 적이 한 번도 없노라.
그대들에게 이로노니, 그대들은 나의 청원이 얼마나 강력한
힘을 가지는지 이해하고 내 아버지 뜻을 따르도록 하라.   620
선서[79]조차도 제우스보다 강력하지는 않기 때문이다.

코로스장 그렇다면 제우스가 그대에게 그런 신탁을 주어 그대가
여기 이 오레스테스에게, 아버지의 죽음을 복수하기 위해
어머니의 명예는 무시하라고 권고했단 말인가요?

아폴론 제우스께서 내려주신 왕홀(王笏)에 의해 존경받던   625
한 고귀한 남자가, 그것도 이를테면 아마조네스족[80] 여인의
멀리 쏘는 활에 의해서가 아니라 한낱 여인의 손에
죽는 것은 전혀 경우가 다르지.[81] 천만에요. 팔라스여,
그대는 들으시오. 그리고 투표석(投票石)[82]으로 이 사건을
재판하기 위해 여신 앞에 앉아 있는 자들도 들을지어다.   630
아가멤논이 대체로 성공을 거두고 원정에서 돌아왔을 때,
그녀는 그를 상냥한 말로 맞으며 〈목욕하기를 청했지.〉[83]
그런 후 그의 목욕이 끝나갈 즈음
그녀는 그에게 겉옷을 천막처럼 덮어씌우고는
끝이 없는 교묘한 옷[84]으로 붙들며 그를 쳐죽였노라.   635
만인의 존경을 받던 함대의 사령관인 그는
내가 말한 것처럼 그렇게 죽음의 운명을 맞았노라.
그녀가 그런 여인이라고 말하는 것은, 이 사건을
재판하도록 임명된 자들이 분개하게 하려는 것이니라.

코로스장 그대의 말대로면, 제우스는 아버지의 죽음을 더 중시하는데,   640
그 자신은 연로한 아버지 크로노스를 결박하지 않았던가요?[85]
그대의 말이 이 사실과 모순되지 않는다는 건가요?
그대들[86]도 나중에 이 말을 들었다고 증언해야 할 것이야.

아폴론	오오, 신들도 싫어하는 몹시 가증스러운 괴물들이여,[87]
	그분께서는 족쇄를 푸실 수도 있으며,[88] 감금에는	645
	해결책이 있고, 풀려날 수 있는 방법은 얼마든지 있소.
	하지만 사람이 한번 죽어 먼지가 그의 피를
	다 마시고 나면 다시는 소생할 수 없는 법이오.
	내 아버지께서는 이를 치유해줄 주문(呪文)은 만드시지 않았소.
	하지만 다른 것들은 무엇이든 숨 한번 헐떡이지 않고도	650
	요리조리 돌리며 마음대로 처리하실 수 있소이다.
코로스장	그대는 어떻게 여기 이자를 막아주고 변호해줄 것인지
	잘 살펴보시오. 자신의 피와 똑같은 어머니의 피를 땅에 쏟고도
	그가 아르고스에 있는 아버지 집에 살 수 있을까요?
	어떤 공공의 제단들에 다가갈 수 있을 것이며,[89]	655
	어떤 부족의 성수(聖水)[90]가 그를 맞아줄까요?
아폴론	그에 대해서도 답변하겠소. 그대는 내 말이 얼마나 옳은지
	들어보시오. 이른바 어머니는 제 자식의 생산자가 아니라,
	새로 뿌려진 태아의 양육자에 불과하오. 수태시키는 자가
	진정한 생산자이고, 어머니는 마치 주인이 손님에게 하듯	660
	그의 씨를, 신이 막지 않는 한 지켜주는 것이오.
	이러한 주장에 대한 증거를 대겠소이다.
	어머니 없이도 아버지가 될 수 있기 때문이오.
	여기 이 올림포스 주신(主神)의 따님[91]이 우리의 증인이오.
	그녀는 자궁의 어둠 속에서 양육되지 않았소.	665
	하지만 일찍이 어떤 여신도 저런 아이는 낳지 못했소이다.
	팔라스여, 나는 앞으로 내가 할 수 있는 한 그대의 도시와
	백성들을 그 밖의 다른 점에서도 위대하게 만들 것이오.
	그리고 내가 여기 이 사람을 그대의 집 화롯가로 보낸 것은,

그가 언제까지나 그대에게 신의를 지켜, 여신이여, 670
그와 그의 후손이 그대의 동맹자가 되게 하고,
또 동맹관계가 영원토록 지속되어 저기 저 사람들의 후손들이
자신들의 맹약(盟約)에 만족케 하려는 것이오.

아테나 이제 할 말을 충분히 했다면, 이 사람들더러 양심에 따라
정의의 투표석을 가져오라고 할까요? 675

코로스장 우리는 이미 화살을 다 쏘아 보냈소. 나는 시비가
어떻게 가려질 것인지 기다리는 중이오.

아테나 (아폴론과 오레스테스에게)
그대들은? 어찌해야 내가 그대들의 비난을 면할 수 있겠소?

아폴론 (배심원들에게) 들을 말을 다 들었으니 그대들은 투표석을
가져가되 마음속으로 선서를 두려워하라, 친구들이여! 680

아테나 앗티케 백성들이여, 그대들은 이제 법규를 들어라.
유혈 사건을 최초로 재판하는 자들이여!
이 배심원 회의는 아이게우스 백성들[92]을 위해
앞으로도 언제까지나 존속할 것이다.
여기 이 아레스의 언덕은 아마조네스족이 685
테세우스를 시기하여 출정(出征)해서는
기존의 성채에 맞서 높은 성벽을 두른 새로운 성채를
마주 쌓고 아레스에게 제물을 바쳤을 때,[93]
– 그런 연유로 이 바위산은 아레스의 언덕이라는
이름을 갖게 되었느니라 – 그들의 진지이자 거처였다. 690
여기에서 시민들의 외경심과 그것의 친족인 두려움이 시민들을
밤낮으로 지켜 그들이 불의한 짓을 못하도록 제지하게 되리라.
시민들 스스로 더러운 것을 끌어들여 법을 망쳐놓지 않는다면 말이오.
맑은 샘물을 진흙으로 더럽힌다면, 그대는

마실 물을 찾지 못하게 되리라. 무정부도 아니고, 695
독재의 노예도 되지 않는 통치 형태를 유지하고
공경하는 마음으로 실천하라고, 그리고 두려운 것을 모두
도시에서 추방하지 말라고 나는 시민들에게 권하노라.
아무것도 두렵지 않다면, 사람들 중에 누가 언제나
의로울 수 있겠는가? 만약 그대들이 그러한 두려움과 700
외경심을 올바로 품는다면, 스퀴타이족[94] 사이에서든
펠롭스의 나라[95]에서든 어떤 사람도 갖지 못한
그런 나라의 보루와 도시의 구원을 그대들은 갖게 되리라.
내가 지금 창설하는 이 배심원 회의는 뇌물에 매수되지 않고,
존경심을 불러일으키고, 화를 잘 낼 것이며, 705
잠자고 있는 자들을 위해 이 나라의 불침번이 되리라.
내가 이런 말을 길게 늘어놓는 것은 장래를 위해
내 시민들에게 충고하려는 것이다. 이제 그대들은 일어서서
투표석을 집어 들고 가 선서를 두려워하는 마음으로
시비를 가리도록 하라. 내 말은 끝났노라. 710

(배심원들이 한 명씩 제단으로 다가가 항아리에 투표석을 던져 넣는다)

코로스장 어떤 방법으로든 우리 일행을 모욕하지 말 것을 그대들에게
이르노라. 우리는 그대들의 나라에 위해를 가할 수도 있노라.

아폴론 나도 명령하겠노라. 그대들은 나와 제우스의 신탁을
존중하고, 우리 신탁으로부터 열매를 빼앗지 마라.[96]

코로스장 그대는 자격도 없이 유혈 사건에 개입하는구려. 앞으로 그대는 715
이미 정결하지 못한 신탁소에 머물며[97] 예언하게 되리라.

아폴론 첫 번째 살인에서 익시온을 정화해주었을 때
내 아버지께서 잘못된 결정을 내리셨다는 거요?

코로스장 그대가 말한 대로요. 재판에서 이기지 못하면

	앞으로 나는 이 나라에 위해를 가할 것이오. 720
아폴론	하지만 그대는 젊은 신들 사이에서도, 연로한 신들 사이에서도 존경받지 못하고 있소. 그러니 승리는 내 것이오.
코로스장	그대는 페레스의 집에서도 그런 짓을 했소. 그대는 운명의 여신들을 속여 필멸의 인간들을 죽음에서 빼내게 했으니까.[98]
아폴론	그렇다면 나를 존중하는 사람을, 특히 도움이 725 필요할 때 그들에게 도움을 주는 것이 옳지 않단 거요?
코로스장	그대는 술을 먹여 오래된 여신들을 속이고는 예로부터 전해오는 정해진 몫을 짓밟아버렸소.
아폴론	그대는 곧 이 재판에서 뜻을 이루지 못하고 침을 뱉겠지만, 그것은 그대의 적들에게 더이상 위해가 되지 못할 것이오. 730
코로스장	젊은 그대가 노파인 나를 짓밟으려 하다니. 하지만 나는 재판 결과를 듣고자 기다리고 있소, 이 도시에 화를 낼 것인지 말 것인지 결정을 유보한 채.
아테나	마지막으로 판결을 내리는 것은 내 소임이니라. 나는 오레스테스를 위해 이 투표석을 던지노라. 735 나에게는 나를 낳아준 어머니가 없기 때문이니라. 나는 결혼하는 것 말고는 모든 면에서 진심으로 남자 편이며, 전적으로 아버지 편이니라. 그래서 나는 여인의 죽음을 더 중요시하지 않는 것이니, 그녀가 가장인 남편을 죽였기 때문이니라. 740 투표가 가부 동수라도 오레스테스가 이긴 것이니라. 배심원 가운데 이 소임을 맡은 이들이 어서 빨리 항아리에서 돌들을 쏟도록 하라! *(배심원 두 명이 앞으로 나와 항아리에서 투표석을 쏟아놓고 계표를 시작한다)*
오레스테스	오오, 포이보스 아폴론이여, 시비가 어떻게 가려질까요?

코로스장	오오, 어두운 밤의 여신이여, 어머니여, 이 일을 보고 계시나이까?	745
오레스테스	나는 이제 목매어 죽든지, 아니면 햇빛을 보게 되겠지요.
코로스장	그리고 우리는 소멸해버리거나, 명예를 유지하게 되겠지!
아폴론	쏟아진 투표석들을 똑바로 세워주시게, 친구들이여!

시비를 가림에 있어 불의를 저지르지 않도록 신중을
기해주시게. 판결을 그르치면 큰 고통이 생겨날 테니까.   750
단 하나의 투표석이 한 집안을 다시 일으켜 세울 것이니라.
(계표가 끝난다)

아테나   (오레스테스를 가리키며) 여기 이 사람은 살인죄를 벗었노라.
투표석이 가부 동수이기 때문이니라.

오레스테스   오오, 팔라스여, 내 집의 구원자여. 고향땅을 빼앗긴
나를 그대는 내 집으로 복귀시켜 주었나이다.   755
헬라스인들 중에 이렇게 말하는 이들도 더러 있겠지요.
"그 사람은 다시 아르고스인이 되어 아버지의 유산을 누리며
아버지 집에 사는구나. 팔라스와 록시아스와
세 번째로 만사를 성취해주시는 구원자[99] 덕분에."
그분께서는 저기 저 어머니의 옹호자들을 보고   760
아버지의 죽음을 동정해 저를 구해주신 것이옵니다.
저는 지금 고향으로 돌아가며
이 나라와 그대의 백성들에게
앞으로의 영원무궁한 미래를 위해 맹세하옵니다.
우리 나라의 키를 잡는 어떤 사람도 잘 무장된 군대를   765
이끌고 이곳으로 쳐들어오는 일은 결코 없을 것이라고.
설령 훗날 내가 무덤에 누워 있다 하더라도 오늘의 이 맹세를
짓밟는 자들이 있으면, 아무도 막을 수 없는 실패로
제가 그들을 응징하겠나이다. 말하자면,

　　　　　제가 그들의 행군의 기세를 꺾고 그들이 가는 길에　　　　770
　　　　　나쁜 조짐을 보여줌으로써 그들이 자신들의 노고를
　　　　　후회하게 만들겠나이다. 하지만 그들이 맹세를 지켜
　　　　　팔라스의 이 도시를 언제까지나 동맹의 창으로 존중한다면,[100]
　　　　　저는 그들에게 더욱더 호의를 갖게 될 것이옵니다.
　　　　　안녕히 계십시오, 그대도, 그리고 도시를 수호하는 백성들도!　　775
　　　　　그들[101]이 그대에게는 적들이 피할 수 없는 씨름 기술이 되어
　　　　　전투에서 그대에게 구원과 승리를 가져다주게 되기를!

　　　　　(오레스테스, 아폴론과 함께 퇴장)

(좌1)

코로스[102]　아아, 젊은 세대의 신들[103]이여,
　　　　　그대들은 오랜 옛 법을 짓밟으며
　　　　　내 손에서 빼앗아 가는구려.　　　　　　　　　　　　　　　　780
　　　　　가련한 나는 모욕당한 깊은 원한을
　　　　　품고 여기 이 나라에 독을 아,
　　　　　복수의 독을 나의 심장으로부터 내뱉노라.
　　　　　대지를 불모(不毛)로 만드는
　　　　　이 방울들로부터 잎사귀도 열매도
　　　　　모조리 갉아먹는 이끼가 생겨나,　　　　　　　　　　　　　　785
　　　　　오오! 정의의 여신이여, 들판을 휩쓸며
　　　　　사람을 죽이는 오염을 이 나라에 퍼뜨리게 되리라.
　　　　　한숨이 나오는구나. 이제 어떻게 해야 하나?
　　　　　시민들의 조롱거리가 되었으니.
　　　　　이 견딜 수 없는 고통!　　　　　　　　　　　　　　　　　　　790
　　　　　아아, 모욕으로 고통 받는, 밤의 여신의

딸들에게 큰 재앙이 닥쳤구나!

아테나 자, 내 말에 따르시오. 그대들은 그렇게 한숨짓지 말고
참으시오. 그대들은 진 것이 아니라오. 판결은 가부 동수였고 795
그것은 진실로 그대들에게 치욕이 아니오. 그렇게 된 것은
사실은 제우스 자신으로부터 명백한 증거가 주어졌고,[104]
또 그런 행위에도 불구하고 오레스테스는 해를 입지 않으리라고
명령한 바로 그분이 몸소 증언했기 때문이오.
그런데도 그대들은 이 나라에 심한 원한을 내뱉을 작정이오? 800
잘 생각해보시오. 그대들은 더이상 화내지 말고,
날카로운 이빨로 씨앗을 사정없이 먹어치우는 끔찍한
방울들을 내보내어 이 나라를 불모로 만들지 마시오.
내 그대들에게 엄숙히 약속하노니,
그대들은 이 정의로운 곳에 지하의 은신처를 얻어 805
그대들의 제단 옆 반짝이는 왕좌[105]에 앉아
이곳 이 시민들로부터 존경을 받게 될 것이오.

(우1)

코로스 아아, 젊은 세대의 신들이여,
그대들은 오랜 옛 법을 짓밟으며
내 손에서 빼앗아 가는구려. 810
가련한 나는 모욕당한 깊은 원한을
품고 여기 이 나라에 독을 아아,
복수의 독을 나의 심장으로부터 내뱉노라.
대지를 불모로 만드는
이 방울들로부터 잎사귀도 열매도
모조리 갉아먹는 이끼가 생겨나, 815

오오! 정의의 여신이여, 들판을 휩쓸며
사람을 죽이는 오염을 이 나라에 퍼뜨리게 되리라.
한숨이 나오는구나. 이제 어떻게 해야 하나?
시민들의 조롱거리가 되었으니.
이 견딜 수 없는 고통! 820
아아, 모욕으로 고통 받는, 밤의 여신의
딸들에게 큰 재앙이 닥쳤구나!

아테나 여신들이여, 그대들은 모욕당한 것이 아니니 지나치게
화를 내며 인간들의 나라를 소란스럽게 만들지 마시오. 825
내 뒤에도 제우스가 계시오. 무슨 말이 더 필요하겠소?
벼락이 봉인되어 보관되어 있는 방의 열쇠를
아는 건 신들 가운데 나 혼자뿐이오.
하지만 그것은 필요 없소. 그대는 내 말에 따라,
열매 맺는 모든 것을 망쳐놓기 위해 허튼 입으로 830
이 땅에 저주의 말을 내뱉지 마시오.
자, 격렬한 분노의 검은 물결을 진정시키시오.
그대는 이미 크게 존경받으며 나와 동거하고 있소.
그대는 이 강력한 나라로부터 출산과 성혼(成婚)에 앞서
만물의 제물을 받게 되면, 언제까지나 835
내 이 제안에 감사하게 될 것이오.

(좌2)

코로스 나더러 그 제안을 받아들이라 하다니!
아아!
연로하고 지혜로운 나더러 지하에 살라 하다니!
모욕적이고 가증스러운 일이로다.

아아!
내가 내몰아 쉬는 것은 온통 분노와 원한이로다. 840
아이고, 아이고!
무엇이, 이 무슨 고통이 기어들어와 내 옆구리를 들쑤시는
것인가? 내 분노를 들어주소서, 어머니 밤이여!
저항할 수 없는 신들의 속임수가 내 오래된 명예를 845
빼앗아 가 이제 나는 빈털터리가 되었나이다!

아테나 내 그대의 노여움을 용서하겠소. 그대는 나보다
더 연로하고, 여러모로 더 지혜롭기 때문이오.
하지만 제우스께서는 내게도 적잖은 지혜를 주셨소. 850
만약 그대들이 다른 부족의 나라로 떠나게 된다면,
엄숙히 단언하건대, 이 나라를 그대들은 그리워하게
될 것이오. 다가올 미래는 이곳 시민들의 명예를
더욱더 높여줄 것이기 때문이오. 그리고 그대는
에렉테우스의 집[106] 근처에 명예로운 처소를 갖게 되면, 855
남자들과 여인들의 행렬로부터, 다른 인간들로부터는
결코 주어질 수 없는 것을 얻게 될 것이오.
그러니 그대는 내 이 나라에 젊은이들의 마음을
망쳐놓는 유혈을 위한 숫돌들을 던져, 그들이
술도 마시지 않고 미쳐 날뛰는 일이 없게 하고, 860
그들의 마음을 마치 싸움닭처럼 부추겨,
내 시민들 사이에 동족끼리 서로 싸우게 만드는
전쟁의 신[107]이 자리잡지 못하게 해주시오.
전쟁은 성문 밖에 머물지어다. 그곳에서는 무서운 명예욕을
가진 자를 위한 전쟁이 자주 일어나니까. 865
수탉이 제 집에서 싸우는 것을 나는 높이 평가하지 않아요.

이런 것들을 내가 제안하니, 선택은 그대의 자유요. 그것은
곧 좋은 일을 하여 좋은 대접을 받고 높은 명예를 누리며,
신들이 가장 사랑하시는 이 나라에 그대도 참여하는 것이오.

(우2)

코로스 나더러 그 제안을 받아들이라 하다니!
아아! 870
연로하고 지혜로운 나더러 지하에 살라 하다니!
모욕적이고 가증스러운 일이로다.
아아!
내가 내몰아 쉬는 것은 온통 분노와 원한이로다.
아이고, 아이고! 875
무엇이, 이 무슨 고통이 기어들어와 내 옆구리를 들쑤시는
것인가? 내 분노를 들어주소서, 어머니 밤이여!
저항할 수 없는 신들의 속임수가 내 오래된 명예를
빼앗아 가 이제 나는 빈털터리가 되었나이다! 880

아테나 나는 싫증내지 않고 그대에게 유익한 것들을 권하겠소.
연로한 여신인 그대가 젊은 여신인 나에게,
그리고 도시를 수호하는 백성들에게 모욕당하고
이 나라에서 쫓겨났다고 그대가 말하지 않도록.
만약 그대에게 설득의 여신 페이토[108]에 대한 경의가 885
신성한 것이고, 내 말이 그대를 부드럽게 어루만질 수 있다면,
그대는 이곳에 머물게 될 것이오. 하지만 머물고 싶지 않다면,
그대가 이 도시에 어떤 분노나 원한을 품거나
백성들에게 피해를 안겨주는 것은 옳지 못한 짓이오.
영원토록 정당한 명예를 누리며 이 나라의 890

공동 소유자가 되는 것은 그대의 자유니까요.

코로스장 여왕 아테나여, 그대가 내게 어떤 처소를 주겠다는 거요?

아테나 온갖 고통에서 자유로운 곳이오. 그곳을 받도록 하시오.

코로스장 그곳을 받아들이면 어떤 명예가 나를 기다리고 있나요?

아테나 어떤 집도 그대의 도움 없이는 번성하지 못한다는 뜻이오. 895

코로스장 정말로 그토록 큰 힘을 갖게 해주겠단 말이오?

아테나 나는 그대를 공경하는 자의 행운을 일으켜 세울 것이오.

코로스장 그대는 앞으로 영원히 그것을 보증해주겠소?

아테나 나는 이행할 뜻이 없는 약속은 하지 않아요.

코로스장 그대 덕분에 내 마음이 가라앉는 것 같으니 원한을 풀겠소. 900

아테나 이곳에 머물게 되면 그대는 새로운 친구들을 얻게 될 것이오.

코로스장 말해주시오. 이 나라를 위해 나는 어떤 축복을 노래할까요?

아테나 나쁘지 않은 승리[109]에 걸맞은 것들을.
그리고 대지와 바닷물과 하늘로부터
바람의 입김이 일어 찬란한 햇빛 속에서 905
숨 쉬며 이 나라로 들어오게 해주시오.
그리하여 대지와 가축 떼의 풍성한 결실이
세월이 흘러도 지치는 일 없이 시민들을 번성케 하고,
인간들의 종자가 구원받게 해주시오.
하지만 불경한 자들은 그만큼 더 단호히 뿌리뽑아주시오. 910
나는 훌륭한 정원사처럼, 이 정의로운 자들이 속한
종족이 고통 당하지 않고 번창하기를 바라고 있소.
이 모든 것이 그대가 줄 수 있는 것이오. 하지만 영광스런
전쟁 경기에서 이 도시가 승리의 도시로서 사람들 사이에서
존경받지 못하는 일은 내가 절대로 용납지 않을 것이오. 915

(좌1)[110]

코로스   나는 팔라스와의 동거를 받아들일 것이며,
       결코 이 도시를 모욕하지 않으리라.
       전능한 제우스와 아레스도
       신들의 성채로 존중하는 이 도시는
       헬라스 신들의 제단을 지켜주는   920
       자랑거리가 아니던가!
       이 도시를 위해 기도하며
       나는 호의에서 예언하노라.
       찬란한 햇빛이 삶에 유익한
       축복을 대지에 넘치도록   925
       솟아오르게 할 것이라고.

아테나   이 일을 나는 시민들에 대한 호의에서 해냈노라.
       위대하지만 달래기 힘든 여신들을
       나는 이곳에 살게 했노라.
       여신들에게는 인간의 모든 영역을 관장할 자격이 있노라.   930
       여신들의 적의를 겪어보지 않은 자는
       자신의 인생에 대한 타격들이
       어디서 오는지 알지 못하느니라.
       선조들로부터 물려받은 과오[111]가 그를
       여신들의 수중으로 끌고 가기 때문이니라.   935
       여신들의 노여움으로 인해, 큰소리치던 그를
       파멸이 소리 없이 으스러뜨리노라.

(우 1)

코로스   나무를 꺾는 폭풍은 불지 마라.
       - 이것이 내가 이 나라에 주는 선물이로다 -

식물의 눈을 빼앗는 작열하는 더위도 940
나라의 경계를 넘어오지 말 것이며,
열매를 못 맺게 하는 무서운 병도
몰래 들어오지 마라!
판 신은 양떼가 번성하게 해주시고,
암양들은 때가 되면 쌍둥이 새끼를 낳을지어다.
그리고 후손들은 언제나 지하에서 945
부(富)를 얻게 되고,[112] 신들이 허락한 횡재에
제물로 보답하게 되기를!

아테나 도시의 수호자들[113]이여, 그녀가
그대들에게 주겠다는 것들을 들었는가?
복수의 여신은 불사신들 사이에서도, 950
지하의 사자들 사이에서도 큰 힘을 갖고 있으며,
인간사에서도 분명 단호하게 소임을 다할 것이다.
어떤 자들에게는 환희의 노래를 마련해주고,
어떤 자들에게는 슬픔의 눈물에
시력이 약해지는 인생을 마련해주며! 955

(좌2)

코로스 때가 되기도 전에 사람을 죽게 하는
불상사를 나는 추방할 것이니라.
사랑스러운 처녀들이 죽지 않고
살아서 남편을 만나게 해주시오, 960
그럴 권능을 가진 운명의 여신들이여!
우리와 한 어머니에게서 태어난 자매들[114]이여,
공정하게 분배하는 여신들이여,

　　　　모든 가정과 함께하고,¹¹⁵

　　　　언제나 정당한 처벌에　　　　　　　　　　　965

　　　　힘을 실어주는

　　　　신들 중에 가장 존경받는 이들이여!

아테나　이 모든 것을 여신들이 호의로

　　　　이 나라에 베풀겠다니, 나는 기쁘기

　　　　그지없노라. 페이토의 눈길이　　　　　970

　　　　그토록 거칠게 거절하던 여신들을 향해

　　　　내 혀와 입을 인도해주어 나는 행복하도다.

　　　　하지만 역시 승리자는 회담의 신이신

　　　　제우스이시니라. 선(善)을 위한

　　　　우리의 노력은 언제나 승리하리로다.　　975

(우2)

코로스　재앙에 물리지 않는

　　　　당파싸움이 이 도시에서

　　　　미쳐 날뛰는 일이 없기를!

　　　　그리고 이 도시의 흙먼지가　　　　　　980

　　　　시민들의 검은 피를 마시고는

　　　　복수심에 불타 보복 살인에 의한

　　　　재앙을 반기는 일이 없기를!

　　　　시민들은 선을 선으로 갚고,

　　　　우정에서도 결연히 뭉치되　　　　　　985

　　　　증오에서도 한마음 한뜻이 되기를!

　　　　그러면 인간들의 많은 불행이 치유되니까.

아테나　지혜로운 이들에게는 좋은 말 한마디가

길을 가리켜줄 수 있는 법.

무섭기만 하던 여신들의 얼굴에서 이곳   990

시민들에게 큰 이익이 생기는 것이 보이는구나.

호의적인 여신들에게 그대들이 호의에서

변함없이 큰 경의를 표한다면,

그대들은 나라와 도시를 바른길로 이끌며

모든 면에서 영광을 누리게 되리라!   995

(좌3)

코로스 편안하시라, 그대들 몫으로 주어진 부유함 속에서!

편안하시라, 그대들 도시의 백성들이여,

제우스 옆에[116] 거주하는 자들이여!

여기 이 사랑스러운 처녀[117]에게 사랑받는

제때에[118] 현명해진 자들이여!   1000

팔라스가 날개로 덮어주는 자에게는

그녀의 아버지도 호의를 보이는 법이니라.

아테나 (그사이 모여든 축제 행렬의 선두에 서서)

(복수의 여신들에게) 그대들도 편안하시길!

나는 이제 앞장서서 그대들에게 성스러운 방으로

가는 길을 보여주겠소. 수행원들의

신성한 불빛을 받으며 걸어가시오.   1005

그대들은 가서 이 엄숙한 피의 제물과 함께

지하로 내려가시오. 그리고 이 나라에 재앙을

가져다주는 것은 아래에 붙들어 놓고, 유익한 것은

올려 보내 이 도시가 승리하게 하시오! (수행원들에게)

그리고 도시를 수호하는 크라나오스[119]의 자손들이여,   1010

그대들은 이들 거류민[120]을 수행하도록 하라!
그리고 시민들은 받은 호의에 화답하여
여신들에게 호의를 품게 되기를!

(우3)

코로스 내 다시 한 번 되풀이하노라.
편안하고 또 편안하시라,   1015
이 도시의 모든 신들과 인간들이여!
팔라스의 도시에 거주하는
그대들이 거류민인 나를 존중하면,
결코 그대들 인생에서 운명을
한탄하게 되지는 않으리라. 내 어찌   1020
그대의 축복의 말에 감사하지 않으리오.

아테나 활활 타오르는 햇불의 빛 속에서 내 그대들을
저 아래 지하세계에 있는 이들에게로 격식에 맞게
호송할 것이오, 내 신상을 지키는 여사제들과 더불어.
자, 오라. 온 테세우스 나라의 눈[121]이여, 소녀들과   1025
· · · · · · · .[122]
여인들의 이름난 무리여, 노모의 행렬이여,
· · · · · · ·
· · · · · · · .[123]
자줏빛 옷을 차려입고서. 그대들은 여기 이분들을
공경하라! 햇불 빛은 앞으로 나아갈지어다.
그대들과 함께하는 이분들이 나라에 호의를 품고   1030
앞날에 축복을 가져다주어, 남자들이 번창하도록![124]

수행원 코로스[125]

(좌1) 나아가소서, 강력한 분들이시여, 축제의 가락에 맞춰!
밤의 여신의 자식 없는[126] 자식들이여, 즐거운 호송을
받으며. 동포들이여, 경건한 침묵을 지키시오!   1035

(우1) 그대들은 지하에 있는 태고[127]의 은신처에서
명예와 제물로 진심으로 공경받는 행운을 누리시기를!
모든 백성들은 경건한 침묵을 지키시오!

(좌2) 이 나라와 한마음 한뜻이 되어, 자비롭게   1040
이 길로 가소서, 존엄하신 여신들이여,
불이 그 나무를 먹어치우는 햇불을 즐기며!
모두들 환성을 올려 우리 노래의 대미를 장식합시다!

(우2) 이제 팔라스의 시민들과 그들의 거류민 사이에
영원한 맹약이 맺어졌도다. 만물을 굽어보는 제우스께서   1045
그렇게 하셨고, 운명의 여신이 이에 동의했도다.
모두들 환성을 올려 우리 노래의 대미를 장식합시다!

(아테나를 앞세우고 전원 행렬을 지어 퇴장)

페르시아인들
PERSAI

작품 소개

기원전 472년 비극경연대회에서 아이스퀼로스는 『페르시아인들』이 포함된 비극 3부작으로 우승을 차지한다. 이때 코로스의 의상과 훈련 비용을 대주는 후원자인 코레고스(choregos)는 젊은 페리클레스였다. 선례가 없는 것은 아니지만, 현재 남아 있는 33편의 그리스 비극 중에서 신화가 아닌 역사를 소재로 한 작품은 이 비극이 유일하다. 이 비극의 주제는 패배자의 시각으로 본 기원전 480년의 살라미스 해전의 의미다. 페르시아전쟁에 대한 유일한 사료라 할 만한 헤로도토스의 『역사』에 따르면 엄청난 규모의 군대를 이끌고 온 크세르크세스의 병력이, 그것도 그 누구에게도 패한 적 없는 페르시아의 군대가 어째서 이 전쟁에서 패배할 수밖에 없었는가 하는 문제를 다루고 있다. 페르시아 군세의 파멸은 필멸의 존재로서의 분수를 모르고 신의 영역에까지 무례를 저지른 인간의 오만, 즉 히브리스(hybris)의 결과였음이 드러난다.

등장인물

코로스 페르시아의 원로로 구성된

아톳사

사자(使者)

다레이오스의 혼백

크세르크세스

이 작품의 대본은 Aischylos, *Tragödien und Fragmente* hrsg. und übers. von O. Werner, Heimeran Verlag ³1995의 그리스어 텍스트다. 주석은 A. Sidgewick (Oxford 1953)와 A. J. Podlecki (Bristol Classical Press 1991)의 것을 참고했다. 현대어 번역 중에서는 H. W. Smyth (Harvard University Press ²1973), A. J. Podlecki (Bristol Classical Press 1991), J. Lembke/C. J. Herington (Oxford 1981), S. G. Bernadete (University of Chicago Press 1991), Ph. Vellacott (Penguin Books 1961)의 영어 번역과 J. G. Droysen (Patmos Verlag 1995), E. Staiger (Stuttgart 2002), O. Werner (Heimeran Verlag ³1995)의 독일어 번역을 참고했다.

장소 기원전 480년, 수사의 궁전 앞에 있는 다레이오스의 무덤가.
원로들로 구성된 코로스가 등장한다.

코로스 여기 우리는 헬라스 땅으로 출정(出征) 나간
페르시아 백성들의 자문위원들로
부유하고 황금이 많은 왕궁을 지킨다네.
다레이오스의 아드님으로
우리의 왕이신 크세르크세스께서   5
연공서열에 따라 친히 우리를 뽑으시어
　　　나라를 감독하게 하셨도다.

우리의 왕과 황금이 번쩍이는
군대의 귀향과 관련해 내 가슴속
마음이 벌써 안절부절못하니   10
불길한 전조로구나.
아시아가 낳은 전(全) 군세가 젊은 왕을
에워싸고 함성을 지르며 떠나갔건만
사자도, 기수(騎手)도 페르시아인들의
　　　도성에 당도하지 않는구나.   15

그들은 수사[1]와 아그바타나[2]뿐 아니라
킷시아[3]의 오래된 성벽을 뒤로하고
멀리 떠났도다, 더러는 기병대로,

더러는 함선들을 타고, 또 더러는 보병대로
   밀집대열을 이루고서. 20

아미스트레스, 아르타프레네스,
메가바테스, 그리고 아스타스페스도
그렇게 출정했으니,
그들은 페르시아인들의 장수로
왕이면서 대왕의 신하들이었노라. 25
궁술과 기마술에 능한 그들이 대군을 인솔하고
급히 나아가니 그들의 결연한 전의,
   보기에 겁나고 싸우기에 무시무시했노라.

전차를 타고 싸우는 아르템바레스,
마시스트레스, 궁술에 능한 30
고귀한 이마이오스, 파란다케스,
   그리고 말들을 제어하는 소스타네스도.

많은 생명을 기르는 위대한 네일로스[4]가
또 다른 자들을 보냈으니, 수시스카네스,
아이귑토스[5] 출신인 페가스타곤, 35
신성한 멤피스의 통치자인 위대한
아르사메스, 아주 오래된 테바이를
다스리는 아리오마르도스,
그리고 늪가에 살며 노로 배를 젓는
솜씨 좋은 무수한 무리가 그들이다. 40

유약한 뤼디아[6]인들의 무리와 해안지대에
사는 모든 부족이 뒤따랐으니,
메트로가테스와 용감한 아르크테우스가
왕으로서 이들을 통솔하고 있노라.
그리고 황금이 많은 사르데이스가 45
수많은 전차에 대군을 태워 내보내니,
두 필 또는 세 필의 말이 끄는 그 전차들,
    보기에도 무시무시했노라.

신성한 트몰로스[7] 산자락에 사는 주민들은
예속의 멍에로 헬라스를 위협하고 있노라. 50
창의 모루[8]들인 마르돈과 타뤼비스와
뮈시아[9]의 투창병들 말이다.
황금이 많은 바뷜론에서도 무리들이 뒤섞인 채
떼 지어 쏟아져 나오니, 그 일부는 선원이고,
일부는 활의 힘을 믿는 자들이로다. 55
아시아 전역에서 칼을 차고 있는 자들은
모두 무시무시한 무리를 이루어
    왕의 군기(軍旗)를 뒤따르고 있노라.

그런 꽃다운 전사들이 페르시아
땅에서 멀리 떠나갔노라. 60
그리하여 그들을 기른 전 아시아가
그들이 그리워 애태우고 있노라.
그리고 부모와 아내들은 날수를 세며
    길어지는 여정에 떨고 있노라.

(좌1) **10** 도시를 함락하겠다고 위협하는, 65
왕의 군대는 이미 바다 건너
이웃나라의 본토로 진격했노라,
밧줄로 묶은 선교(船橋)를 이용하여
아타마스의 딸 헬레의 해협**11**을 지나. 70
수없이 못질을 한 가도(假道)를
바다의 목에 멍에로 씌우며.

(우1) 그리고 인구 많은 아시아의
광폭한 통치자는 온 대지 위로
강력한 대군을 몰고 75
수륙(水陸) 양면으로 진격하시는구나,
가차 없는 장수들의 힘을 굳게 믿으며.
황금의 종족에서 태어나신
신과 같은 그분은.**12** 80

(좌2) 뱀의 살기(殺氣)를 띤 눈을
시퍼렇게 번쩍이며, 그분은
수많은 군사와 수많은 함선을 이끌고
쉬리아**13**의 전차를 앞으로 모시며
이름난 창병에 맞서 85
활에 능한 아레스를 인도하신다네.**14**

(우2) 아무리 유능한 사람이라도 그토록 큰
전사들의 흐름에는 맞설 수 없으며,
저항할 수 없는 바다의 파도를

　　　　제방을 쌓아 막을 수는 없는 법.　　　　　　　　　90
　　　　페르시아의 군대는 무적이고
　　　　백성들은 용맹무쌍하니까.

(종가)　하지만 어떤 인간이 신의 교묘한 기만에서
　　　　벗어날 수 있으리? 누가 잰걸음으로 옆으로 피해　　95
　　　　거기서 벗어날 수 있으리? 미망(迷妄)은 처음에
　　　　달콤하게 다가오지만, 일단 그 덫에 걸려들면
　　　　인간이 안전하게 거기서 벗어날 길은 없노라.　　100

(좌3)　신의 뜻에 따라 운명은 먼 옛날부터
　　　　권세를 휘두르며, 페르시아인들에게는
　　　　성벽을 허무는 지상전과, 싸움터로
　　　　말을 내닫는 일과, 도시들을　　　　　　　　　　105
　　　　함락하는 일에 전념하게 했노라.

(우3)　그러나 그들은 길이 넓은 바다가
　　　　세찬 바람에 하얗게 뒤집힐 때　　　　　　　　　110
　　　　연약한 밧줄과 군대를 건네주는
　　　　선교를 믿고 신성한 바다의
　　　　수면을 살피는 법을 배웠다네.

(좌4)　그래서 어둠에 싸인 내 마음은　　　　　　　　　115
　　　　페르시아 군대가 걱정되어
　　　　두려움에 찢어지는 것 같구나,
　　　　맙소사, 우리 수도(首都) 수사가 남자들을

빼앗겼다는 말이 들려오지 않을까 하여.

(우4) 그리고 킷시아의 성채에 120
곡소리가 메아리치지 않을까 하여.
맙소사, 여인들의 무리가
소리 높여 통곡하며
입고 있는 상복을 찢을 때. 125

(좌5) 전군(全軍)이 혹은 말을 타고, 혹은 걸어서
벌떼처럼 군대의 장수를 따라갔으니,
그분은 바다에 멍에를 얹어 130
두 대륙의 곶[岬]들을 연결했노라.

(우5) 침상은 남편에 대한 그리움으로 눈물에 젖고,
저마다 용감한 남편을 전쟁터로 보내야 한 135
페르시아의 부인들은 남편이 그리워
유약하게 흐느끼며 독수공방하고 있구나.

코로스장 자, 페르시아인들이여, 140
이 오래된 건물[15] 계단에 앉아
심사숙고해봅시다,
    상황이 상황인 만큼.

선왕 다레이오스의 아들로 우리의 왕이신
크세르크세스께서는 어떻게 지내실까? 145
활의 시위가 승리했을까, 아니면

무쇠 창끝이 달린 창의 힘이

전세를 유리하게 이끌었을까?

(아톳사가 마차를 타고 시녀들을 거느린 채 궁전에서 등장)

저기 신들의 눈과 같은 광명이, 150

왕의 모후인 태후 마마께서 납시오.

나는 부복(俯伏)할 것이오.

우리 모두 태후 마마께 마땅히

말로 경의를 표해야 할 것이오.

코로스 (부복하고)

허리띠를 깊숙이 맨 페르시아 여인들의 가장 높으신 여주인이여, 155

안녕하시옵니까, 크세르크세스의 노모시며 다레이오스의 부인이여!

그대는 페르시아 신의 아내셨고, 페르시아 신[16]의 어머니시옵니다.

오래된 행운이 지금 우리 군대에 등을 돌리지 않았다면.

아톳사 (마차에서 내려) 그래서 나는 황금으로 장식한 궁전과,

전에 다레이오스와 같이 쓰던 침실을 떠나 이리로 온 것이오. 160

불안하여 가슴이 터질 것 같소. 그래서 나는, 친구들이여,

나를 꼭 붙들고 있는 두려움을 그대들에게 말하겠소.

다레이오스가 어떤 신의 도움으로 일으켜 세워놓은 행복을

막대한 부(富)가 먼지 속으로 차 넘어뜨리지 않을까 두려워졌소.

내 마음속에서는 말 못할 두 가지 고민이 있는데, 165

사람이 가고 없는 부는 대중이 존중하거나 어려워하지 않고,

부를 잃은 사람은 능력만큼 힘을 발휘하지 못한다는 것이오.

우리에게 부는 충분하오. 다만 내가 걱정하는 것은 눈이라오.

가정의 눈, 곧 가장의 현존 말이오.

사정이 이러하니, 페르시아인들이여, 그대들은 이에 관해 170

내 조언자가 되어주시오, 가장 믿음직한 원로들이여!
내게 유익한 모든 조언은 그대들에게서 나오기 때문이오.

코로스장 이 나라의 여주인이시여, 명심해두십시오. 저희 힘이 미칠 수
있는 한 말이든 행동이든 두 번씩이나 하명하실 필요는 없사옵니다.
그대가 조언을 구하는 저희는 그대에게 호의적이기 때문이옵니다. 175

아톳사 내 아들이 군사를 모아 이오네스족[17]의 나라를
치러 떠나간 뒤로 나는 밤이면 밤마다
수많은 꿈에 시달려왔소.
하지만 지난밤처럼 또렷한 꿈을 꾼 적은 없었소.
내 그대들에게 그 꿈 이야기를 들려주겠소. 180
두 여인이 고운 옷을 입고 내 눈앞에 나타났는데
한 명은 페르시아의 긴 옷을 입었고, 다른
한 명은 도리에이스족의 옷을 입었소.
여느 여인들보다 월등히 키가 크고,
미모도 흠잡을 데 없는 그들은 같은 씨족의 자매 같았소. 185
그리고 한 명은 고향땅으로 헬라스를,
한 명은 아시아[18]를 제비뽑기로 배정받았지요.
그런데 둘 사이에 불화가 생겨 서로 다투기 시작했소.
아무튼 나는 그렇게 꿈을 꾸었소. 내 아들이
그것을 알고 그들을 제지하고 진정시키더니, 190
자신의 전차 앞에 매고 목에 멍에를 얹었소.
둘 중 한 명은 그런 장식을 자랑스럽게 여기며 일어섰고,
고분고분 따르도록 입을 고삐에 순응시켰소. 그러나
한 명은 발버둥치며 두 손으로 마구(馬具)들을 찢어버리더니,
고삐도 없이 억지로 전차를 끌고 가며 195
멍에를 두 동강으로 분질러버렸다오.

내 아들은 땅바닥에 쓰러졌고, 그 애 아버지 다레이오스는
불쌍히 여기며 옆에 서 있었소. 크세르크세스는
아버지를 보자 입고 있던 옷을 갈기갈기 찢었소.
이것이 내가 간밤에 본 환영(幻影)이오.   200
나는 잠자리에서 일어나 아름답게 흐르는 샘물에
손을 씻은 다음 손에 제물을 들고 제단으로 다가갔소.
액막이 신들에게 제물을 바치려고 말이오.
그것은 그분들의 당연한 권리니까.
그때 나는 독수리 한 마리가 아폴론의 제단으로   205
도망치는 것을 보고, 친구들이여, 두려워서 말없이
서 있었소. 뒤이어 매 한 마리가 전속으로 내리 덮쳐
발톱으로 독수리의 머리를 찢는 것이 보였소.
독수리는 꼼짝 못하고 웅크린 채 몸을 내맡겼소.[19]
그것은 내가 보기에도 무시무시했지만 그대들에게는   210
듣기에도 무시무시할 것이오. 그대들은 명심해두시오.
내 아들이 성공하면 만인의 찬탄을 받을 것이나,
실패하면 ― 도시는 그에게 책임을 묻지 못할 것이오.
어쨌거나 무사히 돌아오기만 하면 그는 이 나라를 지배할 것이오.

코로스장 태후 마마, 저희의 대답이 마마를 지나치게 놀라게 하거나   215
고무하지 않기를 바라나이다. 불길한 꿈을 꾸었다면
신들께 가시어 탄원하되, 그런 꿈들은 실현되지 말고
좋은 일은 무엇이든 마마와 마마의 아드님과, 마마의 도시와
마마의 친구들을 위해 이루어지게 해달라고 기도하소서.
그리고 대지와 사자(死者)들에게 헌주하고, 꿈에 보셨다는   220
부군(夫君) 다레이오스께 비소서, 지하에서 햇빛 속으로
마마와 마마의 아드님에게 복을 올려 보내고,

	화(禍)는 반대로 지하의 어둠 속에 감춰두시라고.	
	저는 마음속으로 예언하며 호의에서 이렇게 조언드리옵니다.	
	우리가 아는 한 만사가 형통할 것이라고 말입니다.	225
아톳사	그대는 내 꿈의 첫 번째 해몽가로서 내 아들과	
	내 집을 위해 진정으로 호의적인 말을 해주었소.	
	좋은 일들이 이루어진다면! 우리는 집에 돌아가는 대로	
	신들과 지하에 있는 친구들을 위해, 그대가 말한 대로	
	빠짐없이 시행할 것이오. 다만 한 가지 알고 싶은 게 있소.	230
	친구들이여, 아테나이는 대체 세상 어디에 있다고 하오?	
코로스장	헬리오스[20] 왕이 지는 서쪽 저 먼 곳에 있지요.	
아톳사	그런데도 내 아들이 그 도시를 사냥하려 했단 말인가요?	
코로스장	그러면 전 헬라스가 대왕의 신하가 되니까요.	
아톳사	그렇다면 그들의 군대는 군사들의 수가 많겠구려?	235
코로스장	메디아[21]인들에게 많은 해악을 끼칠[22] 정도는 되지요.	236
아톳사	활시위를 당겨 화살 쏘는 것이 그들의 장기(長技)인가?	239
코로스장	아니옵니다. 그들은 창과 방패로 무장하고 서서 싸운답니다.	240
아톳사	군대 말고 또 가진 게 무엇이오? 충분한 부를 가졌소?	237
코로스장	그곳에는 은의 샘이 솟는데, 그들에게는 지하의 보물이옵니다.	238
아톳사	누가 그들의 목자(牧者)로서 군대를 지휘하나요?	241
코로스장	그들은 누구의 노예라고, 누구의 신하라고도 불리지 않사옵니다.	
아톳사	그렇다면 적군이 쳐들어올 경우 그들은 어떻게 대항하나요?	
코로스장	다레이오스의 잘 훈련된 대군이 그들에게 패할 정도로요.	
아톳사	그런 끔찍한 말을 들으면 부모는 멀리 있는 자식이 걱정되겠구려.	245
코로스장	이제 곧 마님께서는 모든 것을 사실대로 알게 되실 것 같사옵니다.	
	저기 누군가 달려오고 있는데 페르시아의 사자가 분명하옵니다.	
	길보든 흉보든 그는 확실한 소식을 가져오겠지요.	

(사자 등장)

사자 오오, 전 아시아 땅의 도시들이여!
  오오, 페르시아 나라여, 부의 큰 항구여! 250
  어떻게 단 일격에 너의 막대한 부가 무너져 내리고,
  페르시아의 꽃이 져서 사라졌단 말인가!
  아아, 맨 먼저 불행을 알려야 하는 이 괴로움!
  그래도 우리가 당한 일을 모두 털어놓지 않을 수 없구나.
  페르시아인들이여, 우리 편[23] 군대가 전멸했습니다. 255

코로스[24](좌1) 쓰라리고 쓰라린 이 고통, 자꾸 도지는 파괴적인
  이 고통. 페르시아인들이여,
  이런 흉보를 들었으니 눈물을 흘려라!
사자 그 모든 것이 철저히 파괴되었습니다. 나 자신도 260
  살아서 돌아오리라고는 기대하지 못했습니다.

코로스(우1) 뜻밖에 이런 흉보를 듣다니,
  우리 노인들이
  너무 오래 살았구나. 265
사자 그리고 남에게 들은 것이 아니라 제가 현장에 있었기에,
  페르시아인들이여, 그곳에서의 재앙을 말할 수 있습니다.

코로스(좌2) 아아, 슬프고 슬프도다.
  날아다니는 무기들이 서로 뒤섞여
  아시아 땅에서 헬라스 땅으로 수없이 270
  진격한 것도 모두 허사였구나.
사자 살라미스섬의 해안들과 그 인근 지역은

비명횡사한 자의 시신으로 가득하옵니다.

코로스(우2) 아아, 슬프고 슬프도다.
소중한 이들의 시신이 바닷물에 잠겨 275
소용돌이치며 페르시아의 옷을 입은 채
이리저리 밀려 다닌단 말인가?

사자 활은 아무 쓸모가 없었습니다. 군대가
함선들의 충각에 제압되어 전멸했습니다.

코로스(좌3) 오오, 가련한 페르시아인들을 위해 280
비통한 곡소리를 울려라.
그들의 계획은 모두 물거품이 되고,
아아 슬프도다, 군대가 전멸했다니.

사자 오오, 살라미스, 내게는 가장 듣기 싫은 이름이여.
오오, 아테나이여, 너를 생각하면 한숨이 절로 나는구나. 285

코로스(우3) 아테나이는 모든 적들의 미움을 사는구나.
많은 페르시아의 여인들에게서
너는 남편과 아들을 앗아 갔거늘
내 어찌 너를 잊겠느냐?

아톳사 나는 무참한 재앙에 놀란 나머지 한참 동안 290
침묵을 지켰소. 이번 불상사는 과히 압도적이라
무슨 말을 하거나 그 경위를 물을 수조차 없으니 말이오.
하더라도 사람들은 신들이 보내주신 고통을
참고 견뎌야 하오. 그러니 자네는 말하기 괴롭더라도

	침착하게 사건의 전말을 알리게나.	295
	누가 죽지 않았는가? 장수들 가운데 누구를 위해	
	우리는 슬퍼할 것인가? 누가 지휘봉을 받았다가	
	전사함으로써 자신의 부대를 지휘관 없이 남겨두었는가?	
사자	크세르크세스 자신은 살아서 햇빛을 보고 계시옵니다.	
아톳사	자네의 말은 내 집에 큰 빛을, 칠흑 같은 밤이	300
	지난 뒤의 찬란한 낮을 가져다주는구나.	
사자	그러나 말 일만 필을 지휘하는 아르템바레스는	

실레니아이²⁵의 암벽들을 떠받고 다녔습니다.
천인 대장(千人隊長) 다다케스는 창에 맞아
배에서 가볍게 바닷물 속으로 뛰어내렸습니다.   305
한편 박트리아²⁶인들의 명문가 출신인 테나곤은 죽어서
파도의 매를 맞는 아이아스섬²⁷을 돌고 있습니다.
릴라이오스와 아르사메스와 세 번째로 아르게스테스는
비둘기의 고장인 그 섬 근처에서 패해
딱딱한 해안을 아직도 들이받고 있사옵니다.   310
아이귑토스의 네일로스강 원천 가까이 살던
아르크테우스와 아데우에스와 세 번째로 방패를
들고 다니는 파르누코스는 같은 배에서 떨어졌사옵니다.
검정말 삼만 필을 지휘하는 장수로 크뤼세²⁸ 출신인
마탈로스는 죽으면서 자신의 텁수룩한   315
털북숭이 금발 수염을 피로 흥건히 적시더니
그 색깔을 핏빛으로 빨갛게 물들였습니다.
점성술사 아라보스와 박트리아인 아르타메스도
죽어 그 황량한 곳의 주민이 되었습니다.
아미스트리스, 창을 휘둘러 상대를 힘들게 하는 암피스트레우스,   320

사르데이스에 슬픔을 안겨준 아리오마르도스,
뮈시아인 세이사메스의 처지도 다를 바 없사옵니다.
뤼르넷소스[29] 출신으로 함선들을 오십 척의 다섯 배나
지휘하던 타뤼비스는 잘생기기는 하였으나
운은 썩 좋지 못해 죽어서 그곳에 비참하게 누웠사옵니다. 325
킬리키아[30]인들의 장수로 용맹무쌍한
쉬엔네시스는 혼자서 적군을 유난히
괴롭히다가 장렬하게 전사했사옵니다.
지금까지 장수들에 관해 말씀드렸지만, 그것은 우리가 당한
수많은 재앙의 일부만 보고드린 것이옵니다. 330

아톳사 아아, 나는 이미 재앙의 극치를 들었도다.
페르시아인들에게는 치욕이요, 통탄할 일이로다!
하지만 다시 자네 이야기로 되돌아가 말해주구려.
헬라스인들의 함선들 수가 대체 얼마나 되었기에
그들이 함선의 충각만 믿고 감히 페르시아의 군세와 335
맞서 싸울 수 있다고 생각했단 말인가?

사자 수만 따진다면 우리 함대가 틀림없이
이겼겠지요. 헬라스인들의 함선은
모두 합하여 열 척의 서른 배밖에 안 됐고,
그 외에 열 척의 별동대가 있었습니다. 340
그러나 크세르크세스 휘하에는, 제가 알기로, 일천 척의
함선이 있었고, 그 밖에 쾌속선이 이백하고도
일곱 척이었사옵니다.[31] 셈을 하자면 그러하옵니다.
이 전투에서 우리가 열세였다고 생각하시나요?
천만에. 어떤 신이 불공평한 무게로 우리의 저울접시를 345
기울어지게 함으로써 우리 군대를 망가뜨린 것이옵니다.

　　　　신들이 팔라스 여신의 도시³²를 지켜주는 것입니다.

아톳사　그래서 아테나이인들의 도시가 파괴되지 않았단 말인가?

사자　도시에 전사들이 있는 한 그 성벽들은 안전하지요.

아톳사　함선들은 처음에 어떻게 충돌했는가? 말해보게나. 350
　　　　어느 쪽이 먼저 전투를 시작했는가? 헬라스인들인가,
　　　　아니면 함선들의 수를 과신한 내 아들이 먼저 시작했는가?

사자　마마, 이 모든 재앙은 어디서 왔는지 알 수 없는
　　　　복수의 정령이나 악령에 의해 시작되었습니다.
　　　　아테나이인들의 군대에서 찾아온 한 헬라스인이 355
　　　　마마의 아드님 크세르크세스께 말했습니다.
　　　　"칠흑 같은 밤의 어둠이 내리자마자
　　　　헬라스인들은 이곳에 머물지 않고
　　　　함선의 노 젓는 자리로 달려가서는 각자 은밀하게
　　　　뿔뿔이 달아나 제 목숨을 구하게 될 것입니다." 360
　　　　크세르크세스께서는 이 말을 들으시자마자
　　　　헬라스인의 계략과 신들의 시기(猜忌)를 눈치채지
　　　　못하시고 전 제독들에게 이렇게 하명하셨습니다.
　　　　"태양이 그 빛으로 대지를 그을리기를 멈추고,
　　　　어둠이 대기(大氣)의 성역을 덮거든 365
　　　　그대들은 함선들을 세 개의 선대(船隊)로 나누어
　　　　출구들과 파도 소리 요란한 해협들을 봉쇄하고
　　　　다른 함선들은 아이아스의 섬을 포위하시오.
　　　　그러나 만일 헬라스인들이 사악한 운명을 피하여
　　　　배를 타고 은밀히 도주할 길을 찾게 된다면, 370
　　　　장담하건대, 그대들은 모두 목이 달아날 것이오."
　　　　기고만장해진 그분은 그렇게 말씀하셨사옵니다,

신들의 의도가 무엇인지 알지 못하시고.
무질서하기는커녕 주인의 명령에 고분고분
복종하는 군사들은 저녁식사를 준비했고, 각 함선의   375
선원들은 노가 잘 고정되도록 노를 놋좇에 걸고
끈으로 묶었습니다. 그리고 마지막 햇빛이 지고
밤이 다가오자 노를 젓는 자도
무구에 능통한 자도 모두 배에 올랐지요.
대열을 이룬 전함들은 서로를 부르며 격려했고,   380
대장들은 각자 배치받은 대로 항해했습니다.
그리고 함장들은 전 해군이 밤새도록
해협을 지나 오락가락하게 했사옵니다.
그렇게 밤이 지나가건만 헬라스인들의 군대는
몰래 출항하려는 기미를 전혀 보이지 않았습니다.   385
그러나 낮이 백마들이 끄는 마차를 타고 나타나
온 대지를 찬란히 빛나는 빛으로 채웠을 때,
맨 먼저 헬라스인들 쪽으로부터 노랫소리와
같은 함성이 들려왔는데, 거기에 화답하여
섬의 바위들로부터도 메아리 소리가 날카롭게 울렸습니다.   390
크게 실망한 우리는 덜컥 겁이 나기
시작했습니다. 헬라스인들은 도주하려고
신성한 전투가를 부르는 게 아니라
과감하게 싸움터로 돌진하며 불렀으니까요.
그리고 요란한 나팔 소리가 그들의 전 대열을   395
활활 타오르게 했사옵니다. 즉시 노들이 요란하게 물에
잠기며 그들은 박자에 맞춰 깊은 바닷물을 쳤습니다.
그리고 금세 그들 모두가 눈에 환히 보였습니다.

먼저 우익이 질서정연하게 앞장서서 이끌고,
그 뒤로 전 함대가 공격을 위해 다가왔는데, 400
그와 동시에 요란하게 외치는 소리가 들렸습니다.
"오오, 헬라스인들의 아들들이여, 진격하라!
우리의 조국을 해방하라! 우리의 자식들과, 아내들과,
조국의 신들의 처소들과, 조상의 무덤을 해방하라!
우리는 지금 모든 것을 걸고 싸우는 것이다." 405
물론 우리 쪽에서도 페르시아 말로 요란하게
응수했사옵니다. 이제는 지체할 시간이 없었고
곧장 전함들이 청동 부리들로 서로 들이받았습니다.
헬라스 함선 한 척이 먼저 들이받기 시작해
포이니케[33] 함선 한 척의 고물 장식을 완전히 410
박살내자, 함선들끼리 서로 돌진했습니다.
처음에는 페르시아 군대의 내닫던 기세가 충격을
견뎌냈지만 해협에서 수많은 함선이 정체되자,
서로 돕는 것은 불가능했습니다.
페르시아의 함선들은 아군의 청동 충각에 맞아 415
노들이 모두 산산이 부러져버렸습니다.
한편 헬라스인들의 함선들은 치밀한 계획에 따라
페르시아 함대를 포위하더니 사방에서 공격했사옵니다.
그러자 선체가 전복되며 바다는 난파선의 잔해와
사람의 시신들로 가득차 어디에도 보이지 않았습니다. 420
해안과 암벽 위로 시신이 가득찼습니다.
원정에 참가했다가 살아남은 페르시아의 함선은
저마다 노를 저어 무질서하게 황급히 도망쳤습니다.
마치 다랑어나 그 밖의 다른 물고기를

잡을 때처럼 헬라스인들이 부러진 노와 425
난파선의 부서진 잔해로 줄곧 우리를 치고
찔러대니 온 바다에 신음 소리와 곡성이
가득했습니다, 밤의 어둠이 가려줄 때까지.
우리가 당한 재앙으로 말하자면 하도 많아
열흘 동안 이야기해도 못 다할 것이옵니다. 430
왜냐하면, 명심해두소서, 단 하루 동안
그토록 많은 사람들이 죽은 적은 없었기 때문이옵니다.

아톳사 아아, 슬프도다. 산더미 같은 재앙의 파도가
페르시아인들과 아시아의 전 부족을 덮쳤구나!

사자 잘 알아두소서. 재앙이라면 아직 반도 말씀드리지 435
않았사옵니다. 그 뒤에도 그들에게 엄청난 고통이 닥쳐,
그 무게가 먼젓번 것의 두 배는 될 것입니다.

아톳사 대체 어떤 재앙이 이보다 더 끔찍할 수 있다는 건지
말해보게. 대체 군대에 어떤 불상사가 일어났기에
지금까지 말한 것보다 무게가 더 나간다는 것인가? 440

사자 페르시아인들 중에서 가장 혈기 왕성하고,
가장 정신력이 뛰어나고, 명문가 자제로,
언제나 대왕께 가장 충성스럽던 자들은
모두 불명예스럽고 수치스럽게 죽었사옵니다.

아톳사 아아, 친구들이여! 나야말로 불행하구나, 이런 변고를 445
당하다니. 그들이 대체 어떻게 죽었다는 것인가?

사자 살라미스 바로 앞에 섬[34]이 하나 있는데
배들이 정박하기 불편한 작은 섬으로, 춤추기 좋아하는
판[35] 신이 그 바다 기슭을 따라 거닐곤 하지요.
대왕께서는 그곳으로 이들을 보내셨습니다. 450

적군이 부서진 함선들에서 내려 그 섬으로 피난해 오면
헬라스인들의 군대는 손쉽게 도륙하되,
전우들은 바닷물에서 구해주도록 말이옵니다.
대왕께서는 미래사를 잘못 예견하셨던 것입니다.
왜냐하면 신이 헬라스인들에게 해전에서의 승리라는   455
영광을 내리셨을 때, 그들은 그날로 몸에
청동 무구들을 두른 채 함선들에서 뛰어내리더니
그 섬을 완전 포위했고, 페르시아인들은 어디로
가야 할지 몰랐으니까요. 페르시아인들은
헬라스인들이 던져대는 돌덩이와   460
시위를 떠난 화살에 맞아 무더기로 죽었습니다.
마지막에는 헬라스인들이 일제히 돌격하여
마구 치며 불쌍한 적군의 사지를 난도질했습니다.
모든 적군이 완전히 숨을 거둘 때까지.
재앙의 심연을 보시고 크세르크세스께서는   465
통탄하셨습니다. 전군을 볼 수 있게 바다 가까운
높은 언덕에 옥좌를 갖다놓게 하셨으니까요.
그러고 나서 입고 계시던 옷을 찢고 높고 날카로운 목소리로
비명을 지르더니, 급히 보병부대에 명령을 내리시고는
황급히 도주하셨습니다. 이것이 이미   470
말씀드린 것에 덧붙여 마마께서 탄식하실 고통이옵니다.

아톳사 오오, 가증스러운 악령이여. 어찌 페르시아인들을
그렇게 속인단 말인가. 이름난 아테나이를 치려다
내 아들이 쓰라린 복수를 당하는구나. 전에 마라톤이
죽인 페르시아인들로는 충분하지 않았더란 말인가!   475
이들을 위해 내 아들은 배상을 요구하려다가

그토록 엄청난 화를 스스로 불러들였구나.
하지만 말해보게나. 파멸에서 벗어난 배들을 자네는
어디에다 두고 왔는가? 분명히 말해줄 수 있는가?

사자 남은 함선들의 선장들은 돛을 올리고 바람이 480
실어다주는 곳으로 무질서하게 달아났사옵니다.
남은 육군은 보이오티아인들의 나라에서
죽어갔습니다.³⁶ 일부는 신선한 샘물 옆에서
목이 말라 죽고,³⁷ 일부는 기진맥진 숨을
헐떡이며 포키스인들의 나라와 도리스 땅과, 485
스페르케이오스강이 호의적인 강물로 들판을
적셔주는 멜리스만(灣)으로 갔습니다. 그곳으로부터
아카이아³⁸ 땅의 들판과 텟살리아인들의 도시들이
먹을거리가 떨어진 우리를 받아주었습니다.
그곳에서 상당수가 허기와 갈증으로 죽었으니, 490
이 두 가지가 동시에 엄습했기 때문입니다.
우리는 마그네시아 땅과, 마케도니아인들의 나라와,
악시오스강의 여울과, 볼베호의 갈대 늪과
팡가이온³⁹산과 에도네스족의 나라에
들어갔습니다. 그러나 그날 밤 신이 495
때 아닌 겨울을 보내 신성한 스트뤼몬 강물을 모두
얼려버렸습니다. 전에는 신들을 믿지 않던 자들도
그제야 대지와 하늘 앞에 무릎을 꿇고
열심히 기도하며 간절히 빌었습니다.
그러나 신들에게 열심히 기도하기를 끝내고 나서 500
군사들은 얼어붙은 길을 지나가기 시작했습니다.
그리고 우리 가운데 햇살이 퍼지기 전에

서둘러 출발한 자들은 구원을 받았습니다.
찬란하고 둥근 태양이 그 광선과 함께 타오르며
강 한복판을 열기로 데워 녹여버렸기 때문입니다. 505
그리하여 그들이 우르르 쓰러지니, 생명의 숨이
가장 빨리 끊어진 사람은 차라리 행복한 사람이었습니다.
살아남아 다행히 목숨을 구한 자들은
천신만고 끝에 트라케 땅을 지나왔지만
고향의 화로로 도망해온 자들은 많지 않사옵니다. 510
그러니 페르시아인들의 도시는 나라의 가장 소중한
젊은이들을 아쉬워하며 통탄하시오. 이것은
사실이옵니다. 그러나 신이 페르시아인들에게 내던지신
재앙 가운데 나는 많은 것을 말하지 않았습니다.

(사자 퇴장)

코로스 오오, 고통을 가져다주는 정령이여, 너는 얼마나 515
무겁게 두 발로 전 페르시아 부족을 짓밟았는가!

아톳사 아아, 가련한 내 신세. 군대가 전멸하다니.
오오, 잠잘 때 꿈에 그토록 또렷이 보이던 환영이여,
너는 얼마나 또렷이 내 재앙을 드러냈던가!
하지만 그대들은 얼마나 잘못 해몽했던가! 520
그래도 그대들이 그렇게 조언했으니,
나는 신들께 기도부터 하고 싶소.
그다음 대지와 고인들에게 바칠 선물로
집에서 제물용 케이크를 갖고 오겠소. 일이
이미 끝난 뒤 올리는 기도이긴 하지만, 525
미래는 더 나아질까 하여 바치는 것이오.

하지만 그대들은 난국에 임하여 충신으로서
이 시기에 적절한 조언을 해주어야 할 것이오.
그리고 내 아들이 여기 내 앞에 나타나거든
위로의 말을 해주고 집안으로 호송하여, 그가   530
기왕의 상처에 새 상처가 덧나지 않게 하시오.

(아톳사 퇴장)

코로스 오오, 제우스 왕이여, 그대는 이제
페르시아인들의 자긍심 강한
대군을 멸하고
수사와 아그바타나의 도성을   535
암울한 슬픔 속에 묻어버리셨나이다.

수많은 여인들이
슬픔을 함께하며
부드러운 손으로 면사포를 찢으니
흐르는 눈물이 가슴을 적시는구나.   540

갓 결혼한 신랑이 보고 싶어
유약하게 흐느끼는 페르시아 여인들,
이불이 푹신한 침상과 잠자리를 잃고,
청춘의 환희와 환락을 잃고
괴로워 하염없이 울고 있구나.   545
나도 고인들의 죽음을 애도하고자
진심으로 만가를 부르노라.

(좌1)⁴⁰ 이제는 전 아시아 땅이
　　　텅 빈 채 탄식하는구나.
　　　크세르크세스가 인솔해 가서, 아아,　　　　　550
　　　크세르크세스가 도륙했고, 아아,
　　　크세르크세스가 지각없이 모든 것을
　　　함선에 태워 보내 다 잃고 말았구나.
　　　그런데 어찌하여 수사인들의 사랑받던
　　　지도자 다레이오스는　　　　　　　　　　555
　　　그들을 싸움터로 인솔했을 때
　　　그들에게 해를 입히신 적이 없었던가?

(우1)　육군도 해군도, 아마포의 날개를
　　　달고 검은 눈을 그려 넣은⁴¹
　　　함선들이 실어 갔도다, 아아,　　　　　　560
　　　함선들이 도륙했도다, 아아,
　　　함선들은 이오네스족이 다루는
　　　충각에 떠받혀 궤멸했도다.
　　　듣자하니, 대왕 자신은
　　　겨울 폭풍이 몰아치는　　　　　　　　　565
　　　트라케 황야를 지나
　　　구사일생으로 도망쳤다는구나.

(좌2)　그러나 운명에 붙잡혀, 아아,
　　　맨 먼저 죽은 자들은, 아아,
　　　퀴크레우스⁴²의 해안을, 아아,　　　　　570
　　　떠다닌다네. 그러니 탄식하고,

통곡하고, 애절한 곡성을
하늘 높이 울려라. 아아.
서러운 목소리로
구슬피 울도록 해라.   575

(우2)   그들은 바닷물에 일그러져, 아아,
정결한 바다의 말 못하는, 아아,
자식⁴³들의 밥이 되었구나, 아아.
집은 가장을 빼앗겨 슬퍼하고,
부모는 자식을 잃고는   580
노년에 신이 보낸
괴로움을 탄식하며
온갖 슬픈 이야기를 듣는구나.

(좌3)   온 아시아의 백성들이 더이상
페르시아의 법을 따르지 않고,   585
주인의 강요에 못 이겨 더이상
조공을 바치지 않고, 더이상
땅바닥에 부복하지 않으리라.
대왕의 권세가
완전히 꺾였으니까.   590

(우3)   사람들은 더이상 혀에
재갈을 물리지 않으리라.
권력의 멍에가 풀리자 백성들도
풀어져 제멋대로 떠들 테니까.

바닷물에 씻기는 아이아스섬의 595
피투성이가 된 들판에 한때
페르시아였던 것들이 묻혀 있도다.

(아톳사가 장신구 없이 궁전에서 다시 등장하고, 제물을 든 하녀 몇 명이 뒤따르고 있다)

아톳사 친구들이여, 불행에 경험이 많은 사람은 누구나,
불행이 떼 지어 몰려오면 우리가
무엇이든 두려워하게 된다는 것을 알고 있소. 600
그러나 운수가 좋아 잘 나갈 때면 우리는
똑같은 행운의 순풍이 늘 불 것이라 믿지요.
내게도 어느새 모든 것이 두렵기만 하여,
눈에는 신이 보내신 적대적인 환영이 보이고
귀에는 치유의 노래가 아닌 소음이 울릴 뿐이오. 605
그만큼 나는 재앙에 놀라 제정신이 아니오.
그래서 나는 아까처럼 성장도 하지 않고
마차도 없이, 갔던 길을 되돌아오는 길이오.
내 아들의 아버지에게 사자(死者)들의 마음을
달랠 만한 헌주의 선물을 바치려고 말이오. 610
흠 없는 암소의 마시기 좋은 흰 우유와,
꽃에서 일하는 벌의 분비물인 반짝이는 꿀과,
정결한 샘에서 길어 온 정화수와, 들판의
어머니에게서 나온 그대로 아무것도 섞이지
않은, 이 오래된 포도 덩굴의 영액 말이오. 615
여기는 또 늘 푸른 잎이 돋아나는 올리브나무의
향기로운 노란 열매가 있고, 만물의 어머니
대지에서 난 화환도 있어요. 그러니 친구들이여,

　　　　　사자들을 위해 이것들을 부어드릴 때 그대들은
　　　　　경건한 노래를 불러 다레이오스의 혼백을　　　　　620
　　　　　불러 올리시오. 그사이 나는 이 선물들을 보내
　　　　　지하의 신들을 위해 대지가 마시게 할 것이오.

코로스　페르시아인들이 존경하는 태후 마마,
　　　　　마마는 지하의 방들에게 헌주하소서.
　　　　　그사이 우리는 경건한 노래로,　　　　　　　　　625
　　　　　지하에서 혼백을 인도하는 분들에게
　　　　　자비를 베풀어 달라고 간청할 것이옵니다.
　　　　　지하의 신성한 신들이여, 대지와
　　　　　헤르메스[44]와 사자들의 왕[45]이여,
　　　　　지하에서 햇빛으로 혼백을 올려 보내소서.　　 630
　　　　　그분께서 재앙을 치유할 길을 알고 계신다면
　　　　　그분만이 재앙의 끝을 알려줄 수 있습니다.

(좌1)[46]　우리의 축복받은, 신과 같은
　　　　　대왕께서 듣고 계실까?
　　　　　내가 우리말로 온갖 비탄을
　　　　　요란하면서도 또렷하게 그리고　　　　　　　　635
　　　　　구슬프게 보낼 때.
　　　　　나는 애처롭게 고통의 비명을 지르리라.
　　　　　그분께서는 과연
　　　　　지하에서 내 비명을 들으실까?

(우1)　　하지만 그대 대지와 그 밖의
　　　　　다른 사자들의 인도자들이여,　　　　　　　　　640

영광스러운 혼백을 지하의 집에서
올려 보내소서, 수사에서
태어나신 페르시아인들의 신을!
그분을 올려 보내소서!
그런 분은 일찍이 페르시아의 645
땅에 묻힌 적이 없나이다.

(좌2) 그분도 소중하시고, 그분의 무덤도 소중하나이다.
그곳에는 소중한 마음이 묻혀 있기 때문이옵니다.
하데스여, 호송해주소서.
올려 보내소서, 하데스여, 둘도 없는 650
우리의 다레이오스 대왕을. 아이고!

(우2) 그분은 전쟁과 살육에 미혹되어
자신의 군사들을 죽이신 적이 없사옵니다.
그분은 페르시아인들에게 신의 친구라
불리셨고, 또 신의 친구였사옵니다, 655
군대를 탁월하게 인솔하셨으니까요. 아이고!

(좌2) 대왕 마마, 옛적의 대왕 마마, 다가오소서.
무덤의 맨 위쪽으로 올라오소서.
사프란색 신발을 신은 발을 드시고, 660
왕관의 금속 장식이 번쩍이게 하소서. 다가오소서,
무해하신 아버지 다레이오스여. 아이고!

(우3) 최근에 닥친 고통을 들으시도록, 665

왕 중의 왕이여, 나타나소서.
스튁스⁴⁷ 강의 어둠이 우리를 엄습했나이다.
우리 젊은이들이 모두 죽었나이다. 다가오소서,   670
무해하신 아버지 다레이오스여. 아이고!

(종가) 아이고 아이고!
돌아가셨을 때 친구들이 비통해하던 분이시여,
어인 일로, 대왕이여, 대왕이여,   675
온 나라에 그런 손실이 생기고,
그런 고통이 쌓이는 것이옵니까?
삼단노선들이 전멸하여 이제
배라고는 단 한 척도 없나이다.   680

(다레이오스의 혼백이 무덤에서 일어선다)

다레이오스 오오, 심복 중에 심복들이여, 내 죽마고우들이여,
페르시아의 원로들이여, 도시에 무슨 어려움이 닥쳤기에
온 도시가 비탄에 잠겨 가슴 치며 발을 구르고 있소?
아내가 내 무덤 옆에 있는 것을 보고 나는 두려움에
휩싸여 아내의 헌주를 자애롭게 받아들였소이다.   685
한데 그대들은 내 무덤 옆에 서서 비탄하고
사자를 깨우려고 큰 소리로 통곡하며
애처로이 나를 부르는구려. 하지만 이리로 올라오기란
쉬운 일이 아니오. 그리고 지하의 신들은
놓아주기보다는 붙잡는 데 더 능한 편이라오.   690
나는 저들 사이에서 힘이 있는 편이라 이렇게 왔소이다.
자, 서두시오. 내가 지체했다는 비난을 받지 않도록.

무슨 새로운 재앙이 페르시아인들을 짓누르고 있소?

코로스 (부복한 채)

(좌) 나는 차마 처다볼 수 없고
차마 말을 건넬 수도 없사옵니다. 695
옛적부터의 경외심 때문에.

다레이오스 그대가 우는소리를 듣고 내 저승에서 왔으니,
말을 길게 하지 말고 간략하게 하시오.
나를 어려워 말고 사건의 전말을 말하시오.

코로스(우) 나는 겁이 나 말씀에 따를 수가 없고 700
겁이 나서 말씀드릴 수가 없나이다,
친구에게 말하기 어려운 일을.

다레이오스 마음속의 오래된 경외심이 그대를 제지한다고 하니,
(아톳사에게) 내 침상의 연로한 동반자여, 고귀한 부인이여,
비탄과 울음을 그치고 당신이 내게 분명히 말하시오. 705
인간이면 누구나 고통 받기 마련이오, 인간이니까.
필멸의 인간들은 너무 오래 살다보면 바다로부터도,
육지로부터도 숱한 고통을 당하게 되어 있지요.

아톳사 복을 타고난 당신은 모든 인간들 중에 월등히 행복하셨고,
햇빛을 보고 계시는 동안에는, 페르시아인들의 눈에 710
신이 누릴 복된 삶을 살며 부러움을 사셨지요.
지금은 당신의 죽음이 부러워요. 고통의 심연을 보기 전에
돌아가셨으니까. 모든 것을 간단히 말씀드리자면
페르시아인들의 나라가 완전히 망했어요.

다레이오스 어떻게? 도시에 역병의 벼락이라도 떨어졌소, 내란이 일어났소? 715

아톳사	아니에요. 아테나이 근처에서 군대가 전멸했어요.
다레이오스	내 아들들[48] 가운데 누가 그리로 군대를 인솔했소? 말해보시오!
아톳사	담찬 크세르크세스, 그 애가 대륙의 평야를 비워버렸지요.
다레이오스	어리석은 녀석. 보병으로, 아니면 함대로 그런 짓을 했소?
아톳사	둘 다죠. 그 애의 군대는 두 얼굴을 가지고 있었으니까요.
다레이오스	그런 대군이 어떻게 걸어서 건널 수 있었소?
아톳사	헬레의 해협에 교묘히 멍에를 메워[49] 길을 냈어요.
다레이오스	대단하구먼. 위대한 보스포로스[50] 해협을 닫았단 말이오?
아톳사	그래요. 계획을 달성하도록 어떤 신이 그 애를 도왔나 봐요.
다레이오스	아아, 어떤 강력한 신이 그 애의 지혜를 앗아 간 것이오.
아톳사	그 애가 가져다준 나쁜 결과가 눈에 보일 만큼 말이에요.
다레이오스	그들에게 무슨 일이 일어났기에, 그대들은 이리 탄식하는 것이오?
아톳사	함대가 궤멸되면서 육군도 궤멸되고 말았어요.
다레이오스	그래서 전군이 창에 전멸했단 말이오?
아톳사	수사인들의 온 도성이 남자들이 없다고 탄식할 만큼요.
다레이오스	아아, 슬프도다. 나라의 든든한 울인 군대를 잃다니!
아톳사	박트리아의 군사들도, 아이귑토스의 군사들도 전멸했어요.
다레이오스	불쌍한 녀석, 동맹군들의 꽃다운 젊은이들을 죽이다니!
아톳사	듣자하니, 크세르크세스만이 쓸쓸하게 소수의 시종들과 함께 –
다레이오스	어디서 어떻게 죽었답디까? 아직도 살아 있을 가망이 있는 거요?
아톳사	다행히 그 애는 두 대륙을 잇는 다리에 도착했대요.
다레이오스	그 애가 정말로 안전하게 이쪽 대륙으로 건너온 거요?
아톳사	네. 그것은 의심의 여지가 없는 확실한 보고예요.
다레이오스	아아, 예언이 빨리도 실현되어, 제우스께서 내 아들에게 예언의 실현이라는 벼락을 던지셨구나. 신들께서 오랜 세월이 흐른 뒤 이 일을 마무리할 줄 알았는데.

하지만 누군가 스스로 서두르면 신도 거들어주는 법.

이제야 내 모든 친구들을 위해 재앙의 원천을 발견한 것 같소.

그것은 내 아들이 영문도 모르고 젊은 혈기에서

저지른 짓이오. 그 애는 신성한 헬레스폰토스의 흐름을, 745

신에게 바쳐진 보스포로스의 흐름을 종인 양 사슬로

제어할 수 있기를 바랐소. 그 애는 해협의 물길을 억지로

바꾸고 망치로 두들긴 차꼬로 묶어 대군을 위해 대로를

닦았소. 그 애는 인간인 주제에 어리석게도 모든 신들을,

심지어 포세이돈조차도 지배할 수 있으리라 믿었소. 750

내 아들이 정신이상이 아니고 무엇이겠소? 애써 모은 내 부가

아무나 먼저 잡는 사람의 먹이가 되지 않을까 두렵소이다.

아톳사 담찬 크세르크세스는 못된 자들과 사귀다 그렇게 배우게

된 것이지요. 그자들의 말인즉, 당신은 창으로 큰 재산을

모아 자식들에게 물려주었으나 그 애는 비겁하게도 755

집안에서나 창을 휘두르며, 아버지의 유산을 전혀 늘리지

못했다는 거예요. 못된 자들의 입에서 그런 비난을 듣게 되자

그 애는 헬라스로 원정을 떠나기로 결심한 거예요.

다레이오스 그래서 그 애가 일찍이 일어난 적이 없는

엄청난 일을, 지울 수 없는 일을 저질러 760

수사인들의 도성을 비웠구면. 제우스 왕께서

양떼를 기르는 전 아시아 땅을 단 한 사람이

홀을 들고 똑바로 통치하는 명예를

우리에게 내리신 이후 그런 일은 없었소.

메도스가 우리 군대의 첫 번째 인솔자였소. 765

다음에는 그분의 아드님이 이 일을 잘해냈소.

이성이 그분의 용기에 키잡이 노릇을 했으니까.

그분 다음으로 세 번째가 복 많은 분 퀴로스였는데,
그분의 통치는 모든 친구들에게 평화를 확립해주었소.
그분은 뤼디아인들과 프뤼기아인들의 백성들을 얻고 770
이오니아 전체를 힘으로 복속시켰소.
마음가짐이 바른 그분은 신의 미움을 사지 않으셨지요.
퀴로스의 아드님이 네 번째로 군대를 이끌었소.
다섯 번째 통치자는 마르도스였는데, 그는 나라와
오래된 왕좌에 수치였소. 그래서 고귀한 아르타프레네스가 775
음모에 가담한 친구들의 도움으로
궁전에서 그를 모살(謀殺)한 것이오.
여섯 번째인 마라피스와 일곱 번째인 아르타프레네스
다음으로 나는 원하던 제비를 뽑게 되었소.
그리하여 나는 대군을 이끌고 숱한 원정길에 780
올랐지만 도시에 그런 재앙을 안기지 않았소.
내 아들 크세르크세스는 나이도 젊고 생각도 젊어
내 지시를 마음속에 간직하지 못했소.
나의 또래들이여, 그대들도 아시다시피, 여기서
권력을 행사하는 우리는 너나없이 그토록 많은 고통을 785
백성들에게 안겨준 적이 없기에 하는 말이오.

코로스 다레이오스 왕이여, 지금까지 하신 말씀에서 어떤 결론을
내려야 하옵니까? 일이 이렇게 된 마당에 어떻게 해야
우리 페르시아 백성들이 가장 잘 지낼 수 있겠사옵니까?

다레이오스 설령 메디아군의 수가 더 많다 해도 그대들이 790
헬라스 땅으로 출정하지 않는다면 그렇게 될 것이오.
그들의 나라 자체가 그들과 한편이 되어 싸우니까요.

코로스 무슨 말씀이신지요? 어떻게 한편이 된다는 것이옵니까?

| 다레이오스 | 너무 많은 침략자들을 굶겨 죽이니까 그렇지요.
| 코로스 | 그러면 우리는 장비를 잘 갖춘 정예부대를 모집할 것이옵니다. 795
| 다레이오스 | 안 될 말이오. 지금 헬라스 땅에 머물러 있는
군대조차 무사히 귀향할 수 없을 것이오.
| 코로스 | 무슨 말씀이신지요? 페르시아군 전부가 헬레의 해협을 건너
에우로페에서 돌아오지 못하리라고 하셨나이까?
| 다레이오스 | 다수 가운데 소수만이 돌아오겠지요, 신들의 예언들을 믿어야 800
한다면. 지금까지 일어난 일들을 보면, 예언이란
이것은 실현되거나 저것은 실현되지 않는 그런 게 아니오.
그래서 그 애는 허튼 희망에 사로잡혀 군대에서
가려 뽑은 정예부대를 뒤에 남겨둔 것이오.
정예부대는 보이오티아 땅의 자애로운 부양자인 805
아소포스의 강물이 들판을 적셔주는 곳에 머물러 있소.
그곳에서 최악의 고통이 기다리고 있는데,
그것은 그들의 교만과 불경한 마음가짐에 대한 응징이오.
그들은 헬라스 땅에 가서 거리낌없이
신상들을 약탈하고 신전들에 방화했으니까요 810
제단들은 흔적 없이 사라지고, 신상들은 대좌에서
뿌리째 뽑혀 여기저기 어지러이 넘어져 있소.
이렇듯 사악한 짓을 저질렀으니 그에 못지 않게
고통을 당하고 있고 앞으로도 당하게 될 것이오.
재앙이 바닥을 보이기는커녕 새로이 솟아나고 있으니까. 815
플라타이아이 땅에서 도리에이스족의 창에 의해
그만큼 큰, 핏방울이 떨어지는 제물용 케이크가 마련될 것이오.
그리고 뼈 더미들은 죽기 마련인 인간들 눈에
다음 세 세대에 이르기까지 말없이 증언해줄 것이오,

인간은 인간으로서의 분수를 지켜야 한다고. 820
일단 교만의 꽃이 만발하면 미망(迷妄)의 이삭이 패고,
그것이 익으면 눈물겨운 수확이 시작되기 때문이오.
그대들은 이런 과오들과 이에 대한 벌을 보고
아테나이와 헬라스를 기억하고, 차후에는 누구도
자신의 현재 분복(分福)을 업신여기고 남의 것을 탐하다가 825
자신의 큰 복마저 엎지르지 않게 하시오.
제우스께서는 지나치게 오만불손한 마음의
응징자이자 준엄한 판관이기 때문이오.
그러니 크세르크세스가 돌아오면, 생각이 지혜로운
그대들은 좋은 말로 알아듣도록 타일러 그 애가 830
불손하게 신들을 모독하는 일을 멈추게 하시오.
(아톳사에게) 그리고 크세르크세스의 사랑하는 노모(老母)여,
당신은 집에 가서 그 애에게 어울릴 좋은 옷을 가져와
마중을 나가시오. 그 애가 몸에 걸친
수놓은 옷들은 불행과 고통에 갈기갈기 찢겨 835
온통 누더기가 되었소.
그러니 당신은 좋은 말로 그 애를 달래시오.
내가 알기로, 그 애는 당신 말이라면 참고 들을 것이오.
나는 지하의 어둠 속으로 내려갈 것이오.
노인들이여, 잘 있으시오. 비록 재앙을 당했어도 840
그날그날 즐겁게, 그대들은 마음 편히 지내시오.
부(富)는 죽은 자들에게는 아무 쓸모가 없으니까.
(다레이오스 퇴장)

코로스 우리가 숱한 고통을 당하고 있고, 앞으로도 그럴
것이라는 말을 들으니 마음이 괴롭소이다.

아톳사	오오!
	신이여, 나는 숱한 불행과 고통을 당했지만 845
	이번 재앙이야말로 나를 가장 아프게 찌르는구려!
	내 아들이 불명예스럽게도 누더기가 다 된 옷을
	몸에 걸치고 있다는 말을 들어야 하다니.
	나는 집에서 좋은 옷을 가져와 아들 마중을 가야겠다.
	어렵다고 해서 가장 소중한 이들을 850
	배신하고 싶지는 않으니까.
	(아톳사, 궁전으로 퇴장)

코로스[51] (좌1) 오오, 국법이 지배하는, 얼마나 위대하고
훌륭한 삶이 우리에게 주어졌던가?
모든 것을 충족시키고 해코지하지 않는,
신과 같은 무적의 노왕 855
다레이오스께서 통치하실 때는.

(우1) 무엇보다도 우리는 영광스러운 군대를 과시했고,
우리의 법령은 성탑처럼
우리의 모든 것을 지켜주었지. 860
군대는 힘들이지 않고 어떤 피해도
입지 않고 무사히 집으로 돌아왔지.

(좌2) 그분께서는 얼마나 많은 도시를 함락하셨던가? 865
할뤼스[52]강을 건너지도 않고,
집안의 화로 곁을 떠나지도 않고.
트라케인들의 농장들 가까이,

스트뤼몬[53]강 하구에 있는
호수의 호반 도시들도,   870

(우2) 호수 밖 내륙에 있는,
성탑들로 둘러싸인 도시들도
대왕의 말씀을 경청했도다.
그리고 헬레의 넓은 흐름과 톱니 모양의   875
프로폰티스[54]와 폰토스의 어귀[55]에
사는 것을 자랑으로 여기는 자들도.

(좌3) 그리고 이 나라 바로 앞에서   880
해안을 따라 파도에 씻기는
섬들인 레스보스, 올리브나무가
자라는 사모스, 키오스,   885
파로스, 낙소스, 뮈코노스,
테노스에서 가까운 안드로스도.

(우3) 그리고 바다 가운데 있는 섬들인 렘노스,
이카로스의 안식처,[56] 로도스, 크니도스,   890
퀴프로스의 도시들인 파포스와 솔로이와
살라미스[57]도 그분께서 다스리셨는데,
바로 이 살라미스의 모시(母市)[58]가   895
이 탄식의 원인이로다.

(종가) 그리고 이오니아 지방의 부유하고
인구 많은, 헬라스인들의 도시들도

그분께서 지혜롭게 다스리셨도다. 900
전사들과 잡다한 동맹군들의
지칠 줄 모르는 힘이 도왔으니까.
하지만 이제는 분명 신들의 마음이
바뀌어, 우리는 바다에서 참패함으로써 905
전쟁에서 이런 수모를 감수하는구나.

(크세르크세스, 소수의 호위병을 거느리고 등장)

크세르크세스 아아!
나야말로 불운하구나. 생각도 못한 가증스러운 운명이
내게 주어지다니! 910
한 악령이 얼마나 잔인하게
페르시아인들의 종족을 짓밟았는가!
가련한 내게 또 무슨 일이 닥치려나?
여기 이 연로한 시민들을 보니
사지에 힘이 빠지는구나. 915
오오! 제우스여, 그곳에서 죽은 자들과 함께
나도 죽음의 운명이 덮었어야 했는데!

코로스 아아, 대왕이여! 슬프고 슬프도다.
훌륭한 군대여, 페르시아 통치의
큰 명예여, 지금 악령이 잘라버린 920
자랑스러운 남자들이여!
이 나라는 크세르크세스가 죽여
저승을 가득 메운 페르시아 땅의 젊은이들을
위해 울고 있나이다. 나라의 꽃인

수많은 전사들이 저승에 갔으니, 925
궁술에 능한 그들은 부지기수로
무더기로 쓰러져 죽어갔나이다.
아아, 슬프도다. 소중한 군세여!
국왕이시여, 아시아 땅이 가련하게도
가련하게도 무릎을 꿇었나이다. 930

(좌1)[59]

크세르크세스   나 여기 있소. 아아, 괴롭고 불운하구나!
나야말로 가문과 조국 땅에
화근으로 태어났구나!

코로스   전하의 귀향을 반기기 위해 935
저는 듣기 싫은 고함소리를,
마리안뒤노이족[60] 대곡꾼의 불길한
비명을, 눈물겨운 절규를 지를 것이옵니다. 940

(우1)

크세르크세스   그대들은 듣기 싫은 비참한 곡성을
지르시오. 악령이 다시 방향을
바꿔 내게 덤벼들기 때문이오.

코로스   그러시다면 저는 곡성을 지르겠나이다.
전하의 고통과, 도시와 가문에 대한 945
바다에서의 가혹한 타격에 압도되어
저는 눈물겨운 곡성을 지르나이다.

(좌2)

크세르크세스	이오네스족이, 함대로 무장한	950
	이오네스족이 전세를	
	역전시켜 숙명의 바다와	
	불운의 해안을 약탈하며	
	페르시아군을 쓸어 갔소이다.	
코로스	아아, 슬프도다. 그대들은 소리 높여	955
	일일이 추궁하시오. 전하의 친구들의	
	다른 무리는 대체 어디 있나이까?	
	전하의 조력자들은 어디 있나이까?	
	파란다케스, 수사스, 펠라곤, 도타마스,	
	프삼미스, 수시스카네스, 아가바타나를	960
	떠난 아가바타스 같은 조력자들은?	

(우2)

크세르크세스	나는 죽은 그들을 두고 왔소이다.	
	그들은 튀로스의 함선에서	
	살라미스의 해안에 떨어져	
	바닷가의 암벽을 들이받다가	
	죽어 없어졌소이다.	965
코로스	아아, 슬프도다. 파르누코스와	
	용감한 아리오마르도스는	
	어디 있나이까? 세우알케스 왕과	
	고귀한 혈통의 릴라이오스와	970
	멤피스, 타뤼비스, 마시스트라스,	
	아르템바레스와 휘스타이크마스는요?	
	다시 한 번 전하께 추궁하나이다.	

(좌3)

크세르크세스 아아, 슬프고 슬프도다.
그들은 오래된 가증스러운 아테나이를 보자마자 975
모두 일격에 쓰러져, 아아, 가련하게도
바닷가에 숨을 헐떡이며 누워 있소이다.

코로스 전하의 '눈'이라 불리며
십만 대군을 호령하던 980
가장 충실한 페르시아인인
바타노코스의 아들 알피스토스와
· · · · · ·
세사마스의 아들과 메가바타스의 아들과
파르토스와 위대한 오이바레스도 전하께서는 두고
오셨나이까? 거기 죽음 속에. 고귀한 페르시아인들에게 985
전하께서는 재앙을, 재앙보다 더한 것을 말씀하시옵니다.

(우3)

크세르크세스 그대는 저주받을, 저주받을 가증스러운
재앙을 말함으로써 용감한 전우들에 대한
그리움을 내게 일깨워주는구려. 내 몸속에서 990
심장이 고래고래 고함을 지르는구나.

코로스 저희는 다른 사람들도 그리워지옵니다.
일만 명의 마르도이족[61]을 이끌던
크산테스, 아리오이족[62]인 앙카레스,
기병대장들인 디아익시스와 아르사메스, 995
그리고 다다카스, 뤼팀나스, 창던지기에
물리지 않는 톨모스 말이옵니다.

그들이 전하의 행렬에 합류하여 장막을 친
왕의 수레를 뒤따라오지 않는 것이 아닌지,   1000
저는 심히 두렵기만 하옵니다.

(좌4)

크세르크세스   군사들을 모았던 그들은 떠났소이다.
코로스   그들은 떠났군요, 아아, 이름 없이.
크세르크세스   아아, 슬프고 슬프도다!
코로스   아아, 신들이시여!   1005
그대들은 우리에게 천만뜻밖에도 미망의 여신의
눈처럼 또렷한 재앙을 안겨주셨나이다.

(우4)

크세르크세스   우리는 얻어맞았소. 그 고통이 영원히 지속될 만큼.
코로스   우리는 얻어맞았나이다. 그것은 확연하옵니다.
크세르크세스   생소하고도 생소한, 고통스러운 고통이지요.   1010
코로스   우리는 불운하게 이오네스족의 선원들을
만났던 것이오. 페르시아인들의 종족에게
무운(武運)이 따르지 않았던 것이옵니다.

(좌5)

크세르크세스   물론이오. 아아, 나는 그런 대군과 함께 얻어맞았던 것이오.   1015
코로스   무엇이 멸하지 않았나이까? 페르시아인 중 가장 미망에 빠지신 분이여!
크세르크세스   그대는 여기 내 군세 가운데 나머지가 보이시오?
코로스   보이고말고요.
크세르크세스   화살을 담는 이 –   1020

코로스 무엇이 전하에게 살아남았다는 것이옵니까?

크세르크세스 (화살통을 가리키며) 화살을 담은 이 보물창고 말이오.

코로스 다수 가운데 소수만 남았군요.

크세르크세스 우리에겐 도와줄 자들이 없었소.

코로스 이오네스족 백성들은 전투를 회피하지 않았군요.   1025

(우5)

크세르크세스 너무나 용감했소. 나는 뜻밖의 재앙을 보았소.

코로스 무리들이 함선을 타고 뿔뿔이 달아났단 말씀이신가요?

크세르크세스 재앙이 일어난 것을 보고 나는 내 옷을 찢어버렸소.   1030

코로스 아아, 슬프도다!

크세르크세스 그것은 '슬프도다'보다 더한 것이었소.

코로스 그럼 두 배 세 배로 슬프도다.

크세르크세스 우리에겐 슬픔이지만 적군에게는 기쁨이었소.

코로스 그리고 우리는 힘이 빠졌나이다 –   1035

크세르크세스 그리고 나는 호위병들을 빼앗겼소이다.

코로스 우리 친구들이 바다에서 재앙을 당했으니까요.

(좌6)

크세르크세스 슬픔에 눈물을, 눈물을 뿌리고 집으로 떠나시오!

코로스 아이고 아이고, 이 고통, 이 고통!

크세르크세스 이제 내 외침에 화답하여 그대도 외치시오.   1040

코로스 슬픔에 슬픔으로 처연하게 화답하나이다.

크세르크세스 나와 함께 소리 높여 노래 부르시오.

코로스 아이고 아이고 아이고 아이고!
재앙의 짐이 나를 무겁게 짓누르는구나.

	그러나 전하의 고통도 저는 아프나이다.	1045

(우6)

크세르크세스	가슴을 치고 또 치며 나를 위해 탄식하시오!
코로스	저는 비탄하며 울고 있나이다.
크세르크세스	이제 내 외침에 화답하여 그대도 외치시오.
코로스	그것은 제 소관이옵니다, 주인님!
크세르크세스	이제 곡성을 높이시오. 1050
코로스	아이고 아이고 아이고 아이고! 우리의 곡성에는, 아아, 시커멓게 멍드는 가격과 고통의 신음 소리가 섞일 것이옵니다.

(좌7)

크세르크세스	가슴을 치며 뮈시아의 만가를 소리 높여 부르시오.
코로스	이 고통, 이 고통! 1055
크세르크세스	그리고 나를 위해 턱에서 흰 수염을 뜯으시오.
코로스	손가락으로 꼭 움켜쥐고 목놓아 울면서.
크세르크세스	날카롭게 비명을 지르시오.
코로스	그것도 하겠나이다.

(우7)

크세르크세스	그리고 손가락 끝으로 불룩한 겉옷을 찢으시오. 1060
코로스	이 고통, 이 고통!
크세르크세스	머리털을 쥐어뜯으며 군대를 애도하시오.
코로스	손가락으로 꼭 움켜쥐고 목놓아 울면서.
크세르크세스	두 눈을 눈물로 적시시오. 1065

코로스   이미 흠뻑 눈물에 젖었나이다.

(종가)

크세르크세스   이제 내 외침에 화답하여 그대도 외치시오.
코로스   아이고 아이고!
크세르크세스   울면서 집으로 가시오.
코로스   아이고 아이고!   1070
크세르크세스   온 도성이 울리도록 '아이고 아이고' 외치시오.
코로스   '아이고 아이고' 외쳐야지요. 그렇고말고요.
크세르크세스   우아하게 발걸음을 옮기며 통곡하시오.
코로스   아아, 페르시아 땅을 밟기가 뭣하구나.
크세르크세스   아아 아아, 삼단노선들과 함께   1075
　　　　　　아아 아아, 그들은 전멸했구나.
코로스   이제 나는 음울한 곡소리로 전하를 호송하겠나이다.

(코로스와 크세르크세스 퇴장)

테바이를 공격한 일곱 장수
Hepta epi Thebas

작품 소개

기원전 467년 비극경연대회에서 아이스퀼로스는 『테바이를 공격한 일곱 장수』가 포함된 비극 3부작으로 우승을 차지한다. 현재는 없어진 『라이오스』, 『오이디푸스』로 구성된 이 '테바이 3부작'에서 아이스퀼로스는 라이오스, 오이디푸스, 에테오클레스와 폴뤼네이케스 형제까지 3대에 걸친 저주받은 비극적인 가문의 운명을 추적한다. 아이스퀼로스는 이 3부작에서 저주의 본질을 해석하면서 신들은 죄진 자에게 그 당대가 아니더라도 자식이나 자식의 자식 대에 가서라도 반드시 벌을 내린다는 생각을 심화시켜 나간 듯하다. 『테바이를 공격한 일곱 장수』에서 눈먼 아버지를 홀대하고 성의 없이 부양했다고 하여 아버지의 저주를 받은 에테오클레스와 폴뤼네이케스 형제는 그 끝을 알면서도 운명의 소용돌이에 빨려들듯 일대일의 결투에서 서로 죽이고 죽는다.

등장인물

에테오클레스 오이디푸스의 아들. 테바이의 왕.

정찰병

코로스 테바이의 처녀들로 구성된

안티고네 오이디푸스의 딸

이스메네 오이디푸스의 딸

전령

이 작품의 대본은 Aischylos, *Tragödien und Fragmente* hrsg. und übers. von O. Werner, Heimeran Verlag ³1995의 그리스어 텍스트다. 주석은 G. O. Hutchinson (Oxford ²1999)와 J. C. Hogan (University of Chicago Press 1984)의 것을 참고했다. 현대어 번역 중에서는 H. W. Smyth (Harvard University Press ²1973), A. Hecht/H. H. Bacon (Oxford 1974), D. Grene (University of Chicago Press 1991), Ph. Vellacott (Penguin Books 1961)의 영어 번역과 J. G. Droysen (Patmos Verlag 1995), E. Staiger (Stuttgart 2002)와 O. Werner (Heimeran Verlag ³1995)의 독일어 번역을 참고했다.

장소 테바이 시

(테바이의 시민들이 모여 왕을 기다리고 있다)

에테오클레스 (시종들을 데리고 등장하며)

　　시민들이여, 카드모스[1]의 자손들이여, 국가라는 배의
　　갑판에 앉아 잠이 와도 눈을 감지 않고 키를 잡으며
　　국사(國事)를 돌보는 이는 시의 적절한 말을 해야 하오.
　　그러니까 우리가 잘 나가면 그것은 어떤 신의 덕분이고,
　　그런 일은 없어야겠지만, 만일 우리에게 불상사가 생기면　　　5
　　에테오클레스만이 도시의 구석구석에서 성난 시민들의
　　요란한 불평과 원성을 사게 될 것이란 말이오.
　　부디 보호자 제우스께서 카드모스 자손들의 도시를
　　그 이름에 걸맞게 그런 일들로부터 보호해주시기를!
　　그러나 그대들도 나름대로 할 일이 있소.　　　　　　　　　10
　　아직 성인이 안 된 젊은이들과 한창때가 지난
　　노령층은 체력을 최대한 발휘하여 각자에게 주어진
　　임무에 따라 망을 보시오. 그대들의 도시를 지키고,
　　신들의 명예가 사라지지 않도록
　　도시의 신들을 지키시오. 그리고 그대들의 자녀들과,　　　　15
　　그대들의 어머니이자 유모인 대지를 지키시오.
　　대지야말로 그대들이 기어 다니는 어린아이였을 때
　　무엇이든 받아주는 자애로운 흙으로 그대들을 기르며

양육의 짐을 떠맡고, 방패를 들고 오늘의 요구에
부응할 수 있도록 그대들을 듬직한 시민들로 만들었소. 20
그리고 여태까지 신은 우리에게 유리하게 저울을 달았소.
우리가 포위되어 있던 기나긴 시간 동안 신들 덕분에
전쟁은 대체로 우리에게 유리하게 진행되었으니 말이오.
그러나 새들의 목자(牧者)로서 번제(燔祭)의 도움 없이,
새들의 전조를 귀와 생각만으로 틀림없이 맞히는 25
우리의 예언자[2]가 말하기를, 그런 예언술의 대가인
예언자가 말하기를, 간밤에 아카이오이[3]족이
우리 도시를 함락하기 위해 가장 맹렬한
공격을 가하기로 결정했다는 것이오.
그러니 그대들은 모두 완전무장하고 성벽으로, 30
성문과 성탑들로 서둘러 달려가시오. 그리고
흉벽들을 메우고, 성탑들의 성가퀴 위에 늘어서고,
성문들의 출구에 결연히 버티고 서시오.
이방인들의 무리를 너무 두려워하지 마시오.
신께서 좋은 결과를 가져다주실 것이오. 35
적정(敵情)을 살펴 오도록 정찰병들을 보내놓았는데,
확신하건대, 그들이 결코 헛걸음하는 일은 없을 것이오.
그들의 보고를 듣고 나면 함정에 빠지지 않을 것이오.

(시민들 흩어지고, 정찰병 등장)

정찰병 에테오클레스 님, 카드모스 자손들의 가장 탁월한
왕이시여, 저는 확실한 정보를 가지고 적진에서 오는 40
길이며, 그곳에서 일어난 일들을 직접 목격했습니다.
용감한 장수들인 일곱 영웅이 황소 한 마리를 잡아
검은 방패에 그 피를 받은 다음 소의 피에

손을 담그더니 아레스[4]와 에뉘오[5]와 피에 굶주린
패주(敗走)의 신[6]의 이름으로 맹세했습니다, 45
카드모스 자손들의 도시를 파괴하고 쑥대밭으로
만들든지, 아니면 그들 자신이 죽어 이 나라를
그 피로 물들이겠다고 말입니다. 그리고 그들은
자신들에 대한 기념물을 고향의 부모에게 보내려고
아드라스토스[7]의 수레에 손수 매달았습니다, 눈물을 50
흘리며. 그러나 비탄의 말을 입 밖에 내는 사람은 아무도
없었습니다. 그들의 무쇠 같은 마음은 눈에 살기가 도는
사자의 마음인 양 용기에 불타며 숨을 몰아쉬었습니다.
그래서 그 소식을 전하러 저는 지체 없이 달려왔습니다.
제가 떠나올 때 그들은 각자 운수에 따라 우리 성문을 향해 55
어떻게 군대를 인솔할지 결정하는 제비뽑기를
하고 있었습니다. 하오니 지체 없이 도시의 가장 용감한
전사들을 가려 뽑아 성문들의 출구에 배치하십시오.
벌써 완전무장을 한 아르고스인의 군대가 가까이
다가오는 가운데, 먼지가 소용돌이치고, 숨을 헐떡이는 60
말들의 입에서 떨어지는 흰 거품이 들판을 적시고 있나이다.
그러니 그대는 배의 현명한 키잡이처럼
전쟁의 폭풍이 덮쳐오기 전에 도시를 단속하십시오.
벌써 군대라는 파도가 육지에서 으르렁거립니다.
이에 맞서 그대는 되도록 속히 좋은 기회를 잡으십시오. 65
저는 앞으로도 충실한 주간 정찰병으로서 예의 주시할 것인즉,
그대는 성문 밖에서 일어나는 일에 관해
확실한 보고를 받음으로써 피해를 입지 않으실 것입니다.

(정찰병 퇴장)

| 에테오클레스 | 오오, 제우스여, 대지여, 이 도시의 수호신들이여!
| | 오오, 저주여, 내 아버지[8]의 강력한 복수의 여신이여! 70
| | 부디 헬라스[9] 말이 울려 퍼지는 이 도시가 적군에게
| | 제압되어 뿌리째 뽑혀 사라지게 하지 마시고,
| | 집들과 제단들이 폐허가 되지 않게 해주소서.
| | 이 자유로운 나라가, 카드모스의 도시가 예속의 멍에를
| | 지는 일은 결코 없게 해주소서. 그대들은 우리의 75
| | 구원자가 되어주소서. 내 말은 우리 모두에게 이익이
| | 될 것입니다. 번영하는 도시라야 신들을 공경하니까요.

(에테오클레스 퇴장)

| 코로스 | *(무대로 뛰어들며)* 나는 겁에 질려 비명을 지르고 있어요.
| | 적군은 벌써 진영을 출발해 조여오고 있습니다.
| | 저기 기병대를 앞세우고 대군이 몰려오고 있어요. 80
| | 하늘로 소용돌이치는 먼지를 보세요.
| | 목소리는 없어도 먼지는 틀림없는 진실을 말해주니까요.
| | 들판을 달리는 말발굽 소리에 정신이 아찔해요.
| | 그 소리에 귀가 멍멍해요. 바위에 부서지는
| | 제어할 수 없는 산속 급류 같은 천둥소리가 납니다. 85
| | 오오, 신들이여, 여신들이여,
| | 돌진해오는 재앙을 물리쳐주소서.
| | 흰 방패를 든 적군이 성벽 위로 솟아오르는가 하면,
| | 훌륭하게 무장한 채 잰걸음으로 도시를 향해
| | 돌진해오고 있어요. 신들이나 여신들 중 90
| | 어느 분이 우리를 지켜주실 건가요, 어느 분이
| | 도와주실 건가요? 조국의 신들 가운데 나는
| | 지금 어느 분 앞에, 어느 분의 신상 앞에 무릎을

꿇어야 하나요? 아아, 높은 자리에 앉아 계시는 　　　　95
축복받은 분들이여, 지금은 그대들의 신상을 껴안을
때입니다. 왜 우리는 한숨이나 쉬며 망설이고 있나요?

코로스장 그대들은 방패들 부딪치는 소리가 들리지 않나요? 　　100
　코로스 이런 때가 아니면 언제 우리는 옷들과 화환들을 바치며
기도하는 거죠?
코로스장 소음이 들려요. 저건 창 한 자루가 내는 소리가 아니에요.
　코로스 이게 무슨 짓이죠? 아레스여, 옛적부터 그대의 것이던[10] 　　105
이 나라를 버리는 것이옵니까? 황금 투구의 신이여,
전에 그대가 사랑하는 도시로 삼은, 이 도시를 굽어 살피소서.

(좌1)[11] 오소서, 이 나라를 지켜주시는 모든 수호신들이여.
종살이 하지 않게 해달라고 탄원하는, 　　　　110
처녀들의 무리를 굽어 살피소서. 도시 주위에서는
투구의 깃털 장식을 끄덕이는 전사들의 파도가
아레스의 입김에 부풀어 철썩대고 있나이다. 　　115
아아, 제우스여, 만사를 이루시는 아버지여,
우리가 적군의 수중에 들어가지 않게 해주소서.
아르고스인들이 카드모스의 도시를 에워싸고 있고, 　　120
우리는 그들의 전쟁 무구가 두렵기만 하옵니다.
말들의 양 턱 사이에 물려놓은 재갈들이
덜커덩대는 소리에서 살기가 느껴지옵니다.
한편 누구보다도 창술에 능한 일곱 적장은
제비뽑기를 하여 각자 일곱 성문 가운데 　　125
자기에게 할당된 성문 앞으로 다가섰습니다.

(우1) 그리고 그대 제우스에게서 태어나신 호전적인
힘이시여, 팔라스[12]여, 도시를 도우소서.
그리고 말[馬]의 신이자 바다의 신이여, 130
삼지창으로 물고기를 잡는 포세이돈이여,
고난으로부터의 구원을, 구원을 주소서.
그리고 그대 아레스여, 카드모스가 이름지어준 135
도시를 지켜주시고, 이 도시의 수호신임을 보이소서.
그리고 우리 부족의 시조 할머니이신[13] 퀴프리스[14]여, 140
우리를 구해주소서. 우리는 그대의 피를
타고났나이다. 하지만 우리는 신에게 드리는
그런 기도를 드리며 다가와 그대를 부르나이다.
그리고 늑대의 신[15]이여, 이제 그대는 적군에게 145
늑대가 되어주소서. 그리고 그대 레토의 따님[16]이여,
처녀 신이여, 활을 준비하소서. 148

(좌2) 아아, 아아! 150
도시 주위로 전차들이 구르는 소리가 들려요.
오오, 여주인이신 헤라여.
바퀴통들이 굴대의 무게에 짓눌려 신음해요.
상냥하신 아르테미스여.
창이 휘둘리며 대기에서 휙휙 소리가 나요. 155
우리 도시는 무슨 일을 당하고, 어떻게 되는 거죠?
어디로, 어떤 결말로 신은 이끄시는 것인가요?

(우2) 아아, 아아!
흉벽들에는 먼 곳으로부터 돌이 비 오듯 쏟아져요.

오오, 상냥하신 아폴론이여.

성문들에서는 청동을 입힌 방패들의 굉음이 일어요.   160

제우스의 아드님이여,

전쟁의 신성한 결말은 그대에게서 비롯되나이다.

그리고 그대 축복받은 여주인인 옹카[17]여,

도시를, 그대의 일곱 성문의 거처를 구해주소서.   165

(좌3) 아아, 전능하신 신들이시여,

맡은 일을 완수하는 신들과 여신들이여,

이 나라의 수호신들이여,

창에 핍박받는 이 도시를 귀에 선 말을 하는

군대에 넘기지 않기를 바라나이다.   170

들어주소서, 정의로운 분들이여, 손 모아

애원하는 처녀들의 기도를 들어주소서.

(우3) 오오, 상냥하신 신들이여,

구원자로서 도시 주위로 성큼성큼   175

걸으며 도시에 애정을 보이소서.

이 백성들이 바친 제물을 잊지 않고

기억하시어 우리를 구해주소서.

제물을 많이 바치는 이 도시의 축제들을

부디 마음속에 고이 간직하소서.   180

(에테오클레스 등장)

에테오클레스 참을 수 없는 이 역겨운 일들이라니! 그대들에게

묻노니, 그대들이 도시의 수호신들의 신상에 매달려

울고불고하는 것이 이익이 되고, 도시를 구원하고,
포위된 군대에게 용기를 북돋워줄 것 같은가?   185
그런 짓은 분별 있는 사람에겐 혐오스러울 뿐이오.
곤고(困苦)할 때나 만사형통일 때나 나는 여인들
족속하고는 함께 살고 싶지 않아요. 여인이
지배하게 되면 그 교만은 참을 수 없을 정도이고, 여인이
겁을 먹게 되면 가정과 도시에 더 큰 재앙이 되니까.   190
지금도 그대들은 겁에 질려 이리저리 뛰어다님으로써
시민들에게 두려움과 비겁함을 불어넣고 있어요.
그리하여 성문 밖에 있는 자들은 힘을 얻는데 우리는
성문 안에서 우리 자신에 의해 자멸하고 있어요.
여인들과 함께 살면 누구든 그렇게 되는 법이오.   195
누군가 내 명령에 복종하지 않으면, 그가 남자든
여자든 또는 그 중간에 해당하는 것이든
그에게는 사형이 선고될 것인즉, 그는 백성들이
던지는 돌에 맞아 죽는 운명을 면치 못할 것이오.
바깥일은 남자들 소관이니, 여자들은 논의에 끼어들지   200
마시오. 여자는 집에 있어야 해롭지 않는 법. 들었소,
못 들었소? 설마 귀머거리들은 아니겠지요?

(좌1)**18**

코로스 오이디푸스 님의 사랑하는 아드님이여,
전차들이 쉼 없이 덜커덩거리는 소리와, 바퀴들이
구를 때 바퀴통이 끼익 하는 소리와, 말들을   205
제어하는 불에 달군 재갈이 말들의 입에서
삐걱거리는 소리를 듣고서 나는 겁에 질렸어요.

에테오클레스	뭐라고? 배가 바다의 파도에 시달리는 동안
	키잡이가 고물에서 이물로 도망친다면
	그가 과연 살아날 방도를 찾을 수 있겠소? 210

(우1)

코로스	성문들에 치명적인 돌덩이들이 천둥을 치며
	우박처럼 쏟아지는 소리가 들렸을 때, 나는 신들을 믿고
	유서 깊은 신상들로 달려왔어요.
	그리고 겁에 질린 나는 축복받은 신들에게
	우리 도시를 지켜달라 기도할 수밖에 없었어요. 215
에테오클레스	우리 성탑이 적군의 창을 막게 해달라고 기도해야죠.
	그게 신들께서 원하시는 바가 아닐까? 도시가
	함락되면 신들이 떠난다는 말도 있지 않소.

(좌2)

코로스	내 생전에는 여기 모이신 모든 신들께서
	결코 이곳을 떠나지 않았으면! 우리 도시가 220
	적군에게 공격당하고 우리 군대가 적군의
	불에 붙잡히는 꼴은 제발 보지 않았으면!
에테오클레스	신들을 부르되 우리에게 해롭지 않게
	불러야지. 복종은 번영의 어머니이고,
	구원의 아내라는 속담도 있지 않소. 225

(우2)

코로스	있지요. 하지만 신의 힘은 더 위대해요. 누군가
	불행을 당해 곤경에서 어떻게 벗어날 수 있을지

	방도를 알지 못해 눈 위에 먹구름이 드리워질 때	
	가끔 신의 힘이 그를 일으켜 세우곤 하지요.	
에테오클레스	적군이 공격해올 때 신들에게 짐승의 제물을 바치고,	230
	제물로써 신의(神意)를 알아내는 것은 남자들 소관이오.	
	말없이 집안에 가만히 있는 것은 그대 소관이고.	

(좌3)

코로스	신들의 도움으로 우리는 정복되지 않은 도시에	
	살고 있고, 성벽은 적군의 무리를 막아내고 있어요.	
	우리가 기도한다고 하여 신들이 화를 내시지는 않겠지요.	235
에테오클레스	그대가 신들의 종족을 공경한다고 나무라진 않겠소.	
	하지만 시민들을 겁쟁이로 만들지 않도록 그대는	
	지레 놀라 호들갑 떨지 말고 잠자코 있도록 하시오.	

(우3)

코로스	귀에 익지 않은 요란한 굉음을 듣고	
	나는 겁에 질려 신들의 신성한 거처인	240
	아크로폴리스로 달려왔던 거예요.	
에테오클레스	그대들은 이제 죽은 자들이나 부상 당한 자들의	
	소식을 듣더라도 이를 비명으로 맞지 마시오.	
	전쟁의 신 아레스는 사람의 피를 먹고 사니까.	

코로스	틀림없이 말 울음소리가 들리는 것 같아요.	245
에테오클레스	들리더라도 들린다는 것을 너무 분명히 드러내지 마시오.	
코로스	도시가 포위 공격당하니 땅바닥부터 신음하는군요.	
에테오클레스	그 일은 내가 염려할 테니 내게 일임하시오.	

코로스 두려워요. 성문들에서의 소음이 점점 커지고 있어요.

에테오클레스 잠자코 있어요! 시내에서 그런 이야기는 삼가했으면 좋겠소. 250

코로스 우리와 함께하는 신들이여, 우리의 성벽을 포기하지 마소서.

에테오클레스 젠장! 입다물고 잠자코 있지 못하겠소?

코로스 같은 시민들인 신들이여, 내가 노예가 되지 않게 해주소서.

에테오클레스 나와 전 도시를 노예로 만들고 있는 것은 바로 그대 자신이오.

코로스 오오, 전능하신 제우스여, 그대의 화살을 적군을 향해 겨누소서. 255

에테오클레스 오오, 제우스여, 어쩌자고 여인들의 종족을 지으셨나이까?

코로스 도시가 함락되면 여자들도 남자들만큼 수난을 당하지요.

에테오클레스 신상에 손을 얹고 그런 불길한 말을 하다니!

코로스 낙담한 나머지 두려움이 이끄는 대로 혀를 놀린 거예요.

에테오클레스 내 그대에게 작은 부탁이 하나 있는데, 들어줄 테요? 260

코로스 가능하다면 어서 말씀하세요. 나도 어서 알도록.

에테오클레스 가련한 여인이여, 입다물고 친구들을 놀라게 하지 마시오.

코로스 입다물고 다른 사람들과 함께 운명을 참고 견딜 게요.

에테오클레스 아까 그 말 대신 이 말을 그대에게서 기꺼이 받아들이겠소.
한마디만 덧붙이자면, 이 신상들 곁을 떠나 265
우리 편이 되어 달라고 신들께 더 나은 기도를 올리시오.
그리고 먼저 내 기도를 들은 뒤 제물을 바칠 때
헬라스의 관습에 따라 외치는 함성을, 행운을 약속하는
신성한 환호성을 올려 우리 친구들에게 용기를 불어넣어주고
적군에 대한 두려움에서 벗어나게 하시오. 270
나는 우리의 들판과 장터를 지켜주시는
이 나라의 수호신들에게, 디르케의 샘들과
이스메노스의 강물에게 서약하겠소.
일이 뜻대로 잘되어 도시가 구원받게 되면

신들의 제단들은 양들의 피로 물들고, 내가　　　　　　　275
서약한 신들을 위해 황소가 쓰러질 것이라고.
그리고 승리의 기념비를 세우고, 창으로 노획한
적군의 무구(武具)들로 신성한 신전을 장식하겠다고.
그대도 신들께 그렇게 기도하시오, 끙끙대지 말고,
쓸데없이 되는 대로 비명을 질러대지 말고.　　　　　　280
그래봤자 그대는 그대 운명을 피하지 못할 테니까.
나는 일곱 번째가 될 나 말고 여섯 전사를 뽑은 다음
되돌아가 적군에게 당당하게 맞서도록
우리 도성의 일곱 성문에 배치할 것이오.
그렇지 않으면 사자(使者)들과 발 빠른 소문이　　　　285
황급히 달려와 우리를 정신없이 몰아댈 테니까.

(에테오클레스 퇴장)

코로스¹⁹(좌1)　명심할게요. 하지만 내 심장은 두려움에
진정되지 않는구나. 심장의 이웃인 근심이
성벽을 에워싸고 있는 적군 앞에서
공포의 불기를 되살리는구나.　　　　　　　　　　　　290
자신의 보금자리 안 어린 새끼들에게
음흉하게 기어든 뱀을 보고
겁에 질려 온몸을 부들부들 떠는 비둘기처럼.
저들은 모두가 한 덩어리가 되어　　　　　　　　　　　295
우리 성벽들을 향해 다가오는구나.
우리는 어떻게 되는 거지?
저들은 우리 시민들을 향해
사방에서 뾰족한 돌들을

마구 내던지는구나. 300
제우스에게서 태어난 신들이여,
어떤 방법으로든 도시와, 카드모스에게서
태어난 군대를 지켜주소서.

(우1) 만약 그대들이 토심(土深)이 깊은
이 들판과, 대지를 붙들고 있는 포세이돈과 305
테튀스[20]의 자녀들이 내보내는
모든 물 가운데 가장 원기를
북돋워주는 디르케의 샘물을
적에게 넘겨주신다면, 이 나라보다 310
더 살기 좋은 나라를 어디서 찾을 수 있을까요?
하오니 이 도시의 수호신들이여,
성문 밖의 적군에게
남자들을 죽이고 무구를 내던지는
사악한 파멸을 안겨주시며 315
이 도시의 시민들에게
영광을 내리소서.
이 도시의 구원자들이 되어주시고
그대들의 왕좌를 보전하소서.
우리의 절규와 애원을 들어주소서. 320

(좌2) 얼마나 가여운가, 이토록 유서 깊은 도시가
창의 전리품이 되어 저승으로 떨어지고,
아카이오이족 군대의 손에 노예가 되고
잿더미가 되고, 신들의 뜻에 따라

치욕을 당하고 철저히 파괴된다면. 325
아아, 이곳의 부인들이 노소를 불문하고
말들처럼 머리끄덩이를 잡힌 채
끌려가고, 입고 있던 옷이
누더기가 된다면. 텅 빈 도시가
울부짖고, 비명이 뒤섞이는 와중에 330
전리품이 되어 파멸로 끌려간다면.
나는 비참한 운명에 지레 온몸이 떨려요.

(우2) 눈물겹구나, 얌전한 처녀들이 채 피어나기도 전에
꺾이고 결혼식을 올리기도 전에 살던 집을 떠나
새 집으로 가증스러운 길을 떠나야 한다면. 335
이들은 어떻게 될까? 장담하건대, 이들보다
죽은 자들의 운명이 차라리 나으리라.
일단 도시가 정복되면, 아아, 아아,
수많은 고통을 당해야 하는 법이니까.
사람들이 다른 사람을 끌고 가고, 340
죽이고, 방화하니, 도시가 온통
연기에 뒤덮여 더럽혀지는구나.
광란하는 아레스가 백성들에게 파멸의 입김을
불어넣어 온갖 경건한 감정을 오염시키는구나.

(좌3) 전쟁의 함성이 온 도시에 울려 퍼지고, 345
우뚝 솟은 파멸의 그물이 도시를 죄는구나.
남자는 남자를 창으로 맞혀 죽이고,
갓난아이들의 어머니들은 가슴에

안긴 채 죽은 젖먹이들을 위해
울며불며 피눈물을 흘리는구나.　　　　　　　　　　　　350
약탈하는 무리가 한패가 되어 싸돌아다니니,
약탈한 자는 약탈한 자와 어우러지고,
빈 손인 자는 빈 손인 자를 부르네.
동반자를 갖고 싶어서, 같은 몫이나
더 많은 몫의 전리품을 갖고 싶어서.　　　　　　　　　355
그 결과는 불문가지(不問可知)로다.

(우3) 온갖 종류의 과일들이 아무렇게나 땅에
널부러져 있으니, 가정주부의 눈에는
괴롭고 마음 아픈 광경이로다.
대지의 풍성한 선물들이　　　　　　　　　　　　　　360
아무렇게나 뒤섞여 무분별한
낭비의 물결에 떠내려가는구나.
이제 하녀가 되어 처음으로 고생을 하는
젊은 여인들은 전쟁포로의 침상을,
운이 좋아 적군을 제압한 사내의　　　　　　　　　　365
침상을 참고 견뎌야 하니,
그들에게 눈물겨운 고통의 해결책은
죽음의 어두운 종말이 오리라는 희망뿐이라네.[21]

반(半)코로스1　친구들이여, 보아하니, 저기 정찰병이 우리에게
　　　　　　새로운 소식을 전하려고 오고 있는 것 같네요.　　370
　　　　　　그는 발에 바퀴가 달린 듯 빨리 걷고 있어요.
반코로스2　그리고 저기 오이디푸스 님의 아드님이신 왕 자신도

때맞춰 사자의 보고를 받기 위해 이리 오고 있어요.
그분도 다급한지 발걸음을 재촉하고 있네요.

(정찰병과 에테오클레스가 서로 다른 방향에서 등장)

정찰병 저는 적정(敵情)을 잘 알고 있어, 제비뽑기에 의해 375
각 성문에 누가 배치되었는지 말씀드릴 수 있어요.
프로이토스 문[22] 앞에서는 벌써 튀데우스가 요란하게
날뛰고 있어요. 하지만 예언자는 제물이 길조를 보이지 않아
그에게 이스메노스 강을 건너지 못하게 했지요.
그러나 튀데우스는 광기에 사로잡혀 전의에 불타며, 380
마치 한낮에 뱀이 쉭쉭 소리를 내듯, 예언자인,
오이클레스의 현명한 아들[23]에게 큰 소리로 욕설을
퍼붓고 있어요. 겁이 나 꼬리를 치며 죽음과 전쟁을 피한다고.
이렇게 소리지르며 그자는 그의 투구의 갈기인
그늘을 드리우는 세 개의 긴 깃털 장식을 흔들고, 385
방패 안쪽에서는 청동으로 만든 방울들이 무시무시한
소리를 내고 있어요. 그자는 방패에 오만한 문장을 그리고
다니는데, 거기에는 별들이 불타는 하늘이 그려져 있어요.
그리고 방패 한복판에는 별들 중에 가장 아름다우며
밤의 눈이라고 할 달이 환히 빛나고 있어요. 390
이처럼 제정신이 아닌 그자는 자신의 무구들을 뽐내며
강둑에서 고함을 지르며 전의에 넘쳐 있어요.
나팔 소리만 나면 달려 나가려고 고삐를 씹으며
안절부절못하는 군마(軍馬)처럼요.
그자에 맞서 누구를 내세우시렵니까? 만일 빗장이 395
풀리면 누가 프로이토스 문을 지킬 만할까요?

에테오클레스 전사의 장식 같은 것은 어떤 것도 두렵지 않아.

그리고 문장 그림 같은 것이 부상을 입힐 수도 없지.
투구 장식과 방울은 창 없이는 물어뜯지 못할 테니까.
자네 말에 따르면, 그자의 방패 위에서 하늘의　　　　　　400
별들에 의해 환히 빛나고 있다는 밤에 관해 말하자면,
혹자에게는 자신의 어리석음이 예언자가 될 수도 있지.
그자가 죽어 밤이 그의 두 눈에 내리면,
그런 교만한 문장은 그것을 지니고 다니는 자에게
당연히 그 본래의 의미를 드러낼 것이며, 그의 교만은　　405
다름 아닌 그 자신에게 예언자가 될 테니까.
나는 아스타코스의 용감한 아들로 하여금
튀데우스에 맞서 이 성문을 지키도록 하겠다.
그는 명문가의 자제로 겸손의 여신의 옥좌를 공경하며
호언장담을 싫어한다. 그는 수치스러운 일에는　　　　410
굼뜬 편이지만 전투에서는 비겁하기를 원치 않는다.
아레스가 살려둔 '스파르토이들'[24]의 자손으로 이 땅의
진정한 토박이라네, 멜라닙포스는. 승패는 아레스가
주사위로 결정할 일. 하지만 친족간 의무를 관장하는
정의의 여신이 그를 내보내 적군의 창에 맞서　　　　415
그를 낳아준 어머니를 지키게 하시는구나.

코로스(좌1) 우리 전사는 우리 도시를 위해 싸우고자
정의의 이름으로 일어선 만큼 신들께서는
행운이 그와 함께하게 해주소서. 친구들을 위해
싸우다 죽은 우리 전사들의 피투성이가 된　　　　　420
주검들을 보게 될까봐 나는 두려워 몸이 떨려요.
정찰병 그처럼 신들께서는 행운이 그와 함께하게 해주소서.

엘렉트라 문[25]은 제비뽑기로 카파네우스가 맡았어요.
그자 또한 거한이지만 앞서 말한 자보다 더 강력하며,
그자의 허풍은 인간으로서는 지나친 교만을 드러냅니다.   425
그자는 성벽을 위협하는데, 그런 위협은 실현되지 않기를!
그자의 말인즉, 자기는 신이 원하든 원하지 않든
이 도시를 함락할 것이며, 설령 제우스의 노여움이
발 앞에 내던져지더라도 자기를 막지 못할 것이라 했어요.
번개도 천둥소리 요란한 벼락도 자기에게는   430
한낮의 더위 이상도 이하도 아니랍니다.
방패에는 무장하지 않고 불을 운반하는 자가
문장으로 그려져 있는데, 그는 두 손으로 횃불을 휘두르며
황금 문자로 "나는 도시를 불사를 거야."라고 선언하고
있습니다. 그자에게도 내보내십시오 – 하지만 누가 맞서지요?   435
누가 그런 허풍에 떨지 않고 그자에게 버티죠?

에테오클레스 우리에게는 그자의 허풍 역시도 이익이 될 뿐이다.
한 인간이 교만한 허욕으로 가득차게 되면
다름 아닌 그 자신의 혀가 고발인이 되기 마련이다.
카파네우스는 위협만 하는 게 아니라 신들에 대항할   440
채비를 하고 있다. 그는 신들을 모독하며 괜히 신이 나서
혀를 놀리고, 인간인 주제에 하늘을 향해
제우스께 파도처럼 부푼 요란한 말을 내뱉고 있다.
확신하건대, 그자에게는 당연히 불을 운반하는
벼락이 떨어질 것인즉, 그 벼락으로 말하자면   445
한낮의 태양열과는 비교도 안 될 것이다.
나는 입은 매우 굼뜨지만 용기는 불같은 전사인
강력한 폴뤼폰토스를 보내 그자와 맞서게 하겠다.

	그는 우리를 보호해주시는 아르테미스와 다른 신들의
	호감을 사고 있어 믿음직한 보루가 되어줄 것이다. 450
	제비뽑기로 다른 성문을 맡은 다른 사람의 이름을 대보아라!
코로스(우1)	그런 허풍으로 우리 도시를 위협하는 자는
	멸망할지어다. 벼락의 화살이 그자를
	제지할지어다, 그자가 우리집에
	뛰어들어 뻔뻔스러운 창으로 455
	나를 규방에서 몰아내기 전에.
정찰병	그러시다면 그다음에 제비뽑기로 성문을 맡은 적장의
	이름을 대겠습니다. 거꾸로 뒤집어놓은 청동 투구에서
	세 번째로 에테오클로스에게 세 번째 제비가 튀어나왔어요.
	그자더러 네이스 문[26]에 병력을 투입하라고 말입니다. 460
	성문으로 돌진하고 싶어 안절부절못하는 그자의 암말들은
	그자가 이리저리 방향을 틀 때마다 콧김을 내뿜으며
	고삐를 씹는가 하면, 거만한 콧구멍에 숨이 가득차면
	입에서 야만적인 곡조가 쉭쉭 울려 퍼지곤 합니다.
	그자의 방패에는 예사롭지 않은 문장이 그려져 있는데, 465
	무장한 한 전사가 적의 성탑을 파괴하려고 사다리의
	발판을 타고 기어오르고 있지요. 그리고 이자도
	거기에 새겨진 글자를 통해, 아레스도 자기를
	성탑에서 내던지지 못할 것이라고 외치고 있어요.
	이자에게도 우리 도시를 예속의 굴레에서 구해줄 470
	믿음직한 전사를 내보내도록 하십시오.
에테오클레스	여기 이 사람을 보낼 것이니 행운이 그와 함께하기를!

다름 아니라 크레온의 아들이자 '스파르토이들'의 자손인
메가레우스를 보낼 것인즉, 그는 말이 아닌 주먹으로
위력을 보일 것이다. 그가 요란한 말 울음소리에 놀라 475
성문에서 물러서는 일은 결단코 없을 것이다.
그는 죽어서 자기를 길러준 조국에 은공을 갚거나,
방패 위의 성채와 더불어 두 전사를 쓰러뜨리고
전리품을 갖고 돌아와 아버지의 집을 장식하게 될 것이다.
말을 아끼지 말고 다른 허풍쟁이의 이름을 대보아라. 480

코로스(좌2) 우리집들을 위해 싸우는 분에게 행운이 함께하고,
저들에게는 불운이 함께하기를 비나이다.
저들이 실성하여 오만무례하게도
우리 도시를 위협했듯이, 지금은 복수자
제우스께서 성난 눈길로 저들을 내려다보시기를! 485

정찰병 다음 네 번째로 아테나 옹카의 신전과 이웃한
성문[27]에는 힙포메돈이 함성을 지르며 자리잡고
서 있는데, 키가 크고 체격이 당당한 자입니다.
그자가 넓은 타작마당만 한 방패를 휘둘렀을 때
사실 저는 겁이 났어요. 인정하겠습니다. 490
그자를 위해 방패에 그림을 그려 넣은
문장 제작자는 예사롭지 않은 재주꾼입니다.
그가 그려 넣은 것은 튀폰[28]이 불을 숨 쉬는 입에서
불의 가벼운 누이인 연기를 내뿜는 그림이었습니다.
그리고 속이 빈 방패의 가장자리를 따라 그것을 495
고정하기 위해 뱀이 똬리를 틀고 있었습니다. 그 자신은

	함성을 지르며 아레스에 도취되어 박코스의 여신도처럼	
	눈에 살기를 품고는 전투를 향해 질주하고 있어요.	
	그런 자를 시험하려면 특히 조심해야 합니다. 이미	
	성문 앞에서는 패주가 호언장담을 하고 있으니까요.[29]	500
에테오클레스	먼저 도시 가까이 거주하시고 성문과 이웃한	
	옹카 팔라스께서 남자의 교만을 미워하시는 만큼	
	소름끼치는 뱀 앞의 새 새끼들처럼 우리를 지켜주실 것이다.	
	또 오이놉스의 용감한 아들 휘페르비오스가	
	그자와 일대 일로 맞서도록 선택되었다. 그는 운명의	505
	요구에 따라 자신의 운명을 시험해보고 싶어하는데,	
	외모와 용기와 무구의 장식에서도 나무랄 데가 없다.	
	헤르메스가 이 두 사람을 적절하게 맞붙게 한 것이다.	
	여기서는 사람도 사람과 적대감을 품고 맞서는 데다	
	그들이 방패에 그려 다니는 신들도 서로 적대적이기 때문이다.	510
	그자는 불을 숨 쉬는 튀폰을 갖고 다니고,	
	휘페르비오스의 방패에는 아버지 제우스께서 손에	
	불타는 벼락을 드신 채 똑바로 서 계시니 말이다.	
	그리고 제우스께서 싸움에 지시는 것을 본 사람은	
	아무도 없다. 그들을 후원하는 신들은 그러하시다.	515
	우리는 승리자 편이고, 저들은 패자 편이다.	
	제우스께서 싸움에서 튀폰보다 우세하다면,	
	전사들도 당연히 똑같은 운명을 맞게 되리라.	
	휘페르비오스가 방패에 그려 다니는 문장에 따라	
	그에게는 제우스께서 구원자가 되어주소서.	520
코로스(우 2)	확신하건대, 제우스의 적대자를,	

대지에서 태어난 악령의 가증스러운 모습을,
방패에 인간들에게도 영생하는 신들에게도
미움 받는 형상을 그려 다니는 자는
우리 성문 앞에서 머리가 박살날 거예요. 525

정찰병 제발 그렇게 되기를! 제우스의 아들 암피온[30]의 무덤
바로 옆에 있는 다섯 번째 문인 보레아스 문[31]에
배치된 다섯 번째 적장 이름을 대겠습니다. 그자는
창을 신보다 더 공경하고 자신의 눈보다 더 신뢰한다며,
손에 든 창에 걸고 맹세하기를, 자기는 제우스께서 530
반대하더라도 카드모스 자손들의 도시를 함락하겠다고
했습니다. 산에 사는 어머니의 미남 아들로 남자보다는
소년에 더 가까운 그자는 그렇게 큰소리쳤어요.
한창때의 젊은이에게 나는 부드럽고 짙은 솜털인 수염이,
이제 막 그자의 볼과 턱에 나기 시작했어요. 535
그러나 생각하는 것은 그 이름과 달리 처녀답지 않고
거친 그자는 매섭게 노려보며 거기 성문 앞에 버티고
서 있습니다. 허풍은 그자도 마찬가지였어요.
그자는 청동 방패에, 온몸을 가려주는 둥근 무구에
이 도시의 치욕인, 사람을 날로 먹는 스핑크스를 540
올려놓았어요. 청동으로 화려하게 양각한 스핑크스 상은
못으로 고정된 채 카드모스의 자손 중 한 명을
앞에 들었는데, 이는 날아다니는 무기들이
죄다 그 사람을 맞히게 하려는 것이었으니까요.[32]
보아하니, 그자는 전쟁터에서 소매상 노릇을 하거나[33] 545
자신의 긴 여행을 욕되게 하러 온 것은 아닌 듯했어요.

	아르카디아인 파르테노파이오스[34] 말입니다. 그자는	
	아르고스의 이주민으로서 부양해준 은공을 갚기 위해	
	성탑을 위협하고 있는데, 신께서 좌절시키시기를!	
에테오클레스	그자들이 법도를 무시하고 큰소리를 쳤으니 신들께서는	550
	그자들이 위협한 것으로 그자들을 벌주시기를!	
	그러면 더없이 비참하게 그자들은 완전히 멸망할 텐데.	
	네가 아르카디아인이라고 부르는 그자에게도 한 전사를	
	정했는데, 그는 허풍은 치지 않지만, 그의 손은 할 일을	
	찾는다. 앞서 말한 전사[35]의 아우인 악토르 말이다.	555
	그는 행동이 따르지 않는 허풍의 홍수가 악에 물을 대려고	
	성문 안으로 흘러드는 것도, 적대적인 방패에	
	가증스러운 짐승의 형상을 그리고 다니는 자가 밖에서	
	성문 안으로 들어오는 것도 용납하지 않을 것이다.	
	우리 성벽 아래서 수없이 난타당하게 되면	560
	스핑크스는 자기를 들고 다니는 자를 나무라게 될 것이다.	
	신들의 뜻에 따라 내 말이 이루어지기를!	
코로스(좌3)	그 말이 내 폐부를 찌르니,	
	나는 모골이 송연하구나.	
	신들이 진정 신들이시라면	565
	그런 불경한 자들의 허풍을 들으시고는	
	그런 자들을 이 땅에서 섬멸하여 주시기를!	
정찰병	여섯 번째로 저는 가장 지혜롭고 힘이 절륜한	
	강력한 예언자 암피아라오스의 이름을 대겠습니다.	
	그는 호몰로이스[36] 문에 배치되어 강력한	570

튀데우스에게 가끔 심한 욕설을 퍼부어대며
그자를 인간 백정, 도시의 말썽꾸러기, 아르고스에서
가장 위대한 악의 교사, 복수의 여신의 소환자,
살인의 하수인, 이런 재앙을 불러오게 한
아드라스토스의 조언자라고 부르고 있습니다. 575
그리고 나서 그는 시선을 위로 향한 채
그대의 친아우[37]인 강력한 폴뤼네이케스의 이름을
부르되, 이름의 후반부[38]를 거듭해서 부르며
입에서 이런 말을 내뱉곤 했어요.
"외국의 군대를 끌고 들어와 조국의 도시와 580
조국의 신들을 없애버리는 것이 과연 신들의
마음에 들고, 후세 사람들이 듣고 전하기에
아름답고 훌륭한 행동이겠구려! 제 어머니[39]의
원천을 말리는 것이 어떻게 정당화될 수 있겠소?
그대의 열성에 의해 창에 제압된 조국 땅이 585
어떻게 전쟁에서 그대의 전우가 될 수 있겠소?
하지만 나는 예언자로서 적지(敵地)에 묻혀 이 나라 땅을
기름지게 할 것이오. 자, 우리 싸웁시다. 나를
기다리는 것은 불명예스러운 죽음이 아니외다."
예언자는 이렇게 말하고 침착하게 청동 방패를 들었는데, 590
둥근 방패에는 아무 문장도 없었어요.
그는 가장 훌륭한 사람이기를 원하면서도 그렇게 보이기를
원치 않아요, 마음의 깊숙한 밭고랑으로부터
그곳에서 싹트는 유익한 계획을 거둬들이면서.
그자에게는 현명하고 유능한 상대자들을 내보내시라고 595
권하고 싶어요. 신을 공경하는 자는 강한 법이니까요.

에테오클레스	아아, 이 무슨 불운인가, 정의로운 인간을

           가장 불의한 인간들과 결합시키다니!
           무슨 일을 하든 나쁜 결합보다 더 나쁜 건 없다.
           거기서 좋은 결실이란 기대할 수 없으니까.   600
           미망의 들판에서 수확할 수 있는 것은 죽음뿐.
           경건한 사람이 못된 짓이 하고 싶어
           안달이 난 선원들과 한배에 타게 되면,
           신의 미움을 산 인간들의 무리와 함께 죽게 되지.
           그리고 어떤 올곧은 사람이 손님을 모욕하고   605
           신들을 망각하는 동료 시민들과 함께
           정의에 어긋나게도 같은 그물에 걸려들게 되면
           만인에게 공통된 신의 채찍에 맞아 죽는다네.
           그와 같이 예언자도 – 오이클레스의 아들 말이다 –
           비록 신중하고 올곧고 착하고 경건한 사람이고   610
           위대한 예언자지만 본의는 아니라 하더라도
           허풍 치는 불경한 자들과 어울려 되돌아오기에는
           너무 먼길을 간 만큼, 제우스의 뜻대로라면,
           함께 아래로 끌려 내려가게 되리라.
           생각건대, 그는 성문을 공격하지 않을 것인데,   615
           용기가 없거나 비겁해서가 아니라,
           전투 중에 자기가 죽게 되어 있다는 것을 알기 때문이지,
           록시아스[40]의 예언이 결실을 맺은 적이 있다면.
           한데 신은 침묵을 지키거나 때가 된 것을 말씀하시지.
           하지만 나는 그에게 상대자를, 강력한 라스테네스를   620
           손님에게 불친절한 문지기로 내세울 것이다.
           지혜는 노인이지만 체력은 젊은이인 라스테네스는

　　　　눈치도 빠라서, 손에 든 창으로 적의 방패 옆으로
　　　　노출된 부위를 주저 없이 재빨리 찌른다네.
　　　　하지만 인간의 행운은 신이 주신 선물일세. 625

코로스

(우3)　오오, 신들이여, 들어주소서. 우리의 정당한 부탁을
　　　　들어주시어 우리 도시가 행운을 누리게 해주소서.
　　　　이 나라를 침범한 자들에게 전쟁의 고난을 돌리소서.
　　　　그리고 제우스께서는 성탑 밖에 있는
　　　　그자들에게 벼락을 내리치소서. 630

정찰병　일곱 번째 성문에 자리잡고 있는 일곱 번째 적장인
　　　　그대의 친아우에 관해, 그가 이 도시를 어떻게
　　　　저주하며 어떤 악운을 비는지 말씀드리겠습니다.
　　　　그는 우리 성벽 위에 우뚝 서서 승리자로 공표된 뒤
　　　　승리의 환호성을 지르며 그대와 싸워 그대를 죽이며 635
　　　　그대 옆에 쓰러지고 싶어합니다.
　　　　그대가 살면, 그에게 추방의 불명예를 안긴 그대를
　　　　추방하여 똑같은 방법으로 복수하겠다고 합니다.
　　　　그렇게 고함을 지르며 자기의 소원이 완전히
　　　　이루어지도록 지켜보아 달라며 부족과 조국의 신들을 640
　　　　부르고 있어요. 강력한 폴뤼네이케스는.
　　　　그는 새로 만든 둥근 방패를 들고 왔는데, 거기에는
　　　　정교하게 만든 이중의 문장이 새겨져 있어요.
　　　　황금으로 만든 한 남자가 무장하고 있는데, 한 여인이
　　　　조심스레 그를 인도합니다. 그녀는 자기가 645

정의의 여신이라고 주장하고, 명문은 이렇게
말합니다. "나는 이 남자를 도로 데려다줄 것인즉,
그가 조국의 도시와 선조들의 집을 차지하리라."
이것이 저들이 생각해낸 문장입니다.
누구를 내보낼지 그대가 알아서 결정하십시오. 650
사자에 불과한 만큼 저에게는 화내지 마십시오.
국가란 배의 키를 잡는 일은 그대가 알아서 하십시오.
(정찰병 퇴장)

에테오클레스 오오, 신에 의해 현혹된, 신들의 큰 미움을 산,
온통 눈물바다가 된, 우리 오이디푸스의 가문이여!
아아, 이제야 아버지의 저주가 실현되는구나. 655
그러나 지금은 더 쓰라린 슬픔이 생겨나지
않도록 울거나 탄식할 때가 아니지.
이름 그대로 '싸움꾼'인 폴뤼네이케스에 관해 말하자면,
우리는 그의 문장이 무슨 뜻인지, 그의 방패 위에서
허풍 치는 황금 글귀가 과연 실성한 그를 660
고향으로 데려다줄 것인지 곧 알게 되겠지.
제우스의 따님으로 처녀 신인, 정의의 여신이 행동과
생각에서 정말로 그를 인도한다면 그럴 수도 있겠지.
그러나 그가 어머니의 자궁의 어둠에서 벗어날 때도,
어린아이일 때도, 성년이 되었을 때도, 턱에 665
수염이 짙어지기 시작할 때도 정의의 여신은
그를 존중하기는커녕 거들떠보지도 않았지.
생각건대, 지금은 더더구나 그가 조국 땅에 재앙을
안겨주는 만큼 정의의 여신이 그를 돕겠다고 나서지는
않으리라. 더없이 뻔뻔스러운 자와 어울린다면 670

정의의 여신이란 이름은 당연히 잘못 붙여진 것이지.
이런 점들을 믿고 내가 몸소 가서 그와 맞설 것이다.
그럴 권리를 나보다 더 가진 자가 누구겠는가?
왕으로서 왕에게, 형으로서 아우에게, 적으로서
적에게 나는 그와 맞서리라. 창과 돌멩이를   675
막아주는 정강이받이를 어서 가져오도록 하라!

코로스 가장 사랑하는 전사여, 오이디푸스의 아드님이여,
가장 고약한 말을 하는 그대의 아우의 기질을 닮지
마세요. 카드모스의 자손들이 아르고스인과
싸우는 것으로도 충분해요. 거기서 흘린 피는   680
보상할 수 있어요. 하지만 두 혈족이 서로 죽이면
아무리 세월이 지나도 그 흠은 지워지지 않는 법이에요.

에테오클레스 누군가 불행을 참고 견뎌야 한다면 치욕은 당하지
말아야지. 우리가 죽고 나면 그것만이 유일한 이익이니까.
불행에 치욕이 어우러지게 되면 명성은 사라지는 법이야.   685

(좌1) 41

코로스 내 아들이여, 그대가 바라는 게 뭔가요? 창을 열망하는
분기탱천한 미망(迷妄)이 그대를 휩쓸어가지 말기를!
사악한 욕구의 근원을 제거하세요.

에테오클레스 신께서 이 일을 종말을 향해 급히 앞으로 내몰고 있으니,
포이보스[42]의 미움을 산 라이오스[43]의 전 가문이   690
순풍을 타고 목적지인 코퀴토스[44]로 내려가기를!

(우1)

코로스 따끔하게 물어뜯는 욕망이 그대를 심하게

	몰아대는군요, 사람을 죽이라고. 그러나
	그 결실은 쓰고, 그 유혈은 불법적이지요.
에테오클레스	사랑하는 아버지의 가증스러운 검은 저주가	695
	눈물 없는 마른 눈으로 나를 따라다니며
	죽음은 늦은 것보다 이른 것이 이익이라 하는구나.

(좌2)

코로스	스스로 몰아대지 마세요. 그대가 목숨을 보전하더라도
	비겁자라 불리지 않을 거예요. 신들께서
	그대의 손에서 제물을 받으신다면 검은 외투의	700
	복수의 여신이 집에서 물러가지 않을까요?
에테오클레스	신들이라고! 그들은 오래전부터 우리에게 무관심해요.
	그들이 우리에게 바라는 제물은 우리의 죽음뿐.
	왜 우리가 죽음의 운명 앞에 꼬리를 쳐야 하나?

(우2)

코로스	죽음의 운명이 다가선 지금은 그렇겠지요.	705
	하지만 악령의 사나운 마음도 시간이 지나면
	바뀌어 더 부드러운 입김으로 다가올 거예요,
	지금은 물론 부글부글 끓고 있지만.
에테오클레스	오이디푸스의 저주는 이미 끓어 넘쳤지.
	나는 밤에 꿈의 환영이 아버지의 재산을	710
	나누는 것을 보았는데, 과연 그대로 되는구나.

| 코로스 | 싫으시더라도 여인들의 말을 들으세요. |
| 에테오클레스 | 이루어질 수 있는 것만 말하되 짧게 하시오. |

코로스	일곱 번째 성문에 이르는 이 길을 가지 마세요.
에테오클레스	내 뜻은 확고하니 그대는 어떤 말로도 무디게 하지 못하오. 715
코로스	나쁜 승리라도 신께서는 존중하시는 법이지요.[45]
에테오클레스	일단 무장한 전사라면 그런 말에 솔깃해서는 아니 되오.
코로스	그대는 친아우의 피를 빨고 싶으신가요?
에테오클레스	신들이 보내신 재앙은 피할 길이 없는 법이오.

코로스[46](좌1) 나는 온 가문을 멸하는 여신이, 720
여느 신들과는 다르며 재앙을 예언함에
실수가 없는 여신이, 아버지의 저주가
불러낸 복수의 여신이 두려워 떨고 있어요.
여신은 지금, 제정신이 아니었던 오이디푸스가
홧김에 내뱉은 저주를 실현하고 있는데, 725
형제간의 이 불화가 그녀를 부추기고 있어요.

(우1) 한 이방인이, 머나먼 스퀴타이족[47]의
땅에서 온 칼뤼베스족[48]이, 두 형제가
받은 유산의 잔혹한 분배자가,
마음이 모진 강철이 두 형제 730
모두에게 살 땅을 나눠주는구나,
죽은 사람이 차지할 만큼만.
넓은 들판은 몫으로 주지 않고.

(좌2) 두 형제가 저들끼리
서로 죽이고 죽어서 735
대지의 먼지가 살육의

검은 피를 들이마신다면,
　　　누가 이를 정화할 것이며,
　　　누가 있어 그들을 씻어줄 것인가?
　　　오오, 집안의 새로운 고난이　　　　　　　　　　740
　　　옛 재앙과 한데 어우러지는구나.

(우2)　오래전 씨 뿌려진 죄악 말이에요.
　　　당시 곧바로 벌 받기 시작한 죄악이건만
　　　삼대까지 지속되고 있구나.
　　　그때 아폴론이 대지의 배꼽인　　　　　　　　　745
　　　퓌토⁴⁹에서 라이오스에게,
　　　자식 없이 죽어야 도시를
　　　보전하게 되리라, 세 번이나
　　　예언했건만 라이오스는 듣지 않았지요.

(좌3)　오히려 어리석은 사랑에 제압된　　　　　　　　750
　　　라이오스는 자신에게 파멸을 낳았지요.
　　　제 아비를 죽이고, 한때 자기를 길러준
　　　어머니의 신성한 자궁에다
　　　감히 피비린내 나는 재앙의 근원을
　　　씨 뿌렸던 오이디푸스 말이에요.　　　　　　　　755
　　　마음을 현혹하는 광기가
　　　두 부부를 교합시켰던 것이지요.

(우3)　재앙의 파도가 쉴 새 없이 밀려와
　　　하나가 가라앉으면 다른 것이

　　　　　세 겹의 물마루를 이루며 솟아올라　　　　　　　760
　　　　　도시라는 배의 고물에 부서지는구나.
　　　　　사이에서 우리를 지켜줄 방벽이래야
　　　　　겨우 성벽의 너비밖에 안 되는구나.
　　　　　나는 왕들과 함께 이 도시가
　　　　　멸망하지 않을까 두려워요.　　　　　　　　　　765

(좌4)　오래전에 예언된 저주가 일단 실현되면
　　　　　그 결과는 심각한 법이지요.
　　　　　가난한 사람들에게는 파멸이
　　　　　닥치지 않지만, 이익을 탐하는 자들의
　　　　　너무 비대해진 부(富)는　　　　　　　　　　　770
　　　　　뱃전 밖으로 화물을 던지지요.

(우4)　일찍이 누가, 사람들 가운데
　　　　　누가, 신들과 동료 시민들과
　　　　　뭇사람들의 찬탄을
　　　　　한몸에 받은 적이 있었던가,　　　　　　　　775
　　　　　전에 인육을 먹는 괴물[50]로부터
　　　　　나라를 해방시킨 오이디푸스처럼.

(좌5)　그러나 가련한 오이디푸스는 자신이
　　　　　치욕적인 결혼을 했음을 깨닫고는
　　　　　괴로움을 견디다 못해　　　　　　　　　　　　780
　　　　　정신이 산란해진 가운데
　　　　　두 가지 난폭한 짓을 했으니,

| | 아버지를 죽인 손으로 그에게는
| | 자식보다 더 소중한 두 눈을 뺐지요.

(우5) 그리고 그는 자기를 성의 없이   785
      부양한다는 이유로 두 아들에게
      아아, 쓰라린 저주의 말을 내뱉았지요,
      언젠가 때가 되면 그들이 손에
      칼을 들고 유산을 나눠 가지라고.
      복수의 여신이 서둘러 그 저주를   790
      이루지 않을까 지금 나는 떨려요.
      (정찰병 등장)

정찰병 용기를 내세요, 어머니께서 애지중지 기르신
       딸들이여! 이 도시가 예속의 멍에를 벗었어요.
       저 강력한 사내들의 허풍이 무위로 끝났단 말이오.
       우리 도시는 이제 잔잔한 바다를 달리고 있고,   795
       파도에 수없이 얻어맞고도 물이 새지 않았어요.
       성벽들은 버텨냈고, 성문들은 믿음직한 전사들이
       일대 일로 싸워 잘 지켜냈다오. 그래서 대체로
       무사하오, 여섯 성문에서는. 그러나 일곱 번째 성문은
       일곱 수의 존엄하신 주인[51]인 아폴론 왕께서   800
       택하셨으니, 전에 어리석은 라이오스가 시작한 것을
       오이디푸스의 자손에게서 끝내기 위함이지요.
코로스 우리 도시에 또 무슨 새로운 일이 벌어졌다는 건가요?
정찰병 도시는 안전하오. 그러나 같은 핏줄의 두 형제 왕은 —   804
코로스 누구 말이죠? 그대의 말을 들으니 정신이 아찔해요.   806

정찰병　정신 바짝 차리고 들으시오. 오이디푸스의 두 아드님이 –
코로스　아아, 슬프도다! 뭔가 불길한 예감이 들더라니.
정찰병　맞아요. 두 분은 먼지 속에 처박혀 있어요.
코로스　그분들이 거기 누워 계신다고요? 괴롭지만 마저 말하세요. 810
정찰병　두 전사는 죽었어요, 서로 상대방의 손에. 805
코로스　그러니까 형제의 손이 서로를 죽이셨단 말인가요? 811
정찰병　두 분이 서로 죽였을 때 대지가 그 피를 마셨지요. 821
코로스　그러니까 똑같은 악령이 두 분을 인도했군요. 812
　　　　그 악령이 불운한 가문을 손수 끝장낸 거예요.
정찰병　이번 일로 우리는 기쁘기도 하고 슬프기도 하오.
　　　　도시는 무사하지만, 도시의 우두머리들인 815
　　　　두 분 장군들은 망치로 두들겨 편, 스퀴타이족의
　　　　강철로 전 재산을 나누어 가졌으니 말이오.
　　　　그분들은 불운하게도 아버지의 저주에 휩쓸려가며
　　　　무덤에 필요한 만큼의 땅만 소유하게 되겠지요. 819

　　　　(정찰병 퇴장)

코로스　오오, 위대한 제우스여, 그리고
　　　　이 카드모스의 성탑들을 지켜주셨던
　　　　우리 도시의 수호신들이시여,
　　　　우리 도시가 무사 안전한 것을 825
　　　　기뻐하며 환호성을 올려야 하나요?
　　　　아니면 고생하다 불운하게도 자식도 없이
　　　　죽어간 우리 장군들을 위해 울어야 하나요?
　　　　그분들은 그야말로 이름 그대로 '진정한 명성을
　　　　누리는 자'[52]들로서, '많이 다투는 자'들로서 830

불경한 의도로 인하여 죽어갔나이다.

(좌1) **53** 오오, 오이디푸스 가문의 검은
저주가 이제 이루어지니,
나는 간담이 서늘해지는구나.
그분들이 피를 흘리며 비참하게   835
죽었다는 말을 듣고 나는 격앙되어
무덤을 위한 노래를 지었지요.
오오, 불길한 창의 이중창이여!

(우1) 아버지의 저주는 헛되지 않고   840
가차없이 이루어졌구나.
라이오스의 불복종이 두고두고 영향을
미치는구나. 나는 도시가 염려돼요,
신탁이 무뎌지지 않을까 하여.
가련한 분들이여, 그대들은 믿기지 않는 짓을   845
하셨구려. 아아, 말로 표현할 수 없는 이 고통!
(장례 행렬이 다가온다)

(좌2) 사자(使者)의 말이 진실임이 명명백백히 밝혀졌구나.
이중의 근심, 형제간 상호 살해의 재앙, 이중의
죽음의 종말, 고통의 극치! 내가 무슨 말을 할까?   850
집안의 화롯가에는 슬픔이 앉아 있다는 말 이외에.
그러니 친구들이여, 그대들은 비탄을 순풍 삼아

(우2) 두 손으로 머리를 치는 일로 노를 저으세요.   855
그러한 의식은 검은 돛을 단 축제의 배**54**를

아케론[55]을 지나, 아폴론이 발을 들여놓아서는
안 되는, 햇빛이 들지 않는 그러나 만인을 다 받는,
어둠의 나라로 호송해줄 거예요.   860

(안티고네와 이스메네, 궁전에서 등장)

저기 괴로운 임무를 다하고자, 두 오라비를
위해 곡하고자 안티고네와 이스메네가
오고 있어요. 생각건대, 두 자매는
사랑스럽고 깊숙한 가슴에서
품위 있는 비탄의 노래를 내보내겠지요.   865
하지만 우리는 관습에 따라 두 자매가
노래하기 전에 먼저 복수의 여신의
음울한 노래를 부르고 나서
가증스러운 하데스 찬가를 불러야 해요.   870
아아, 옷에 허리띠를 매는 모든 여인들 중에
가장 오라비 덕이 없는 두 분 자매여,
나는 울며 탄식하며, 나의 비탄은 사심 없는
진심에서 우러나오는 거예요.

(좌1)[56]

반코로스1 오오, 마음이 삐뚤어진 분들이여, 그대들은 친구들의   875
         말도 듣지 않고, 악에 물리지도 않더니 불행히도
         그 용맹으로 아버지의 집을 쑥대밭으로 만들었구려!

반코로스2 불행하게 죽어 가문을 욕되게 했으니
         어찌 불행하다 하지 않을 수 있겠어요.   880

(우1)

반코로스1 오오, 제 집의 담을 허문 분[57]이여,
         그리고 독재의 쓴맛을 본 분[58]이여,
         그대들은 이제 칼로 화해하셨구려.   885
반코로스2 아버지 오이디푸스의 저주를 준엄한
         복수의 여신이 완전히 이루어주었구려.

(좌2)

반코로스1 두 분 다 왼쪽을 찔렸어요.
         형제의 옆구리가   890
         형제의 손에 찔렸구려.
         아아, 불행한 저주여.
         아아, 살인을 살인으로 갚는
         죽음의 저주여!
반코로스2 그대의 말처럼, 두 분은   895
         제 집과 몸에 치명상을 입혔어요,
         말로 표현할 수 없는 분노 때문에,
         두 분이 사이좋게 참가한
         아버지의 저주 때문에.

(우2)

반코로스1 온 도시에 곡소리가 울려 퍼지니   900
         성벽도 곡하고, 사랑하는 제 자식들을 위해
         들판도 곡하는구나. 이제 재산은 후손의 몫이 되었구나.
         그 때문에 그분들이 쓰라린 운명을 겪었고,
         그 때문에 그분들이 다투기 시작했고,   905

그 때문에 그분들이 죽음의 종말을 맞은 재산은.
반코로스2 그분들은 욱하는 마음으로, 두 분의 몫이
똑같도록 재산을 나누어 가졌지요.
그리고 분쟁의 중재자는 친구들의
비난을 면치 못했지요.
무자비한 아레스 말이에요. 910

(좌3)

반코로스1 그분들은 칼에 맞아 누워 있어요.
칼에 맞은 그분들을 기다리고 있어요 —
무엇이? 간단히 말해, 아버지의 무덤에 대한
그분들의 몫이.
반코로스2 울부짖는 비명이 그분들을 집에서 915
호송하니, 가슴이 찢어지는 것 같구나.
우리의 비탄은 자발적이고,
우리의 슬픔은 마음에서 우러나온
것이라오. 괴로움에 기쁨도 잊은 채
진심으로 나는 두 분 왕을 위해 울며 920
눈물 속에 소진되어 가고 있어요.

(우3)

반코로스1 불쌍하신 두 분에 관해 말할 수 있겠지요,
그분들은 시민들에게도, 이 파멸의 전쟁에서
죽어간 온갖 이방인들의 대열들에게도
수많은 고통을 안겨주었다고. 925
반코로스2 그분들을 낳은 여인이야말로

          어머니라고 불릴 수 있는
          어떤 여인보다 더 불행하도다.
          그녀는 제 아들을 남편 삼아
          이분들을, 형제의 손으로   930
          서로가 서로를 죽여 생을 마감한
          이분들을 낳았으니까.

    (좌4)

반코로스1 같은 씨에서 태어나 똑같이 불운하시던
          그분들, 비정하게 갈라서서
          미친 듯이 다투다가   935
          죽어서야 불화를 끝내는구나.

반코로스2 이제 그분들의 증오도 끝나고, 피투성이 대지에서
          두 분의 생명이 섞여, 두 분은 마침내   940
          한 핏줄이 되었어요. 가차 없는 분쟁의 조정자는
          날이 선 무쇠로, 불에서 탈출하여 바다를 건너온
          이방인이었지요. 그리고 재산을 가차없이
          똑같이 분배한 이는 아버지의 저주가
          이루어지게 한 아레스였지요.   945

    (우4)

반코로스1 불행하신 그분들은 이제야 제 몫을,
          신이 주신 땅뙈기를 받으셨구려.
          그러나 그분들의 육신 밑에는 깊이를
          알 수 없을 만큼 많은 땅이 있도다.   950

반코로스2 아아, 그분들은 자신들의 가문에

수많은 고통의 화관을 썼었구려.

마침내 가문이 황급히 도망치자,

저주가 새된 목소리로 환성을 올리는구나. 955

그분들이 싸우던 성문 위에는 미망의 여신을 위한

승리의 기념비가 서 있구나. 그제야 두 분을

제압한 악령이 휴식을 취하는구나. 960

(코로스의 일부는 에테오클레스에게, 일부는 폴뤼네이케스에게 다가간다)

안티고네 그대는 강타당하고 또 강타하셨어요.

이스메네 그대는 죽이고 죽으셨어요.

안티고네 그대는 창으로 죽이셨어요.

이스메네 그대는 창에 죽으셨어요.

안티고네 그대는 고통을 안겨주셨어요.

이스메네 그대는 고통을 당하셨어요.

안티고네 울려 퍼져라, 곡소리여.

이스메네 흘러내려라, 눈물이여.

안티고네 그대는 죽어 누워 있어요.

이스메네 죽이고 나서. 965

(좌1)

안티고네 아아!

이스메네 아아!

안티고네 나는 통곡하느라 마음이 산란해요.

이스메네 내 심장은 안에서 신음하고 있어요.

안티고네 오오, 가장 눈물겨운 그대여!

이스메네 그대 역시 가장 비참하시구려! 970

안티고네	그대는 혈족의 손에 죽었어요.
이스메네	그대는 혈족을 죽이셨어요.
안티고네	이중의 슬픔을 말해야 하다니!
이스메네	이중의 슬픔을 보아야 하다니!
안티고네	이 슬픔은 저 슬픔에 가깝구려.
이스메네	자매들은 오라비들에 가깝고요.
코로스	오오, 무거운 짐을 지우는 잔혹한 운명의 여신이여. 975
	오이디푸스 님의 존경스러운 그림자[59]여.
	검은 복수의 여신이여, 그대는 얼마나 강력한가?

(우1)

안티고네	아아!
이스메네	아아!
안티고네	아아, 보기에 끔찍한 이 재앙!
이스메네	그분이 추방에서 돌아와 내게 보여주셨어요.
안티고네	그분은 죽이신 뒤에는 돌아오시지 못했지. 980
이스메네	그분은 구원받고 나서 목숨을 잃었지요.
안티고네	여기 이분이 그분을 죽이셨지.
이스메네	그리고 이분은 그분을 제거하셨지요. 982
안티고네	말하기도 끔찍하구나! 993
이스메네	보기에도 끔찍하고요!
안티고네	두 분을 위해 같은 말로 슬퍼하는구나! 984
이스메네	삼중의 고통을 위해 둘이 같이 우는구나! 985
코로스	오오, 무거운 짐을 지우는 잔혹한 운명의 여신이여.
	오이디푸스 님의 존경스러운 그림자여.
	검은 복수의 여신이여, 그대는 얼마나 강력한가?

(종가)

안티고네	그대는 겪어보고 나서야 그것을 아셨군요.
이스메네	그대 역시 같은 순간에 아셨고요.	990
안티고네	그대는 도시로 돌아오셨을 때.
이스메네	그대는 형제끼리 싸우기로 하셨을 때.	992
안티고네	아아, 가련한 가문이여!
이스메네	아아, 슬픈 수난이여!	983
안티고네	오오, 이 무슨 고통인가!
이스메네	오오, 이 무슨 재앙인가!	994
안티고네	집안에!
이스메네	나라에!	995
안티고네	그 누구보다도 나에게!
이스메네	그리고 나에게는 더욱더!
안티고네	오오, 불행한 고통의 왕이시여!
이스메네	오오, 고통의 우두머리인 에테오클레스여!
안티고네	오오, 모든 사람들 가운데 가장 고통 받은 분들이여!	1000
이스메네	오오, 미망의 여신에 현혹된 분들이여!
안티고네	오오, 이분들을 대지의 어느 곳에 묻어드리나?
이스메네	오오, 이분들에게 가장 큰 명예가 주어지는 곳에.
안티고네	오오, 나란히 잠드는 것은 아버지에게 고통이겠지.

[전령] (등장하며) 카드모스가 세운 이 도시를 백성들을 위해   1005
다스리는 당국자들의 결정과 조치를 알리는 것이 내 임무요.
에테오클레스 님은 조국에 충성심을 품고 계셨으니,
자기 나라의 땅에 후히 장사지내주기로 결정되었소.
그분은 적군을 막다가 이 도시에서 전사하셨고,

조국의 신전들에 아무 죄도 짓지 않고 쓰러져 죽는 것이 1010
젊은이들에게 영광인 곳에서 명예롭게 죽으셨던 것이오.
이분에 관해서 나는 그렇게 말하라는 명을 받았소.
그러나 이분과 형제간인 폴뤼네이케스 님의 시신은 묻지 말고
개들의 밥이 되도록 밖에 내던져야 할 것이오.
신들 중에 어떤 분이 그분의 창을 막아서지 않았더라면 1015
그분은 카드모스 자손들의 나라를 파괴했을 테니까요.
그분은 죽어서도 조국의 신들에게 지은 죄과를 지울 수
없을 것이오. 그분은 신들을 무시하고 이방의 군대를
이끌고 침입하여 도시를 함락하려 했으니 말이오.
그래서 그분은 그 벌로 불명예스럽게도 날개 달린 1020
새들에게서 무덤을 받기로 결정되었소. 어떤 손도
그분에게 봉분을 지어주지 못하며, 아무도 새된
목소리의 만가로 그분의 명예를 높이지 못할 것이며,
그분에게는 친족에 의한 장례식이 거부될 것이오.
이것이 카드모스 자손들의 도시 당국자들이 내린 결정이오. 1025

안티고네 나는 카드모스 자손들의 도시 당국자들에게 이렇게
답변하오. 아무도 나와 힘을 모아 그분을 묻으려 하지
않는다면 내가 묻을 것이며, 내 오라버니를 묻는 데서
오는 위험은 내가 감수할 것이오. 나는 또 도시의
명령에 불복종하는 것을 부끄러이 여기지 않을 것이오. 1030
우리는 가련하기는 하지만 한 어머니와, 불운하신
한 아버지에게서 태어났으며, 그것은 질긴 인연이오.
그러니 내 마음이여, 너는 본의 아니게 실수한
그분과 의식적으로 고통을 함께하고, 돌아가신
그분께 산 자로서 혈육의 정을 느끼도록 하라. 1035

배고픈 늑대들이 그분의 살을 먹어치우지 못하리라.
아무도 그런 결정을 내리지 말지어다. 내 비록 여자지만,
그분을 위해 손수 봉분을, 무덤을 지어드릴 것이오.
이 리넨 옷의 앞자락에 흙을 담아 와[60] 내 손수
그분을 덮어드릴 것이오. 다른 결정은 내리지 마시오. 1040
용기가 있는 곳엔 행동으로 옮길 방법도 있는 법이지요.

전령 내 이르노니, 그대는 그렇게 도시에 반항하지 마시오.

안티고네 내 이르노니, 그대는 쓸데없는 통고는 하지 마시오.

전령 이제 막 곤경에서 벗어난 백성들은 가혹한 법이오.

안티고네 가혹하라지. 이분이 묻히지 못하는 일은 없을 것이오. 1045

전령 도시의 미움을 산 그분을 무덤으로 존중하겠다는 말인가요?

안티고네 이분의 명예는 이미 오래전에 신들께서 결정해놓으셨소.

전령 그렇겠지요, 그분이 이 나라를 위험에 빠뜨리기 전에는.

안티고네 이분은 자신이 당하신 고통을 고통으로 되갚은 것이오.

전령 그분의 이번 행위는 한 사람이 아니라 만인을 향한 것이오. 1050

안티고네 불화의 여신은 결코 논쟁을 끝내지 않을 것이오.
나는 이분을 묻을 것이니, 긴말 마시오.

전령 알아서 하시구려. 아무튼 나는 금지하오.

(전령 퇴장)

코로스 아아, 슬프고 슬프도다!
그대들 우쭐대는, 가문을 멸하는, 치명적인
복수의 여신들이여, 그대들은 오이디푸스의 가문을 1055
이렇듯 뿌리째 뽑아놓았구려.
나는 어떻게 되며, 어떻게 하며, 무슨 생각을 해야 하나?
내 어찌 차마 그대를 위해 곡하지 않을 것이며,

그대를 무덤으로 호송하지 않을 것인가?
하지만 난 두렵고 시민들의 위협을　　　　　　　　　　1060
피하고 싶어요. 에테오클레스여,
그대를 위해 슬퍼하는 사람들은 많으나,
여기 이 가련한 분은 만가를 부르는 누이 말고는
아무도 울어주는 이 없이 떠나가는구나.
누가 이에 동의할까?　　　　　　　　　　　　　　　1065

반코로스 1 폴뤼네이케스 님을 위해 우는 이들을
도시가 벌하든 말든 마음대로 하라지.
여기 있는 우리는 가서 그대와 힘을 모아
호송자로서 그분을 묻어드릴 거예요.
이 고통은 우리 부족 모두의 것이니까요.
하거늘 도시는 때로는 이것이,　　　　　　　　　　1070
때로는 저것이 옳다고 추켜세우는구나.

반코로스 2 우리는 에테오클레스 님과 함께할 거예요.
도시와 정의가 한목소리로 그렇게 하도록
명령하니까요. 축복받은 신들과 막강하신
제우스 다음으로는 누구보다도 이분이　　　　　　　1075
카드모스 자손들의 도시를 지켜주었기
때문이죠, 도시가 쑥대밭이 되고
이방인들의 물결에 잠기지 않도록 말이에요.]

(전원 퇴장)

탄원하는 여인들
Hiketides

작품 소개

코로스의 비중이 커 초기작으로 간주되었으나 새로운 파피루스가 발견됨으로써 기원전 463년경에 공연된 것으로 추정되는 이 작품 『탄원하는 여인들』로 아이스퀼로스는 그해 비극경연대회에서 우승을 차지한다. 이 비극에서 다나오스의 쉰 명의 딸들은 사촌인 아이귑토스의 쉰 명의 아들들의 구혼을 피해 이집트에서 그들의 시조 할머니인 이오의 고향 아르고스로 아버지와 함께 건너와 망명을 요청한다. 아르고스 왕 펠라스고스는 망명 요청을 들어주자니 뒤쫓아올 아이귑토스의 아들들과의 일전이 불가피할 것 같고, 거절하자니 탄원자의 청을 거절함으로써 종교적 의무를 소홀히 하는 것 같아 진퇴양난에 처해 고민한다. 그러나 망명 요청이 거절될 경우, 다나오스의 딸들이 자살하겠다고 위협하자 마지못해 허용하고 나중에 민회에서 추인받기로 한다. 왜 그녀들이 결혼을 거부하는지 확실히 언급되지 않고 있는데, 아이스퀼로스는 아마도 그런 것은 플롯의 구성에 그리 중요한 것은 아니라고 여겼던 것 같다.

등장인물

코로스 다나오스의 딸들로 구성된

다나오스

펠라스고스 아르고스의 왕

전령 아이귑토스의 아들들의

다나오스 딸들의 시녀들

이 작품의 대본은 Aischylos, *Tragödien und Fragmente hrsg.* und übers. von O. Werner, Heimeran Verlag ³1995의 그리스어 텍스트다. 주석은 J. C. Hogan (University of Chicago Press 1984)의 것을 참고했다. 현대어 번역 중에서는 H. W. Smyth (Harvard University Press ²1973), J. Lembke (Oxford 1975), S. E. Bernadete (University of Chicago Press 1991), Ph. Vellacott (Penguin Books 1961)의 영어 번역과 J. G. Droysen (Patmos Verlag 1995), W. Kraus (Stuttgart 2002)와 위 O. Werner의 독일어 번역을 참고했다.

장소 아르고스 시와 해안 사이의 원림(園林). 그 뒤로 제단들과 신상들로 장식된 언덕이 있다.

코로스 탄원자의 보호자이신 제우스여,
우리 일행을 굽어 살피소서. 우리는
가는 모래의, 네일로스강[1] 하구를 떠나
배를 타고 왔나이다. 우리가 쉬리아와
인접해 있는 신성한 고향땅을 뒤로하고   5
도망해온 것은, 유혈 행위 때문에 시민들이
추방하기로 결정하였기 때문이 아니라,
타고난 남자 기피증 탓에 아이귑토스의
아들들과의 결혼과 그들의 불경한 의도가
혐오스러웠기 때문입니다.   10
우리 아버지이자 조언자이며 반란의 수장인
다나오스께서 이번 일을 주관하며
가장 영광스러운 고통을 택하셨으니, 지체 없이
바다의 파도 사이로 도망하여 아르고스 땅에
상륙하는 것이었습니다. 쇠파리에 쫓기던   15
암송아지를 제우스께서 어루만지고 입김을
불어넣으심으로써 생겨났다, 자랑스럽게 주장하는
우리 가문은 그곳에서 비롯되었으니까요.[2]
그러니 우리가 탄원자들에게 어울리게
양털실을 감아 맨 어린 가지들을 손에 들고   20

어디서 이보다 더 호의적인 나라에
발을 들여놓을 수 있겠습니까?
이 도시와 나라와 반짝이는 물의 주인인
하늘의 신들시여, 무덤들에 거주하며
준엄하게 벌하시는 지하의 신들이여,   25
그리고 세 번째로, 경건한 인간들의 집을
지켜주시는 구원자 제우스여,
이 탄원하는 여인들의 무리를 자비로운
입김으로 이 나라에 받아주소서. 그러나
남자들만 득실대는, 아이귑토스의 오만한   30
아들들은 이 나라의 늪이 많은 해안에
발을 들여놓기도 전에, 질주하는 배를 타고
넓은 바다로 표류하게 하소서. 그들이
그곳에서 세찬 폭풍을 만나 천둥 번개가 치고
비가 억수같이 쏟아지고 강풍이 부는 가운데   35
성난 바다에서 죽게 해주소서.
그들이 사촌누이들인 우리를 힘으로
제압하여 우리가 싫다는데도 억지로,
테미스³ 여신이 금하는 침상에 오르기 전에.

(좌1)⁴ 지금 나는 우리 구원자로서 바다 저편으로부터   40
제우스의 어린 황소를, 꽃 사이에서
풀을 뜯던 우리 시조 할머니인 암소가
제우스의 입김과 어루만짐에 의해 잉태하셨던
아들을 부르나이다. 그런 연유로 그분은   45
'어루만짐의 아들'이라는 뜻의 에파포스라는 이름으로

불리었으니 그분은 그렇게 태어나셨기 때문이죠.

(우1) 지금 나는 우리 시조 할머니께서
　　　풀을 뜯던 여기 이 풀밭에서 50
　　　그분을 생각하며 할머니께서 겪으셨던
　　　지난 일을 이야기하고 지금
　　　이곳 주민들로서는 믿기지 않겠으나
　　　나중에는 드러나게 될 일들을 알리려 해요. 55
　　　세월이 지나면 내가 한 말을 이해하게 될 거예요.

(좌2) 이 근처에 혹시 새의 울음소리를
　　　알아들을 줄 아는 사람이 있다면,
　　　탄원하는 우리의 목소리를 들은 그는 60
　　　테레우스의 아내 메티스[5]의, 매에 쫓기는
　　　밤꾀꼬리의 울음소리로 알겠지요.

(우2) 제 나라의 숲과 강에서
　　　쫓겨나 비통하게 우는 메티스는
　　　어머니답지 않게 화를 내며 65
　　　스스로 죽여야 한 아들의
　　　비참한 운명을 노래하지요.

(좌3) 꼭 그처럼 나는, 이오니아의 만가를 부르며
　　　네일로스 강가에서 햇볕에 그을린 70
　　　부드러운 볼과 눈물을 모르던 심장을,
　　　갈기갈기 찢고 있어요.

나는 근심의 꽃을 따 모으며
애를 태우고 있어요, 아에리아⁶에서 망명해온
우리를 혹시 어떤 친구가 75
동정해주리라 기대하면서.

(우3) 우리 선조 신들이여, 들어주소서. 그대들은
정의가 어디 있는지 알고 계십니다. 운명에
반하는 것이라면 그대들은 이루어지지 않게 80
하소서. 그대들은 교만을 진심으로 미워하시어
정당한 결혼의 권리를 지켜주소서.
신들에 대한 두려움이 지배하는 곳에서는
전쟁에 시달리는 피난민들도
제단이 보호해주는 법이죠. 85

(좌4) '제우스의 의도는 알아내기 어렵다'는 말은
백 번 옳은 말이에요. 그것은 쉽게
알아낼 수 있는 게 아니니까요. 하지만 그것은
인간들에게 어디서도 활활 불타고 있어요.
어둠 속에서도, 검은 운명과 함께. 90

(우4) 목표를 알고 있는 행동은 일단 제우스의
머릿속에서 익게 되면 뒤로 넘어지지 않고
굳건하게 버티는 법. 그분의 생각의 길은
덤불과 어둠 속으로 뻗어 있어
어느 누구의 눈에도 보이지 않아요. 95

(좌5) 그분께서는 높이 쌓아올린 희망들로부터
　　　 인간들을 파멸 속으로 내던지되
　　　 어떤 폭력도 무기로 쓰시지 않아요.
　　　 신적인 것은 수고를 모르는 법.　　　　　　　　　　　　100
　　　 그분은 높은 자리에 앉으신 채
　　　 미동도 않고 자신의 뜻을
　　　 완전히 이루시지요.

(우5) 제우스께서는 인간의 오만을 굽어 살피소서.
　　　 이 오래된 가문은 우리와 결혼할　　　　　　　　　　　105
　　　 욕심으로 다시 젊어지며
　　　 어떤 조언에도 마이동풍입니다.
　　　 하지만 마음속의 광기 어린 욕망이
　　　 피할 수 없는 박차 노릇을 한다면　　　　　　　　　　110
　　　 속임을 당하고 때늦은 후회를 하리라.

(좌6) 그런 노래들을 나는 새되고 둔탁하고
　　　 눈물 젖은 곡조로 말하고 비탄하고 있어요.
　　　 아아, 슬프도다!
　　　 나는 살아서 애절한 곡조로　　　　　　　　　　　　　115
　　　 나를 위해 만가를 부르고 있어요.

(후렴1) 나는 언덕 많은 아피아[7]의 나라에 자비를 빌며
　　　 ─ 헬라스 땅이여, 귀에 선 내 발음을 용서해다오 ─
　　　 자꾸만 시돈[8] 산(産) 베일을 찢어　　　　　　　　　120
　　　 볼품없는 넝마로 만들고 있어요.

(우6) 만사가 형통하고 죽음에서 멀어진 곳에서는
신들에게 서약이 쏟아지기 마련이지요.
아아, 슬프도다!   125
아아, 풀기 어려운 고통스러운 운명!
이 풍랑은 나를 어디로 실어 갈 것인가?

(후렴1) 나는 언덕 많은 아피아의 나라에 자비를 빌며
- 헬라스 땅이여, 귀에 선 내 발음을 용서해다오 -   130
자꾸만 시돈 산(産) 베일을 찢어
볼품없는 넝마로 만들고 있어요.

(좌7) 노들과, 바닷물을 막기 위해 뱃밥을 먹인
나무 선체(船體)는 폭풍도 만나지 않고   135
순풍의 입김으로 나를 실어다주었거늘,
나는 이에 대해 아무 불평이 없어요.
그러나 만물을 굽어보시는 아버지[9]여,
부디 이번 일이 언젠가는
좋은 결말을 맺게 해주소서.   140

(후렴2) 존경스러운 어머니[10]의 자손인 내가
남자들의 침대를, 아아, 결혼도 하지 않고
피해도 입지 않고 벗어나게 해주소서.

(우7) 이 신전에 살고 계시는, 제우스의 순결한
따님[11]이여, 우리가 그대에게 기꺼이   145
서약했듯이 그대도 기꺼이

우리를 굽어 살피소서, 확실하게.
그대는 처녀로서 있는 힘을 다해
처녀인 우리를 박해에서
구하시고 보호해주소서.   150

(후렴2) 존경스러운 어머니의 자손인 내가
남자들의 침대를, 아아, 결혼도 하지 않고
피해도 입지 않고 벗어나게 해주소서.

(좌8) 그렇지 않으면, 햇볕에 까맣게 탄
우리 가족은 늘 손님이 많은   155
지하의 제우스[12]를, 죽은 자들의 신을
찾아갈 거예요, 탄원자의 가지를
손에 들고서, 그리고 올가미에
목을 매고 죽은 채. 만약 올륌포스의   160
신들께서 우리의 청을 들어주시지 않는다면.

(후렴3) 아아, 제우스여. 이오 때문에 신들의
증오심이 우리를 뒤쫓고 있어요.
내가 알아요. 그것은 하늘도 못 말리는
부인[13]의 질투심 탓이었어요. 바람이   165
세차게 불어대면 폭풍이 일기 마련이지요.

(우8) 그러면 제우스께서는 부당하다는
비난을 들으시게 될 거예요,
만일 그분께서 전에 몸소 낳아   170

생명을 주셨던, 암소의 아들을
무시하고, 우리가 애원하는데도
얼굴을 돌리신다면. 그분께서는 높은 곳에서
우리의 애원에 부디 귀를 기울이시기를! 175

(후렴3) 아아, 제우스여. 이오 때문에 신들의
증오심이 우리를 뒤쫓고 있어요.
내가 알아요. 그것은 하늘도 못 말리는
부인의 질투심 탓이었어요. 바람이
세차게 불어대면 폭풍이 일기 마련이지요.

다나오스 (언덕에서 내려오며)
애들아, 현명해야 한다. 이 늙고 충직한 아비가 176
키잡이로서 이리로 너희를 데려온 것은 역시 현명한
행동이었어. 육지에 상륙한 지금도 우리는 신중해야 하니
내가 하는 말을 마음에 새겨두도록 해라.
군대의 소리 없는 전령인 먼지가 이는 것이 보이는구나. 180
그러나 굴대 돌아가는 요란한 소리는 귀에 들리는구나.
어느새 방패로 무장하고 창을 든 무리가 군마들과
구부정한 전차들과 함께 달려오는 것이 보이는구나.
아마 이 나라의 지도자들이 사자(使者)의 말을 듣고
우리를 만나보려고 몸소 이리로 오는 것 같구나. 185
저들의 일행이 좋은 의도에서 다가오든
사나운 분노의 날을 세우고 다가오든 어쨌거나,
내 딸들아, 우리는 여러 신들께서 모여 계시는 여기
이 언덕에 앉아 있는 것이 좋을 것 같구나.

　　　　제단은 찢기지 않는 방패로 성채보다 더 잘 보호해주는 법. 190
　　　　자, 너희들은 어서 가서 존엄하신 제우스의 장식물인,
　　　　흰 양털실을 감아 맨, 탄원자의 표지를
　　　　경건한 마음으로 하나씩 왼손에 들어라.
　　　　그리고 탄원자들에게 어울리는, 이방인들에게
　　　　겸손하고 애처롭고 절박한, 말투로 대답하되 195
　　　　우리의 도주가 유혈과는 무관함을 분명히 밝혀라.
　　　　너희들의 말은 무엇보다 뻔뻔스러워서는 안 되며,
　　　　너희들의 정숙한 이마와 차분한 눈에서 허영심이
　　　　비쳐 나와도 안 된다. 주제넘어서도 안 되고
　　　　말을 장황하게 늘어놓아서도 안 된다. 200
　　　　그런 태도는 미움을 사기 마련이다. 명심하고
　　　　겸손하라. 너희들은 가난한 이방의 도망자들로
　　　　약자에게 불손한 말은 어울리지 않는 법이다.
코로스장 우리도 아버지의 온당한 말씀을 이해할 만큼 현명해요.
　　　　그래서 아버지의 자상하신 조언을 명심할 거예요. 205
　　　　우리 가문을 낳아주신 제우스께서 우리를 굽어 살피소서!
다나오스 그래, 그분께서 자애로운 눈으로 우릴 굽어 살피시기를! 210
코로스장 그분께서 원하신다면 이 모든 일이 좋게 끝날 거예요. 211
다나오스 그러니 지체하지 마라. 이번 일이 성공하기를! 207
코로스장 저는 아버지 곁에 자리잡고 앉았으면 해요. 208
　　　　(코로스가 언덕에 오른다)
　　　　제우스여, 우리가 죽기 전에 이 고난을 불쌍히 여기소서. 209
다나오스 너희들은 지금 여기 제우스의 독수리에게도 인사드려라. 212
코로스장 구원을 가져다주는 햇빛도 부르도록 해요!
다나오스 하늘에서 추방된 적이 있는[14] 정결하신 신 아폴론도 불러라!

코로스장   그분은 그런 운명을 당하셨으니 인간들의 운명도 동정하실 거예요.   215
다나오스   그분께서 동정하시어 기꺼이 우리를 도와주시기를!
코로스장   여기 모여 계신 신들 가운데 어느 분을 또 부를까요?
다나오스   여기 어떤 신[15]의 상징인 삼지창이 보이는구나.
코로스장   그분께서는 잘 인도해주셨으니 육지에서도 우리를 환영해주소서.
다나오스   여기 헬라스[16]인들의 관습에 따른 낯선[17] 헤르메스도 보이는구나.   220
코로스장   그분께서 해방된 우리에게 해방되었다는 낭보를 전해주신다면!
다나오스   여기 계신 모든 신들의 공동의 제단에 경배하며,
        똑같이 날개가 달린 매들을 두려워하는 비둘기 떼처럼
        이 신성한 곳에 앉아, 혈족에 적대적이며 우리 가문을
        더럽히려는 친족으로부터 보호해달라고 빌어라.   225
        새가 새를 먹고도 어찌 정결할 수 있겠느냐?
        딸도 그 아버지도 원치 않는데 억지로 구혼하는 자가
        어찌 정결할 수 있겠느냐? 그런 악행을 저지른 자
        죽은 뒤 저승에서도 심판을 면치 못하리라.
        그곳에서는 다른 제우스[18]께서 죽은 자들 사이에서   230
        모든 범행에 대해 최후의 심판을 한다지 않느냐.
        그러니 조심하고 내가 일러준 대로 대답해라,
        너희들의 계획이 성공할 수 있게.

(펠라스고스 왕이 수행원들과 함께 전차를 타고 등장한다)

펠라스고스   야만족의 의상과 머리띠를 뽐내는 여기 비(非)헬라스계
        무리는 어디서 왔으며, 이들에게 대체 어떻게 말을   235
        걸어야 하나? 이 여인들의 의상은 아르골리스[19]의 것도 아니고,
        헬라스의 다른 지역의 것도 아니구나.
        그대들은 전령을 시켜 알리지도 않고, 보호자도
        지도자도 없이 대담무쌍하게도 감히 이 나라에 왔으니

참으로 놀라운 일이라 하지 않을 수 없소.
물론 신들의 제단 앞쪽으로 그대들 곁에는
탄원자들의 관습에 따라 나뭇가지들이 놓여 있지만,
헬라스가 알아볼 수 있는 것은 그것뿐이고
그 밖의 다른 것들은 그대가 말로 설명하지
않는다면 다만 추측만 할 수 있을 따름이오.

코로스장 내 의상에 관한 그대의 말씀은 틀림없는 사실이에요.
그런데 지금 내가 말씀드리는 분은 시민인가요,
신전을 지키는 사제인가요, 아니면 국왕인가요?

펠라스고스 내가 국왕이니 그대는 안심하고 답변하시오.
나는 대지에서 태어난 팔라이크톤의 아들
펠라스고스로 이 나라의 수장이오. 이 나라의 땅을
경작하는 자들은 그들의 국왕인 내 이름에서 따와
펠라스고이족이라 불리는데 적절한 이름이지요.
신성한 스트뤼몬[20] 강의 흐름을 경계로
해가 지는 서쪽 지역 전부를 통치하오.
내 영토 안에는 페르라이보이족[21]의 마을들이 있고,
파이오니아[22]의 들판에 이르는 핀도스[23] 산의
저쪽 지역과 도도네[24]의 산악 지방이 자리잡고 있소.
육지가 바다와 만나는 곳에서 내 영토는 끝나는데
그 사이 전 지역을 통치한다오. 하지만 이곳
아피아 땅의 들판은 옛날부터 구원자인 아피스에게서
이름을 따왔지요. 나우팍토스[25]에서 건너온 아피스는
아폴론의 아들로 의사 겸 예언자였는데,
전에 끔찍한 유혈 행위에 오염되었던 대지가
그 고통에 화가 나서 세상에 내보낸, 사람을

죽이는 괴물들로부터, 살인을 일삼는 무시무시한
뱀 떼로부터 이 나라를 정화해준 덕분이지요.
아피스가 아르고스 땅을 위해 수술과 주술을
알맞게 사용하여 그 재앙들을 물리치자,
사람들은 그 보답으로 기도할 때 그분을 기억하곤 하지요.   270
이제 그대는 나에 관해 알 만큼 알았으니,
그대의 가문과 그 밖의 것을 이야기하시오.
그런데 이 나라 사람들은 장황한 이야기는 좋아하지 않는다오.

코로스장 간단하고 명료하게 말씀드리자면 우리는 아르고스 출신으로
아이를 잉태한 암소의 후손임을 자랑으로 여기지요.   275
내 말을 들어보시면 이 모두 사실임을 알게 되실 거예요.

펠라스고스 이방의 여인들이여, 그대들이 아르고스 출신이라니,
도무지 그대들의 말이 믿기지 않는구려.
그대들은 리뷔에[26]의 여인들을 더 닮았지
이곳 여인들은 전혀 닮지 않았단 말이오.   280
네일로스강도 아마 저런 족속을 기르겠지요.
그대들의 외모에 나타나는 퀴프로스[27]적 특징은
그대들을 낳아준 남자들에 의해 각인된 것이겠지요.
그리고 인도의 여인들은 말처럼 걷는 낙타 등에
얹은 안장에 올라타고 아이티오페스족[28] 나라의   285
경계 가까이까지 돌아다닌다고 들었소.
그대들이 활을 들고 다닌다면 나는 그대들을
남자들 없이 고기를 먹고 사는 아마조네스족[29]으로
여겼을 것이오. 그래서 나는 그대의 가문과 혈통이
어째서 아르고스에서 유래하는지부터 알고 싶소.   290

코로스장 전에 이곳 아르고스 땅에서 이오가 헤라 신전의

	열쇠지기가 되었다고 사람들이 말하더군요.	
펠라스고스	그렇소. 그것은 널리 알려진 이야기지요.	
코로스장	제우스께서 그 여인과 살을 섞었다는 이야기도요?	295
펠라스고스	그렇소. 그 연애사건은 헤라에게 발각되었지요.	
코로스장	두 분 신들의 갈등은 어떻게 끝났나요?	
펠라스고스	아르고스의 여신30께서는 여인을 암소로 변신시키셨소.	
코로스장	그러면 제우스께서는 뿔이 예쁜 암소에게 다가가지 않았나요?	300
펠라스고스	다가갔대요, 암소를 올라타는 황소의 모습으로.	
코로스장	제우스의 강력한 아내는 어떻게 대처하셨나요?	
펠라스고스	그녀는 암소에게 모든 것을 보는 감시자를 보냈지요.	
코로스장	누구를, 모든 것을 보는 소 한 마리의 감시자라 부르나요?	
펠라스고스	헤르메스의 손에 죽은, 대지의 아들 아르고스 말이오.	305
코로스장	여신께서는 불운한 암소에게 그 밖에 또 무엇을 보내셨나요?	
펠라스고스	소를 괴롭히며 몰아대는 쇠파리를 보냈답니다.	
코로스장	네일로스 강변 주민들은 그것을 등에31라고 부르지요.	
펠라스고스	그것이 그녀를 나라 밖으로 내몰아 먼길을 가게 했지요.	
코로스장	그대가 지금까지 말한 것 모두를 나도 알고 있어요.	310
펠라스고스	그래서 그녀는 카노보스32까지, 멤피스까지 갔지요.	311
코로스장	그러자 제우스께서 그녀를 손으로 어루만져 자식을 낳게 하셨지요.	313
펠라스고스	누가 암소에게서 태어난 제우스의 자식이라 자랑하지요?	
코로스장	에파포스요. 그분의 이름은 '어루만짐'이라는 뜻예요.	315
펠라스고스	그 뒤 누가 에파포스의 자식으로 태어났소?	
코로스장	리뷔에가요. 그녀는 대지의 가장 넓은 들판에서 수확했어요.	
펠라스고스	그대는 누구를 그녀의 자식이라 부르지요?	
코로스장	벨로스요. 그분의 두 아드님 중 한 분이 우리 아버지예요.	
펠라스고스	이제 그대들의 아버지 존함을 말해보시오.	320

| 코로스장 | 다나오스로 아버지의 형에게는 쉰 명의 아들이 있어요.
| 펠라스고스 | 그분 이름도 거리낌없이 말해주시오.
| 코로스장 | 아이귑토스예요. 이제 오래된 우리 가문의 내력을 알게
되셨으니, 우리를 아르고스인으로 대하시는 것이 옳아요.
| 펠라스고스 | 생각건대, 그대들이 오래전에 이 나라에서 유래했다는 말은   325
사실 같소. 하지만 어떻게 감히 아버지의 집을 떠나왔지요?
무슨 피치 못할 사정이 그대들에게 있었나요?
| 코로스장 | 펠라스고이족의 왕이여, 인간의 고통은 변화무쌍하며,
재앙은 어디서도 같은 날개를 달고 나타나지 않아요.
결혼 침대가 싫고 두려워 이렇게 뜻밖에 도망쳐 온   330
우리가 아르고스에 상륙하여 오래전부터 친척간인
사람들을 만나게 되리라 누가 생각이나 했겠어요?
| 펠라스고스 | 무슨 연유로 그대들은 흰 양털실을 감아 맨 갓 꺾은
가지들을 들고 여기 계신 신들께 보호를 요청하는 것이오?
| 코로스장 | 아이귑토스 집안의 하녀가 되지 않으려고요.   335
| 펠라스고스 | 그들이 싫어선가요, 결혼 자체를 불의라 여기는가요?
| 코로스장 | 사랑스러운 주인을 비난할 사람이 어디 있겠어요?
| 펠라스고스 | 인간의 권력은 친족끼리의 결합을 통해 더 강해질 텐데.
| 코로스장 | 그럴 경우 결혼이 실패하면 이혼하기가 쉽지요.
| 펠라스고스 | 경건의 의무에 따라 내가 그대들에게 어떻게 하면 되겠소?   340
| 코로스장 | 아이귑토스의 아들들이 요구해도 우리를 내주지 마세요.
| 펠라스고스 | 나더러 전쟁을 시작하라는 말인데 어려운 부탁이구려.
| 코로스장 | 하지만 정의는 정의를 위해 싸우는 자를 돕는 법이지요.
| 펠라스고스 | 정의가 처음부터 그대들 편이었다면 좋았을 것을!
| 코로스장 | 그대는 이렇게 화관으로 장식된 국가란 배의 키를 존중하세요.[33]   345
| 펠라스고스 | 나뭇잎들로 그늘진 이 제단들을 보니 몸이 떨리는구려.

코로스장 탄원자의 신이신 제우스의 노여움은 가혹한 법이지요.

(좌1) 34

코로스 팔라이크톤의 아드님이여, 내 말을 기꺼이
들어주소서, 펠라스고이족의 왕이여!
보세요, 이 탄원하는 여인을, 정처 없이 쫓겨 다니는   350
이 여인을! 나는 늑대에 쫓겨 가파른 절벽 가에서
도움을 기대하며 목자에게 조난 신호를 보내려고
큰 소리로 음매음매 울어대는 송아지와 같아요.

펠라스고스 여기 모이신 모든 신들께서 갓 꺾은 가지들의
그늘에서 고개를 끄덕이고 계시는 것이 보이는구나.   355
손님들의 이런 요구가 우리에게 해롭지 않고,
그로 인해 예측하지 못한 뜻밖의 분쟁이 생기지
말았으면! 그런 것들은 우리 도시에 필요 없으니까.

(우1)

코로스 탄원자의 여신이신 테미스여, 제비뽑기로
제 몫을 나눠주시는 제우스의 따님이여,   360
우리의 도주가 해가 되지 않게 해주소서. 그대는 지혜로운
노인이지만 후생(後生)들한테도 배우세요. 탄원자를
존중하면 그대는 만사가 형통할 거예요. 신들의 집은
정결한 사람이 바치는 제물만 기꺼이 받아들이지요.

펠라스고스 하지만 그대들은 내 집 화롯가에 앉아 탄원하는 것이   365
아니오. 도시 전체가 오염될 위험이 있다면, 백성들이

합심해서 그것을 물리칠 방도를 강구해야 할 것이오.
나는 그대들에게 아무것도 약속할 수 없소이다,
이 일에 관해 모든 시민들과 상의하기 전에는.

(좌2)

코로스 그대가 도시고, 그대가 백성들이에요. 370
그대는 심판받지 않는 권력자로서
이 나라의 화로인 제단을 관장하고 계세요.
그대의 투표만이, 그대의 눈짓만이, 그대의
왕홀만이, 그대의 왕좌만이 모든 필요를
충족시키지요. 죄를 짓지 않도록 조심하세요. 375

펠라스고스 죄라면 내 적대자들에게나 돌아가기를!
해를 입지 않고는 내가 그대들을 도울 방법이 없소.
그러나 그대들의 간청을 무시하는 것도 즐거운 일은
아니오. 나는 방법이 없고, 내 마음은 두려움에
사로잡혀 있구나. 할까, 말까, 운명에 맡길까? 380

(우2)

코로스 그대는 높은 곳에서 굽어보시는 분을
바라보세요. 이웃집 문간에 앉아
법적으로 보장된 권리를 찾지 못하는
많은 노고에 시달리는 인간들의 보호자 말이에요.
하지만 고통 받는 자의 비탄에 무감각한 자들에게 385
탄원자의 신인 제우스께서는 노여움을 품지요.

| 펠라스고스 | 아이귑토스의 아들들이 국법에 따라 그대들의
| | 가장 가까운 친족이라고 주장하며 그대들을
| | 차지한다면, 누가 그들을 막을 수 있겠소?
| | 그대들은 그대들 고향의 법에 따라 탄원해야 할 것이오, 390
| | 그들이 그대들에 대해 어떤 권리도 갖지 못하도록.

(좌3)

| 코로스 | 하지만 나는 어떤 일이 있어도 남자들의 위력에
| | 예속되고 싶지 않아요. 나는 사랑 없는 결혼을 피해
| | 별나라 밖으로까지 도망가서라도 구원을 찾을 거예요.
| | 그대는 신들에 대한 경외심을 전우로 삼아, 395
| | 정의로운 판결을 내리세요.

| 펠라스고스 | 어려운 판결이오. 나를 판관으로 택하지 마시오.
| | 아까 말했듯, 나는 이 일을 백성들 없이
| | 혼자 처리하지 않을 거요. 설령 그럴 수 있다 해도.
| | 뭔가 잘못 될 경우 내 백성들이 내게 "그대는 이방인들을 400
| | 존중하다가 제 나라를 망쳤소."라는 말을 들으면 안 되니까.

(우3)

| 코로스 | 우리 두 편의 선조인 제우스께서는 균형을 이루도록
| | 저울대를 잡고 굽어보고 계세요. 당연한 일이지만,
| | 악한 자들에게는 재앙을, 선한 자들에게는 복을
| | 저울판에 올려놓으시며. 저울대가 균형을 이루는데 405
| | 그대는 왜 눈앞에 옳은 일을 두고 망설이는 건가요?

|펠라스고스| 우리 모두의 구원을 위해 심사숙고할 필요가 있소.
우리는 술에 취하지 않은 맑은 눈으로
잠수부처럼 밑바닥까지 내려가야 한단 말이오.
이 일이 우선 우리 도시와 우리 자신에게   410
해를 끼치지 않고 무사히 잘 마무리되어,
그대들을 구해주려다가 분쟁이 발생하지 않고,
또 우리 신들의 제단에서 탄원하는 그대들을
적에게 넘겨줌으로써 모든 것을 파괴하는 신을,
죽어 저승에 가 있는 사자도 놓아주지 않는   415
복수의 정령을 무서운 동거자로 삼지 않으려면.
그럼에도 구원을 위해 심사숙고할 필요가 없어 보이오?

|코로스(좌4)| 숙고하세요. 그리고 우리에게
정의롭고 경건한 보호자가 되어주세요.
도망자인 나를 넘기지 마세요.   420
불경한 자들에 의해 고향에서
머나먼 곳까지 쫓겨난 나를!

|(우4)| 신들의 옥좌에서 내가
끌려가는 것을 방관하지 마세요,
이 나라의 모든 권세를 지니신 분이여!   425
남자들의 교만을 알아보시고,
신들의 노여움을 조심하세요!

|(좌5)| 그대의 탄원자가 마치 말이 이마 띠에 의해
끌려가듯, 정의에 어긋나게 억지로 신상에서   430

끌려가고, 그들이 내 고운 옷에 거친
손을 대는 것을 보며 용납하지 마세요!

(우5) 알아두세요. 그대가 어떤 결정을 내리시든
그대의 자식들과 가문에는 빚으로 남을 거예요. 435
그들은 진노한 신에게 그만큼 갚아야 해요.
제우스의 통치는 정의롭다는 것을 명심해두세요.

펠라스고스 심사숙고해보았소. 그리고 내가 걸려든 암초는
이들하고든, 아니면 저들하고든 큰 전쟁을 할 수밖에
없다는 것이오. 배는 건조되어 있고, 권양기(捲揚機)에 440
들어올려져 출항 준비를 이미 마쳤소이다.
그러나 배는 고통 없이는 돌아오지 못할 거요.
집에서 재물을 약탈당한 경우라면 잃어버린 것
이상으로 재산이 늘어나도록 재물의 신 제우스의
호의로 다른 재물들이 생길 것이오. 445
그리고 혀의 화살이 목표물을 제대로
맞히지 못하면 몹시 속이 상하겠지만 448
말이 말을 치유할 수 있을 것이오. 447
그러나 친족에 대한 유혈극이 벌어지지 않으려면,
제물을 바쳐야 하고, 많은 신들에게 450
많은 짐승을 잡아 바쳐 액막이를 해야 하오.
이 분쟁에 나는 분명 잘못 말려들었소. 나는
고통을 통해 영리해지느니 고통에 무지하고 싶소.
이번 일이 내 예상과는 달리 잘 마무리되었으면!

코로스장 그대는 이제 내 마지막 호소를 들어주세요. 455

펠라스고스	듣지요. 말해보시오. 나는 한마디도 놓치지 않겠소.
코로스장	여기 리본들과, 옷을 잡아매는 허리띠가 있어요.
펠라스고스	여인들의 옷에 잘 어울리는 것들이지요.
코로스장	알아두세요. 이것들은 내게 훌륭한 도구가 될 거예요.
펠라스고스	분명히 말해보시오. 대체 무슨 뜻이오? 460
코로스장	그대가 우리 일행에게 확실한 언질을 주시지 않는다면 —
펠라스고스	허리띠가 그대에게 대체 어떤 도구가 된다는 거요?
코로스장	이 신상들을 처음 보는 그림들로 장식하는 도구가 될 거예요.
펠라스고스	수수께끼 같은 말이로군. 알기 쉽게 말하시오.
코로스장	당장 이 신들에 목매달아 죽겠다는 거예요. 465
펠라스고스	그대의 그 말은 내 심장을 채찍질하는구려.
코로스장	알아들으셨네요. 내가 그대로 하여금 눈을 뜨게 해드렸지요.

펠라스고스 제어하기 어려운 일들이 사방에서 다가오고,
숱한 재앙이 강물처럼 밀려드는구나.
나는 한없이 깊고 항해하기 어려운 미망의 바다에 470
빠져 있고, 안전한 항구는 어디에도 보이지 않는구나.
내가 그대들의 소원을 들어주지 않으면, 극복할 수 없는
오염을 그대들이 내게 안겨주겠다고 위협하니 말이오.
그리고 내가 그대들의 친족인 아이귑토스의 아들들에 맞서
성벽 앞에서 결전을 벌인다면, 여인들로 말미암아 475
들판이 남자들의 피로 붉게 물드는데 어찌 그 손실이
괴롭지 않다 하겠소? 하지만 탄원자의 보호자인
제우스의 노여움은 일단 피하지 않을 수 없구나. 그분의
노여움은 인간들에게 가장 큰 두려움의 대상이니까.
이 처녀들의 늙은 아버지여, 그대는 지체 없이 480
이 처녀들이 들고 있는 탄원자의 가지들을

	팔에 안고 가서 아르고스인들의 다른 제단들에
	올려놓아 모든 시민이 그대들이 탄원자로 왔다는
	증거를 보고 내 제의를 비난하지 못하게 손쓰시오.
	백성들은 통치자를 탓하기 좋아하는 법이니까. 485
	그러면 더러는 그것을 보고 아마 그대들을 동정해
	저 남자 무리의 교만을 증오하게 될 것이오.
	무엇보다 백성들이 그대들에게 더 호의적이게 될 것이오.
	누구나 약자에게는 호의를 품기 마련이니까요.
다나오스	신을 공경하는 당신 같은 보호자를 만난 것을 우리는 490
	매우 높이 평가하고 있어요. 이곳 주민들 가운데
	길 안내를 할 길라잡이 한 명을 붙여주시어,
	우리가 이 도시 수호신들의 신전 제단과
	이방인에게 상냥한 신성한 자리를 찾아내고
	안전하게 도시를 지나갈 수 있게 해주시오. 495
	내 외모와 생김새가 낯설기 때문이오.
	네일로스와 이나코스는 같은 인종을 부양하지 않으니까요.
	대담성이 다른 사람들의 두려움을 낳지 않도록 조심해야 하오.
	몰라서 친구를 살해한 사람이 어디 한둘이던가요.
펠라스고스	전사들이여, 수행하라. 이 나그네의 말이 옳도다. 500
	도시의 제단들과 신들의 자리로 이분을 안내하되,
	도중에 사람들을 만나면 여러 말 할 필요 없이 너희들은
	선원을 신의 제단으로 안내하는 중이라고만 말하여라.
	(다나오스, 수행원들과 함께 퇴장)
코로스장	그분에게 그대는 지시하셨고, 그분은 명령을 받고 가셨어요.
	나는 어떡하지요? 내게는 어디서 안전을 보장해주시나요? 505
펠라스고스	그대는 고난의 징표인 나뭇가지들을 여기 내려놓으시오.

코로스장 좋아요. 그대의 말씀대로 이것들을 내려놓겠어요.

펠라스고스 이젠 평지의 원림으로 내려오시오.

코로스장 축성되지 않은 원림이 어떻게 나를 보호해줄 수 있지요?

펠라스고스 그대를 날개 달린 맹금류에게 먹이로 내주려는 것이 아니오. 510

코로스장 그들이 음흉한 뱀보다 더 가증스러운 자들이라면?

펠라스고스 고운 말을 들었으면 고운 말을 해야지요.

코로스장 놀랄 일이 아니죠. 두려우면 초조해지기 마련이니까요.

펠라스고스 지나치게 두려워하면 언제나 자제력을 잃게 되지요.

코로스장 그대가 말과 행동으로 내 마음을 진정시켜주세요. 515

펠라스고스 아버지는 오랫동안 그대들 곁을 떠나 있지 않을 거요.

그동안 나는 가서 우리 백성들을 불러 모을 것이오,

전 아르고스가 그대들의 친구가 되도록.

그리고 무슨 말을 해야 하는지 그대의 아버지에게 일러주겠소.

그때까지는 이곳에 머물며 그대들의 소원이 이루어지게 520

해달라고 이 나라의 신들께 간절히 기도하시오.

나는 이런 일들을 처리하러 가는 것이오.

설득과 행운이 성공하도록 도와주기를!

(펠라스고스, 수행원들과 함께 퇴장)

코로스35 (오르케스트라로 내려와서)

(좌1) 왕 중의 왕이며, 복 받은 분들 중에

가장 복 받으신 분이며, 완성자 중에 525

최강의 완성자인 축복의 신 제우스여,

그대의 자손인 우리 기도를 들어주시어

그대도 싫어하시는, 남자들의 교만을 막아주소서.

노 젓는 자리가 검은 미망을 가득 실은

318

그들의 배가 자줏빛 심연 아래로 가라앉게 해주소서. 530

(우1) 여인들과 오래된 우리 가문을
호의로 굽어 살피소서. 우리 모두의
시조 할머니이자 그대가 사랑하셨던 여인과의
오래된 그리고 애틋한 이야기를 떠올리시며.
이오를 어루만지셨던 분이여, 그때의 일을 535
기억하소서. 제우스에게서 태어난 우리 가문은
이 나라의 토박이임을 자랑으로 여기나이다.

(좌2) 나는 오래된 발자국을 밟고 있어요,
어머니가 감시당하던 꽃이 만발한 초원
소떼가 풀을 뜯던 풀밭에서. 540
전에 이오는 그곳으로부터 쇠파리에 쫓겨,
정신착란에 빠져 도망치기 시작했지요,
인간들의 수많은 부족 사이를 헤매며.
육지를 두 대륙으로 갈라놓은
파도치는 해협[36]을 정해진 운명에 따라 545
건널 때까지.

(우2) 이오는 그 뒤 아시아 땅과, 양떼를 치는
프뤼기아 들판을 허겁지겁 통과했지요.
그녀는 뮈시아 땅에 있던 테우트라스 왕의
도시와 뤼디아 지방의 계곡들과 550
킬리키아 지방의 산들과
팜퓔리아[37] 지방의 언덕들을 서둘러 지나고,

　　　　　흐르는 강물들을 건너고 품속에 부(富)를
　　　　　감추고 있는 대지를 지나 마침내
　　　　　밀의 고장인 아프로디테의 나라³⁸에 도착했지요.　　　　　555

(좌3)　그녀는 날개 달린 소몰이꾼³⁹의
　　　　　살갗을 찌르는 침에 쫓겨,
　　　　　만물을 부양하는 제우스의 들판에,
　　　　　눈 녹은 물이 적셔주고 열풍의 힘이
　　　　　덮치는 초원에, 질병을 모르는　　　　　560
　　　　　네일로스의 강물에 이르렀지요,
　　　　　불명예스러운 노고에 발광하고 헤라의
　　　　　고통스러운 몰이 막대기에 광란하며.

(우3)　그러자 당시 그 나라에서 가축 떼를　　　　　565
　　　　　치던 사람들은 파랗게 겁에 질려
　　　　　부들부들 떨었지요, 소이면서
　　　　　인간인 괴상한 모습을 보고.
　　　　　반은 소이고, 반은 여자인 못생긴 튀기를
　　　　　보고 그들은 놀라움을 금치 못했지요.　　　　　570
　　　　　쇠파리에 쫓겨 멀리 떠돌아다니던
　　　　　이오를 누가 구해주었던가?

(좌4)　무궁무진한 시간을 지배하는
　　　　　제우스께서 그녀를 구해주었지요.　　　　　575
　　　　　그분의 고통을 모르는 축복 받은 힘과
　　　　　신적인 입김에 의해 억압이 풀리며,

   그녀는 눈물과 함께 괴로운 수치심을
   쏟아버렸지요. 그녀는 몸에 제우스의
   짐을 싣고 있다가, 사실대로 말해서,   580
   나무랄 데 없는 아들을 낳았지요,

(우4) 만인의 무궁무진한 행복을 위해.
   그래서 온 나라가 환성을 올렸지요.
   "진실로 이분은 생명을 주시는
   제우스의 아드님이 분명하오."   585
   누가 헤라의 음흉한 역병을 치유했던가?
   그것은 제우스께서 하신 일이에요.
   우리 집안이 에파포스에게서
   유래한다고 말한다면 그대의 말이 옳아요.

(좌5) 대체 신들 중에 어떤 분의 그 행적을   590
   찬양하는 것이 더 옳을까요? 아버지이며,
   손수 우리 가문을 일구셨으며,
   지혜롭고 위대하신 장인(匠人)이며,
   어디서나 순풍을 보내주시는 제우스겠지요.

(우5) 그분은 어느 누구의 통치에도 종속되지 않고,   595
   결코 강자보다 더 약한 권력에 만족하지 않으시지요.
   그분은 자기 위에 군림하는 어느 누구의 권력도
   두려워하지 않으시지요. 그분의 뜻은 무엇이든
   금세 이루어지니, 그분에게는 말이 곧 행동이로다.

다나오스 (도시에서 돌아오며)

　　　　　얘들아, 힘내라! 시내에서의 일은 잘되어가고 있다.　　　　600
　　　　　백성들은 이미 우리에게 유리하도록 결정을 내렸다.

코로스장　어서 오세요. 아버지, 제일 반가운 소식을 전해주시네요.
　　　　　말씀해주세요, 최종 결정이 어떻게 났으며,
　　　　　무엇을 위해 다수의 백성들이 손을 들었나요?

다나오스　아르고스인들은 만장일치의 결정을 내렸고,　　　　　605
　　　　　그래서 이 늙은이의 마음이 도로 젊어진 것 같았지.
　　　　　백성들이 오른손을 들어 대기를 가득 메우며
　　　　　다음과 같이 결의했을 때 말이다. 우리는 여기
　　　　　이 나라의 주민으로서 자유롭게, 침해당하지 않고,
　　　　　어느 누구에게 약탈당하지 않으며 살 수 있대.　　　　610
　　　　　그리고 이곳 토박이든 이방인이든 아무도 우리를
　　　　　끌고 가지 못할 거래. 만일 우리에게 폭력이 행사되면
　　　　　이곳 시민들 중에 우리를 도우러 달려오지 않는 자는
　　　　　명예를 잃고 백성들의 결의에 의해 추방될 거래.
　　　　　그만큼 국왕 펠라스고스는 우리에게 유리한 말을 해주었지.　　615
　　　　　그는 탄원자의 보호자이신 제우스께서 크게
　　　　　노여워하실 거라며, 앞으로 이 도시는 그분의
　　　　　노여움을 키우는 어떤 일도 하지 말라고 경고했지.
　　　　　이는 도시가 손님과 시민에 대해 이중의 횡포를 저지르는
　　　　　것으로 마르지 않는 고통의 원천이 된다고 했지.　　　　620
　　　　　이런 말을 듣자마자 아르고스의 백성들은 전령이
　　　　　명하기도 전에 너도나도 그렇게 하라고 손을 들었어.
　　　　　펠라스고이족 백성들은 왕의 설득력 있는 달변에
　　　　　귀를 기울였지만, 성사시킨 이는 제우스였지.

|코로스장| 자, 아르고스 백성들이 우리를 구원해주었으니,　　　　625
우리도 그들을 위해 구원을 빌어주자꾸나.
손님의 보호자인 제우스께서는 굽어 살피시어
손님이 주인을 위해 비는 소원이 이루어지게
해주소서, 만사가 나무랄 데 없이 완성되도록.

|코로스40(좌1)| 제우스에게서 태어나신 신들이시여,　　　　630
이제 이곳 친족을 위한 기도를 들어주소서.
축제에 어울리지 않는 고함을 지르며, 이국땅에서
인간들을 추수하는 게걸스러운 아레스가 펠라스고이족의　　　　635
나라를 화염에 넘겨주는 일이 절대 없게 하소서.
그들은 우리를 불쌍히 여겼고,
우리에게 유리한 결정을 내렸으며,　　　　640
제우스의 탄원자들인 이 가련한
무리를 존중했기 때문입니다.

|(우1)| 그들은 여자들의 호소를 무시하며
남자들에게 유리한 결정을 내리지 않았고,　　　　645
제우스의 복수하는 눈길을, 가장 까다로운 적을
쳐다보았습니다. 어느 집이 무겁게 내리누르는
그런 응징자를 지붕 위에 얹은 채 살아가겠습니까?　　　　650
그들은 우리와의 혈연 관계와 탄원자의
보호자인 높으신 제우스를 존중합니다.
그러니 제단이 정결한 그들에게
신들의 은총이 내리기를!　　　　655

(좌2) 그러니 면사포로 그늘진 입에서
기도가 앞다투어 날아오르기를!
역병이 이 나라에서 남자들을
앗아 가는 일이 없기를!   660
그리고 동족상잔으로 불화가 대지를
피로 붉게 물들이는 일이 없기를!
청춘의 꽃은 꺾이지 않고,
아프로디테의 살인마 남편⁴¹이
싹을 자르는 일은   665
결코 일어나지 않기를!

(우2) 존경스러운 노인들에게 맡겨진 제단들의
화로에서는 불길이 활활 타오르기를!
그리하여 도시가 번영을 누리기를,   670
그들이 제우스를, 특히 태고의 법에 따라
세상을 다스리시는 손님의 보호자
위대한 제우스를 경배하는 동안에는.
나라의 지도자들에게는 언제나
새로운 지도자들이 태어나고,   675
그들의 아내들이 출산할 때는
아르테미스 헤카테⁴²께서 도와주시기를!

(좌3) 남자들을 죽이는 재앙이 다가와 이 도시를
갈기갈기 찢어놓고, 눈물의 아버지   680
아레스의 손에 칼을 쥐여주고, 내전의
함성으로 춤과 노래를 내쫓는 일이 없기를!

질병의 무리는 늘 시민들의
머리에서 멀리 떨어져 있고,   685
뤼케이오스⁴³는 나라의
모든 젊은이들에게 호의적이기를!

(우3) 제우스께서는 철철이 대지의 열매가 익게 해주시고,
성문 앞에서 풀을 뜯는 가축 떼는   690
새끼를 많이 낳아 그 수가 불어나기를!
신의 축복으로 그들은 만사형통하기를!
제단 가에서는 가인들의 노래가
경건하게 울려 퍼지고, 정결한 입에서는   695
포르밍크스⁴⁴에 맞춰
노랫소리가 흘러나오기를!

(좌4) 그리고 나라를 다스리는 민회는,
공공의 안녕을 보살피는 권력은
두려움 없이 그 지위를 유지하기를!   700
이방인들에게는, 아레스가 무장하기 전에,
모욕하는 일 없이 계약에 따라
그들의 권리를 부여하기를!

(우4) 그들은 나라를 지켜주시는 나라의 신들을
조상대대로 내려온 관습에 따라 늘 경배하기를,   705
월계관을 쓰고는 제물로 바칠 황소를 호송하며.
부모에게 효도하는 것이야말로
가장 존경스러운 여신인 정의의 여신이

기록해둔 세 번째 법이니까요.

다나오스 (언덕 위에서) 얘들아, 그런 현명한 기도를 하다니, 너희들을 710
칭찬하지 않을 수 없구나. 그러나 아버지한테서 뜻밖의
소식을 듣더라도 두려워 떨지 않도록 하여라.
탄원자들을 보호해주던 이 망대로부터 저기 그 배가
보이니 말이다. 쉽게 알아볼 수 있어. 돛들의 생김새하며,
배를 지켜주는 측벽하며, 두 눈으로 나아갈 길을 살피며 715
배의 맨 후미에 있는 키의 지시에는 너무나
고분고분 따르지만 우리에게는 그리 반갑지 않은
이물하며 결코 내 눈을 속이지 못하지. 이제는
갑판 위에 있는 사람들까지 눈에 보이는데,
가무잡잡한 사지가 흰 겉옷과 대조를 이루고 있구나. 720
다른 배들도 뚜렷이 보이는데, 모두 증원 함대가
분명해. 저기 기함이 돛을 말고 요란하게
노를 저으며 해안에 접근하고 있구나.
이제 너희들은 다가올 일에 차분하고 신중하게
대처하며 여기 계신 신들을 생각해야 할 것 같구나. 725
나는 곧 구원자들을, 대변인들을 데리고 돌아오겠다.
혹시 저들이 보낸 전령이나 사절이 다가와
너희들을 점유하고는 끌고 갈지도 모르니까.
그러나 그런 일은 일어나지 않을 테니 겁내지 마라.
하지만 우리의 도움이 지연되더라도, 이곳에서는 730
보호받을 수 있다는 점을 잊지 않는 것이 좋겠구나.
안심해라. 신을 존중하지 않는 자는 정해진
날이 차면 언젠가 그 대가를 치르는 법이니까.

코로스장 두려워요, 아버지. 날랜 날개를 단 배들이
  다가와요. 우리에게 남은 시간은 많지 않아요. 735
  (다나오스, 언덕에서 내려온다)

(좌1) **45**

코로스 저는 진실로 두렵고 겁이 나요.
  머나먼 도주가 과연 내게 도움이
  될까 싶어서. 아버지, 불안해 죽겠어요.

다나오스 애들아, 아르고스인들의 결정은 유효하니, 안심하거라.
  그들은 너희들을 위해 틀림없이 싸울 것이다. 740
코로스장 아이귑토스의 자식들은 망종들이고 제정신이 아니며
  전쟁에 물리지 않아요. 그 점은 아버지께서도 알고 계시죠.

(우1)

코로스 그들은 선재를 이어 붙이고 검은 칠을 한
  배들을 타고 왔어요, 우리에게 원한을 품고,
  검은 살갗의 군사들을 많이 거느리고. 745

다나오스 그리고 이곳에 당도한 그들은 한낮의 열기 속에서
  전투를 위해 팔을 단련한 많은 사람들을 발견할 것이다.
코로스장 아버지, 제발 우리를 혼자 내버려두지 마세요. 여자는
  혼자 있으면 아무것도 아니에요. 투지가 없으니까요.

(좌2)

코로스 파멸만 생각하고, 간계만 꾀하고, 750

　　　　　마음이 불손한 저들은 까마귀 떼처럼
　　　　　어떤 제단도 존중하지 않을 거예요.

다나오스　애들아, 저들이 너희들에게처럼 신들에게도
　　　　　미움 받는다면, 우리한테는 매우 유리할 텐데.
코로스장　저들이 여기 이 삼지창과 신들의 존엄을 어려워하여　　755
　　　　　우리에게서 손을 떼는 일은 없을 거예요, 아버지.

　　(우2)

　코로스　마음이 너무나 교만하고, 불경한 반항심으로
　　　　　가득차고, 탐욕에 미치고, 개처럼 뻔뻔스러운
　　　　　저들은 결코 신들을 존중하지 않을 거예요?

다나오스　하지만 늑대는 개보다 더 강하고, 뷔블로스⁴⁶ 열매는　　760
　　　　　밀 이삭을 당해내지 못한다⁴⁷는 속담도 있지 않느냐.
코로스장　저들은 성이 나면 괴물처럼 제정신을 잃고
　　　　　무도하니, 마땅히 저들의 힘을 경계해야 해요.

다나오스　함대는 의장하는 데 시간이 걸리지만
　　　　　상륙하는 데도 시간이 걸리지. 닻을 안전하게　　765
　　　　　바다에 내린다 하더라도 선장은 너무 서둘러
　　　　　밧줄을 육지에 매서는 안 되니 말이다.
　　　　　특히 포구가 없는 육지에 접근하고 해가 져서
　　　　　밤이 되기 시작할 때는 말이다. 밤은 유능한
　　　　　키잡이에게도 심한 고통을 안겨주곤 하지.　　770
　　　　　그리고 배가 안전하게 닻을 내리기 전에

군사들이 상륙한다는 것은 바람직하지 않아.
너는 명심하고, 불안할 때는 신들을 생각해라.
가서 도움을 구하는 대로 나는 이리로 발길을
돌릴 것이다. 몸은 늙었지만 혀와 마음은 젊은
이 사자(使者)를 도시는 나무라지 않겠지. 775

(다나오스 퇴장)

코로스48(좌1) 오오, 언덕 많은 나라여, 존경받아 마땅한 곳이여,
우리는 어떻게 되지요? 우리는 아피아 땅 어느 곳으로
도망가야 하며, 어디서 숨겨줄 동굴을 발견하지요?
오오, 나는 검은 연기가 되어
제우스의 구름 가까이까지 올라가거나, 780
날개도 없이 눈에 띄지 않게 날아올라
먼지처럼 사라져 없어졌으면!

(우1) 내 마음은 더이상 전율에서 치유되지 않으며,
내 심장은 가슴속에서 검게 고동치는구나. 785
아버지 말씀이 맞았어. 나는 불안해 죽겠어.
차라리 밧줄의 고에
목을 매달아 죽고 싶어,
저주받은 남자가 내 몸에 손대기 전에. 790
그전에 나는 죽어서 하데스를 주인으로 섬기고 싶어.

(좌2) 대체 대기의 어디쯤에 왕좌가 있어,
눅눅한 안개가 거기 부딪쳐 눈이 될까?
아니면 염소는 오르지 못하고 795

독수리만 맴도는 외로운 절벽이 있어,
내가 저 아래로 추락하는 것을
보아줄 수 있을까?
내가 강요에 못 이겨
가슴을 찢는 혼인을 하기 전에.

(우2) 그때는 이 나라에 사는 개들과 새들의   800
밥이 되는 것을 나는 거절하지 않으리.
죽음만이 눈물겨운 고통에서
해방되게 해주니까.
죽음이여, 오라.
내가 결혼 침상에 들기 전에.   805
나를 결혼에서 해방시켜줄 길을
어디서 발견할 수 있을까?

(좌3) 하늘에 계신 신들을 향해
소리 높이 애원의 노래를 불러라,
구원과 평화가 오게 해달라고.   810
아버지, 이 투쟁을 보십시오.
폭력을 상냥하신 눈으로
보지 마시고, 도리에 따라
그대의 탄원자들을 보호해주소서.   815
대지의 전능하신 주인이신 제우스여!

(우3) 아이귑토스의 아들들이, 교만하고도
역겨운 남정네들이 도망치는 나를

괜히 고함을 지르고 법석을 떨며
서둘러 뒤쫓아와서는 820
폭력으로 나를 잡으려 합니다.
그러나 어디서나 저울대를 잡는 분은
그대입니다. 대체 무슨 일이 그대 없이
인간들에게 이루어질 수 있겠습니까?
(이집트인들의 전령이 무장한 수행원들을 데리고 다가오는 것이 보인다)

오오, 아아! 825
저기 배에서 내린 도둑놈이 해안에서 뭍으로
다가오고 있구나. 그전에, 도둑놈이여, 그대가 죽었으면!

오오, 아아!
저들이 내리는 것을 내 눈으로 보아야 하다니.
나는 비명소리가 울려 퍼지게 하리라.

나는 내게 가해질 노고의, 폭행의 830
전주곡을 보는구나. 아아,
어서 피난처로 도망가요.

당돌하고 역겨운 무리, 배 위에서
득실대더니 지금은 뭍에서 득실대는구나.
이 나라의 국왕이여, 우리를 보호해주소서! 835
(코로스는 언덕 위의 제단들로 도주한다)

전령 (무장한 수행원들을 거느리고 등장하며)

어서어서 발걸음을 재촉해 배에 오르시오.
그리 하지 아니하면 끌고 가고 연행하고
칼로 찌르고 피투성이가 된 목을 벨 것이오.   840
어서어서 배에 오르시오. 아니면 그대들은 끝장이오.

(좌1)⁴⁹

코로스 그대가 조수가 심한 짠 바닷길에서
         그대 주인의 교만과 함께, 못으로   845
         선재를 이어 붙인 배 안에서 익사했더라면!

전령 피투성이가 된 그대를 배로 끌고 갈 것이오.
      그대가 어서 이곳을 떠나지 않는다면.
      내 이르노니, 그대는 강압에 순응하시오.
      욕망과 미망을 버리시오. 이봐요, 이봐요,   850
      자리에서 일어나 배 있는 곳으로 움직이시오.
      명예도 없고 도시도 없는 자를 나는 존중하지 않아요.

(우1)

코로스 그대는 소떼를 기르는 강물을, 그 힘에서   855
         인간들에게 생명을 낳는 피가 솟아오르는
         강물을 두 번 다시 보지 말았으면!

전령 나는 그곳에서 오래되고 오래된
      오랜 귀족 가문 출신이오.   860
      그대는 어서 배에, 배에 오르시오.
      원하든 원하지 않든 매일반이오.

강요에 의해 강압에 의해 앞으로 움직이시오.
걸어가시오, 그대가 불상사를 당하지
않으려거든, 내 주먹에 맞아 죽지 않으려거든. 865

(좌2)

코로스 아아, 아아!
그대 자신이 짙은 안개 속에서
짠 바닷물의 파도 사이를 지나
사르페돈[50]의 모래 무덤으로
표류하다가 아무 도움도 870
받지 못하고 죽었으면!

전령 울고불고 법석을 떨며 신들을 불러보시구려.
그대는 결코 아이깁토스의 배를 뛰어넘지
못하리라, 아무리 비통하게 운다 해도. 875

(우2)

코로스 오오, 오오!
그대가 이곳에서 큰소리치며 개처럼 짖어대다니,
이 나라에 무슨 망신인가!
위대한 네일로스강의 하신께서
그대가 교만을 떠는 것을 보시고는 880
그대의 교만을 익사시키셨으면!

전령 명령하건대, 가서 뱃머리를 바다 쪽으로 돌려놓은
배에 오르시오. 되도록 빨리. 아무도 지체하지 마시오.

머리끄덩이를 잡고라도 끌고 가지 못할 줄 아시오?

(좌3)

코로스　아아, 아버지, 신상(神像)도 나를 속이고　　　　　　　　　885
　　　　보호해주지 않는군요. 나를 바다 쪽으로
　　　　끌고 가요. 거미처럼 한 걸음 한 걸음.
　　　　이건 꿈이에요. 검은 꿈이에요.
　　　　어이구머니!
　　　　어머니 대지여, 어머니 대지여,　　　　　　　　　　　　　　890
　　　　이 무서운 고함소리를 막아주소서.
　　　　대지의 아드님이신 아버지 제우스여!

전령　　이곳의 신들이라면 나는 조금도 두렵지 않소.
　　　　그들의 보호 아래 자라지도 늙어가지도 않았으니까.

(우3)

코로스　발 둘 달린 뱀이, 독사가 달려와　　　　　　　　　　　　895
　　　　내게 덤벼드는구나.
　　　　그것이 물지 못하도록
　　　　무엇이 막아줄까?
　　　　어이구머니!
　　　　어머니 대지여, 어머니 대지여,　　　　　　　　　　　　　　900
　　　　이 무서운 고함소리를 막아주소서.
　　　　대지의 아드님이신 아버지 제우스여!

전령　　누군가 자진해 배 있는 곳으로 가지 않으면

그녀의 고운 옷이 사정없이 찢겨 누더기가 될 것이오.

코로스   우린 망했어요. 주인이여, 말할 수 없는 수모를 당하고 있어요.   908
전령   주인이라면 많지요. 그대들은 곧 아이귑토스의 아들들을 보게
      될 것이오. 안심해요. 그때는 주인 없다는 말은 안 할 테니까.
코로스   도시의 지도자들이여, 수장들이여, 우린 폭행당하고 있어요.   905
전령   그대들의 머리끄덩이라도 잡고 끌고 가야 할 것 같소.
      그대들이 내 말을 귀담아듣지 않으니 말이오.   910

(펠라스고스, 무장한 수행원들을 데리고 등장)

펠라스고스   이봐, 이게 무슨 짓이냐? 대체 무슨 억하심정으로
      펠라스고이족의 이 나라를 이렇듯 모욕하는 것이냐?
      자네는 여인들의 도시에 와 있는 줄 아는가?
      야만인인 주제에 헬라스인들에게 너무 방자하구나.
      아무리 횡포를 부려도 자네는 아무것도 얻지 못하리라.   915
전령   횡포라니요. 내가 무슨 불법 행위를 했다는 거죠?
펠라스고스   자네는 이방인으로서 처신할 줄을 모르는구려.
전령   어째서죠? 내가 잃어버린 것들을 찾아서 가져가는데.
펠라스고스   자네는 이 나라에서 어떤 보호자에게 의뢰했던가?[51]
전령   가장 위대한 보호자인, 찾게 도와주시는 헤르메스요.   920
펠라스고스   자네는 신에게 의뢰했다면서 전혀 신들을 존중하지 않는구나.
전령   네일로스강 주변의 신들은 존중하지요.
펠라스고스   하나 방금 자네 입으로 말했듯, 이곳 신들은 전혀 존중하지 않는구나.
전령   아무도 방해하지 않는다면 나는 이들을 끌고 가겠소.
펠라스고스   이들에게 손을 댔다가는 울게 될 것이야. 그것도 당장.   925
전령   내가 들은 것은 손님에게 하는 상냥한 말씀은 아니군요.
펠라스고스   나는 신전을 모독한 자는 친구로 삼지 않네.

전령　그러면 가서 아이귑토스의 아들들에게 그렇게 전하겠어요.
펠라스고스　나는 개의치 않을 테니 자네 마음대로 하게.
전령　하지만 내가 잘 알고 더 소상히 전할 수 있도록　　930
　　　- 무엇이든 분명히 전하는 것이 전령의 의무이니까요 -
　　　내가 다시 배 있는 곳으로 돌아가면 뭐라고 할까요?
　　　이 친족 여인들의 무리를 누구에게 빼앗겼다고 할까요?
　　　이번 일은 아레스가 결코 증인들에 의해 판결을
　　　내리지도 않고, 돈을 받고 분쟁을 해결하지도　　935
　　　않을 거요. 천만에, 그전에 수많은 남자들이
　　　쓰러져 목숨을 걷어차게 될 테니까요.
펠라스고스　내가 왜 자네에게 내 이름을 대야 하나? 때가 되면
　　　자네도, 자네와 함께 배 타고 온 자들도 알게 될 텐데.
　　　여기 이 여인들은 본인들이 원하고 진심으로 바란다면　　940
　　　데려가도 좋네. 고운 말로 설득할 수 있다면.
　　　이 나라 온 백성들이 만장일치로 가결했다네,
　　　어떤 일이 있어도 여인들의 무리를 폭력에
　　　넘겨주지 않기로 말일세. 그리고 이 법령은 단단히
　　　못질되어 있고, 요지부동으로 고정되었네.　　945
　　　물론 그것은 서판에 기록되어 있는 것도 아니고
　　　문서의 지면(紙面)에 봉인되어 있는 것도 아니며,
　　　자네는 한 자유인의 입에서 그것이 공표되는 것을
　　　듣고 있네. 이젠 내 눈앞에서 어서 사라지게!
전령　곧 새로운 전쟁이 시작될 것 같군요.　　950
　　　승리와 우위는 남자들의 몫이 되기를!
펠라스고스　자네들은 이 나라 주민들이야말로 진정한 남자들임을
　　　알게 되리라. 그들은 보리술이나 마시는 자들이 아닐세.

(전령, 무장한 수행원들을 데리고 퇴장)

그대들은 모두 충실한 하녀들 무리와 함께
안심하고 높다란 성벽들로 정교하게 둘러싸인   955
안전한 도시로 들어가도록 하시오.
그곳에는 백성들 소유의 공관(公館)들이 많이 있고,
내가 살고 있는 집도 비좁은 편은 아니오.
그곳에서 그대들은 넓은 집에서 많은 사람들과
함께 살 수도 있고, 또 그대들만 좋다면   960
그대들을 위해 단독주택도 마련되어 있소.
그중에 가장 좋고 가장 바람직한 것을 마음대로
고르도록 하시오. 그리고 나와, 이런 결의를 한
모든 시민이 그대들의 보호자가 될 것이오. 어때요?
그대들은 더 실권 있는 자들을 기다리고 있소?   965

코로스장 좋은 일을 한 그대에게 좋은 일이 생기기를,
펠라스고이족의 고귀한 수장이여!
부디 마음이 담대한 우리 아버지 다나오스를
이리 보내주세요, 우리를 위해 염려해주시고
조언해주시도록. 우선 우리가 어디 사는 것이   970
어울리고, 어떤 곳이 우리에게 맞는지
염려하는 것은 그분 몫이니까요. 사람은 누구나
이방의 말을 하는 자들을 비난하기 마련이니까요.
만사가 뜻대로 되었으면!
그리고 이곳 주민들에게 성난 말을 듣지 않고   975
좋은 평판을 유지했으면!

(펠라스고스, 수행원들을 거느리고 퇴장)

사랑하는 하녀들이여, 너희들은 각자 제 자리로
가거라. 우리들 각자에게 봉사하도록 다나오스께서
너희들을 지참금으로 주셨던 그대로 말이다.

(다나오스, 무장한 수행원들을 데리고 등장)

다나오스   애들아, 너희들은 아르고스인들을 위해 기도하고   980
제물을 바치고 헌주해야겠다. 올륌포스의 신들에게 하듯.
그들은 망설이지 않고 너희들을 구해주었으니 말이다.
그들은 자기 동포들인 너희가 당한 일을 내게서 듣고
너희들에게는 호감을 가졌으나 사촌들에게는 분개했단다.
그리고 그들은 여기 이 창병들을 호위병으로 내게   985
붙여주었다. 내가 명예를 얻어 존경받게 하려고,
또 뜻밖에 창에 맞아 죽는 일이 없게 하려고.
그것은 이 나라에 영원히 벗을 수 없는 짐이 될 테니까.
너희들에게 주어진 이 모든 것에 대해서 진심으로
감사하며 나에게보다 그들에게 더 경의를 표하도록 해라.   990
그러니 너희들은 아버지한테 들은 수많은
다른 조언에 덧붙여 이 점을 마음에 새기도록 해라.
모르는 무리를 꿰뚫어보자면 시간이 걸린다.
하지만 이주해온 사람은 누구에게나 나쁜 말을
듣게 되고, 모함의 대상이 되기 일쑤다.   995
그래서 내 너희들에게 이르노니, 너희들은 남자들의
이목을 끄는 그 나이에 나를 망신시키지 말아다오.
과일도 다 익은 것은 자신을 지키기가 결코 쉽지 않다.
짐승들과 사람들이 건드리니까. 왜 안 그렇겠니?

```
           즙이 많은 과일을 먹어보라고 온갖 길짐승들과                    1000
           날짐승들을 퀴프리스⁵²가 초청하며, 과일들이
           그대로 가만있지 못하도록 식욕을 돋우니 말이다.
           마찬가지로 처녀들의 풍만한 아름다움을 보게 되면
           지나가던 남자는 누구나 애욕에 제압되어
           사람을 호리는 눈길의 화살을 보내곤 하지.                      1005
           그것을 피해 우리가 갖은 고생을 하며 수많은
           바다를 항해했던 그런 운명은 피하도록 하자꾸나.
           그리고 우리 자신에게는 치욕을, 우리의 적들에게는
           기쁨을 안겨주지 말도록 하자. 우리에게 마련된
           거처는 두 채다. 하나는 펠라스고스가, 하나는              1010
           도시가 제공한 것이다, 무료로. 다행이지 뭐니.
           다만 이 아비의 충고를 명심하여, 단정한 품행을
           인생 자체보다 더 높이 평가하도록 해라.
코로스장   다른 일들에서는 올륌포스의 신들께서 우리에게 행운을
           주시기를! 한창나이에 관해서라면 걱정 마세요, 아버지!      1015
           신들께서 어떤 새로운 일을 계획하지 않으셨다면
           저는 제 마음의 이 궤도에서 결코 벗어나지 않을 테니까요.
```

(좌1)⁵³

코로스 자, 도시로 가요, 도시의 주인들을,
        도시를 지켜주시고 태고 적부터
        에라시노스⁵⁴ 강 유역에 거주하는   1020
        축복받은 신들을 칭송하며.
        하녀들이여, 우리 노래에 화답하여,
        펠라스고이족의 도시는 찬양하되,

네일로스강의 하구는 더이상
노래로 찬미하지 마라!   1025

(우1)   이 나라를 유유히 흘러가며
       아이들이 많이 태어나게 하고
       기름진 강물로 이 땅의 토양을
       기쁘게 해주는 강들을 노래하라.
       정결하신 아르테미스여, 측은지심으로   1030
       이 행렬을 굽어보소서. 퀴테레이아⁵⁵는
       우리가 결혼 침상에 들도록 강요하지 마소서.
       차라리 이 씨름이 죽음으로 끝나기를!

(좌2)

하녀들의 코로스   우리 일행은 퀴프리스를 생각하는 것이
       즐거워요. 그녀는 헤라와 권세가 같고   1035
       제우스에 가장 가까워요. 변덕스러운
       여신이지만 그녀는 진지한 의식에 의해
       경배받고 있어요. 동경과,
       무슨 요구를 하든 거절할 수 없는 설득이
       사랑스러운 어머니인 그녀와 함께하지요.   1040
       아프로디테는 화합에게도, 사랑의 신들의
       속삭임에도 역할을 주었지요.

(우2)   도망하는 우리에게 세찬 바람과 사악한 재앙과
       피비린내나는 전쟁이 닥칠까 지레 겁이 나요.
       저들이 급히 우리를 추격할 수 있도록   1045

어째서 순풍이 불어주었을까?
운명으로 정해진 것은 이루어지고야 마는 법.
제우스의 헤아릴 수 없는 위대한 뜻을
누가 거역할 수 있겠는가.
이전의 수많은 여인들이 그랬듯이, 1050
그대들도 결국은 결혼하게 되겠지요.

(좌3)

코로스 위대하신 제우스께서 내가 아이귑토스의
아들과 결혼하는 것을 막아주시기를!
하녀들의 코로스 역시 그것이 상책일 텐데요.
코로스 너는 호릴 수 없는 사람을 호리려 하는구나. 1055
하녀들의 코로스 아기씨는 무슨 일이 일어날지 모르고 계세요.

(우3)

코로스 내가 어찌 제우스의 깊은 뜻을
헤아릴 수 있겠느냐?
하녀들의 코로스 그러니 기도도 적절하게 하세요.
코로스 어떻게 절제하는 게 좋겠느냐? 1060
하녀들의 코로스 신들의 뜻에 거역하지 마세요.

(좌4)

코로스 제우스 왕께서는 싫은 남자와의
가증스러운 결혼에서 나를
구해주소서. 그분은 전에
약손으로 어루만지시어 1065

사랑의 힘을 과시하며
이오를 구해주셨나이다.

(우4) 여인들이 승리하게 해주소서!
악이 더 우세하지 않고 삼분의 일에만
그친다면 나는 만족이에요. 1070
그리고 정의에 따라 판결이 내려지고,
내가 기도한 대로, 신께서 우리에게
구원받을 방도를 마련해주신다면!

결박된 프로메테우스
Prometheus desmotes

작품 소개

『결박된 프로메테우스』는 아이스퀼로스 작이 아니라, 그의 사후에 다른 사람이 완성하거나 썼을 것으로 추정하는 이들도 있다. 운율, 문체, 공연 기술 등에서 그의 전해지는 다른 6편의 비극과는 판이하게 다르고, 그의 작품들 가운데 유일하게 '공연자료집'(didaskalia)에 공연 정보가 남아 있지 않기 때문이다. 하지만 그의 작품 90편 가운데 지금 7편만 남아 있음을 고려할 때 속단할 수 없다는 신중론자들도 있다.

프로메테우스는 전에 제우스를 도와 티탄 신족을 이기고 올륌포스 신족의 시대를 열게 해주었건만, 불을 훔쳐다 주고 기술을 가르쳐주는 등 인간들을 편들다가 제우스의 미움을 사 헤파이스토스 등에 의해 카우카소스산의 높은 암벽에 결박당한다. 이때 암소로 변신한 이오가 그곳을 지나자 프로메테우스는 그녀에게 미래사를 말해주며 제우스가 몰락하게 될 것이라고 예언한다. 이오가 떠난 뒤 헤르메스가 나타나 제우스가 몰락하게 될 비밀을 말해주기를 요구하지만, 프로메테우스는 끝까지 거절하다가 제우스의 벼락으로 산산조각이 난 바위조각들과 함께 심연 속으로 가라앉는다.

등장인물

힘과 폭력

헤파이스토스

프로메테우스

코로스 오케아노스의 딸들로 구성된

오케아노스

이오 아르고스의 왕 이나코스의 딸

헤르메스

이 작품의 대본은 Aeschylus, *Prometheus Bound* edited M. Griffith, Cambridge University Press 1983의 그리스어 텍스트다. 주석은 이 책에 있는 M. Griffith의 것을 참고했다. 현대어 번역 중에서는 Vellacott (Penguin Books 1961), D. Grene (University of Chicago Press 1942), J. Scully/C. J. Herington (Oxford 1975)의 영어 번역과 J. G. Droysen (Kröner 1939), O. Werner (Tusculum ³1980) E. Staiger (Philipp Reclam 2002)의 독일어 번역을 참고했다.

장소 그리스에서 북서쪽으로 멀리 떨어진 외딴 곳. 암벽 너머로 바다가 보인다.

힘[1] 우리는 대지의 가장 먼 경계에 도착했소이다.
여기가 바로 스퀴티스 땅으로 인적미답의 황무지요.
헤파이스토스여, 그대는 어서 아버지[2]의 명령을
이행하시오. 여기 이 주제넘은 자를 강철 사슬의
부술 수 없는 족쇄로 높고 가파른 바위에   5
붙들어 매란 말이오. 그자는 그대의 꽃을,
무엇이든 만들어내는 불의 광채를 훔쳐내
필멸(必滅)의 인간들에게 주었기 때문이오.
그 죗값으로 그자는 신들에게 벌 받아 마땅하오.
그래야만 그자는 제우스의 통치에 순응하여 인간을   10
사랑하는 태도를 버리는 법을 배우게 될 테니까요.

헤파이스토스 힘과 폭력이여, 그대들 둘은 제우스의 명령을
완수했으니, 더 이상 할 일이 없소이다.
하지만 나는 차마 내 친척[3] 신을 폭풍 몰아치는
암벽에 강제로 붙들어 맬 용기가 나지 않는구려.   15
그럼에도 이 일을 위해 나는 용기를 내지 않을 수 없구려.
아버지 말씀을 무시하는 것은 위험하니까.
(프로메테우스에게) 바른 조언을 하는 테미스의
생각이 원대한 아들이여, 그대도 나도 원치 않는 일이지만
나는 풀 수 없는 청동으로 이 인적미답의 절벽에   20

그대를 꽁꽁 붙들어 매지 않을 수 없소. 그러면 그대는
이곳에서 인간의 음성과 모습을 듣지도 보지도 못하며,
작열하는 태양의 열기에 그을려 꽃다운 살갗을 잃을 것이오.
그때는 별빛 찬란한 옷을 입은 밤이 햇빛을 가려주고,
새벽 서리를 다시 태양이 쫓아주면 그대는 그것이   25
반가울 것이오. 그리고 항시 곤란한 일이 생겨 그대는
지쳐 녹초가 될 것이오. 이것이 바로 인간을 사랑하는
그대의 태도가 그대에게 가져다준 결실이오. 그대는
자신이 신이면서도 신들의 노여움 앞에 움츠려들지 않고
인간들에게 과분한 명예를 주었소.   30
그 대가로 그대는 아무런 기쁨도 없는 이 바위를
지키게 될 것이오. 곧추서서는 잠도 자지 못하고, 무릎도
구부리지 못한 채. 그대는 수많은 탄식과 비명을 내뱉게
되겠지만 다 소용없는 짓이오. 제우스의 마음은 달래기
어려우니까요. 새로 권력을 쥔 자는 누구든 가혹한 법이오.   35

힘 자, 자! 그대는 왜 꾸물대며 쓸데없이 동정을 보이는 게요?
    그대는 왜 신들에게 미움 받는 신을 미워하지 않는 게요?
    그자는 그대의 특권⁴을 인간들에게 내주지 않았던가요?

헤파이스토스 친족관계란 것은 강력한 것이오. 친교(親交)도 그렇고.

힘 그건 그렇소. 하지만 아버지⁵의 말을 듣지 않는 것,   40
    그건 어떻고요? 그대는 그게 더 무섭지 않나요?

헤파이스토스 그대는 언제나 잔인하고 과감하기 짝이 없구려.

힘 그자를 위해 울어봤자 아무 소용 없어요.
    무익한 일에 쓸데없이 헛수고하지 마시오.

헤파이스토스 오오, 내 손재주여, 나는 네가 정말 밉구나!   45

힘 손재주는 왜 미워하시오. 솔직히 그자가 처한 지금의

	이 어려운 처지에 그대의 손재주는 전혀 책임이 없을 텐데요.
헤파이스토스	이 손재주가 다른 이에게 주어졌더라면 좋았을 것을!
힘	모든 소임은 다 괴로운 법이오. 신들을 다스리는 것 말고는.
	제우스 외에는 아무도 자유롭지 못하니 말이오. 50
헤파이스토스	이것들[6]을 통해 그런 줄 알았소. 내 반박하지 않겠소이다.
힘	그렇다면 어서 여기 이자에게 사슬을 두르시오.
	그대가 늑장부리는 것을 아버지께서 보시지 않도록.
헤파이스토스	자, 보시오. 여기 사슬이 준비되어 있소이다.
힘	그자의 손에 그것을 채우고는 망치를 힘껏 휘둘러 55
	바위에 그자를 꽁꽁 붙들어 매시구려!
헤파이스토스	나는 벌써 내가 할 일을 하고 있소이다. 그것도 실수 없이.
힘	더 세게 치시오. 바짝 죄시오. 한군데도 느슨해서는 아니 되오.
	그자는 교활해 어떤 궁지에서도 빠져나갈 길을 찾아낼 수 있소.
헤파이스토스	여기 이 팔은 단단히 묶여 절대로 풀 수 없을 거요. 60
힘	이번엔 이쪽 팔도 못으로 단단히 고정시키시오.
	제아무리 교활해도 제우스보다는 굼뜨다는 것을 알도록.
헤파이스토스	여기 이 프로메테우스만이 내 작업을 정당하게 흠잡을 수 있을 것이오.
힘	이번에는 강철 쐐기의 무자비한 이빨을
	그자 가슴에 힘껏 두들겨 박으시오.[7] 65
헤파이스토스	프로메테우스여, 내 그대의 고통을 보니 탄식이 절로 나는구려.
힘	그대는 또 꾸물대며 제우스의 적을 위해 탄식하는 게요?
	언젠가 그대 자신을 동정하는 일이 없도록 조심하시오.
헤파이스토스	그대는 차마 눈 뜨고 볼 수 없는 광경을 보고 있소.
힘	나는 여기 이자가 정당한 대가를 치르는 것을 보고 있소. 70
	자, 그자의 양 옆구리에 무쇠 띠를 두르시오!
헤파이스토스	어차피 내가 하지 않을 수 없는 일이니, 너무 재촉하지 마오.

힘	내 이번에는 정말로 재촉하고, 몰아대기까지 하겠소.
	그대는 아래로 내려와 그자의 양다리에 쇠고리를 채우시오.
헤파이스토스	내 그 일도 해치웠소이다, 오래 수고하지 않고.	75
힘	이번에는 구멍 뚫린 족쇄들을 힘껏 쳐서 고정시키시오.
	이 일을 검사하실 분[8]은 엄한 분이라오.
헤파이스토스	그대는 말하는 것과 생긴 것이 똑같소 그려.
힘	그대나 나약하시고, 내 완고함과
	거친 기질은 제발 헐뜯지 말아주시오!	80
헤파이스토스	자, 갑시다. 그는 사지가 그물에 감겨 있소.
힘	(프로메테우스에게)

이제는 여기서 오만불손하게도 신들의 특권들을 훔쳐내어
그대의 하루살이들[9]에게 줘보시지. 필멸의 인간들이
어떻게 그대의 고통을 덜어줄 수 있을까? 신들이 그대를
'사전에 생각하는 자'[10]라고 부르는 건 잘못되었소. 85
이 정교한 그물에서 어떻게 빠져나갈 수 있을지,
그대 스스로 '사전 생각'이 필요하게 되었으니 말이오.

(헤파이스토스와 힘과 폭력, 퇴장)

프로메테우스[11]	오오, 고귀한 대기여, 날랜 날개의 바람의 입김이여,
	강의 원천이여, 바다 위 파도의
	무수한 미소들이여, 만물의 어머니 대지여,	90
	그리고 만물을 굽어보는 둥근 태양이여,
	내 그대들을 부르고 있습니다. 그대들은 보시오,
	신인 내가 신들로부터 어떤 일을 당하는지!

보아두시오, 내가 어떤 모욕과 고통에 시달리며

만 년 동안이나 괴로워하게 될 것인지!
축복받은 신들의 새 지도자가 나를 위해
이런 모욕적인 결박을 생각해냈소.
아아, 나는 현재의 고통과 미래의 고통을
동시에 한탄하고 있소이다. 앞으로 어떻게
내 이 고난에 종말이 밝아올 것인가?

한데 내가 지금 무슨 말을 하고 있는가?
앞으로 있을 일을 나는 다 알고 있으며,
어떤 고통도 느닷없이 나를 찾아오는 일은 없으리라.
내게 정해진 운명을 나는 되도록 가볍게 견뎌내야 해.
필연의 힘에 맞서 싸울 수 없다는 것을 나는 잘 아니까.
하지만 이런 내 운명에 대해 침묵을 지키는 것도,
침묵을 지키지 않는 것도 내게는 불가능하구나.
인간들에게 큰 특권을 선물한 까닭에 나는 이런
고통의 멍에를 지고 있는 거야. 나는 회향풀[12] 줄기에
싸서 불의 원천을 훔쳐냈는데, 인간들에게 그것은
온갖 기술의 교사(教師)가 되고 큰 도움이 되었지.
그런 죄를 지은 까닭에 나는 지금 벌을 받고 있어.
노천에서 사슬에 꽁꽁 묶인 채.

아니, 아니, 이게 뭐지?
무슨 소리가, 무슨 냄새가 눈에 보이지 않게 다가오는 거지?
신들의 것일까, 인간들의 것일까, 아니면 둘이 섞인 것일까?
대지의 끝에 있는 이 암벽을 찾아오다니,
내 고통을 보려고? 아니면 무엇을 원해서?

그렇다면 보시구려. 사슬에 묶인 이 불행한 신을,

인간들을 너무나 사랑했기에   120

제우스의 적이 되고,

제우스의 궁전으로 들어가는

모든 신들에게 미움 받는 이 모습을!

아아, 새들이 윙윙거리는 소리 같은 것이

들려오는구나. 날개를 가볍게 쳐대니   125

대기도 덩달아 윙윙 울리는구나.

무엇이 다가오든 나는 두렵기만 하구나.

(코로스, 날개 달린 마차를 타고 공중에 등장)

(좌1)¹³

코로스 두려워하지 마세요. 우리 일행은

아버지의 마음을 간신히 설득하여

날개들이 서로 속력을 다투는 가운데   130

그대의 친구로서 이 암벽을 찾아왔으니까요.

빨리 날라다주는 바람이 우리를 데려다주었어요.

요란한 망치 소리가 우리 동굴의 맨 안쪽까지

들려와, 나는 수줍음도 잊어버리고

이렇게 샌들도 신지 않은 채

날개 달린 마차에 뛰어올랐어요.   135

프로메테우스 아아, 아아!

자식이 많은 테튀스의 따님들이여,

쉴 새 없이 온 대지를 감돌아 흐르는

아버지 오케아노스의 따님들이여,
그대들은 똑똑히 보시오.   140
내가 어떻게 사슬에 묶이고 못으로 고정된 채
우뚝 솟은 이 암벽 꼭대기에서
아무도 부러워하지 않는 파수를 보고 있는지!

(우1)

코로스 보고 있어요, 프로메테우스 님.
그대가 강철에 묶여 이런 수모를   145
당하며 암벽에서 시들어가는 것을
보고 있자니, 나는 두려움에
눈물이 앞을 가려요.
새로운 키잡이들이 올륌포스를 통치하고
있기 때문이죠. 제우스는 법도를   150
무시한 채 새 법에 따라 통치하며,
전에 강력하던 것을 지금 말살하고 있어요.

프로메테우스 그가 풀 수 없는 사슬들로 나를
잔혹하게 묶어 지하로, 죽은 자들을 받아들이는
하데스[14]의 집으로, 끝없는 타르타로스[15]로   155
보내버렸다면 좋았을 것을! 신도, 다른 어떤 자도
내 이 꼴을 보고 좋아할 수 없도록.
한데 나는 가련하게도 바람의 노리개가 되어
고통을 당하고 있구나. 내 적들이 기뻐하도록.

(좌2)

코로스 신들 가운데 누가 이런 일을 보고
기뻐할 만큼 마음이 가혹하겠어요?
누가 그대의 불행에 함께 분개하지 않겠어요,
제우스만 빼고? 그는 악의에 차
언제나 굽힐 줄 모르는 마음을 품고
우라노스의 자식들[16]을 제압하고 있지요.
그는 그만두지 않을 거예요. 성에 차거나,
아니면 쉬운 일은 아니겠지만 누군가
손으로 그의 통치권을 빼앗기 전에는.

프로메테우스 내 비록 족쇄에 꽁꽁 묶여 수모를 당하지만,
축복받은 신들의 우두머리[17]에게
내가 필요한 날이 반드시 올 것이오.
그의 왕홀과 왕위를 빼앗게 될
새 음모를 그에게 밝혀주도록 말이오.
그때는 꿀처럼 달콤한 설득의 말로도
나를 호리지 못할 것이며, 나도 결코
그의 무서운 위협에 굴복하여 그 비밀을
알려주지 않을 것이오. 그가 가혹한 사슬에서
나를 풀어주고, 내가 받은 이 수모에 합당한
대가를 지불하려 들기 전에는.

(우3)

코로스 그대는 용감하게도 쓰라린 고통에
조금도 굴하지 않고 거리낌없이
말하는군요. 하지만 나는

에는 듯한 공포에 마음이 불안해요.
나는 그대의 운명이 두려워요.
언제 그대가 이 고난의 종점에 무사히
상륙하는 것을 볼 수 있을까 하고.
크로노스의 아들[18]은 아무도 다가갈 수 없는
기질과 말로 설득할 수 없는 마음을 갖고 있어요.   185

프로메테우스 알고 있소. 그가 가혹하고 제멋대로
정의를 행사한다는 것을. 하지만
언젠가 반드시 마음이 온순해질 것이오.
앞서 말한 그런 식으로 타격을 받게 되면 말이오.
그때는 양보할 줄 모르는 그의 성질도 누그러져,   190
그는 나와 동맹을 맺고 친구가 되려고 그러잖아도
그러기를 바라는 나를 서둘러 찾아올 것이오.

코로스장 다 털어놓으세요. 우리에게 사실대로 말해주세요.
대체 무슨 죄를 지었길래 제우스가 그대를 붙잡아
이렇듯 불명예스럽고 가혹한 고문을 하는지.   195
우리에게 가르쳐주세요. 말해도 해를 입지 않으신다면.

프로메테우스 그에 관해서는 말하는 것도 내게는 괴로운 일이고
말하지 않는 것도 괴롭소. 어느 쪽도 괴롭긴 마찬가지요.
신들 사이에서 불화가 고개를 들어,   200
더러는 앞으로 제우스가 통치할 수 있도록
크로노스[19]를 권좌에서 축출하기를 원하고,
더러는 반대로 제우스는 절대 신들을 통치해서는
안 된다고 열을 올렸을 때, 나는 최선의 조언을 했으나

우라노스와 가이아의 자식인 티탄 신족을   205
설득할 순 없었소. 그들은 현명하고 교묘한 내 조언을
무시하고는 완고한 자신감에 차 힘들이지 않고도
완력으로 주인이 될 수 있을 거라 생각했소.
한데 테미스라고도 불리는 내 어머니 가이아[20]께서
  - 이름은 여럿이지만 사실은 한 분이시지요 -   210
미래사가 어떻게 될 것인지 누차 예언해주셨소.
힘이나 폭력에 의해 승리가 얻어지는 것이 아니라,
지략이 뛰어난 자들이 승리하게 되어 있다고 말이오.
그래서 내가 티탄 신족에게 이 모든 것을 말해주었는데
그들은 내 말을 일고의 가치도 없는 것으로 여겼지요.   215
그래서 당시의 여러 가지 가능성 가운데 내게는
역시 어머니를 모시고 제우스 편에 가담하는 것이
상책으로 보였고, 그것은 또 양측이 다 원하는 바였소.
내 조언 덕택에 타르타로스의 검고 깊은
심연이 옛날에 태어난 크로노스를   220
그의 모든 전우들과 함께 감추고 있는 것이오.
그렇듯 내 덕을 보았건만 배은망덕하게도
신들의 폭군[21]은 내게 이런 보답을 하지 뭐요.
친구들을 믿지 못하는 것이야말로
모든 폭정이 앓는 질병이니까요.   225
그대들은 내가 무슨 죄를 지었길래 그가 나를
고문하느냐 물었는데, 이제 그것을 밝히겠소.
그는 아버지의 왕좌에 앉자마자 지체 없이
여러 신들에게 저마다 다른 특권과 직위를
나눠주며 자신의 통치권을 분배했으나,   230

　　　　　　불쌍한 인간들은 거들떠보지도 않았소.
　　　　　　아니, 그는 인간들의 종족을 모조리 없애버리고
　　　　　　다른 종족을 새로 만들려 했소. 나 말고는
　　　　　　이에 반대하는 자는 아무도 없었소. 하지만 나는 과감히
　　　　　　반대했소. 그리하여 나는 인간들이 박살나서　　　　　　235
　　　　　　하데스의 집으로 내려가지 않도록 인간들을 구해주었소.
　　　　　　그 때문에 나는 견디기 괴롭고 보기 민망한
　　　　　　이런 고문을 당하고 있는 것이오. 인간들을
　　　　　　동정하다가 나 자신은 동정받을 가치가 없다고
　　　　　　여겨져 이런 무자비한 벌을 받고 있지만,　　　　　　240
　　　　　　이런 광경은 제우스에게 불명예가 될 것이오.
　코로스장　프로메테우스 님, 그대의 고통을 보고도 동정하지 않는
　　　　　　자는 틀림없이 무쇠의 심장을 갖고 있고 돌로
　　　　　　만들어졌을 거예요. 이런 광경을 보지 말았어야 하는 건데.
　　　　　　보고 나니까 너무나 가슴이 아파요.　　　　　　245
프로메테우스　그럴 테지요. 친구들에게는 내가 보기 딱하겠지요.
　코로스장　그대는 우리에게 말한 것보다 한술 더 뜨시진 않았나요?
프로메테우스　그래요. 나는 인간들이 자신의 운명을 내다보지 못하게 했지요.
　코로스장　그 병에 대해 그대는 어떤 약을 발견하셨지요?
프로메테우스　그들의 마음속에 맹목적[22]인 희망을 심어놓았지요.　　　　　　250
　코로스장　그대는 인간들에게 큰 도움을 주셨네요.
프로메테우스　게다가 나는 그들에게 불도 주었지요.
　코로스장　하루살이 인간들이 벌써 환한 얼굴의 불을 갖고 있단 말인가요?
프로메테우스　인간들은 불로부터 많은 기술을 배우게 될 것이오.
　코로스장　그러니까 그런 죄를 지었다고 제우스가 그대를…　　　　　　255
프로메테우스　고문하고 있고, 그 고통은 결코 완화되지 않을 거요.

코로스장	그리고 그대에게 이 고난의 종말은 정해져 있지 않나요?
프로메테우스	정해져 있지 않아요. 제우스에게 그럴 마음이 생기기 전에는.
코로스장	어떻게 마음이 생기죠? 그럴 희망이 있나요. 그대의 잘못이
	안 보이세요? 그대가 어떻게 잘못했는지 말한다는 것은 260
	내게도 반갑지 않고 그대에게도 괴로운 일이에요.
	그건 말하지 말기로 하고, 이 고난에서 벗어날 방도나 찾으세요.
프로메테우스	재난을 당하지 않고 그 바깥에 서 있는 자가
	고통 당한 자에게 조언하고 경고하기란 쉬운 일이오.
	사실 나는 그대가 말한 것을 다 알고 있었소. 265
	나는 의도적으로 잘못했고, 그랬음을 부인하지 않겠소.
	인간들을 도와줌으로써 나는 고난을 자초했소.
	물론 허공에 매달린 바위에서
	이웃도 없는 외딴 암벽에서
	이런 고문을 당하며 시들게 될 줄은 몰랐소. 270
	하지만 그대들은 지금의 내 처지를 슬퍼하지 마시오.
	자, 그대들은 땅에 내려와 다가올 내 미래를 들으시오.
	그대들도 사건의 전말을 알게 되도록 말이오.
	자, 내 말대로 하시오. 그리고 지금 핍박받고 있는
	나와 고통을 함께하시오. 고통은 떠돌아다니다가 275
	오늘은 갑에게, 내일은 을에게 내려앉으니 말이오.
코로스장	프로메테우스 님, 그대가 외쳤던 그 소원을
	기꺼이 이루어드릴게요. 이제 우리는
	가벼운 발걸음으로 날아다니는 날랜 마차와
	신성한 대기와 새들이 날아다니는 길을 떠나 280
	울퉁불퉁한 대지로 다가가겠어요.
	그대의 고난을 처음부터 끝까지

빠짐없이 다 듣고 싶어요.

(코로스, 본무대 뒤로 내려온다)

오케아노스 (날개 달린 말을 타고 등장하며)
이제 드디어 목적지에 도착했구먼.
그대를 방문하러 나는 먼길을 왔소이다,   285
프로메테우스여. 이 날개 달린 새를
고삐도 없이 생각으로 몰면서 말이오.
알아두시오. 나도 그대의 불행을 함께
괴로워하고 있소. 우리가 친척이란 사실이
나로 하여금 그대를 동정하게 만드는 것 같소.   290
그대가 내 친척이라는 점 말고도, 내가 그대보다
더 존경하는 이는 아무도 없소이다. 그것이
사실임을 그대는 알게 될 것이오. 빈말로
아부하는 것은 내 성미에도 맞지 않소이다.
그러니 어떻게 그대를 도울 수 있는지 말해보시오!   295
그러면 그대는 오케아노스보다 그대에게
더 성실한 친구가 있다는 말은 하지 못할 것이오.

프로메테우스 아니, 여긴 어인 일이시오? 그대도 내 고난을
구경하러 왔나요? 그대가 어찌 감히 그대의
이름을 딴 강물과 지붕이 바위로 된, 저절로   300
만들어진 동굴을 떠나 무쇠의 고장인 이 나라에
왔단 말이오? 그대가 정말 내 운명을 보고,
내 불행을 동정하러 왔단 말이오?
자, 보시구려, 이 광경을, 제우스를 도와
그의 독재 왕국을 세웠던 이 제우스의 친구가   305

그의 지시로 어떤 고문을 당하는지!

오케아노스 보고 있소, 프로메테우스여! 그대 비록 영리하지만
내 그대에게 가장 유익한 충고를 해주고 싶소.
그대 자신을 알고, 그대 생각을 새롭게 바꾸도록 하시오.
신들의 통치자도 새로 바뀌었기 때문이오. 310
그대가 그렇게 거칠고 날 세운 말들을 내뱉는다면,
비록 저 위 먼 곳에 앉아 있기는 하지만 제우스가
곧 그대의 말을 듣게 될 것이고, 그러면 지금 그대가 진
고난의 짐도 어린애 장난처럼 보일 것이오.
자, 가련한 자여, 그대는 분을 삭이고 315
지금의 고난에서 벗어날 방도를 찾으시오.
그대에게는 내 말이 고리타분하게 들리겠지요.
하지만 오만불손하게 큰소리쳤다가 이런 대가를
치르고 있지 않소, 프로메테우스여! 그대는 여전히
고분고분하지 않고, 불행 앞에서 물러서기는커녕 320
지금의 불행에 다른 불행을 보태려 하고 있소.
그대가 내 충고를 따른다면 몰이 막대기를 차는 짓은
더이상 하지 않게 될 것이오. 그대도 보시다시피,
가혹한 독재자가 누구에게도 책임지지 않고 통치하고
있지 않소. 그래서 내 지금 가서, 혹시 그럴 수 있을는지, 325
그대를 이 고난에서 구하도록 노력해볼 참이오.
그대는 잠자코 있고, 말을 너무 함부로 하지 마시오.
그대는 누구보다 영리하니 허튼소리를 하면
벌 받는다는 것쯤은 잘 알고 있을 것이오.

프로메테우스 나는 그대가 부럽소. 그대는 나와 모든 것을 나눠 갖고 330
나와 함께 감행했는데도²³ 책임은 지지 않으니 말이오.

이제 나를 내버려두고, 더이상 내 염려는 하지 마시오.
그대는 제우스를 설득하지 못해요. 그는 설득당하지 않아요.
이번 걸음으로 봉변당하지 않도록 그대나 조심하시오!

오케아노스   그대는 천성적으로 자신보다 남들에게 훨씬 더   335
좋은 충고를 할 줄 아시는구려. 말이 아니라, 행동이
그걸 입증하고 있소. 그대는 내 열의를 제지하지 마시오.
나는 믿소. 굳게 믿소. 제우스가 내게 호의를
베풀어 이 고통에서 그대를 풀어줄 것이라고.

프로메테우스   나는 그대에게 감사하며, 감사하기를 그만두지 않을   340
것이오. 그대의 호의에는 부족함이 없소.
하지만 수고하지 마시오. 그대가 수고를 아끼지 않는다 해도,
내게는 아무 도움이 되지 못하고 헛수고가 될 테니까요.
그대는 얌전히 있고, 이 일에서 손을 떼시오.
나는 내가 불행하다고 해서, 그 때문에 되도록   345
많은 이들이 고초를 겪기를 원하지 않기 때문이오.
천만에. 나와 형제간인 아틀라스가 당한 운명만 생각하면
나는 벌써 마음이 아프오. 그는 세상의 서쪽 끝에
서서 하늘과 대지의 기둥을, 결코 견디기 쉽지 않은
짐을 양어깨에 떠메고 있으니 말이오.   350
그리고 킬리키아의 동굴에 사는 대지의 아들로
일백 개의 머리를 가진 무시무시한 괴물인 사나운
튀폰이 힘에 의해 제압되는 것을 보았을 때도,
나는 측은한 생각이 들었소. 그자는 모든 신들과 맞섰고,
무서운 턱들에서 쉭쉭 소리를 내며 공포를 내뿜었소.   355
그리고 눈들에서 사납게 노려보는 광채를 발하며
그자는 제우스의 독재통치를 힘으로 무너뜨리려 했소.

하지만 제우스의 깨어 있는 날아다니는 무기가 그자를
덮쳤소. 아래로 떨어지며 화염을 내뿜는 벼락 말이오.
벼락이 그자를 쳐서 큰소리와 호언장담을 제지했소.   360
그자는 정통으로 심장을 얻어맞았고,
그자의 힘은 벼락에 타 재가 되어버렸소.
그리고 지금은 큰대자로 뻗은 쓸모없는
몸뚱이로서 그자는 아이트네[24] 산의 뿌리에
짓눌린 채 그곳 바다의 해협 가까이 누워 있지요.   365
그 산꼭대기에는 헤파이스토스가 앉아서 발갛게 단
무쇠를 두드리고 있소. 그곳에서 언젠가 불의 강들이
터져 나와 그 사나운 턱으로 아름다운 열매의
시켈리아[25]의 넓은 들판들을 먹어치우게 될 것이오.
튀폰은 비록 제우스의 벼락에 까맣게 타버렸지만,   370
접근할 수 없는 불의 입김의 뜨거운 화살들로
그렇게 자신의 분노가 끓어오르게 할 것이오.
그대는 세상물정에 어둡지 않으니 내 충고가 필요 없을
것이오. 그대는 자신이나 구하시오. 그 방법은 그대가
알고 있소. 나는 지금의 이 불행을 마지막 한 방울까지   375
다 마실 것이오, 제우스가 노여움을 풀 때까지.

오케아노스 프로메테우스여, 그대는 모르시오, 노여움에
  병든 마음에는 말이 곧 의사라는 것도?

프로메테우스 그렇겠지요. 때가 되었을 때 마음을 가라앉히고,
  부풀어 오른 노여움을 억지로 누그러뜨리려 하지 않는다면.   380

오케아노스 하지만 누군가 그대를 동정하고 그것을 드러내는 게
  무엇이 잘못되었다는 거죠? 좀 가르쳐주시오.

프로메테우스 그것은 헛수고이자 불필요하고 경솔한 선의일 뿐이오.

오케아노스 그런 병이라면 앓게 내버려두시오. 현명하면서도
어리석어 보이는 것이 가장 이득이 되니 말이오. 385

프로메테우스 하지만 이번 경우 어리석어 보이는 것은 내가 되겠지요.

오케아노스 그대의 말은 분명 나를 집으로 돌려보내는구려.

프로메테우스 그래야 그대가 나를 위해 슬퍼하다 미움을 사지 않을 테니까요.

오케아노스 새로 권좌에 오른 자에게 말인가요?

프로메테우스 그가 역정을 내지 않도록 조심하시오. 390

오케아노스 프로메테우스여, 나는 그대의 불행을 교훈으로 삼겠소.

프로메테우스 떠나시오. 어서 가시오. 지금 그 생각을 잘 간직하시오.

오케아노스 그렇게 재촉하지 않아도 나는 떠나는 중이오.
나의 네 발 달린 새가 대기의 넓은 주로를
날개로 치고 있소. 녀석은 집에 돌아가 395
제 마구간에서 무릎을 구부리고 싶은 모양이오.

(오케아노스 퇴장. 그사이 코로스가 오르케스트라로 나온다)

코로스26(좌1) 내 그대의 비참한 운명을
탄식해요, 프로메테우스 님.
부드러운 눈에서 방울방울
눈물을 흘리며 내 볼을 400
젖은 물줄기로 적셨어요.
제우스가 자의적인 법에 따라
이렇듯 아무 제약 없이 통치하며
옛 신들에게 오만한 창끝을 보이다니요. 405

(우1) 벌써 온 대지가 소리 높여 비탄해요.
그들은 그대와 그대 형제들의

위대하고 오래되고 존귀한
지위를 생각하고 비탄하는 거예요.   410
신성한 아시아에 정착하여
그곳에 있는 집에서 살고 있는
모든 사람들이 그대의 고난을 동정해
크게 비탄하고 있어요.

(좌2)   콜키스[27] 땅에 사는   415
전쟁을 두려워하지 않는 처녀들[28]도,
대지의 맨 끝에,
마이오티스호[29] 주변에 사는
스퀴타이족의 무리도.

(우2)   그리고 카우카소스[30] 산 근처의   420
암벽 성채를 지키는
아라비아의 호전적인 꽃들도.
그들은 무서운 군대로 끝이 뾰족한 창을
휘두르며 함성을 지르곤 하지요.

(좌3)[31] 그대 말고 나는 지금까지 단 한 명의   425
티탄 신이 지칠 줄 모르는 고난의 사슬에
묶여 괴로워하고 있는 것을 보았어요.
둥근 하늘을 엄청난 힘으로
혼자 등에 떠메고 그 밑에서
쉴 새 없이 신음하는 아틀라스 말이에요.   430

(우3)   바다의 파도도 부서지며 함께 비탄하고,

바다 밑도 비탄하고, 대지의 맨 안쪽인
어두운 하데스도 밑에서 메아리치고,
맑게 흐르는 강들의 원천들도
그대의 가련한 고통을 비탄하고 있어요. 435

프로메테우스 (한참 뒤에) 그대들은 내가 오만하고 완고해서 침묵을 지켰다고
생각지 마시오. 오히려 나는 이런 수모를 당하는
나 자신을 보니 괴로워 가슴이 찢어질 듯하오.
사실 따지고 보면 새 신들에게 특권을 나눠준 것은
내가 아니고 누구란 말이오?³² 하지만 이 일은 440
말하지 않겠소. 나는 그대들이 아는 것만 말하겠소.
들어보시오. 인간들이 겪던 고통들과,
전에는 어리석던 그들에게 내가 어떻게
사고력과 지적 능력을 주었는지 말이오. 이런 말을
하는 것은 인간들을 폄하하기 위해서가 아니라, 445
내 선물들이 호의에서 전달되었음을 밝히기 위해서요.
인간들은 전에는 눈을 뜨고도 보지 못했고,
귀가 있어도 듣지 못했소. 아니, 인간들은 꿈속의
형상처럼 긴긴 일생 동안 모든 것을 아무렇게나
되는 대로 뒤섞었소. 그들은 양지바른 곳에 450
벽돌집을 지을 줄도 몰랐고, 목재도 다룰 줄 몰랐으며,
득시글거리는 개미 떼처럼 햇빛도 안 드는
토굴에 파묻혀 살았소. 그들에게는
겨울과 꽃향기 가득한 봄과 결실의 늦여름이 다가와도
그것을 말해줄 확실한 징표가 없었소. 455
그들은 모든 것을 지각없이 해치웠지요. 그들에게

별들이 언제 어디서 뜨고 지는지 – 사실 그것은
가늠하기 어려운 일이지요 – 내가 가르쳐주기 전에는.
그 밖에도 나는 그들을 위해 발명품의 진수인 수(數)를
발명해냈고, 문자의 조립도 찾아내어, 그것이 그들에게   460
모든 것의 기억이 되고, 예술의 창조적 어머니[33]가 되게
했소. 나는 또 처음으로 들짐승들에게 멍에를
얹었소. 봇줄의 노예가 된 야수들이 가장 힘든 노역에서
인간들을 구해주도록 말이오. 나는 또
말들을 수레 앞으로 끌고 가 고삐에 복종케 함으로써   465
부자들이 자신의 사치를 자랑할 수 있게 해주었소.
아마포의 날개를 달고 바다 위를 떠돌아다니는
선원들의 수레를 발명해낸 것도 다름 아닌 나였소.
가련한 나는 인간들을 위해 그런 기술들을
발명했건만, 나 자신은 지금 이 곤경에서   470
벗어날 방도를 찾아내지 못하고 있소.

코로스장 그대는 치욕적인 수모를 당했어요. 그래서 그대는
당황하여 헤매고 있고, 스스로 병에 걸린 의사처럼
절망한 나머지 어떤 약이 그대를 낫게 해줄지
스스로 알아내지 못하고 있는 거예요.   475

프로메테우스 내가 어떤 기술들과 방도들을 생각해냈는지 내 말을
마저 들어보시오. 그러면 더욱 놀라게 될 것이오.
가장 큰 것부터 말하겠소. 인간들 가운데 누군가
병에 걸리면 병을 막아줄 것은 아무것도 없었소.
먹을 것도, 바를 것도, 마실 것도.   480
인간들은 약이 없어 죽어갔소. 내가 그들에게
온갖 질병을 물리칠 수 있는 약초들을

섞는 방법을 보여주기 전에는 말이오.
나는 또 수많은 종류의 점술을 정리했는데,
내가 처음으로 꿈들 가운데 어떤 것이 깨어 있는 동안   485
실현되는지 가려주었고, 풀이하기 어려운 소리들과
길 가다 만나는 것의 전조를 알려주었소.
나는 또 발톱이 구부정한 새들의 비상(飛翔)도 정확히
가려주었소. 어떤 새들이 그 본성에 따라 오른쪽으로 날며
길조를 보여주고, 어떤 새들이 흉조를 보여주는지,   490
새들은 제각기 어떤 생활방식을 갖고 있는지,
또 새들이 어떻게 서로 미워하고 좋아하고 어울리는지.
또 내장이 매끈해야 한다는 것과, 쓸개가 어떤
색깔을 띠고 있어야 신들의 마음에 드는지, 그리고
간이 발갛게 잘생겨야 한다는 것도 설명해주었소.   495
나는 또 기름조각에 싼 넓적다리뼈와 긴 등뼈를 태우며[34]
인간들을 이 난해한 기술로 인도했으며,
전에는 어둠에 가려 있던 불타는 전조가
눈에 보이게 만들어주었소.
그 이야기는 이쯤하기로 하고, 대지 아래   500
감춰져 있는, 인간들에게 유익한 것들인
청동이며 무쇠며 은이며 금은 대체 누가 나보다
먼저 발견했다고 주장할 수 있겠소?
확신하건대 아무도 없소. 허풍선이가 아니라면.
모든 것을 간단히 요약해 말하자면, 인간들의   505
모든 기술은 프로메테우스가 준 것이오.

코로스장 그대는 인간들을 과분하게 도와주지 마세요.
불운한 그대 자신은 돌보지도 않고 말이에요.

프로메테우스	나는 여전히 믿어요, 언젠가는 그대가 이 결박에서
	풀려나 제우스 못지않게 강력해지리라고. 510
프로메테우스	모든 것을 성취하는 운명의 여신이 아직은 그 일이
	그렇게 되도록 정해놓지 않았소. 먼저 수많은 고난에 휜
	다음에야 나는 이 사슬에서 풀려나게 될 거요.
	기술은 필연보다 훨씬 약하기 때문이오.
코로스장	그럼 필연의 키는 누가 잡고 있나요? 515
프로메테우스	세 명의 운명의 여신들과 잊지 않는 복수의 여신들이지요.35
코로스장	그럼 제우스는 이들보다 약한가요?
프로메테우스	그도 정해진 운명에서 벗어날 수 없으니까요.
코로스장	그럼 늘 통치하는 것 외에 제우스에게 무엇이 정해져 있나요?
프로메테우스	아직은 알려 하지 마시오. 그런 청은 하지 마시오. 520
코로스장	그렇게 감추는 것을 보니, 틀림없이 엄숙한 비밀인 것 같네요.
프로메테우스	다른 것에 관해 이야기합시다. 아직 그것은
	말할 때가 아니오. 아니, 그것을 나는 되도록 깊숙이
	감춰야 하오. 잘 감추고 있어야만 나는 언젠가
	수치스러운 사슬과 고통에서 벗어날 수 있으니까요. 525

코로스36(좌1) 만물을 지배하는 제우스가 내 생각과 다르게
자신의 힘을 행사하는 일이 결코 없기를!
아버지 오케아노스의 휴식을 모르는 강물 가에서
신성한 제물을 바칠 때, 내가 소의 제물을 가지고 530
신들에게 다가가는 일을 게을리 하지 않게 되기를!
내가 말로 죄를 짓지 않게 되기를!
이런 내 생각이 굳건히 버티고 녹아내리는 일이 없기를! 535

(우1) 이 얼마나 즐거운 일인가,
확신과 희망을 갖고 명대로 살아가며
밝고 명랑한 가운데 마음을 기른다면!
하지만 그대가 온갖 불운한 고통에 540
찢기는 것을 보니, 나는 마음이 오싹해요.
프로메테우스 님, 이는 그대가 제우스를 두려워하지 않고
제멋대로 인간들을 과분하게 존중한 탓이에요.

(좌2) 자, 친구여, 말씀해보세요. 그대의 호의가 545
얼마나 보답받지 못했는지! 그대를 위한 구원은
어디 있으며, 하루살이들로부터는 어떤 도움이 있었지요?
그대는 보지 못했나요, 허약하고 꿈 같은 무기력이
인간들의 눈먼 종족의 발을 묶고 있음을? 인간들의 550
계획이 제우스의 질서를 벗어나는 일은 결코 없을 거예요.

(우2) 그대의 잔혹한 운명을 보고 내 그것을 알았어요,
프로메테우스 님! 이 노래[37]는 전혀 다르게 울려 퍼졌어요,
내가 전에 그대의 결혼식을 축하하며 그대의 결혼 목욕[38]과 555
침대를 위해 축혼가로 불러주던 그 노래와는.
그대가 우리 언니 헤시오네[39]를 구혼 선물로 설득하여
잠자리를 같이하는 아내로 삼았을 때 말이에요. 560

(이오가 쇠뿔이 난 소녀로 등장)

이오 여기는 어떤 나라지? 어떤 종족이 살고 있을까?
암벽에 묶인 채 험악한 날씨에 내맡겨진 저이는

누구지? 도대체 무슨 죄를 지었길래 그대는 이렇게
죽어가고 있나요? 말해주세요, 가련한 내가
대지의 어느 곳으로 표류해왔는지 말이에요.   565

아이고, 아이고!
쇠파리가 또다시 불쌍한 나를 찔러대는구나.
천 개의 눈을 가진 내 감시자인,
대지가 낳은 아르고스⁴⁰의 환영을 보면
나는 겁이 나요. 그자는 음흉한 눈길로
내 주위를 돌아다니고 있고,
죽었는데도 대지는 그자를 감추지 않아요.   570
오히려 그자는 저승의 죽은 자들 사이에서
솟아올라 가련한 나를 사냥하며
굶주린 나를 바닷가 모래 위로 몰아대지요.

(좌1) 그리고 밀랍으로 이어 붙인 갈대피리⁴¹가
부드러운 소리로 자장가를 불러주는구나.   575
아아, 멀리 떠도는 방랑은 나를 어디로 데려가려는 걸까?
크로노스의 아드님⁴²이여, 그대는 내게서 무슨 잘못을
발견하셨기에 이런 고난의 멍에를 씌우는 것이며,
아아, 미칠 듯한 괴로움에 몸부림치는 나를 쇠파리에   580
쫓기는 두려움으로 이렇게 괴롭히시나이까?
나를 불에 태우거나, 대지의 품에 숨기거나,
바다의 괴물들에게 먹이로 던져주시고,
내 이 소원을 거절하지 말아주소서, 왕이여!
정처 없이 떠돌아다니며 시련을   585

겪을 만큼 겪었지만 어떻게 해야 이 고난에서
벗어날 수 있을지 알지 못하나이다.
그대[43]는 이 쇠뿔 달린 소녀의 목소리가 들리세요?

프로메테우스 내 어찌 쇠파리에 쫓기는 소녀인, 이나코스의 딸의
목소리를 듣지 못했겠소? 그녀는 제우스의 마음을   590
사랑으로 달구었고, 그래서 지금은 헤라의 미움을 사
끝없이 먼 주로를 달리지 않을 수 없게 되었지요.

(우1)

이오 어떻게 알고 내 아버지 이름을 말하는 거죠?
고통 받는 나에게 말해주세요, 그대가 대체 누구신지.
가련한 이여, 그대는 대체 누구시기에 이 가련한 여인의   595
이름을 그렇게 정확히 부르며, 멀리 떠돌아다니게
하는 몰이 막대기로 찔러 나를 말려 죽이는,
신이 보낸 이 병(病)에 관하여 말하는 거예요?
아아, 그래서 나는 굶주림과 고통에 시달리며
경중경중 뛰어 정신없이 달려왔지요, 헤라의 적의에 찬   600
음모의 제물이 되어. 아아, 신들에게 미움 받는
자들 가운데 누가 나처럼 이렇게 고통 받았지요?
그대는 분명히 말해주세요. 어떤 고통이 아직도   605
나를 기다리고 있는지. 어떤 방책이, 어떤 약이
병을 고쳐줄지. 알고 있다면, 말해주세요. 불운하게
떠돌아다니는 이 소녀에게 알려주고 말해주세요.

프로메테우스 그대가 알고 싶어하는 것을 내 모두 분명히
말해주겠소. 친구들에게 말할 때 그래야 하듯,   610

	수수께끼를 엮어 넣지 않고 간결하게. 그대는	
	인간들에게 불을 선물한 프로메테우스를 보고 있소.	
이오	모든 인간들에게 자선을 베푼 가련한 프로메테우스 님,	
	그대는 무슨 일로 이런 벌을 받나요?	
프로메테우스	나는 내 고난을 비탄하다가 방금 끝냈소이다.	615
이오	그대는 나에게도 그런 호의를 베풀지 않겠어요?	
프로메테우스	용건을 말해보시오. 그러면 내가 다 말해주겠소.	
이오	말해주세요, 누가 그대를 이 바위에 묶었는지.	
프로메테우스	제우스의 계획과 헤파이스토스의 손이 그랬다오.	
이오	뭘 잘못했기에 그대는 이런 벌을 받나요?	620
프로메테우스	내가 이미 밝힌 것으로 만족하시오.	
이오	그 밖에 내 방랑의 종말에 관해서도 말해주세요,	
	얼마나 긴 세월을 이렇게 괴로워해야 하는지.	
프로메테우스	아는 것보다 모르는 것이 그대에게 더 나을 것이오.	
이오	내가 어떤 고통을 당하게 되어 있는지 숨기지 마세요.	625
프로메테우스	내가 인색해서 그대에게 그런 선물을 거절하는 게 아니오.	
이오	그렇다면 왜 모든 것을 알려주기를 망설이시죠?	
프로메테우스	인색해서가 아니라, 그대의 마음을 불안하게 할까봐 그러오.	
이오	내가 원하는 것 이상으로 나를 염려할 필요는 없어요.	
프로메테우스	그대의 뜻이 정 그렇다면 말하지 않을 수 없구려. 들어보시오.	630
코로스장	아직은 말하지 마세요. 우리도 이 즐거움에 끼게 해주세요.	
	우리 먼저 이 소녀의 병에 관해 알아보도록 해요.	
	그녀가 자신이 당한 수많은 불행을 제 입으로 말하고 나서	
	남은 시련은 그대에게 들어 알게 하세요.	
프로메테우스	이오여, 이들의 부탁을 들어주는 것은 그대 몫이오.	635
	무엇보다도 이들은 그대 아버지의 누이들이니까.[44]	

|이오| 듣는 이들로부터 동정의 눈물을 거둬들일 수 있는
장소에서 자신의 불행을 실컷 울고 슬퍼하는 것은
역시 그럴 만한 가치가 있는 일이 아니겠소.
그대들의 요청을 거절하려야 거절할 수가 없네요. 640
그대들은 원하는 모든 것을 알기 쉬운 말로
듣게 될 거예요. 신이 보내신 이 폭풍과
내 일그러진 모습이 가련한 나를 어디서
엄습했는지 나로서는 말하기조차 괴로워요.
밤만 되면 매번 환영(幻影)들이 내 규방에 645
들어와서는 상냥하게 말을 걸곤 했지요.
"큰 복을 타고난 아기씨, 왜 그렇게 오랫동안
처녀로 남아 계세요? 가장 위대한 결혼을 할 수 있는
기회가 있는데. 제우스께서 연정으로 달아올라
그대와 사랑으로 교합하기를 원하세요. 650
그러니 아기씨, 그대는 제우스와의 잠자리를
거절하지 말고, 풀이 무성한 레르나[45]의 풀밭으로,
아버지의 가축 떼가 있는 축사로 나가세요.
제우스의 눈이 그리움에서 휴식을 취할 수 있도록."
밤마다 그런 꿈들이 가련한 나를 찾아왔어요. 655
그래서 나는 마침내 용기를 내어 밤에 돌아다니는
환영들에 관해 아버지에게 알려드렸지요. 그러자
아버지는 퓌토[46]와 도도네[47]로 많은 사절들을 보내
어떻게 행동하고, 어떻게 말해야만
신들의 마음에 들겠는지 알아 오게 하셨지요. 660
하지만 그들은 돌아와서 모호하고 풀 수 없고
이해하기 어려운 신탁들만 알려주었어요. 드디어

아버지 이나코스에게 분명한 말씀이 주어졌는데,
그것은 오해의 여지 없이 명령하고 지시했어요.
나를 집과 고향에서 내쫓아 대지의 가장 먼 경계까지　　665
정처 없이 떠돌아다니게 하라고. 그리고 아버지가
거절하시면, 불의 얼굴을 한 벼락이 제우스에게서
다가와 온 집안을 쑥대밭으로 만들겠다고 했어요.
아버지는 록시아스[48]의 이런 예언에 복종하시어
나를 내쫓고 대문을 잠그셨는데, 이는 양쪽 모두　　670
원치 않는 일이었어요. 하지만 제우스의 고삐는
의사에 반해 그런 짓을 하도록 아버지를 강요했어요.
그러자 즉시 내 모습과 마음이 일그러졌어요.
보시다시피, 나는 뿔이 달린 채 따끔하게 물어대는
쇠파리에 찔리며 미친 듯이 겅중겅중 뛰어　　675
케르크네이아[49]의 마실 수 있는 물과 레르나 샘으로
달려갔어요. 그러자 대지에서 태어난, 소치는 목자로
성미가 급한 아르고스가 나와 동행하며
수많은 눈으로 내 발자국을 지켜보았어요.
하지만 뜻밖의 죽음이 갑자기 덮쳐 그자의 목숨을　　680
앗아 갔어요. 하지만 나는 신이 보내신 채찍인 쇠파리에 쫓겨
이 나라에서 저 나라로 돌아다니고 있어요. 그대는
지금까지 일어난 일을 들었으니, 앞으로 어떤 고난이
나를 기다리고 있는지 말해줄 수 있다면 알려주세요.
나를 동정해 거짓말로 나를 위로하려 하지는 마세요.　　685
단언하건대, 꾸며낸 말이야말로 가장 수치스러운 병이니까요.

코로스 아아, 그만두세요. 슬프도다!
내 미처 생각지 못했어요,

이런 망측한 이야기가 내 귀에 들리리라고는.
그리고 이런 차마 눈뜨고 볼 수 없는　　　　　　　　　690
고난과 고통과 공포가 양끝에 침이 박힌,
몰이 막대기로 내 마음을 싸늘하게
식히리라고는. 오오, 운명이여, 운명이여,
이오의 고통을 보니 나는 등골이 오싹해요.　　　　　695

프로메테우스　그대는 너무 일찍 비탄하며 겁에 질리는구려.
남은 것도 마저 알게 될 때까지 기다리시오.

코로스장　말씀해주세요. 다 가르쳐주세요. 남은 고통을 모두
정확히 알아두는 것이 환자들에게는 도움이 되니까요.

프로메테우스　그대들의 첫 번째 요구는 힘들이지 않고 이루어졌소.　　700
그대들은 먼저 여기 이 이오가 자신의 고난에 관해
제 입으로 이야기하는 것을 듣고 싶어했으니 말이오.
이제 나머지도 들어보시오. 여기 이 소녀가 헤라에 의해
아직도 어떤 고난을 더 참고 견뎌야 하는지.
이나코스의 따님이여, 내가 하는 말을 명심하시오.　　705
그대의 여행이 어디서 끝나는지 알도록 말이오.
그대는 먼저 여기서 해 뜨는 쪽으로 방향을 돌려
쟁기질하지 않는 들판을 걸어가시오. 그러면 그대는
훌륭한 바퀴가 달린 달구지 위에다 버들가지로
오두막을 엮어놓고 사는 유목민인 스퀴타이족에게　　710
가게 될 것인데, 그들은 멀리 쏘는 활로 무장하고 있소.
하지만 그들에게 다가가지 말고, 파도가 신음하는
해안을 끼고 걸어서 그들의 나라를 지나치도록 하시오.
그러면 그대의 왼쪽에 무쇠를 다루는 칼뤼베스족이

살고 있을 텐데, 그들도 조심해야 하오.
유순하지 않고 나그네에게 불친절해요. 그러면
그대는 이름에 걸맞게 오만불손한 휘브리스테스 강에
이르게 될 텐데, 건널 만한 여울이 없으니 그 강은
건너지 마시오. 그대가 그 봉우리들에서 강의 힘이
아래로 내리쏟아지는 가장 높은 산인 카우카소스에
이르기 전에는 말이오. 별들과 이웃하고 있는
이들 봉우리들을 넘어 그대는 남쪽 길로 가시오,
남자를 미워하는 아마조네스족의 무리에
이를 때까지. 이들은 언젠가는 테르모돈 강변에 있는
도시 테미스퀴라에서 거주하게 될 것인데,
그곳에서는 살뮈뎃소스[50]의 바위투성이 바다 턱[51]이
배들의 의붓어미로서 선원들을 위협하고 있소.
아마조네스족이 그대에게 친절하게 길을 가리켜줄 것이오.
호수[52]의 좁은 문 바로 옆에 있는 킴메리아 지협[53]에
그대는 이르게 될 것인데, 그대는 그곳을 뒤로하고
용감하게 마이오티스의 수로[54]를 건너도록 하시오.
그러면 인간들은 두고두고 그대가 물을 건넌 이야기를
하게 될 것이고, 그로 인하여 그곳은 보스포로스[55]라고
불릴 것이오. 그러면 그대는 에우로페[56]의 들판을 떠나
아시아 대륙으로 가게 될 것이오. 그대들[57]에게는
신들의 통치자[58]가 매사에 똑같이 잔인하다고 여겨지지
않나요? 그는 신이면서 인간인 이 소녀와 살을 섞기를
원하다가 그녀에게 이런 방랑의 짐을 지웠소.
소녀여, 그대는 정말 고약한 구혼자를 만났구려.
그대가 방금 들은 이야기는 그대가 앞으로 당할 고통의

715

720

725

730

735

740

|이오| 서곡(序曲)에 지나지 않는 것으로 여겨질 테니까요.
아아, 슬프고 슬프도다!
|프로메테우스| 그대는 또 비명을 지르며 탄식하는구려.
남은 고난을 마저 듣고 나면 어쩌려고?
|코로스장| 아니, 이 여인이 당해야 할 고통이 아직도 남았단 말이에요? 745
|프로메테우스| 파멸과 고통의 겨울 바다가 아직 남아 있소.
|이오| 그렇다면 산다는 것이 내게 무슨 의미가 있지요?
왜 나는 어서 이 가파른 바위에서[59] 아래로 몸을 던져
땅바닥에 박살난 채 이 모든 고난에서 벗어나지
못하는 것일까? 날마다 고통 당하며 평생을 사느니 750
단번에 죽어버리는 편이 더 낫잖아요.
|프로메테우스| 아마도 그대는 내 이 고난을 잘 견디지 못할 것
같구려. 나는 죽지도 못할 운명이니 말이오.
죽음은 사실 고통으로부터의 해방일 수도 있지요.
하지만 지금 내 고난에는 어떤 종말도 예정되어 755
있지 않아요. 제우스가 권좌에서 축출되기 전에는.
|이오| 제우스가 권좌에서 축출된다는 것이 가능하기나 한가요?
|프로메테우스| 그대는 그런 일이 일어난다면 좋겠다는 투군요.
|이오| 어찌 안 그렇겠어요? 제우스 탓에 이런 고통을 당하는데.
|프로메테우스| 그렇다면 믿어도 좋소. 반드시 그런 일이 일어난다고. 760
|이오| 대체 누가 그의 왕권을 빼앗게 되죠?
|프로메테우스| 그 자신의 어리석은 생각이 빼앗게 된다오.
|이오| 어떻게요? 해(害)가 되지 않는다면 알려주세요.
|프로메테우스| 그는 언젠가는 후회하게 될 결혼을 하게 될 것이오.
|이오| 여신과, 아니면 여인과? 말해도 된다면 말씀해주세요. 765
|프로메테우스| 어떤 결혼인지를 왜 물어요? 그건 말할 수 없소.

이오 그는 아내에 의해 권좌에서 축출되나요?

프로메테우스 그래요. 그녀는 아버지보다 더 강한 아들을 낳게 될 것이오.

이오 그에게 이런 운명을 막을 방도는 없나요?

프로메테우스 없어요, 내가 이 사슬에서 풀려나지 않으면. 770

이오 하지만 제우스가 원치 않는다면 누가 그대를 풀어주겠어요?

프로메테우스 그대의 자손들 가운데 한 명이 그렇게 하도록 되어 있소.

이오 뭐라고요? 내 자식이 그대를 불행에서 구해준다고요?

프로메테우스 그렇소. 십하고도 삼 세손이.

이오 그 예언은 이제 이해하기도 쉽지 않아요. 775

프로메테우스 그렇다면 그대 자신의 고난도 더 알려 하지 마오.

이오 선심을 쓰시다가 도로 빼앗아 가지 마세요.

프로메테우스 그대에게 두 가지 이야기 가운데 하나를 들려주겠소.

이오 어떤 이야기들이죠? 먼저 알려주시고, 선택권을 주세요.

프로메테우스 좋소. 선택하시오. 그대에게 남은 고난을 자세히 780
말해줄까요, 아니면 나를 해방해줄 이를 말해줄까요?

코로스장 둘 중 하나는 이 여인에게, 다른 하나는 내게 베푸시되,
내가 그 이야기를 들을 자격이 없다고 여기진 마세요.
그러니까 이 여인에게는 그녀의 남은 방랑을, 내게는 누가
그대를 풀어줄지를 말씀해주세요. 알고 싶어요. 785

프로메테우스 그대들의 뜻이 정 그렇다면, 내 거절하지 않고
그대들이 알고 싶어하는 것을 다 말해주겠소.
이오여, 먼저 우여곡절이 많은 그대의 방랑을 말할 터이니,
마음의 서판(書板)에 새기시오.
그대는 두 대륙을 갈라놓는 해협을 건너거든 790
불의 얼굴을 한 태양이 떠오르는 쪽을 향해
파도가 철썩덕거리는 바다[60]를 끼고 가시오.

키스테네[61] 땅의 고르고 평야에 이를 때까지.
그곳에는 백조의 모습을 한 고령의 처녀들로
눈 하나와 이 하나를 공유하는, 포르퀴스의   795
세 딸[62]이 살고 있는데, 햇빛도 밤의 달도
일찍이 이들을 비춘 적이 없소. 근처에는
이들의 날개 달린 세 자매들로 머리털이 뱀이고
사람을 미워하는 고르고 자매들이 살고 있는데,
이들을 본 인간은 누구라도 목숨을 부지하지 못하오.   800
이들이 곧 그 지방의 수비대라오.
그대는 또 다른 무시무시한 광경에 관해서도
들어보시오. 그대는 조심하시오. 이빨은 날카롭지만
짖을 줄 모르는 제우스의 개들인 그륍스[63]들과
외눈박이 아리마스포이족[64]의 기마부대를. 그들은   805
황금을 흘려보내는 플루톤[65] 강의 여울가에 살고 있소.
그들에게는 다가가지 마시오. 다음에 그대는 머나먼
나라에, 흑인들의 부족에 이르게 되는데, 그들은
태양의 원천[66] 옆에, 아이티옵스 강 유역[67]에 살고 있소.
그대는 그 강둑을 따라가시오. 그러면 폭포[68]에   810
이르게 될 것인데, 바로 그곳에 있는 퍼퓌로스 산들[69]로부터
네일로스[70] 강이 신성한 맑은 물을 아래로 내려보내지요.
그 강은 그대에게 네일로스강의 세모난 나라[71]로 들어가는
길을 가리켜줄 것인데, 그곳에서, 이오여, 그대는 자신과
자손들을 위해 머나먼 식민지를 발견하도록 정해져 있소.   815
혹시 이 가운데 그대에게 모호하거나 이해하기 어려운
데가 있다면 묻고 또 물어서 확실히 알도록 하시오.
내게는 원하는 것 이상의 여가가 있으니까요.

| 코로스장 | 혹시 그대가 고난에 찬 방랑에 관해 이 여인에게
더 할 말이 있거나, 빠뜨린 것이 있으면 말씀하세요. 820
하지만 다 말씀하셨다면, 우리에게도 잠시 전에
부탁드린 호의를 베풀어주세요. 생각나시죠?
| 프로메테우스 | 이 여인은 자신의 방랑의 종말에 관해 이제 다 들었소.
하지만 내게서 들은 것이 허튼소리가 아니라는 것을
알도록, 나는 그녀가 이리로 오기 전에 고생한 825
일들을 이야기해 내가 한 말의 증거로 삼고자 하오.
하지만 나는 대부분의 이야기는 생략하고
곧장 그대의 방랑의 종말을 향해 나아갈 것이오.
그대는 몰롯시아[72]의 평야와 가파른 능선의
도도네[73]로 갔었소. 그곳에는 제우스 테스프로토스[74]의 830
신탁소와 믿기지 않는 기적인 말하는 참나무들이 있지요.
그런데 그 참나무들로부터 그대는
수수께끼 같은 말이 아니라 아주 분명한 말로
앞으로 그대가 제우스의 이름난 아내가 되리라는
인사를 받았소. 어때요, 그런 인사가 마음에 드시오? 835
그리고 나서 그대는 쇠파리에 찔려 해변 길을 따라
레아의 넓은 만(灣)[75]을 향해 질주하다가, 그곳에서
되돌아서서[76] 지금은 폭풍에 떠밀려 가고 있는 중이오.
잘 알아두시오. 앞으로 그 바다의 안쪽은
모든 인간들에게 그대의 여행에 대한 기념이 840
되도록 이오니오스해[77]라고 불릴 것이오.
바로 이것이, 내 마음은 눈에 보이는 것보다
더 많이 볼 수 있다는 증거요. 남은 것들은
내가 이야기를 중단한 곳에서 다시 시작해

그대들과 이 여인에게 함께 들려주겠소.   845
나라의 맨 끝[78]에, 네일로스강 하구와 물에 떠내려 온
진흙더미 옆에 카노보스[79]라는 도시가 있는데,
그곳에서 제우스는 그대가 다시 정신을 차리게 해줄 것이오.
더이상 두렵지 않은 손으로 어루만지기만 함으로써.
그러면 그대는 살갗이 검은 에파포스를 낳게 될 터인데,   850
제우스가 낳아준 방법에 따라 그런 이름을 갖게 된 그는
네일로스의 넓은 강물이 적셔주는 모든 땅에서 수확할 것이오.
쉰 명의 딸들[80]로 이루어진, 그로부터 다섯 번째 세대가
의사에 반해 도로 아르고스로 가게 될 것인데,
이 처녀들은 사촌과의 근친 결혼을 피하고 싶어한다오.   855
하지만 총각들은 마음이 후끈 달아올라,
마치 비둘기들에게 많이 처지지 않은 매처럼,
사냥할 수 없는 사냥감인 결혼을 사냥하러 오겠지만
신은 그들에게 처녀들의 몸을 내주지 않는다오.
그리고 펠라스고스[81]의 땅이 그들[82]을 받아들일 것이오.   860
여인들이 밤에 파수를 보다가 대담하게 전쟁을 걸어와
그들을 도륙하고 나면. 여인들은 저마다 제 남자의 목숨을
빼앗으며 쌍날칼을 목구멍에 적실 테니 말이오.
그런 모습으로 퀴프리스[83]가 내 적들에게 다가갔으면!
처녀들 중 한 명[84]만이 사랑에 홀려 자기와 동침한   865
남자를 죽이지 못하고, 계획이 무뎌지고 말 것이오.
그래서 그녀는 두 가지 중에서, 살인에 더럽혀지느니
차라리 비겁자라고 불리는 쪽을 택하게 될 것이오.
바로 그녀가 아르고스에 왕족을 낳아준다오.
이 일을 자세히 이야기하자면 긴 이야기가 필요하오.   870

381　결박된 프로메테우스

하지만 그 씨앗으로부터 대담무쌍하고 활로 유명한 자[85]가
태어나 나를 이 고난에서 풀어주게 될 것이오.
그런 신탁을 옛날에 태어나신 내 어머니,
티탄 신족이신 테미스께서 내게 알려주셨소.
어떻게 그런 일이 일어날지 말하자면 긴 이야기가   875
필요하며, 다 알아도 지금 그대에게 아무런 도움이 안 된다오.

이오 아아, 슬프고 슬프도다!
또다시 발작이 일어나고,
마음을 혼란케 하는 광기가 나를 불태워요.
쇠파리의 벼리지 않은 화살촉이 나를 찔러요.   880
심장이 두려움에 가슴을 쿵쿵 치고,
두 눈이 바퀴처럼 빙빙 돌아요.
광란의 거친 폭풍 때문에 나는 주로에서
멀리 벗어나 있고, 혀도 말을 안 들어요.
그래서 뒤죽박죽이 된 말들이 끔찍한 재앙의   885
파도에 부딪쳐보나 아무 소용 없어요.

(이오 퇴장)

코로스[86](좌1) 현명하고 현명하도다,
맨 먼저 마음속으로 저울질하고는
말로 표현한 자는,
같은 신분끼리 결혼하는 것이 좋은 일이며,   890
부(富)에 물러빠진 자들이나
문벌을 뽐내는 자들과는
품팔이꾼은 절대 결혼하지 말라고!

(우1) 존엄한 운명의 여신들이여,
내가 아내로서 제우스의 침상에 다가가는 것을　　　895
그대들은 결코, 결코 보지 않게 되기를!
하늘의 신들 가운데 한 분이 내게 신랑으로
다가오는 일이 없기를! 남편을 싫어하는 처녀 이오가
헤라의 미움을 사 고통스럽고 힘든 방랑을 하느라
괴로워하는 것을 보니 무서워요.　　　900

(종가) 대등한 상대끼리의 결혼이라면 나는 두렵지 않아요.
내가 두려워하는 것은, 더 강력한 신들의 사랑이
내게 피할 수 없는 눈길을 보내지 않을까 하는 것.
그것은 싸울 수 없는 싸움이며, 길 없는 길이에요.
내가 어떻게 될지는 나도 몰라요.　　　905
제우스가 원한다면, 어떻게 그의 계획에서
벗어날 수 있을지 나도 모르니까요.

프로메테우스 마음이 거만한 제우스지만 언젠가는 그도
의기소침해질 날이 올 것이오. 이미 그는
자신을 권좌에서 내던져 눈에 보이지 않게 해줄
결혼을 준비하고 있으니 말이오.　　　910
그러면 그의 아버지 크로노스가 오래된 권좌에서
떨어지며 내뱉은 저주가 완전히 이루어질 것이오.
그런 불행을 막아줄 방도는, 나 말고는 신들 중에
어느 누구도 그에게 분명히 말해줄 수 없소. 나만이,
그 일을, 그 일이 어떻게 이루어질 것인지 알고 있소.　　　915
그러니 지금은 그가 허공의 굉음을 믿고, 불을 내뿜는

벼락을 손으로 휘두르며 태평하게 앉아 있게

내버려두시오. 그 어느 것도 그의 불명예스럽고

참을 수 없는 추락을 막지 못할 테니.

그런 적대자를 그는 지금 자신에 반대하여 920

스스로 무장시키고 있소. 맞서 싸우기 어려운 괴물을.

그자는 벼락보다 더 강한 화염과, 천둥을 압도할

엄청난 굉음을 발견해낼 것이오.

그자는 또 대지와 바다를 뒤흔드는[87]

포세이돈의 삼지창도 산산이 부숴버릴 것이오. 925

그런 운명을 만나게 되면, 그때는 그도 알게 될 것이오,

통치하는 것과 노예가 되는 것은 천양지차라는 것을.

코로스장   제우스에 대한 그런 욕설은 그대의 희망 사항에 불과해요.

프로메테우스   내 소원이기도 하지만, 일어날 일을 말하는 것이오.

코로스장   제우스의 상전(上典)이 될 자가 과연 있을까요? 930

프로메테우스   그리고 그는 지금의 나보다 더 힘든 고통을 당하게 될 것이오.

코로스장   두렵지도 않으세요? 감히 그런 말씀을 하다니.

프로메테우스   뭐가 두렵겠소? 어차피 나는 죽을 운명이 아닌데.

코로스장   하지만 그는 그대에게 이보다 더 심한 고통을 줄지도 몰라요.

프로메테우스   줄 테면 주라지요. 모든 걸 각오하고 있소. 935

코로스장   하지만 현명한 이들은 아드레스테이아[88]에게 적절한 경의를 표해요.

프로메테우스   그대나 존경하고 경배하시구려. 지배자가 누구든 언제나

아첨하시구려. 나는 제우스 따위엔 아무 관심도 없소.

얼마 남지 않은 기간 동안 제멋대로 행동하며

권세를 휘두르라 하시오. 그는 오랫동안 신들을 940

통치하지는 못할 테니까. 한데 저기 제우스의

심부름꾼이 보이는군. 새 독재자의 시종 말이오.

분명 새로운 소식을 전하러 오는 것 같소.

(헤르메스 등장)

헤르메스 그대 교활한 자여, 독하디 독한 자여, 신들에게
죄를 짓고 하루살이 인간들에게 명예를 준 자여, 945
불의 도둑이여, 내 지금 그대에게 말하겠소.
아버지께서 그대에게 명령하시기를, 그분을 권좌에서
축출하게 될 것이라고 그대가 허풍 치고 다니는
그 결혼이란 것이 대체 어떤 것인지 아뢰라 하시오.
수수께끼 같은 말이 아니라 알기 쉽게 자세히 털어놓아 950
내가 두 번 걸음 않게 하시오, 프로메테우스여. 아시다시피,
제우스께서는 그대의 이런 태도에 결코 주눅들지 않소.

프로메테우스 잠잖으면서도 불손하기 짝이 없는 그 말투,
과연 신들의 종다운 말투로다.
그대들 신출내기들은 통치한 지가 얼마 안 되거늘 955
벌써 고통을 모르는 성채에서 살고 있는 줄 아는가?
그곳에서 나는 폭군이 벌써 둘[89]이나 떨어지는 것을 보았네.
지금 통치하고 있는 세 번째 폭군도 더없이 수치스럽게
금세 떨어지는 것을 나는 보게 될 것이고.
자네는 내가 겁먹고 새 신들 앞에 굽실댈 줄 알았나 보오. 960
천만에. 그럴 마음은 추호도 없네. 그러니 자네는
온 길을 되돌아가도록 하게. 내게 묻고 있는 것을
자네는 아무것도 알아내지 못할 테니.

헤르메스 그대는 전에도 이렇게 고집을 피우다가
자신을 이런 고통의 항구에 정박하게 되었지. 965

프로메테우스   하지만 잘 알아두게. 나는 내 이 불행을
자네 종살이와는 결코 바꾸고 싶지 않네.

헤르메스   이 바위에 종살이하는 편이 제우스의 충실한
사자 노릇을 하는 것보다 더 낫기도 하겠소!

프로메테우스   그래서 오만한 자에게는 오만하게 대해야 하는 법이지.[90]   970

헤르메스   그대에게는 지금 이 처지가 편한 것 같구려.

프로메테우스   편하다고? 나는 내 적들이 이렇게 편한 것을
보았으면 싶네. 이제 나는 자네도 그들에 포함시키겠네.

헤르메스   그대의 불행에 나까지 책임이 있다고 생각하시오?

프로메테우스   간단히 말해, 내 선행을 부당하게도   975
악으로 갚는 모든 신들을 나는 증오한다네.

헤르메스   듣자하니, 그대는 미쳐도 단단히 미쳤구려.

프로메테우스   미쳤겠지, 자신의 적들을 미워하는 것이 미친 짓이라면.

헤르메스   그대가 잘나간다면, 그대를 참아내기란 불가능할 것이오.

프로메테우스   아아, 슬프도다!

헤르메스   아아, 슬프도다? 제우스께서는 그런 말은 알지 못하시오.   980

프로메테우스   세월이 가면 누구나 다 알게 되지.

헤르메스   하지만 그대는 신중함이 무엇인지 아직 알지 못하는구려.

프로메테우스   그렇지 않다면 나는 종에 불과한 자네와는 말하지 않았겠지.

헤르메스   한데 아버지께서 원하시는 것은 말하고 싶지 않은 것 같구려.

프로메테우스   그에게 내가 신세를 졌다면 기꺼이 갚고 싶었을 텐데.   985

헤르메스   나를 어린애처럼 갖고 노는구려.

프로메테우스   내게서 무얼 알아내리라 생각했다면, 자넨 어린애가
아니고 무엇이겠나? 아니, 어린애보다 더 철없다 해야겠지.
제우스는 어떤 고문으로도, 어떤 계략으로도 나를 움직여
내가 알고 있는 비밀을 말하게 할 수 없다네. 그가   990

이 치욕스러운 사슬에서 나를 풀어주기 전에는.
그러니 그가 불타는 화염을 하늘에서 아래로 내던지고
하얀 날개의 눈보라와 지하에서 천둥 치는 지진으로
이 세상 모든 것을 뒤죽박죽으로 만들라 하게. 하지만
그 어떤 것도 누가 권좌에서 그를 축출할지 995
말해주도록 나를 굽힐 수는 없을 것이네.

헤르메스 자, 그러는 것이 과연 그대에게 도움이 될지 생각해보시오.
프로메테우스 이미 오래전에 생각했고, 그렇게 하기로 결심했네.
헤르메스 오오, 어리석은 자여! 이만큼 고초를 겪었으면,
아직 시간이 있을 때 제발 정신 좀 차리시오. 1000
프로메테우스 마치 파도에 대고 말하듯, 자네가 아무리 졸라대도
소용없네. 내가 제우스의 의도에 겁을 먹고는
마음이 약해져 내가 몹시 미워하는 자에게
여자처럼 두 손을 들고 이 사슬에서 나를 풀어달라고
애원하게 되리라고는 꿈에도 생각지 말게. 1005
나는 그런 짓은 절대로 하지 않을 테니까.
헤르메스 나는 벌써 많은 말을 했건만 아무 소용 없을 것 같구려.
내가 간청해도 그대는 부드러워지거나 누그러지지
않으니 말이오. 그대는 갓 멍에를 멘 망아지처럼
재갈을 입에 물고 고삐에 맞서 싸우고 있소. 1010
하지만 그대의 거친 행동은 무익한 작전에서
비롯된 것이오. 지혜가 따르지 않는 고집은
그 자체로는 힘이 허약하기 짝이 없으니 말이오.
잘 생각해보시오. 그대가 내 말에 복종하지 않을 경우,
피할 길 없는 어떤 폭풍과 재앙의 너울이 1015
그대를 덮칠 것인지. 먼저 아버지께서는

이 들쭉날쭉한 암벽을 천둥과 벼락의 화염으로
부수어 그대를 땅속 깊이 묻으실 것인데, 그러면
바위가 팔을 구부려 그대를 껴안게 될 것이오.[91]
긴긴 세월이 지난 다음에야 그대는 햇빛으로 1020
돌아오게 될 것이오. 그러면 제우스의 날개 달린
개가, 피투성이가 된 독수리가 게걸스럽게
그대의 몸을 큼직큼직한 고깃덩어리로 갈기갈기
찢게 될 것인데, 이 불청객은 날마다 다가와
그대의 까매진 간을 포식하게 될 것이오. 1025
게다가 그대는 그런 고문이 끝나리라고 기대하지 마시오.
신들 중에 누군가 그대의 고통을 대신 떠맡아
햇빛이 들지 않는 하데스와 타르타로스의
캄캄한 심연으로 내려가기를 자청하기 전에는.
그러니 이 점을 유념하고 결심하시오. 괜히 1030
허풍 치는 게 아니라, 이건 어디까지나 진담이오.
제우스께서는 거짓말할 줄 모르며, 당신
입으로 하신 말씀은 모두 성취하시기 때문이오.
그러니 그대는 이모저모 잘 생각해보고 심사숙고하되,
좋은 조언보다 고집이 더 낫다고 생각지 마시오. 1035

코로스장 우리가 보기에 헤르메스가 얼토당토아니한 말을
하는 것 같지 않아요. 그대더러 고집을 버리고
현명한 조언을 구하라 하니 말이에요. 그의 말대로 하세요.
지혜로운 자에게는 실수한다는 것이 수치예요.

프로메테우스 그가 전하기 전에 이미 나는 전언을 1040
알고 있었소. 서로 미워할 경우 적의 손에
고통 당하는 것은 치욕이 아니오.

그러니 두 갈래진[92] 번개가 나에게
내던져지고, 천둥과 사나운 돌풍의
경련에 대기가 요동치고, 1045
바람이 대지를 밑바닥으로부터
뿌리째 흔들려무나!
바다의 물결이 높이 솟구쳐
하늘의 별들의 길을 막으려무나!
그리고 그가 내 이 몸을 1050
필연의 세찬 소용돌이와 함께
캄캄한 타르타로스로 던지려무나!
그래도 그는 나를 죽이지 못할 것이오.

헤르메스 정신이 돌아버린 자들의 생각과 말이
어떤 것인지 예서 들을 수 있겠구나. 1055
그의 이 기도는 광기의 모습을 하나도
빠트리지 않고 다 보여주는구나. 그의 광기는
나아질 징후가 전혀 보이지 않아요. (코로스에게)
한데 그의 고통을 동정하는 그대들은
이곳을 떠나서 다른 데로 가시오. 1060
천둥의 사정없는 노호가 그대들을
실신시키지 않도록 말이오.

코로스장 다른 말을 하세요. 내가 따를 수 있는 충고를
해주세요. 그대가 억지로 끌어다 붙이는
그 말은 받아들일 수 없어요. 어째서 그대는 1065
나더러 그런 비겁한 짓을 하라 하세요?
여기 이분과 함께 나는 어떤 고통도 참고
견디겠어요. 배신자들을 미워하도록

	나는 배웠으니까요. 내게는 배신보다	
	더 경멸스러운 병은 없어요.	1070
헤르메스	그렇다면 미리 충고해두겠으니 내 말을	
	명심하시오. 재앙의 사냥감이 되더라도	
	그대들은 운명을 탓하지 말고, 제우스께서	
	그대들을 예기치 못한 고통에 빠뜨리셨다고	
	말하지 마시오. 그렇게 하지 마시오.	1075
	그것은 자업자득이니까요. 그대들은 느닷없이	
	또는 은밀히 그런 봉변을 당한 것이 아니라,	
	알면서도 자신들의 어리석음으로 인하여	
	피할 길 없는 재앙의 그물에 걸려든 것이니까요.	

(헤르메스가 퇴장하자 천둥소리가 들린다)

프로메테우스	이젠 말이 아니라 실제로	1080
	대지가 요동치는구나.	
	그에 맞춰 지하로부터 천둥[93]이	
	으르렁거리고, 벼락이 작렬하며	
	뒤틀리고 번쩍이는구나. 회오리바람이	
	먼지를 빙글빙글 돌리고, 온갖 바람의	1085
	입김들이 껑충껑충 뛰어오르며	
	서로 격렬한 내전을 벌이는구나.	
	하늘과 바다가 뒤섞여 하나가 되는구나.	
	그처럼 격렬한 기운이 제우스로부터 눈에 보이게	
	나를 향해 다가오는구나, 나를 겁주려고.	1090
	오오, 존경스러운 어머니 대지여! 오오, 우리 모두를	
	비추도록 해를 굴려주는 하늘이여, 그대는 내가	

얼마나 부당하게 고통 당하고 있는지 보고 있나이다.

(프로메테우스가 결박된 암벽이 무너져 없어진다. 코로스가 사방으로 흩어진다)

부록

주석
옮긴이 해설
참고문헌
주요 이름

주석

『아가멤논』

1 이 드라마에서 아트레우스의 두 아들, 아가멤논과 메넬라오스는 아르고스의 궁전에서 함께 살고 있다. 그러나 호메로스와 다른 시인들의 작품에서 메넬라오스는 스파르테의 왕으로 나온다.
2 '창공의 …왕자(王者)들'이란, 앞 행에 나오는 이름 없는 별들과 달리 세이리오스(Seirios 라/Sirius), 오리온(Orion), 플레이아데스(Pleiades) 등과 같이 큰 별들 또는 별자리들을 말한다. 고대 그리스인들은 이런 큰 별들이 계절의 변화를 알려줄 뿐 아니라 가져다주는 것으로 여겼다.
3 클뤼타이메스트라.
4 트로이아의 다른 이름.
5 고대 그리스인들은 세 개의 주사위로 운수를 점치곤 했는데, 세 개 모두 여섯 점을 보이면 큰 길조로 여겼다. '주인께서 던지신 행운의 주사위는 내 것이나 다름없다' 함은 아가멤논이 트로이아를 함락했으니 이젠 자기도 지루한 망보기에서 해방되었다는 뜻이다.
6 이 구절은 직역하면 '내 혀에는 커다란 황소가 발을 올려놓고 있다'이다. 일종의 격언으로 '말 못할 중대한 사정이 있다'는 뜻에 가깝다. 여기서는 클뤼타이메스트라와 그녀의 정부 아이기스토스가 아가멤논을 살해할 음모를 꾸미고 있음을 알고는 있지만 느닷없이 그런 말을 해봤자 아무 소용 없을 테니 차라리 모른 체 함구하는 것이 좋겠다는 뜻이다.
7 프리아모스는 트로이아의 마지막 왕으로, 파리스의 아버지다. 트로이아전쟁은 파리스가 그리스에 갔다가 메넬라오스의 아내 헬레네를 데려감으로써 시작되었다. 그래서 아이스퀼로스는 '프리아모스의 강력한 소송 상대자'란 표현이 말해주듯, 트로이아전쟁을 단순한 적대행위가 아니라 불의에 대한 고발로 보는 것이다.
8 '아르고스인들'이란 좁은 의미로는 아르고스 사람들을, 넓은 의미로는 여기서처럼 그리스인을 말한다.

9 판은 처음에는 펠로폰네소스반도 중부 내륙 지방인 아르카디아(Arkadia)의 산신(山神)이었으나, 나중에는 모든 숲과 산의 신이 되었다. 따라서 판은 독수리를 포함해 산과 숲에 사는 모든 동물들의 보호자다.
10 그리스어로 Erinys.
11 제우스는 가정의 보호자로서 주인과 손님 사이의 신성한 묵계를 짓밟고 환대해준 주인 메넬라오스의 아내를 유혹해 몰래 트로이아로 데려간 파리스의 처사에 크게 노한 것이다.
12 알렉산드로스는 파리스가 산에 내다버려지기 전의 본명이고, 파리스는 나중에 목자들의 손에 구출된 뒤 목자들이 붙여준 이름이다.
13 헬레네.
14 '다나오스 백성들'이란 좁은 의미로는 아르고스 사람들을, 여기서처럼 넓은 의미로 쓰일 때는 그리스인들을 말한다. 다나오스는 아르고스의 전설적인 왕이다.
15 아레스는 전쟁의 신이다. '아레스가 들어 있지 않다' 함은 아직은 전장에 나가 싸울 만한 힘과 투지가 없다는 뜻이다.
16 지팡이를 짚고 다닌다는 뜻이다.
17 스파르테 왕으로, 클뤼타이메스트라와 헬레네의 아버지.
18 보통은 클뤼타임네스트라(Klytaimnestra)라고 하는데, n이 없는 클뤼타이메스트라(Klytaimestra)는 이 이름의 고형(古形)이다.
19 104~257행은 코로스가 극이 진행되는 동안 서 있거나 그 좌우로 움직이게 될 오르케스트라(orchestra)에 등장하며 부르는 이른바 등장가다.
20 몸은 늙어 싸움터에 나갈 수 없으나 노래의 힘을 빌려 사실을 밝힐 수 있으니 싸움터에 나가 싸우는 것에 진배없다는 뜻이다. 다시 말해 전공을 세우는 것도 중요하지만 그것을 노래로 읊어 후세에 전하는 것도 그에 못지않게 중요한 일이라는 것이다.
21 아카이오이족은 트로이아전쟁 당시 그리스의 가장 강력한 종족이지만 대개 여기서처럼 '그리스인들'이라는 뜻으로 쓰인다.
22 '그리스'의 그리스어 이름.
23 테우크로스는 트로이아 왕국을 처음 건설한 전설적인 왕으로, 그의 딸이 훗날 트로이아 왕가의 시조가 된 다르다노스(Dardanos)와 결혼한다.
24 독수리.
25 고대 그리스인들은 왼쪽에서 오른쪽으로 움직이는 것을 길조로 여겼다.
26 다음에 나오는 칼카스를 말한다.
27 아르테미스는 제우스와 레토의 딸로 순결, 출산, 사냥의 여신이자 어린 야수들의

보호자인 만큼 새끼 밴 토끼를 잡아먹은 독수리에 원한을 품는 것은 당연하다 할 것이다.

28 독수리들. 독수리는 제우스의 전령 새다.

29 여신이 아버지 제우스의 뜻대로 이 원정의 목적이 이루어지기를 바라기는 하지만 마음속으로는 탐탁찮게 여긴다는 뜻이다.

30 아르테미스가 역풍을 보내 그리스군 함대를 아울리스항에 묶어버리자 아가멤논은 여신의 노여움을 풀기 위해 마지못해 딸 이피게네이아를 여신에게 제물로 바친다. 이 때문에 클뤼타이메스트라는 남편에게 원한을 품게 되어 결국 그를 죽인다.

31 신들의 권력투쟁에 관한 노래다. 처음으로 우주의 지배자가 된 우라노스는 아들 크로노스에 의해, 크로노스는 다시 아들 제우스에 의해 권좌에서 축출되었다.

32 아가멤논.

33 아울리스는 그리스 중동부 보이오티아 지방의 항구로, 에우리포스해협을 사이에 두고 에우보이아섬의 칼키스(Chalkis) 항과 마주보고 있다.

34 트라케 지방의 강. 스트뤼몬에서 불어오는 강풍이란, 그리스인들이 보레아스(Boreas)라고 부르던 북북동풍을 말하는데 이 바람이 불기 시작하면 그리스에서 에게해를 건너 동북쪽의 트로이아로 돛단배를 타고 항해하기는 사실상 불가능하다.

35 헬레네.

36 여기서 월행(越行 enjambement)은 행뿐 아니라 연(聯)까지 뛰어넘고 있다.

37 '그림에서처럼 돋보인다' 함은, 앞쪽의 제단 옆에 서 있는 장군들과 시종들은 뒤쪽에 서 있는 군사들과 더불어 이피게네이아의 모습을 더욱 돋보이게 해주는 배경을 이룬다는 뜻이다.

38 당시에는 식사가 끝나고 본격적인 주연이 시작되기 전에 먼저 신들에게 삼배(三盃)를 올리고 파이안(paian 찬신가)을 부르는 것이 관행이었다. 집주인이 헌주하며 기도를 드리고 나면 이에 맞춰 주연에 참석한 자들 전원 또는 한 명이 파이안을 불렀다. 여기서는, 아가멤논이 기도드린 뒤 파이안을 부르기 시작하면 그의 딸도 같이 부르기 시작했다는 뜻이거나, 기도가 끝나자마자 참석자 전원이 노래를 부르기 시작했지만 처녀의 맑은 목소리가 가장 또렷이 들렸다는 뜻인 듯하다. 이피게네이아가 자신을 제물로 바치려는 장군들에게 이름을 부르며 말을 건네고 싶었던 것은, 이런 연회를 통해 이미 친숙한 사이였기 때문일 것이다.

39 펠로폰네소스반도의 다른 이름으로, 아르고스의 옛 왕 아피스에게서 유래했다.

40 불의 신.

41 트로이아 근처에 있는 산.

42 에게해 북동부 트로이아 서쪽에 있는 큰 섬.

43 아토스는 마케도니아 지방의 칼키디케곶 최동단에 있는 높은 산이다.
44 마키스토스(Makistos)는 에우보이아섬에 있는 것은 확실하나 지금 그런 이름을 가진 산이 없어 어느 산을 가리키는지 확실치 않다.
45 멧사피온(Messapion)은 보이오티아 지방의 산이다.
46 아소포스(Asopos)는 보이오티아 지방의 남쪽을 흘러 에우보이아만으로 흘러드는 강이다.
47 테바이 남쪽에 있는 산으로, 오이디푸스가 태어나자마자 내다버려진 곳이기도 하다.
48 '고르고피스(Gorgopis)호수'는 고유명사가 아니라 '고르고의 눈과 같은 호수'라는 뜻으로 이해하는 이들도 있다. 이들은 대개 이 호수를 코린토스만으로 뻗어 나온 페리코라(Perikora) 반도의 서단 남쪽에 있는 불리아그메니(Vouliagmeni)일 것으로 보고 있다. 그러나 지도를 놓고 키타이론산과 사로니코스(Saronikos)만의 서단을 거쳐 아라크나이온(Arachnaion)산을 연결해보면 이런 견해는 받아들이기 어렵다. 현재로서는 그 위치를 알 수 없다.
49 '아이기플랑크토스(Aigiplanktos)산' 역시 고유명사가 아니라 '염소가 풀을 뜯으며 돌아다니는 산'으로 보기도 한다. 고유명사가 아니라면 게라네이아(Geraneia)산맥을 가리키는 말로 볼 수도 있을 것이다.
50 사로니코스(Saronikos)는 아테나이 서남쪽의 만으로, 지금은 운하가 개설되어 서쪽의 코린토스만과 연결되어 있다.
51 어느 곳인지 확실치 않다.
52 아라크나이온(Arachnaion)은 아르고스에서 에피다우로스(Epidauros)로 가는 고속도로 북쪽을 따라 서에서 동으로 뻗어 있는 지금의 아르나(Arna)산맥을 말하는 것으로 추정된다.
53 355~488행은 첫 번째 정립가다. 정립가란 코로스가 그들의 위치인 오르케스트라에 자리잡고 서서 또는 제단이나 신상(神像) 등을 나타내는 중앙의 건조물을 중심으로 좌우로 움직이며 부르는 노래다.
54 이 부분의 텍스트는 확실치 않다.
55 아테는 광기, 광기에서 저지른 행동, 거기서 빚어지는 불행, 이 세 가지를 동시에 의미하는 여신으로, 아이스퀼로스의 작품세계를 이해하는 데 중요한 개념 중 하나다. 페이토는 설득의 여신이다.
56 파리스.
57 헬레네.
58 고대에는 전사한 아들이나 형제의 몸값으로 황금을 지불하는 경우가 허다했다.
59 델포이의 옛 이름. '퓌토의 왕'이란 아폴론을 말한다.

60 트로이아 평야의 강.
61 『일리아스』 1권에 아폴론이 그리스군 진영에 역병(疫病)의 화살을 쏘아 보내 막대한 피해를 주는 장면이 자세히 그려져 있다. 이것은 그리스군 총사령관 아가멤논이 전쟁포로로 잡힌, 아폴론 신의 사제의 딸 크뤼세이스(Chryseis)를 간곡한 청원에도 아버지에게 돌려주기를 거절한 데 대한 보복이었다.
62 헤르메스는 신들, 특히 제우스의 전령이다.
63 고대 그리스인들은 신들뿐 아니라 조국을 위해 전사한 영웅들의 혼백도 나라를 수호해주는 것으로 믿었다.
64 코로스장은 재앙이 닥칠 것 같은 불길한 예감에서 이렇게 말하지만 오랫동안 객지에 나가 있던 전령은 그 말뜻을 이해하지 못한다.
65 이 부분의 텍스트는 확실치 않다.
66 쇠의 담금질은 고도의 기술을 요하는 작업이다. 여기서 클뤼타이메스트라가 말하고자 하는 것은 자기는 쇠의 담금질을 모르는 만큼이나 다른 남자와 재미 볼 줄도 모른다는 것이다.
67 그리스어로 Helios.
68 '이중의 채찍'이란 국가와 개인을 동시에 치는 채찍이라는 뜻이다. '두 창의 불행'이란 전투할 때는 반드시 투창을 두 자루 갖고 싸운 것을 빗대어 말한 것이다. '피 묻은 한 쌍'은 무엇을 말하는지 알 수 없으나 전차의 두 바퀴를 말하는 것으로 보는 이들도 있다.
69 아이가이온(Aigaion)은 '에게해'의 그리스어 이름이다.
70 681~781행은 두 번째 정립가다.
71 헬레네(Helene)라는 이름과 '함선을 파괴하는'(helenaus), '남자를 파멸시키는'(helanandros), '도시를 파괴하는'(heloptolis)의 발음이 유사하여 언어유희를 하는 것이다.
72 제퓌로스(Zephyros)는 서풍의 신이다. 당시 아테나이인은 제퓌로스를 수염이 없는 건장한 젊은이로 여겼다고 한다. 여기서는 헬레네 일행이 때마침 불어오는 강한 서풍(정확히는 남서풍)을 받아 트로이아로 순항할 수 있었음을 강조하기 위해 '거한'(巨漢)이라고 한 것 같다.
73 헬레네와 파리스 일행.
74 트로이아 평야를 흐르는 강.
75 그리스어로 Eris.
76 그리스어로 Menis.
77 그리스어 kedos는 재앙과 결혼이라는 두 가지 뜻을 가지고 있다. 여기서는 그 뜻을 한

단어로 나타내기 어려워 '재앙의 결혼'이라고 옮겨보았다.

78 늙어서 비탄의 노래를 배워야 한다면 괴로운 일일 것이다. 시인은 여기서 '연로한'이란 말과 '배운다'는 말로 트로이아의 비참한 운명을 표현하고 있다.

79 텍스트가 파손된 부분이다.

80 '맑은 눈으로 손을 올려다본다' 함은 새끼 사자가 고양이처럼 눈을 동그랗게 뜨고는 주인이 손에 들고 있는 먹이를 낚아채려고 쳐다보는 것을 말한다.

81 여기서 헬레네는 전쟁으로 남편을 잃은 신부들에게 눈물을 안겨주는 복수의 여신으로 그려져 있다.

82 이피게네이아를 제물로 바친 일을 말한다.

83 트로이아의 함락에 결정적인 역할을 한 목마(木馬)를 말한다.

84 목마.

85 '플레이아데스 별자리가 질 무렵'에 관해서는 의견이 분분하다. 밤 시간을 의미하는 표현이라는 데는 이의가 없으나, 어떤 이는 11월 초 해뜨기 전이라고 보는가 하면, 어떤 이는 3월 말 저녁 10시경이라고 보고 있다. 전자의 논지는 1년 중 이 별자리들이 지는 것을 육안으로 처음 볼 수 있는 것이 11월 초 해뜨기 전이라는 것이다. 후자의 논지는 시인은 필시 이 드라마가 공연되던 대 디오뉘소스 제(祭) 때의 이 별자리들의 위치를 염두에 두었을 것인즉, 대 디오뉘소스 제가 열리던 3월 말 아테나이에서는 이 별자리가 저녁 10시에 지기 때문이라는 것이다. 저마다 일리가 있지만, 여기서는 지나친 상상을 피하여, '한밤중'이라는 뜻으로 보는 것이 문맥상 무난할 것이다.

86 목마.

87 오뒷세우스는 아내와 어린 아들을 두고 고향을 떠나 트로이아로 가기가 싫어 미친 체한 적이 있다.

88 몸뚱이 또는 머리가 셋인 거한.

89 포키스 왕으로 오레스테스의 죽마고우 퓔라데스의 아버지.

90 남편에 대한 살의를 은연중에 내비치고 있다.

91 이 구절을 '신이 두려워서 그런 짓을 안 하기로 결심하셨나요?'라고 해석하는 이들도 있다. 그러나 고대 그리스인들은 위기에 처하거나 무엇을 간절히 원할 때는 자기의 소원을 이루어주면 이러저러한 제물을 바치겠다고 신에게 서약하는 버릇이 있었는데, 무엇을 바치겠다고 서약하는 것이 아니라 무엇을 하지 않겠다고 서약한 예는 어떤 문헌에서도 찾아볼 수 없으므로 이러한 해석은 받아들일 수 없다는 것이 E. Fraenkel의 견해다.

92 캇산드라.

93 그리스어로 Seirios.

94 975~1034행은 세 번째 정립가다.
95 뤼라(lyra)는 길이가 같은 일곱 현으로 된 고대 그리스의 발현악기다.
96 아폴론의 아들로, 의신(醫神) 아스클레피오스(Asklepios)를 말한다. 그는 아르테미스 여신의 부탁을 받고 죽은 힙폴뤼토스(Hippolytos)를 되살린 까닭에 우주 질서의 파괴를 우려한 제우스의 벼락에 맞아 죽는다.
97 제물 바치는 의식은 손을 씻는 것으로 시작해 성수를 뿌리는 것으로 끝났다.
98 헤라클레스는 제우스와 알크메네의 아들로, 그리스의 대표적인 영웅이다. 그는 헤라가 발광케 하자 처자를 적인 줄 알고 죽이는데, 그 죄를 정화하기 위해 에우뤼스테우스(Eurystheus) 왕 밑에서 12년간 종살이를 하며 12고역을 치르게 된다.
99 1072~1177행은 이른바 '아모이바이온'(amoibaion)으로, 배우와 코로스 또는 배우끼리 주고받는 서정적 대화다.
100 아폴론의 별칭 중 하나.
101 그리스어로 아폴론 신의 이름과 똑같은 apollon이다. 캇산드라는 여기서 자기를 파멸로 인도한 아폴론 신과 '파괴자'라는 뜻의 그리스어 apollon이 글자와 발음이 동일하여 언어유희를 하고 있다.
102 캇산드라는 프리아모스 왕의 딸로, 아폴론 신에게서 예언의 능력을 부여받았는데 신의 구애를 거절한 까닭에 그녀가 하는 예언은 누구도 믿지 않는 벌을 받았다.
103 캇산드라는 지금 자신의 예언 능력에 힘입어 환상을 보고 있다. 아가멤논과 메넬라오스의 아버지 아트레우스는 아우인 튀에스테스를 초청해놓고 그의 자식들을 죽여, 그 살점으로 잔치를 베풀었던 것이다.
104 클뤼타이메스트라는 아가멤논을 그가 입었던 겉옷으로 씌운 뒤 흉기로 쳐죽이는데, '그물'이란 그가 입었던 겉옷을 말한다.
105 클뤼타이메스트라.
106 아가멤논의 아들 오레스테스는 훗날 어머니를 죽이고 아버지의 원수를 갚는다.
107 고대 그리스인들은 사람이 죽거나 놀라면 피가 노래진다고 믿었다.
108 이 드라마에서 아가멤논을 살해하는 데 사용된 흉기는 도끼라고 주장하는 이들도 있고, 칼이라고 주장하는 이들도 있다. 전자의 논지는, 이 드라마에서 살인 행위를 표현할 때 언제나 '친다'는 말을 쓰고 있고, 이 드라마와 3부작을 이루는 『제주를 바치는 여인들』 889행에서도 클뤼타이메스트라가 덤벼드는 오레스테스를 치기 위해 도끼를 찾는다는 것이다. 후자의 논지는, 클뤼타이메스트라는 『아가멤논』 1528행에서 남편을 살해하는 것은 딸 이피게네이아를 제물로 바친 데 대한 정당한 보복이라는 점을 암시하고 있는데, 고대사회에서는 '눈에는 눈, 이에는 이'라는 동종보복(同種報復)이 일반적인 관행이므로 아가멤논 역시 이피게네이아처럼 칼에

맞아 죽었다고 보는 것이 타당하다는 것이다. 그리고 『제주를 바치는 여인들』 1011행에서 아이기스토스의 칼이 언급되고 있고 같은 작품 978행과 『아가멤논』 1612행 이하에서 아이기스토스가 아가멤논의 살해 음모에 가담했다고 여러 번 언급되고 있음을 미루어, 그 칼은 아이기스토스가 빌려준 칼이라는 것이다. 여기서는 '뿔 달린 검은 흉기'라고 말하고 있는데, '검다'는 말은 재앙 또는 흉계를 암시하고, '뿔'이란 앞서 나온 황소와 암소에서 따온 비유로 생각된다.

109 욕조.
110 '가마솥'이란 1539행 이하에서 '은으로 테두리를 댄 욕조'와 같은 것으로 생각된다.
111 트라케 왕 테레우스(Tereus)는 아테나이 왕 판디온(Pandion)의 딸 프로크네(Prokne)와 결혼하지만 처제 필로멜레(Philomele)를 겁탈한 다음 발설할까 두려워 혀를 자르고 유폐한다. 그러나 필로멜레가 자신이 당한 일을 천에 수놓아 언니에게 보내자 프로크네는 아우의 원수를 갚기 위해 자신과 남편 테레우스 사이에서 태어난 아들, 이튀스(Itys)를 죽여 그 살점으로 요리를 만든 다음 남편 앞에 내놓는다. 나중에 이 사실을 알게 된 테레우스가 두 자매를 죽이려 하자 제우스가 테레우스는 후투티로, 필로멜레는 제비로, 프로크네는 밤꾀꼬리로 변신시켜 아들의 죽음을 영원히 슬퍼하게 했다. 이튀스는 밤꾀꼬리 울음소리의 의성어다.
112 캇산드라는 여기서 프로크네의 슬픈 이야기와는 다른 밤꾀꼬리 이야기를 말하고 있다. 아테나이 공주 아에돈(Aedon)은 테레우스의 칼에 죽기 직전 신들의 은총으로 밤꾀꼬리가 되어 평화롭게 살다 죽었다고 한다.
113 코퀴토스와 아케론은 저승을 흐르는 강이다. 전자는 '비명' 또는 '눈물의 강'이라는 뜻이고, 후자는 '재앙' 또는 '통곡의 강'이라는 뜻이다.
114 튀에스테스는 형인 아트레우스의 아내 아에로페(Aerope)를 유혹하여 간통했다.
115 아이기스토스.
116 스퀼라는 머리는 여섯이고 발은 열둘인 괴물이다. 시칠리아섬, 메시나(Messina)해협의 바위 동굴에 살며 지나가는 선원을 잡아먹었다고 한다.
117 델포이의 옛 이름.
118 뤼케이오스는 아폴론의 별칭 가운데 하나로 그 뜻은 확실치 않다. 더러는 '빛'이라는 뜻의 lux에서, 더러는 '늑대'라는 뜻의 lykos에서, 더러는 지명인 뤼키아에서 유래한 것으로 보고 있다. 여기서 아폴론을 왜 이 이름으로 부르는지 알 수 없지만, 캇산드라의 눈에 아이기스토스가 늑대로 보이기 때문일 것으로 해석하는 이들도 있다.
119 그녀와 동족인 트로이아인들.
120 오레스테스.

121 일종의 독재정치.
122 '지하의 제우스'란 저승의 신 하데스를 말한다. 고대 그리스인들은 주연에 앞서 먼저 신에게 삼배를 올리는데, 세 번째 잔은 구원자 제우스(Zeus soter)에게 바쳤다. 여기서 클뤼타이메스트라는 하데스를 제우스에, 아가멤논에게 가한 세 번째 가격을 구원자 제우스에게 바치는 세 번째 잔에 빗대어 말하고 있다.
123 남편 아가멤논을 죽여놓고 자랑스럽게 여기는 것을 말한다.
124 코로스는 클뤼타이메스트라의 행동을 마구 자르고 던지는 광적인 폭행에 비기고 있다.
125 내 집은 공포의 집이 아니니까 희망이 내 집에 발을 들여놓게 될 것이라는 뜻이다.
126 주 61 참조.
127 아가멤논이 아울리스항에서 이피게네이아를 제물로 바쳤던 때를 말한다.
128 아가멤논과 메넬라오스. 탄탈로스는 이들의 증조부다.
129 클뤼타이메스트라와 헬레네 자매.
130 '세 번씩이나 게걸스레 먹어치운'에 대해서는 의견이 분분하다. 탄탈로스→펠롭스→아트레우스→아가멤논으로 이어지는 3대를 의미하는 것으로 보는 이들도 있고, 신들의 전지를 시험하려고 아들 펠롭스의 살점으로 신들을 접대했다가 그 벌로 저승에서 영원한 허기와 갈증에 시달리고 있는 탄탈로스와, 제 자식의 살점으로 만든 요리를 먹은 튀에스테스와 아가멤논을 가리키는 것으로 보는 이들도 있다. 또 이런 해석은 무리라 하여 '세 번씩'이란 말은 단순한 강조에 지나지 않는다고 보는 이들도 있다.
131 전쟁의 신 아레스는 비극에서 흔히 '재앙'을 뜻하는데, 여기서는 '동족상잔'이라는 뜻이다.
132 '플레이스테네스'라는 이름은 1602행에도 나오는데, 그가 아트레우스 가의 계보에서 어떤 자리를 차지하는지 확실치 않다. 이름 외에는 알려진 것이 아무것도 없기 때문이다.
133 그와 그의 자식들이 당한 대로.
134 아이기스토스의 이 대사는 '정의'로 시작해서 '정의'로 끝난다. 클뤼타이메스트라와 마찬가지로 그도 아가멤논의 죽음을 죗값이라고 주장하고 있다.
135 고대 그리스에서는 공동체 전원의 분노를 사는 중죄인은 전 시민이 돌로 쳐죽였다.
136 감옥.

『제주를 바치는 여인들』
1 '아버지의 권능을 지키시는'에 대해서는 크게 두 가지 해석이 엇갈리고 있다.

'아버지'란 말이 오레스테스의 아버지 아가멤논을 가리키는 것으로 보고 '사자(死者)의 보호자로서 아가멤논의 집과 재산을 지켜주는'이라는 뜻으로 해석하는 이들도 있고, '아버지'란 말이 헤르메스의 아버지 제우스를 가리키는 것으로 보고 '제우스로부터 사자를 보호하는 권능을 부여받은'이라는 뜻으로 해석하는 이들도 있다. 헤르메스는 신들의 사자(使者)인 동시에 사자의 혼백을 저승으로 인도하는 신이기도 하다.
2 고대 그리스인들은 친족이나 절친한 친구가 죽으면 애도의 표시로 무덤에, 성년이 되면 길러준 보답의 표시로 고향의 강에 제 머리털을 잘라 바치곤 했다.
3 이 작품의 다른 필사본들의 대본이 된 것으로 생각되는 이른바 '메디치(Medici) 필사본'은 10행에서부터 시작된다. 파손된 1~9행은 다른 문헌에서 보완한 것인데, 1~5행은 희극작가 아리스토파네스(Aristophanes)의 『개구리』(*Batrachoi*) 1126 및 1172행에서 보완한 것이고, 6~7행과 8~9행은 각각 서정시인 핀다로스(Pindaros)의 『퓌토 찬가』 4편 146행과 에우리피데스의 『알케스티스』(*Alkestis*) 784행에 대해 주석학자들이 주석을 달면서 아이스퀼로스의 작품에서 인용한 것이라고 말한 부분들로서 근대 고전학자들이 이 드라마의 파손된 부분에서 인용한 것으로 보고 재인용한 것이다. 참고로 1~5행은 Canter가, 6~7행은 Stanley가, 8~9행은 Dindorf가 보완한 것이다.
4 22~83행은 등장가다.
5 악몽을 꾸고 비명을 지른 것은 클뤼타이메스트라지만 시인은 여기서 마치 공포가 비명을 지른 것처럼 말하고 있다.
6 클뤼타이메스트라.
7 여기서 '이는'이 무엇을 말하는지 확실치 않다. 다음에 나올 '제주를 바치며 기도드리는 일'을 가리키는 것으로 보는 이가 많지만 고주석(古註釋 scholia)에서는 앞에 나온 '신에게 미움을 산 그 여인'을 가리키는 것으로 보고 있다.
8 아가멤논의 위엄.
9 아이기스토스의 행운.
10 이 구절에 대해서는 의견이 분분한데, 옮긴이는 '혹자는 젊었을 때 벌을 받고, 혹자는 늘그막에 벌을 받으며, 혹자는 당대에는 벌을 면하더라도 그 후손이 벌을 받게 된다'는 뜻으로 읽었다.
11 트로이아. 코로스를 구성하고 있는 여인들은 트로이아에서 데려온 전쟁포로인 것으로 생각된다.
12 '한기'란 여기서 '비참'이란 말 대신 비유적으로 쓰이고 있다.
13 여기서 '오물'이 무엇인지 확실치 않다. 클뤼타이메스트라가 보낸 제주를 가리키는

것으로 보는 이들도 있고, 그녀의 악몽을 가리키는 것으로 보는 이들도 있다.
14 클뤼타이메스트라와 아이기스토스.
15 아울리스항에서 제물로 바쳐진 이피게네이아.
16 『아가멤논』의 등장가에서도, 아가멤논과 메넬라오스가 독수리에 비유되고 있다.
17 『아가멤논』 1234행에서 캇산드라도 클뤼타이메스트라를 쌍두사에 비유하고 있다.
18 독수리는 제우스의 사자(使者) 노릇을 하는 새다. 다른 신들은 대개 인간들과 직접 접촉하지만 제우스는 다른 신들이나 독수리나 무지개 같은 것을 통해 자신의 뜻을 전달한다.
19 아폴론의 별칭 중 하나.
20 클뤼타이메스트라와 아이기스토스.
21 아이기스토스가 비겁자가 아니라고 주장하더라도 우리와 싸워보면 금세 비겁자임이 드러날 것이라는 뜻이다.
22 306~478행은 애탄가로, 코로스와 한 명 또는 두 명의 배우 사이의 서정적 대화를 말한다.
23 화장용 장작더미의 화염을 말한다.
24 트로이아의 다른 이름.
25 소아시아 남서 지방으로, 이곳 주민들은 트로이아전쟁 때 트로이아에 원군을 보냈다.
26 하데스와 그의 아내 페르세포네.
27 트로이아 들판의 강.
28 북풍 부는 저쪽의 비옥한 땅에서 평화롭고 행복한 생활을 하는 것으로 생각되던 이른바 휘페르보레오이족(Hyperboreoi)을 말한다.
29 오레스테스와 엘렉트라 남매의 고통을 말하는 것으로 보는 이들도 있고, 클뤼타이메스트라와 아이기스토스에게 가해질 복수를 말하는 것으로 보는 이들도 있다.
30 아리오이족(Arioi)은 카스피해 남쪽 메디아(Media) 왕국에 살던 메디아인들의 옛 이름이다.
31 페르시아 수시아나 지방의 옛 이름.
32 고대 그리스에는 흉계로 피살된 사람의 손발을 잘라 겨드랑이와 목에다 묶고 칼에 묻은 핏자국을 피살자의 머리에 닦아버리면 가해자가 복수를 면한다는 미신이 있었다.
33 일어서서 복수에 가담해 달라는 뜻이다.
34 아가멤논의 할아버지.
35 아가멤논 집안과 동맹을 맺고 있던 포키스의 스트로피오스가 보낸 사자 행세를

하겠다는 뜻이다.
36 이 집에서 일어난 세 번째 살인을 말한다. 본문 1066~1073행 참조.
37 아폴론.
38 585~652행은 첫 번째 정립가다.
39 알타이아는 칼뤼돈(Kalydon) 왕 오이네우스(Oineus)의 아내로, 아들 멜레아그로스가 태어나던 날 운명의 여신들이 나타나 지금 화덕에서 타고 있는 장작이 다 타고 나면 아이가 죽게 될 것이라 하자, 장작을 불속에서 꺼내어 불을 끈 다음 조심스럽게 감춰둔다. 훗날 오이네우스가 아르테미스 여신에게 제물 바치기를 소홀히 하자, 화가 난 여신이 큰 멧돼지 한 마리를 보내 칼뤼돈 들판을 쑥대밭으로 만들게 하자 그사이 성인이 된 멜레아그로스가 그리스 각지에서 영웅들을 모아 그 멧돼지를 잡는데, 아탈란테(Atalante)라는 처녀 사냥꾼이 멧돼지에 맨 먼저 활을 쏘아 부상을 입히자, 평소 그녀를 연모하던 멜레아그로스가 멧돼지의 머리를 그녀에게 상으로 준다. 그리고 그가 이에 항의하던 외삼촌들을 죽이자 이 소식을 전해들은 알타이아가 감춰둔 장작개비를 불속에 던진다. 그리하여 아들이 죽자 어머니도 자살한다.
40 메가라(Megara) 왕 니소스(Nisos)가 크레테 왕 미노스(Minos)에게 포위되었을 때, 니소스의 딸 스퀼라는 미노스에게 반해—이 드라마에서는 황금 목걸이에 매수된 것으로 되어 있다—아버지 니소스의 목숨을 지켜주던 불사(不死)의 머리카락을 잘라버린다. 그리하여 메가라가 함락되고 니소스도 죽지만 미노스는 감사하기는커녕 그녀를 자기 뱃고물에 매달아 익사케 한다.
41 일설에 따르면, 렘노스 여인들은 질투심에 눈이 멀어 남자들을 모두 죽인 적이 있었다고 한다. 한편 역사가 헤로도토스(Herodotos)의 『역사』 6권 138장에 따르면, 앗티케에서 추방되어 렘노스로 이주한 펠라스고이족(Pelasgoi)은 그 보복으로 아테나이 여인들을 납치해 갔는데, 이 여인들이 낳은 아이들이 자기네끼리만 어울려 놀며 앗티케 말을 한 까닭에 아이들과 어머니들을 모조리 죽였다고 한다. 그 뒤부터 이 '렘노스의 참사'는 그리스인들 사이에서 잔혹 행위의 대명사가 되었다고 한다. 하지만 코로스의 이 노래에서는 여인들의 잔혹 행위가 주제이므로 앞서 언급한 전설을 가리키는 것으로 생각된다.
42 설득의 여신.
43 783~837행은 두 번째 정립가다.
44 오레스테스.
45 아폴론.
46 머리털 한 올 한 올이 뱀으로 되어 있어 보는 이를 돌로 변하게 한다는 무서운 괴물

47 고르고의 목을 벤 그리스의 영웅.
47 클뤼타이메스트라.
48 아이기스토스.
49 855~869행은 세 번째 정립가다.
50 클뤼타이메스트라의 피가 부르게 될 복수의 여신들.
51 935~971행은 네 번째 정립가다.
52 트로이아전쟁 때 트로이아 왕.
53 오레스테스와 퓔라데스.
54 아버지의 원수를 갚았다는 뜻이다.
55 아이기스토스.
56 『오레스테이아』 3부작의 마지막 작품인 『자비로운 여신들』에서 오레스테스는 모친 살해죄로 아테나이에서 심판받게 된다.
57 고대 그리스에서 탄원자는 양털실을 감아 맨 올리브 가지의 화관을 쓰거나 올리브 가지를 손에 들었다.
58 대지의 동쪽 끝과 서쪽 끝에서 동시에 출발한 제우스의 독수리들이 델포이에서 만났다 하여 그리스인들은 델포이가 대지의 배꼽, 즉 중심이라고 여겼다.
59 신전 안 지성소에 모셔놓은 성화(聖火).
60 '이런 이름'에 관해서는 의견이 분분한데, '아폴론 신이 내린 신탁의 제물이 되었다'는 뜻으로 보는 이들도 있고, '모친 살해범'이라는 뜻으로 보는 이들도 있다. 그런가 하면 오레스테스가 미처 말을 끝맺기도 전에 코로스에 의해 제지된 것으로 보는 이들도 있다.
61 아트레우스의 아우. 아트레우스는 아우 튀에스테스가 아내 아에로페(Aerope)와 간통한 데 대한 보복으로 그의 자식을 죽여 그 살점으로 그에게 잔치를 베풀었다.
62 그리스인들.
63 아가멤논.
64 고대 그리스인들은 주연에 들어가기 전에 먼저 신들에게 삼배를 올리는 습관이 있었는데, 세 번째 잔은 구원자 제우스에게 바쳤다. 여기서는 세 번째 잔이 구원자 제우스에게 바치는 잔이듯, 세 번째로 살인한 오레스테스도 집안의 구원자가 되어 달라는 뜻이다.

『자비로운 여신들』

1 대지의 여신.
2 가이아.

3 아폴론의 별칭 중 하나.
4 '델로스의 못'이란 델로스섬의 아폴론 신전 북쪽에 있는 '둥근 연못'을 말하는데 이 연못에서 아폴론이 태어났다고 한다.
5 '팔라스의 해안'이란 앗티케 지방의 해안을 말한다. 아폴론은 델로스에서 앗티케 북서쪽에 있는 보이오티아(Boiotia) 지방의 멧사피온(Messapion)산에 상륙한 것으로 알려져 있으나, 아테나이인은 그가 자기들 나라에 상륙했다고 주장하고 있다. 팔라스는 아테나 여신의 별칭이다.
6 델포이 북쪽의 높은 산.
7 아테나이인을 말한다. 아테나이의 전설적인 왕 에릭토니오스(Erichthonios)가 불의 신 헤파이스토스의 아들이기 때문이다.
8 델포이의 전설적 건설자로, 델포이란 이름은 그에게서 유래했다. 그는 아폴론의 아들이라고도 하고 포세이돈의 아들이라고도 하는데 여기서는 아폴론보다 먼저 태어났음이 분명하다.
9 아폴론의 별칭.
10 '신전 앞의 팔라스'란 델포이에서의 아테나 여신의 별칭이다. 아폴론 신전에서 동쪽으로 약 1.5킬로미터 지점에 있던 그녀의 신전은 멀리서 다가가는 여행자들에게 마치 아폴론의 큰 신전 바로 앞에 서 있는 것처럼 보였기 때문에 그런 별칭을 갖게 되었다고 한다.
11 코뤼키온 동굴(Korykion antron)은 델포이 동북쪽 약 10킬로미터 지점의 파르낫소스산에 있는 길이 약 60미터, 높이 약 12미터의 종유동(鐘乳洞)으로서 해발 1,360미터다. 이 동굴은 판(Pan) 신과 요정들에게 바쳐졌다.
12 브로미오스는 주신 디오뉘소스 일명 박코스의 별칭 중 하나로, '떠들썩한 자'라는 뜻이다. 박코스 신도들의 요란한 행렬에서 유래한 것으로 생각된다. 박코스는 아폴론이 대지의 먼 북쪽에서 경건하고 행복한 삶을 살아가고 있다는 휘페르보레오이족(Hyperboreoi '북풍 너머 저편에 사는 이들'이라는 뜻)의 나라를 방문하는 겨울 석 달 동안 델포이에 머물렀는데, 격년으로 파르낫소스산정에서 인근에 사는 여인들의 박코스 축제가 개최되었다.
13 디오뉘소스가 자신의 출생지인 테바이에 자신을 경배하는 새로운 의식을 전파하려 했을 때, 테바이 왕 펜테우스(Pentheus)가 이를 막으려다가 그의 어머니가 이끌던 한 무리의 박코스 여신도들의 손에 키타이론산에서 갈기갈기 찢겨 죽는다. 이 이야기는 에우리피데스의 비극 『박코스의 여신도들』(Bakchai)의 소재가 되고 있다.
14 '토끼처럼'이란 표현은, 새끼 밴 어미 토끼가 독수리에게 찢겨 죽는 아울리스항에서의 전조를 연상케 한다. 『아가멤논』 108~137행 참조.

15 델포이 아래쪽 협곡으로 흘러내리는 시내.
16 해신 포세이돈도 아폴론 신전 앞에 제단을 갖고 있었으며, 그도 대지의 여신의 신탁에 참여했었다고 한다.
17 '그리스'의 그리스어 이름.
18 대지의 동쪽 끝과 서쪽 끝에서 동시에 날려보낸 독수리들이 델포이에서 만났다 하여, 고대 그리스인들은 델포이가 대지의 중심 즉 배꼽이라 여기고 그 표시로 돌덩이를 갖다놓았는데, 지금은 모조품만 남아 있다.
19 클뤼타이메스트라의 피.
20 머리털이 뱀으로 되어 있어 보는 이를 돌로 변하게 한다는 무서운 괴물 세 자매.
21 피네우스(Phineus)는 트라케 왕으로, 북풍의 신 보레아스(Boreas)의 딸 클레오파트라(Kleopatra)와 결혼해 아들들을 낳았으나 그녀가 죽자 재혼하는데, 계모의 모함을 믿고는 손수 또는 계모를 시켜 아들들을 눈멀게 한다. 그 벌로 제우스가 그에게 죽든지 장님이 되든지 둘 중 한 가지를 택하라고 하자 피네우스는 후자를 택한다. 그러자 만물을 굽어보는 태양신이 그의 선택에 노하여 괴조(怪鳥)들인 하르퓌이아이들(Harpyiai)을 보내 그가 먹는 음식을 낚아채 가거나 오염시키게 한다.
22 하르퓌이아이들. 이들은 호메로스와 헤시오도스에서는 폭풍의 정령들로 나오지만 기원전 5세기의 미술품에는 날개 달린 여인들로 그려져 있다.
23 복수의 여신들은 일부 후기 도자기에서는 날개 달린 모습으로 그려져 있지만, 비극의 코로스로서는 날개 달린 모습으로 등장할 수 없을 것이라는 게 일반적인 견해이다. 복수의 여신들은 검은 옷을 입고 있었는데, 이 구절을 보면 그들의 얼굴 즉 가면도 검었던 것으로 생각된다.
24 아폴론은 역병의 신이자 치유의 신이다.
25 복수의 여신들은 결혼한 적이 없다.
26 저승의 가장 깊숙한 곳.
27 아테나이.
28 아테나이의 아크로폴리스에 있던, 올리브나무로 만든 도시의 보호자 아테나(Athena polias)의 신상.
29 헤르메스는 사자들의 혼백을 저승으로 인도하고 여행자들을 보호해주기에, '호송자'(pompaios)라는 별칭을 갖게 되었다.
30 복수의 여신들.
31 아가멤논과 캇산드라.
32 포도주는 제주(祭酒)로 널리 쓰였지만 복수의 여신들과 그 밖의 다른 지하의 신들에게는 포도주 없이 물과 꿀로 된 제주를 바쳤다.

33 지하의 신들에게는 대개 제단이 아니라 땅에 판 화덕에다 제물을 바쳤다고 한다.
34 꿀을 바른 케이크일 것으로 보는 이들도 있다.
35 복수의 여신들은 미술품에서 전통적으로 뱀으로 그려지곤 하는데, 그것은 뱀이 은밀하고 교활한 파괴자의 상징이기 때문일 것이다.『제주를 바치는 여인들』249행, 627행 이하, 928행, 1002행 이하 참조.
36 143~178행은 첫 번째 등장가다.
37 델포이의 아폴론 신전 안 삼각대(三脚臺) 위에 올려놓은 세발솥을 말한다. 예언녀 퓌티아는 여기 앉아 신탁을 묻는 자에게 사제를 통해 아폴론의 답변을 말해주었다.
38 화살.
39 피 거품.
40 참수형이나, 눈을 파내는 형벌이나, 환관으로 만들고자 소년들을 거세하는 일이나, 사지를 절단하는 형벌이나, 척추 끝에서 몸에 날카로운 말뚝을 박는 형벌이나, 돌로 쳐죽이는 형벌 등은 모두 야만족, 특히 페르시아에서 흔한 형벌로서 델포이나 그리스의 다른 지역에서는 볼 수 없는 일이니, 복수의 여신들은 어서 그리스를 떠나 그런 형벌이 가해지는 곳으로 떠나라는 뜻이다. 이 가운데 돌로 쳐죽이는 것은 그리스에서도 흔한 일이었지만, 재판에 의한 형벌의 집행이라기보다는 공동체에 중죄를 지은 자에 대한 시민들의 자발적인 분노의 폭발이었다.
41 오레스테스는 아르고스인이므로 델포이에서는 이방인이다.
42 아폴론이 제우스의 대리자라면, 복수의 여신들은 운명의 여신들(Moirai)이 정해준 임무를 수행하고 있다는 뜻이다. 334~335, 347~348, 392행 참조.
43 아프로디테.
44 254~275행은 두 번째 등장가다.
45 아폴론.
46 오래되지 않은 오염일수록 쉽게 지워진다.
47 고대 그리스인들은, 정화받아야 할 사람의 머리 위에 사제가 새끼 돼지를 들고 있다가 먹을 따면 피가 머리와 손에 떨어지며 정화된다고 믿었다.
48 오레스테스가 앞서 1)그의 오염은 이제 오래되어 지워졌다. 2)그는 정화의식을 받았다. 3)그는 많은 사람들과 접촉했으나 그들은 아무 해도 입지 않았다고 말하고 나서 또다시 이런 모호한 논지를 내세우는 것은 수사학적으로 맞지 않기 때문에, 이 행은 훗날 가필된 것으로 보는 이들이 많다.
49 북아프리카.
50 트리톤(Triton)은 북아프리카에 있는 강으로 일설에 따르면, 아테나는 그 강둑에서 태어났다고, 그래서 트리토게네이아(Tritogeneia)라는 별칭을 갖게 되었다고 하나 그

위치는 확실치 않다.
51 아이스퀼로스 당시의 전사는 적의 저항이 없을 때는 다리를 곧추세우고는 재빨리 나아가고, 적이 공격해오면 몸과 두 다리를 되도록 완전히 방패로 가리고 조심스럽게 앞으로 나아갔다.
52 플레그라(Phlegra) 평야는 에게해 북서쪽으로 뻗어 나온 칼키디케(Chalkidike)의 세 반도 가운데, 맨 서북쪽에 있는 팔레네(Pallene)반도에 있다.
53 또는 '이 여신들에게서'.
54 321~396행은 이른바 '속박의 노래'로 첫 번째 정립가다.
55 여기서 복수의 여신들은, 헤시오도스의 『신들의 계보』 217~222행에서 밤의 딸들인 케레스들(Keres 죽음의 여신들)과 동일시되고 있다. 가장 오래된 카오스(Chaos)의 딸인 밤의 여신(Nyx)은 오래된 신들 가운데 한 명이며, 여기서 복수의 여신들은 클뤼타이메스트라의 어머니로서의 권리를 옹호하는 까닭에 어머니를 부르는 것으로 생각된다.
56 아폴론의 어머니. 아폴론의 경우에도 아버지가 아니라 어머니만이 언급되고 있다.
57 에퓜니온(ephymnion)은 '덧붙여 부르는 노래'로, 일종의 후렴이다.
58 포르밍크스(phorminx)는 일곱 현으로 된 발현악기 뤼라의 전신이다. 여기서 '포르밍크스를 싫어하는'이란, '슬픈'이라는 뜻이다. 포르밍크스는 즐거운 일이 있을 때 사용되는 악기이기 때문이다.
59 여기서 '우리가 태어날 때'란 '제우스를 우두머리로 한 올륌포스의 새로운 신족이 존재하기 이전에'라는 뜻이다.
60 흰옷은 결혼식처럼 즐거운 일에, 검은 옷은 장례식처럼 궂은일에 입었다.
61 복수의 여신들은 혈족을 죽인 자를 처벌하는 궂은일을 자신들이 떠맡음으로써, 올륌포스의 신들에게 호의를 베풀고 있다고 주장하고 있다.
62 가장(家長)을 잃은 가족들의 목소리.
63 복수의 여신들의 복수자로서의 역할.
64 복수의 여신들의 노여움을 사는 자들은 살아서도 죽어서도 험한 여정이 기다리고 있다는 뜻이다.
65 트로이아 평야의 강.
66 그리스인들.
67 아테나이인. 테세우스는 아테나이의 전설적 영웅.
68 아이기스(aigis)는 제우스가, 훗날에는 아테나가 들고 다니던 염소가죽으로 만든 또는 염소가죽을 입힌 방패로 나중에는 적군을 놀라게 하기 위해 뱀들로 술을 달고 메두사의 머리를 달았다고 한다.

69 고대 아테나이에서 살인 재판이 열리면 먼저 원고는 피고가 살인했다고, 피고는 살인하지 않았다고 선서했는데, 어느 한쪽이 선서를 거부하면 자동적으로 패소한 것으로 간주되었다. 여기서는 오레스테스가 어머니를 죽이지 않았다고 선서하지 못할 것이므로 자동적으로 유죄가 인정될 것이라는 뜻이다.

70 익시온은 라피타이족의 왕으로, 구혼 선물을 받으러 온 장인을 죽임으로써 처음으로 친인척을 죽인 사람이 되었으나, 제우스에게 탄원해 정화받았다. 그러나 제우스의 관용을 악용하여 헤라 여신을 겁탈하려다 저승에 가서 쉴 새 없이 돌아가는 불수레바퀴에 묶이는 벌을 받는다. 그러나 여기서는 그가 제우스의 관용을 악용한 부분은 빠져 있다.

71 클뤼타이메스트라는 10년 만에 개선한 남편 아가멤논이 욕조에서 목욕하는 사이 다채롭게 수놓은 겉옷을 씌워 흉기로 살해했다.

72 오레스테스에게 유죄를 선고하게 되면 탄원자의 원한을 사게 되고, 무죄를 선고하게 되면 복수의 여신들의 원한을 사게 될 것이라는 뜻이다.

73 490~565행은 두 번째 정립가다.

74 무정부주의.

75 나팔수. 나팔은 전령이 갖고 다니는 물건이 아니다.

76 튀르레니아(Tyrrhenia)는 이탈리아 북서부 지방 에트루리아(Etruria)의 그리스어 이름이다. 이 구절은 나팔이 에트루리아의 발명품이라는 주장을 뒷받침해주는 최초의 진술이다.

77 당시 레슬링 경기에서는 상대방을, 먼저 세 번 내던지는 쪽이 이겼다.

78 배심원들.

79 배심원들의 선서. 배심원들의 선서를 무시한다는 것은 실제 재판에서는 있을 수 없는 일이며, 아테나도 이에 찬성하지 않는다. 710행 참조.

80 궁술에 능한 호전적 여인족.

81 전쟁터에서 여인의 손에 죽는 것은 수치스러운 일이지만 그것도 아가멤논이 당한 것에 비하면 낫다는 뜻이다. 여기서 아폴론은 아가멤논의 살해가 클뤼타이메스트라의 살해보다 죄질이 더 나쁘다는 것을 입증하기 위해 1)그것은 남자의 죽음이다. 2)왕의 죽음이다. 3)여인에 의해, 4)모욕적인 방법으로 저질러졌다는, 네 가지 논지를 내세우고 있다.

82 당시에는 투표할 때 찬성하는 쪽과 반대하는 쪽의 두 항아리에 조약돌을 던져 넣었다.

83 〈 〉안은 필사본에 없는 것을 Headlam의 제안에 따라 보완한 것이다.

84 이 숙명적인 겉옷에 관해서는 460~461행 참조.

85　신들의 권력투쟁에 관해서는 '주요 이름들' 중 티탄 신족 참조.
86　배심원들.
87　아폴론은 아픈 데를 찔린 나머지 비극에서는 보기 드문 거친 말을 하고 있다.
88　일설에 따르면, 제우스는 실제로 크로노스를 방면하여 '축복받은 자들의 섬'(makaron nesoi)을 다스리게 했다고 한다.
89　살인자는 자기집에서는 제물을 바칠 수 있었으나 공공의 제단이나 성소에는 접근이 금지되었다.
90　성수는 제물 바칠 때 참가자들과 제물과 제단에 뿌려졌다.
91　아테나는 제우스의 머리에서 완전무장한 채 튀어나왔다.
92　아테나이인. 아이게우스는 아테나이의 왕으로, 테세우스의 아버지다.
93　헤라클레스가 아마조네스족이 갖고 있던 '아레스의 허리띠'를 가져오기 위해 흑해 남안으로 갔을 때 테세우스도 동행하는데, 나중에 원정이 성공하자 안티오페(Antiope)라고도 하고 힙폴뤼테(Hippolyte)라고도 하는 아마조네스족 여왕을 상으로 받아 아테나이로 돌아온다. 그러자 그녀를 구하려고 아마조네스족이 아테나이에 쳐들어와 아레이오스 파고스(Areios pagos 라/Areopagus '아레스의 언덕'이라는 뜻)에 진지를 구축하고 아크로폴리스를 포위했으나 패퇴한다. 아마조네스족은 전쟁의 신 아레스를 자신들의 선조로 여겼다.
94　지금의 남러시아에 살던 기마 유목민족.
95　펠로폰네소스반도. 펠로폰네소스를 대표하는 스파르테인들과 스퀴타이족은 훌륭한 법제로 명성이 자자했다.
96　나와 제우스의 신탁이 열매를 맺지 못하면 그대들의 땅도 열매를 맺지 못할 것이라는 뜻이다.
97　오레스테스가 델포이의 신탁소를 오염시켰기 때문에.
98　아폴론의 아들 의신 아스클레피오스가 아르테미스 여신의 부탁으로 죽은 힙폴뤼토스를 살려내자 제우스가 우주 질서가 파괴될 것을 염려해 벼락으로 그를 쳐죽인다. 화가 난 아폴론이 제우스에게 벼락을 만들어준 퀴클롭스(Kyklops)들을 죽이자 제우스가 아폴론을 텟살리아 페라이(Pherai) 왕인, 페레스(Pheres)의 아들 아드메토스(Admetos)에게 1년 동안 머슴살이를 하게 한다. 아드메토스의 호의적인 대접에 대한 보답으로 아폴론은 운명의 여신들을 속여 다른 사람이 대신 죽는다는 조건으로 아드메토스가 타고난 수명 이상으로 살게 해준다. 그리하여 훗날 아드메토스가 죽게 되었을 때 그의 아내 알케스티스(Alkestis)가 남편 대신 죽기를 자원했으나, 헤라클레스에 의해 저승에서 생환된다.
99　제우스.『아가멤논』 주 122 참조.

100 '아테나이가 고전할 때 원군을 보내준다면'이라는 뜻이다.
101 아르고스의 원군.
102 778~792, 808~822, 837~847, 870~880행은 이른바 '분노의 노래'로 애탄가다.
103 제우스를 우두머리로 하는 올륌포스의 신들.
104 19, 616~621, 713행 참조.
105 여기서 '왕좌'란 복수의 여신들의 성역에 있는 신성한 돌을 말하며, 이 돌에는 정기적으로 기름을 칠했다고 한다.
106 아테나이의 아크로폴리스에 있는 '도시의 수호신 아테나'(Athena polias)의 신전을 말한다. 이 신전에는 아테나이의 전설적인 왕 에렉테우스도 함께 봉안되어 있어 그렇게 불리는 것이다.
107 전쟁의 신 아레스는 비극에서 맹목적인 불화와 살육과 파괴의 동의어로 쓰일 때가 많다.
108 설득의 여신 페이토는 『오레스테이아』에서는 대체로 부정적인 인상을 주지만(『아가멤논』 385~386행, 205행 이하, 905행 이하 참조), 3부작의 끝부분인 여기서는 밝은 인상을 준다.
109 상대방의 명예를 부당하게 실추시키지 않는 승리라는 뜻인 것 같다.
110 916~1020행은 이른바 '축복의 노래'로 애탄가다.
111 여기서 '과오'란 교만한 선조들로부터 물려받은 교만이라는 뜻이다.
112 앗티케 지방 남부의 라우레이온(Laureion)산에 있던 은광을 염두에 두고 한 말인 듯하다.
113 배심원들.
114 헤시오도스에 따르면, 운명의 여신들도 밤의 여신의 딸들이다. 『신들의 계보』 217행 참조.
115 운명의 여신들은 결혼 및 출산과 관계가 있으므로 모든 가정에 관여하는 셈이다.
116 제우스도 한때 아테나이에 신전을 갖고 있었다. 918~919행 참조.
117 아테나는 처녀 신이다.
118 낭패 보기 전에.
119 크라나오스(Kranaos)는 아테나이의 역대 왕들 중에 그다지 잘 알려져 있지 않은 인물인데, 후기 전설에 따르면 케크롭스(Kekrops)의 후계자였다고 한다.
120 복수의 여신들.
121 여기서 '눈'이란 귀중한 존재라는 뜻으로, 다음에 나오는 여인들을 가리키는 것으로 생각된다.
122 여기서 1행이 없어진 것으로 추정된다.

123 여기서 2행이 없어진 것으로 추정된다.
124 아테나이에 용감하고 탁월한 남자들이 많이 태어나게 해달라는 뜻이다.
125 1031~1047행은 엑소도스(exodos)다.
126 복수의 여신들은 결혼한 적이 없다.
127 대지는 올륌포스의 신들과 복수의 여신들과 인간들이 있기 훨씬 전부터 있었다.

『페르시아인들』

1 수사(Sousa '백합의 도시'라는 뜻)는 페르시아만 북동쪽에 있는 제국의 수도로, 페르시아 왕들의 겨울 궁전이 있던 곳이다.
2 아그바타나(Agbatana)는 카스피해 남쪽 메디아(Media) 지방의 수도로, 페르시아 왕들의 여름 궁전이 있던 에크바타나(Ekbatana)의 옛 이름이다.
3 수사가 자리잡고 있던 수시아네(Sousiane) 지방의 옛 이름.
4 '나일강'의 그리스어 이름.
5 '이집트'의 그리스어 이름.
6 소아시아의 중서부 지방으로, 사르데이스(Sardeis)가 그 수도다.
7 트몰로스(Tmolos)는 사르데이스 근처에 있는 산이다.
8 '창의 모루'란 여기서 백절불굴(百折不屈)의 용사라는 뜻인 듯하다.
9 뤼디아의 북부에 인접해 있는 지방.
10 65~139행은 등장가다.
11 헬레스폰토스(Hellespontos '헬레의 바다'라는 뜻)해협, 즉 지금의 다르다넬스해협을 말한다. 헬레의 전설은 다음과 같다. 그리스 보이오티아(Boiotia) 지방에 있는 오르코메노스(Orchomenos)시의 왕 아타마스(Athamas)는 네펠레(Nephele '구름'이라는 뜻)와 결혼해 프릭소스(Phrixos)와 헬레(Helle) 남매의 아버지가 된다. 그 뒤 네펠레가 죽자 또는 그의 곁을 떠나자 아타마스는 세멜레의 언니 이노(Ino)와 재혼한다. 이노는 의붓자식들이 미워져 죽이기로 작정한다. 그녀는 그곳의 여인들을 설득하여 내년에 뿌릴 씨앗들을 볶게 한다. 그리하여 농사를 망쳐 나라에 기근이 들자 그녀는 델포이에 있는 아폴론의 신탁소로 사절단을 보내 기근을 막을 방법을 알아 오게 한다. 사절들은 돌아와 이노의 지시대로 프릭소스와 헬레를 제물로 바쳐야만 기근을 면할 수 있다는 신탁을 들었다고 거짓 보고를 한다. 남매가 제물로 바쳐지기 직전 어머니 네펠레가 황금 양모를 가진 숫양 한 마리를 보내주어, 그것을 타고 그들은 흑해 동안(東岸)에 있는 콜키스(Kolchis)로 날아가게 된다. 그러던 중 헬레는 현기증이 나서 그녀의 이름에서 따와 헬레스폰토스라 불리는 바다에 빠져 죽고, 콜키스에 도착한 프릭소스는 숫양을 제우스에게 제물로 바치고 그 양모피는

전쟁의 신 아레스의 원림에 걸어두었다고 한다. 이 황금 양모피를 찾아 훗날 그리스의 영웅 이아손(Iason) 일행이 쾌속선 아르고(Argo)호를 타고 콜키스로 가게 된다.

12 페르시아 왕족은 일설에 따르면, 그리스 영웅 페르세우스의 자손들이라고 하는데, 보는 이를 돌로 변하게 한다는 괴물 고르고(Gorgo)의 목을 베어 온 페르세우스는 제우스가 청동 탑에 갇혀 있던 다나에(Danae)에게 황금 비[雨]로 접근하여 낳은 아들이다.

13 여기서 쉬리아(Syria)란, 지금의 시리아가 아니라 아시리아를 말한다.

14 페르시아전쟁 때 그리스군은 투구와 갑옷에 방패를 들고 창을 던지는 중무장보병이 대다수였고, 페르시아군의 주력부대는 궁수들이었다. 여기서 전쟁의 신 아레스는 '전쟁' 또는 '전투부대'라는 뜻이다.

15 궁전인지 회의장인지 확실치 않다.

16 크세르크세스.

17 아이올레이스족(Aioleis)과 도리에이스족(Dorieis)과 더불어 그리스의 3대 부족인 이오네스족(Iones 또는 Iaones)은 주로 아테나이를 중심으로 한 앗티케 지방과 소아시아 중서부 해안지대인 이오니아(Ionia) 지방에 거주했다. '이오네스족의 나라'란 여기서 그리스 본토를 말한다.

18 '아시아'의 그리스 원어 he barbaros ge의 barbaros가 명사로 쓰일 때는 '비(非)그리스어를 사용하는 자'라는 뜻으로, 경우에 따라 '야만족'이라고도 번역된다.

19 상대적으로 더 크고 강한 독수리가 더 작고 약한 매에게 꼼짝없이 당한다는 것은 예사로운 일이 아니다.

20 태양신.

21 카스피해 남쪽 지방으로, 여기서는 페르시아 대신 쓰이고 있다. 이전에는 페르시아가 메디아의 속국이었지만 나중에는 메디아가 페르시아의 속국이 되었다.

22 기원전 490년의 마라톤 전투를 암시하는 말로 해석하는 이들도 있다.

23 그리스어 원어 barbar on을 여기서는 '야만족의'라고 번역할 수가 없어 '우리 편'으로 옮겼다.

24 256~289행은 애탄가다.

25 실레니아이(Sileniai)는 살라미스섬 트로파이온(Tropaion)곶 근처의 해변이다.

26 박트리아(Baktria)는 지금의 아프가니스탄 북동 지방이다.

27 '아이아스섬'(nesos Aiantos)이란 살라미스섬을 말한다. 아이아스(Aias)는 트로이아전쟁 때 그리스군의 용감한 장수로, 살라미스 출신이었다.

28 크뤼세(Chryse)는 트로이아 근처에 있던 도시다. 『일리아스』 1권 37행 참조.

29 뤼르넷소스(Lyrnessos)는 소아시아 트로아스(Troias) 지방의 도시다.
30 소아시아 남동 지방.
31 기원전 480년 살라미스 해전 때 페르시아 함대는 총 1,207척이었던 것으로 알려져 있다. 헤로도토스, 『역사』 7권 89장 참조.
32 아테나이. 팔라스는 아테나이의 수호여신 아테나의 별칭 중 하나다. 아테나는 해신 포세이돈과 아테나이를 포함한 앗티케 지방의 영유권을 다툰 적이 있는데, 이때 포세이돈은 삼지창으로 아크로폴리스를 쳐서 짠물이 나는 샘을 만들어주었으나, 아테나는 올리브나무를 주어 아테나이 주민들에 의해 아테나이의 수호신으로 판정되었다고 한다. 헤로도토스, 『역사』 8권 55장 참조.
33 '페니키아'의 그리스어 이름.
34 살라미스섬과 아테나이의 외항 페이라이에우스(Peiraieus) 사이에 있는 작은 섬 프쉿탈레이아(Psyttaleia)를 말한다.
35 산야와 숲과 목자의 신이다.
36 크세르크세스는 그리스군이 추격해오는 것을 막기 위해 마르도니오스(Mardonios) 휘하에 삼십만 정예부대를 남겨놓고 떠났는데(헤로도토스, 『역사』 8권 113장 참조), 아이스퀼로스는 이에 관해 언급하지 않고 있다.
37 몇 발자국을 옮길 수 없어.
38 여기서 나오는 아카이아(Achaia)는 펠로폰네소스반도 북부 해안지대가 아니라 오트뤼스(Othrys)산과 파가사이(Pagasai)만 사이에 있는, 남텟살리아의 한 지역이다.
39 지리적 순서대로라면 팡가이온(Pangaion)산은 볼베(Bolbe)호와 스트뤼몬강과 에도네스족(Edones)의 나라 다음에 와야 할 것이다.
40 548~597행은 첫 번째 정립가다.
41 이물의 양쪽에.
42 퀴크레우스(Kychreus)는 살라미스섬의 옛 왕이다.
43 물고기.
44 헤르메스는 신들의 전령일 뿐 아니라 사자들의 혼백을 저승으로 인도하는 '혼백 인도자'이기도 하다.
45 하데스.
46 633~680행은 두 번째 정립가다.
47 저승의 강들 중 하나.
48 다레이오스에게는 아들이 일곱 있었는데, 그중 세 명은 그가 왕이 되기 전에 결혼한 아내의 몸에서 났고, 네 명은 나중에 아톳사가 낳았다.
49 선교를 놓았다는 뜻이다.

50 여기서는 흑해와 마르마라해 사이의 해협이 아니라 다르다넬스해협을 말한다.
51 852~906행은 세 번째 정립가다.
52 할뤼스(Halys '소금강'이라는 뜻)는 흑해로 흘러드는 소아시아의 가장 긴 강(약 1,050킬로미터)으로, 지금의 키질이르마크(Kizilirmak '붉은 강'이라는 뜻)다.
53 그리스 북동부 트라케 지방의 강.
54 프로폰티스(Propontis)는 다르다넬스해협과 보스포로스해협 사이에 있는 내해(內海)로, 지금의 마르마라(Marmara)해를 말한다.
55 '폰토스의 어귀'는 여기서 트라케의 보스포로스해협을, '폰토스'는 흑해를 말한다.
56 다이달로스의 아들 이카로스(Ikaros)가 아버지가 만들어준 날개를 달고 너무 높이 날다가 햇볕에 밀랍이 녹는 바람에 떨어져 익사했다는 이카로스 섬을 말한다.
57 트로이아전쟁 때 살라미스의 영웅 테우크로스(Teukros)가 퀴프로스섬에 세운 식민시로, 아테나이 앞바다의 살라미스섬에서 이름을 따왔다.
58 살라미스섬의 살라미스 시를 말한다. 기원전 480년 이 섬의 해협에서 벌어진 해전에서 페르시아 함대가 아테나이 함대에 궤멸됐던 것이다.
59 931~1066행은 코로스와 배우가 말을 주고받는 이른바 '아모이바이온'이다.
60 마리안뒤노이족(Mariandynoi)은 흑해 남안의 헤라클레이아(Herakleia)시 남쪽에 살던 트라케 부족이다. 이들은 전문적인 대곡꾼(代哭-)으로 유명했다고 한다.
61 마르도이족(Mardoi)은 메디아 지방에 살며 약탈을 일삼던 부족이다.
62 아리오이족(Arioi)은 메디아인들의 옛 이름이다.

『테바이를 공격한 일곱 장수』

1 카드모스는 테바이 시의 전설적 건설자로, 그에 관한 전설은 다음과 같다. 포이니케 지방의 해안 도시 튀로스 왕 아게노르는 딸 에우로페(Europe)가 황소로 변신한 제우스에게 납치되자 아들 카드모스를 보내 딸을 찾아오게 한다. 그러나 아폴론이 카드모스에게, 누이 찾는 일을 그만두고 암소를 만나거든 암소가 눕는 곳까지 따라가서 그곳에 도시를 세우라고 일러준다. 암소가 훗날 테바이가 서게 될 곳으로 그를 인도하자, 카드모스는 전우들을 보내 샘에서 제물 바칠 때 쓸 물을 길어 오게 하나, 그들은 그 샘을 지키고 있던 용(龍)에게 살해된다. 그래서 카드모스가 그 용을 죽이고 아테나 여신의 지시에 따라 용의 이빨의 반(半)을 땅에 뿌리자—나머지 반은 훗날 이아손이 황금 양모피를 구하러 갔다가 콜키스에 뿌린다—땅속에서 한 무리의 무장한 전사들이 솟아오른다. 그가 그들 사이에 돌을 던지자 그들이 서로 죽이기 시작하더니, 마지막에는 다섯 명만 남는다. 이 다섯 명의 스파르토이들(Spartoi '뿌려진 자들'이라는 뜻)이 그를 도와 테바이의 성채인 카드메이아(Kadmeia)를

세우게 되는데, 훗날 이들의 후손들이 테바이의 귀족이 된다. 나중에 제우스는 카드모스에게 아레스와 아프로디테 사이에서 태어난 하르모니아를 아내로 준다. 이 결혼식에는 신들도 참석했는데, 이때 헤파이스토스가 신부에게 선물로 준 목걸이는 훗날 그것을 가진 사람들에게 차례차례 재앙을 안겨준다. 그래서 훗날 내성(內城)이 된 원래의 테바이 성은 카드메이아라고 불렸다. 기원전 479년 플라타이아이(Plataiai) 전투 때 테바이가 그리스를 배반하고 페르시아 편에 가담했기 때문인지 아이스퀼로스는 이 드라마에서 테바이란 이름을 사용하지 않고 있다.

2 테이레시아스.
3 트로이아전쟁 때 그리스의 가장 강력한 종족으로, 대개 '그리스인들'이라는 뜻으로 쓰이지만 여기서는 '아르고스인들'이라는 뜻이다.
4 전쟁의 신.
5 전쟁의 여신.
6 그리스어 이름은 Phobos.
7 아르고스의 왕으로, 테바이 원정을 주도한 인물이다.
8 오이디푸스는 본의 아니게 아버지를 살해하고 어머니와 결혼한 것이 밝혀져 테바이에서 추방되기 전에 두 아들 에테오클레스와 폴뤼네이케스가 자기를 비호해주지 않고 외면한다 하여 '칼로 유산을 나누라'고 저주한 바 있다. 주로 가족 내에서 피해를 본 자가 복수의 여신을 부르면 여신은 피해자를 대신하여 가해자에게 복수하게 되어 있다.
9 '그리스'의 그리스어 이름.
10 카드모스는 아레스와 아프로디테의 딸 하르모니아와 결혼했다. 주 1 참조.
11 109~180행은 등장가다.
12 아테나의 별칭 중 하나. 그녀는 어머니의 뱃속에서 태어난 것이 아니라 제우스의 머리에서 완전무장한 채 튀어나왔다고 한다.
13 주 10 참조.
14 아프로디테는 바다 거품에서 태어난 뒤, 맨 먼저 퀴프로스섬에 상륙한 까닭에 퀴프리스('퀴프로스섬의 여신'이라는 뜻)란 별칭을 갖게 되었다.
15 아폴론의 별칭 중 하나인 Lykeios를 암시하는 말이다. Lykeios가 늑대(lykos)에서 유래한 말이라는 것은 확실하지만 아폴론과 늑대의 관계에 대해서는 의견이 분분하다.
16 처녀 신으로 사냥과 활의 여신이자 특히 어린 야생동물의 보호자인 아르테미스는 아폴론의 쌍둥이 누이로, 레토와 제우스의 딸이다.
17 옹카(Onka)는 원래 페니키아 지방의 여신이지만 테바이에서는 아테나 여신과

동일시되었다.
18 203~244행은 '아모이바이온'이다.
19 287~368행은 첫 번째 정립가다.
20 오케아노스의 누이이자 아내로, 지상의 모든 강은 이들의 자녀들이다.
21 이 문장에 나오는 telos란 단어는 '결혼식'과 '죽음'의 뜻을 함께 지니고 있어 해석이 엇갈리고 있다. 역자는 문맥을 살려 후자의 뜻으로 해석했다.
22 프로이토스 문(Proitides pylai)은 테바이 동쪽의 이스메노스강 쪽으로 난 성문으로, 테르산드로스(Thersandros)의 아들 프로이토스(Proitos)에게서 이름을 따왔다고 한다.
23 암피아라오스.
24 주 1 참조.
25 엘렉트라 문(Elektrai pylai)은 카드모스의 누이 엘렉트라(Elektra)에게서 이름을 따왔다고 한다.
26 네이스 문(Neistai pylai)은 테바이 왕 제토스(Zethos)의 딸인 네이스(Neis)에게서 이름을 따왔다고 한다.
27 옹카 문(Onkaiai pylai). 옹카는 아테나의 별칭.
28 대지의 여신 가이아와 타르타로스 사이에서 태어난 반인반사(半人半蛇)의 거대한 괴물.
29 힙포메돈의 호언장담에 놀라 테바이군이 패주하기 일보 직전이라는 뜻이다.
30 제토스(Zethos)와 쌍둥이 형제로, 제우스와 안티오페의 아들. 훗날 테바이의 왕이 된 이들은 카드메이아 성채 주위에 성벽을 쌓아 테바이 시를 확장한 것으로 생각된다.
31 보레아스 문(Borrhaiai pylai)은 북풍의 신 보레아스(Boreas)에게서 이름을 따온 문으로, '북문'이라고 번역해도 무방할 것이다.
32 테바이인이 테바이인을 공격하게 한다는 뜻이다.
33 소규모 전투를 벌이러 온 것이 아니라는 뜻이다.
34 처녀 사냥꾼 아탈란테(Atalante)의 아들로, '처녀가 낳은 아이'라는 뜻이다.
35 휘페르비오스.
36 호몰로이스 문(Homoloides pylai)은 테바이의 왕비였던 니오베(Niobe)의 딸 호몰로이스(Homolois)에게서 이름을 따왔다.
37 오이디푸스의 두 아들 에테오클레스와 폴뤼네이케스 중에서 대개 전자가 형이고, 후자가 아우인 것으로 알려져 있으나 그 반대로 보는 경우도 있다.
38 폴뤼네이케스란 이름은 '많다'라는 뜻의 polys와 '말다툼'이라는 뜻의 neikos의 합성어로 여기서 '후반부'란 neikos 즉 '다툼'을 말한다.

39 '제 어머니'란 여기서 조국을 의미한다.
40 예언의 신으로서의 아폴론의 별칭.
41 686~711행은 '아모이바이온'이다.
42 태양신으로서의 아폴론의 별칭.
43 오이디푸스의 아버지.
44 코퀴토스(Kokytos)는 저승의 강들 중 하나다.
45 겁쟁이의 승리도 신이 승인해야 가능한데, 에테오클레스는 비겁하기 때문이 아니라 형제간의 도리로 싸우기를 거부하니 그의 승리는 더욱더 신의 인정을 받을 것이라는 뜻이다.
46 720~791행은 두 번째 정립가다.
47 스퀴타이족은 지금의 남러시아인 스퀴티스 지방에 살던 기마 유목민족.
48 흑해 남동쪽 아르메니아 근처에 살던 부족으로, 쇠를 다루는 데 능했다고 한다. 여기서는 그들이 만든 강철 칼을 칼뤼베스족이라고 부르고 있다.
49 신탁으로 유명한 델포이의 옛 이름.
50 스핑크스.
51 '일곱 수의 주인'(hebdomagetes)은 매달 이렛날에 아폴론의 축제가 있어 붙여진 별칭이라고 한다.
52 에테오클레스라는 이름은 '진정한 명성을 누리는 자' 또는 '진정한 명성을 추구하는 자'라는 뜻이다.
53 832~874행은 세 번째 정립가다.
54 저승의 사공 카론(Charon)의 나룻배를, 매년 축제 사절단을 아테나이에서 델로스(Delos)섬으로 실어 나르는 축제선(祝祭船)에 빗대어 한 말이다.
55 저승의 강들 중 하나.
56 875~1004행은 '애도의 노래'(threnos)다.
57 폴뤼네이케스.
58 에테오클레스.
59 혼백.
60 당시에는 일단 흙으로 시신이 보이지 않도록 덮어주기만 하면 장례가 치러져, 사자의 혼백이 저승으로 내려가는 것으로 여겼다.

『탄원하는 여인들』
1 '나일강'의 그리스어 이름.
2 제우스는 아르고스의 어린 공주 이오(Io)를 사랑하다가 아내 헤라에게 발각되자

이오를 암송아지로 변신시킨다. 헤라가 보낸 쇠파리에 쫓겨 이집트로 건너간 이오는 제우스가 어루만지고 사랑의 입김을 불어넣자 도로 여인이 되어, 에파포스(Epaphos '어루만짐의 아들'이라는 뜻)라는 아들을 낳는다. 에파포스의 증손들인 아이귑토스(그에게서 이집트란 이름이 유래했다)와 다나오스에게는 각각 아들 쉰 명과 딸 쉰 명이 있었다. 가까운 친족에게 청혼우선권을 인정하던 당시 관습에 따라 사촌들인 아이귑토스의 아들들이 청혼하자, 다나오스와 그의 딸들은 그 결혼이 싫어 시조 할머니 이오의 고향인 아르고스로 도망한다. 그러나 아이귑토스의 아들들이 아르고스까지 뒤따라와 자신들의 청혼우선권을 주장하자 다나오스는 마지못해 결혼을 승낙하면서 첫날밤에 남편을 모두 살해하라고 딸들에게 이른다. 그리하여 다른 딸들은 모두 남편을 죽였으나 장녀 휘페르메스트라(Hypermestra 또는 Hypermnestra)는 남편 륑케우스(Lynkeus)를 살려준다. 이들의 아들 아바스(Abas)의 손녀 다나에는 황금 비[雨]로 변신한 제우스에 의해 아들을 낳는데, 그가 다름 아닌 보는 이를 돌로 변하게 한다는 무서운 괴물 고르고의 머리를 벤 것으로 유명한 영웅 페르세우스다. 가장 널리 알려진 그리스 영웅 헤라클레스는 페르세우스의 증손이다.

3 법도의 여신.
4 40~175행은 등장가다.
5 트라케의 왕 테레우스가 처제 필로멜레를 겁탈하고 혀를 자르자, 그의 아내 프로크네(Prokne 여기서는 메티스)는 복수하기 위해 제 아들 이튀스를 죽여 그 살점으로 요리를 만들어 남편 테레우스 앞에 내놓는다. 이를 알게 된 테레우스가 두 자매를 죽이려고 뒤쫓자 제우스가 테레우스는 후투티(여기서는 매)로, 프로크네는 밤꾀꼬리로, 필로멜레는 제비로 변신시켰다고 한다.
6 아에리아(Aeria)는 '안개 나라'라는 뜻으로, 이집트의 옛 이름이다.
7 펠로폰네소스반도, 특히 아르골리스 지방의 옛 이름으로 아르고스의 전설적인 왕 아피스(Apis)에게서 유래했다.
8 시돈(Sidon)은 페니키아 지방의 대도시 중 하나다.
9 제우스.
10 이오.
11 아르테미스.
12 하데스.
13 헤라.
14 아폴론은 자기 아들인 의술의 신 아스클레피오스가 아르테미스의 부탁을 받고 죽은 힙폴뤼토스를 살려준 까닭에 제우스의 벼락에 맞아 죽자 화가 나서 제우스에게 벼락을 만들어주던 퀴클롭스들을 죽이는데, 그 일로 인해 하늘에서 추방되어 1년

동안 텟살리아의 아드메토스 왕 밑에서 머슴살이를 하며 소를 치게 된다.
15 해신 포세이돈.
16 '그리스'의 그리스어 이름.
17 신들의 전령이며 행운의 신인 헤르메스는 이집트 신 토트(Thoth)와 동일시되었는데, 초기 헤르메스 상은 머리와 남근만 달린 돌덩이였다.
18 하데스.
19 아르골리스(Argolis)는 펠로폰네소스반도의 북동 지역으로, 아르고스가 그곳의 수도다.
20 트라케 지방의 강으로, 에게해 북안으로 흘러든다.
21 페르라이보이족(Perrhaiboi)은 북텟살리아 지방에 살던 부족이다.
22 파이오니아(Paionia)는 북마케도니아 지방의 한 지역이다.
23 핀도스(Pindos)는 에페이로스(Epeiros) 지방과 텟살리아 지방의 경계를 이르는 산이다.
24 에페이로스 지방에 있던 제우스의 오래된 신탁소.
25 나우팍토스(Naupaktos)는 코린토스만의 북안에 있는 항구도시다.
26 북아프리카 해안지대의 그리스어 이름.
27 퀴프로스(Kypros)는 동지중해에 있는 지금의 사이프러스섬의 그리스어 이름이다.
28 아이티오페스족(Aithiopes)은 대지의 남쪽에 산다는 전설적인 부족이다.
29 소아시아 흑해 남안으로 흘러드는 테르모돈강 유역에 살았다는 전설적인 호전적 여인족.
30 헤라는 아르고스의 수호여신이다.
31 그리스어로 oistros.
32 카노보스는 나일강 서쪽 하구에 있는 도시이고, 멤피스(Memphis)는 이집트의 옛 수도다.
33 탄원자들이 나뭇가지들로 장식한 신상(神像)들이 국가란 배의 키잡이들로 간주되고 있다.
34 348~437행은 코로스와 배우가 대화하는 이른바 아모이바이온이다.
35 524~599행은 첫 번째 정립가다.
36 흑해 입구의 이른바 '트라케의 보스포로스' 해협을 말한다.
37 프뤼기아, 뮈시아, 뤼디아, 킬리키아, 팜퓔리아(Pamphylia)는 소아시아 즉 지금의 터키 서북부에서 해안을 따라 남동부로 이어지는 선상에 있는 지방들로, 마지막 두 지방은 순서가 바뀌었다.
38 페니키아 지방을 말한다. 아프로디테는 그곳에서 아스타르테(Astarte)란 이름으로

경배받았다.
39 쇠파리.
40 630~709행은 두 번째 정립가다.
41 전쟁의 신 아레스.
42 헤카테는 원래는 마법의 여신이었으나 앗티케 지방에서는 기원전 5세기 이후로는 달의 신 셀레네(Selene) 및 아르테미스와 동일시되곤 했다.
43 아폴론의 별칭 중 하나로, '늑대'라는 뜻의 그리스어 lykos에서 유래한 듯하나 그 연관성에 대해서는 의견이 분분하다.
44 포르밍크스는 고대 그리스의 발현악기로, 뤼라의 초기 형태다.
45 736~759행은 아모이바이온이다.
46 뷔블로스(byblos)는 파피루스의 그리스어다.
47 아르고스인들이 이집트인들보다 더 강하다는 뜻이다.
48 776~824행은 세 번째 정립가다.
49 844~907행은 아모이바이온이다.
50 사르페돈(Sarpedon)은 소아시아 남서부 뤼키아의 왕으로, 트로이아전쟁에 참전했다가 아킬레우스의 전우 파트로클로스(Patroklos)의 손에 죽는다.
51 고대 그리스에서 거류민(在留外人 metoikos)은 반드시 보호자(proxenos, 로마의 patronus)를 통해 자신의 법적 권리를 주장하게 되어 있었다.
52 아프로디테의 별칭 중 하나.
53 1018~1073행은 엑소도스(exodos)다.
54 에라시노스(Erasinos)는 아르고스 근처의 강이다.
55 퀴테레이아(Kythereia)는 아프로디테의 별칭 중 하나다.

『결박된 프로메테우스』
1 여기 나오는 힘(kratos)과 폭력(bia)은 티탄 신족을 누르고 새로 탄생한 제우스 통치가 철권통치임을 말해주고 있다.
2 제우스.
3 헤파이스토스는 제우스와 헤라의 아들인데, 이들의 어머니인 레아(Rhea)는 프로메테우스의 어머니 테미스와 자매간이다.
4 불.
5 제우스.
6 프로메테우스가 묶일 바위와 쇠사슬과 여러 가지 도구들.
7 프로메테우스는 손발만 사슬에 묶이는 것이 아니라, 그의 가슴에도 강철 쐐기가

박힌다.
8 제우스.
9 인간들.
10 프로메테우스.
11 88~127행은 프로메테우스의 독백이다.
12 키 큰 회향풀(그리스어로 narthex)의 줄기에 들어 있는 마른 고갱이는 천천히 타기 때문에 불을 다른 곳으로 옮기는 데 이용되었다고 한다.
13 128~192행은 등장가다.
14 저승을 다스리는 신.
15 저승의 가장 깊숙한 곳.
16 티탄 신족.
17 제우스.
18 제우스.
19 제우스의 아버지.
20 헤시오도스『신들의 계보』135행에 따르면, 테미스가 우라노스와 가이아의 12자녀 중 한 명이지만, 여기서는 테미스와 가이아가 동일한 여신이다.
21 제우스.
22 희망이 '맹목적'이라 한 것은, 희망은 인간들이 죽음을 내다보지 못하고 열심히 살아가게 하기 때문일 것이다. 이 구절도 헤시오도스의『신들의 계보』에 나오는 프로메테우스 이야기를 변형한 경우로, 여기서 프로메테우스는 인간들에게 더 나은 삶을 위해 불만이 아니라 희망을 준 것으로 그려져 있다.
23 잘 납득이 안 되는 부분이다. 오케아노스는 프로메테우스와 함께 제우스에게 벌 받을 만한 짓을 한 적이 없고, 234행에서 프로메테우스도 자기만이 인간들을 보호해주려 했고, 그래서 벌 받게 된 것이라고 말하고 있다. 또 헤시오도스에 따르면, 오케아노스는 제우스를 우두머리로 한 올륌포스 신족과 티탄 신족간의 전쟁에 개입하지도 않았다.
24 시칠리아섬 동북부의 화산.
25 시켈리아(Sikelia)는 시칠리아의 그리스어 이름이다.
26 397~435행은 첫 번째 정립가다.
27 흑해 동안의 도시. 아이스퀼로스는 콜키스와 아마조네스족과 카우카소스산조차 흑해의 북쪽 또는 북서쪽에 있는 것으로 생각하고 있다. 723행 이하 참조.
28 아마조네스족.
29 흑해 북동부에 있는 지금의 아조프해.

30 여기서는 흑해 맨 북쪽에 있는 산.
31 여기서 좌 3(425~430행)은 6행이고, 우 3(431~435행)은 5행으로 정확히 동일한 구성을 갖고 있지 않아, 좌 3과 우 3이 합쳐서 종가를 이룬다는 견해도 있고, 좌 3은 나중에 가필된 것으로 보는 견해도 있다.
32 229~230행에서 프로메테우스는 제우스가 신들에게 특권을 나눠주었다고 말해놓고는 여기서는 자신이 그랬다고 주장하고 있는데, 당시에는 프로메테우스가 제우스의 협력자였다는 점을 생각하면 자가당착이라고 할 수는 없을 것이다.
33 구전(口傳) 시인에게는 기억의 여신인 므네모쉬네(Mnemosyne)가 시가(詩歌)의 여신인 무사(Mousa)들의 어머니였지만, 기원전 5세기의 시인들에게는 문자에 의한 기록이 기억의 원천이 되었던 것이다.
34 신들에게 바치는 제물로.
35 운명의 여신들이 영원불변하는 우주 질서라면 복수의 여신들은 그들의 대리자로서 우주 질서를 교란하는 자들을 벌주거나 교정하는 역할을 한다.
36 526~560행은 두 번째 정립가다.
37 프로메테우스를 위한 비탄의 노래.
38 당시에는 신랑신부가 신부의 집에서 목욕하는 풍속이 있었다고 한다.
39 여기 나오는 헤시오네(Hesione)는 오케아노스의 딸로, 프로메테우스의 아내다.
40 온몸에 눈이 달린 목자로, 헤르메스에게 살해된 뒤에도 그의 혼백은 계속 이오를 감시했다고 한다.
41 목자인 아르고스가 불렀을 것으로 생각된다.
42 제우스.
43 프로메테우스.
44 이오의 아버지 이나코스는 하신(河神)이므로 오케아노스의 아들인 셈이다. 따라서 이오는 오케아노스의 딸들에게는 질녀가 된다.
45 아르고스 남쪽 늪지대.
46 델포이의 옛 이름.
47 제우스의 신탁소가 있던 곳.
48 아폴론의 별칭.
49 레르나 샘에서 멀지 않은 마을.
50 흑해 서안에 있는 살뮈뎃소스를 아이스퀼로스는 여기서 훨씬 동쪽에 있는 것으로 생각하고 있다. 이 드라마에서 아이스퀼로스의 지리 지식은 믿을 만한 게 못된다.
51 '바다 턱'이란 곶[岬]을 말한다.
52 마이오티스호, 즉 지금의 아조프해를 말한다.

53 지금의 크림반도.
54 '마이오티스 수로'란 흑해와 아조프해를 연결해주는 수로, 이른바 킴메리아의 보스포로스를 말한다.
55 보스포로스는 '소가 건넌 여울'이라는 뜻으로, 이오가 소로 변신하여 건넜다고 해서 이런 이름을 갖게 되었다고 한다. 보스포로스란 이름을 가진 해협은 두 군데가 있는데, 하나는 마르마라해와 흑해를 이어주는, 뷔잔티온 즉 지금의 이스탄불 바로 옆에 있는 이른바 '트라케의 보스포로스'이고, 다른 하나는 흑해와 아조프해를 이어주는 이른바 '킴메리아의 보스포로스'다. 이오는 대개 더 유명한 트라케의 보스포로스를 건넌 것으로 알려져 있으나, 여기서는 또다시 전승된 이야기가 변형되어 있다.
56 '유럽'의 그리스어 이름. 고대 그리스인들은 킴메리아의 보스포로스와 타나이스(Tanais 지금의 Don)강이 유럽과 아시아의 경계를 이루는 것으로 믿었다.
57 코로스.
58 제우스.
59 이 구절로 미루어 이오는 지금 프로메테우스가 결박된 암벽 위에 서 있는 것으로 생각된다.
60 카스피해를 말하는 것 같다.
61 먼 동쪽 지방.
62 그라이아이 자매들(Graiai). 포르퀴스는 네레우스(Nereus) 또는 폰토스(Pontos)의 아들로, 날 때부터 할머니들인 그라이아이 자매들과 보는 이를 돌로 변하게 한다는 고르고 자매들과 선원들을 잡아먹는다는 괴물 스퀼라의 아버지다.
63 사자의 몸에 독수리의 날개와 부리를 가진 괴수.
64 전설적인 외눈박이 부족.
65 플루톤('부자'라는 뜻)은 아마도 가공적인 강으로, '황금을 흘려보내기' 때문에 이런 이름을 갖게 된 것 같다.
66 '태양의 원천'이란 여기서 태양이 뜨는 곳이라는 뜻인 것 같다.
67 '아이티옵스(Aithiops)강 유역'이란 여기서 아이티오페스족(Aithiopes)의 나라, 즉 대지의 먼 남동쪽 지방 전체를 말한다.
68 엘레판티네(Elephantine)시 바로 아래 있는 나일강 제1폭포를 말한다.
69 파퓌로스(Papyros)산들에 관해서는 달리 알려진 것이 없다.
70 나일강의 그리스어 이름.
71 삼각주.
72 그리스 북서부 에페이로스 지방의 한 지역.

73 제우스의 가장 오래된 신탁소가 있던 곳.
74 제우스 테스프로토스(Zeus Thesprotos)는 '테스프로티스(Thesprotis) 지역의 제우스'라는 뜻이다. 테스프로티스는 남에페이로스 지방에 있다.
75 '레아(Rhea)의 넓은 만'이란 이오니오스(Ionios)해, 즉 지금의 이오니아해 북쪽의 아드리아스(Adrias)해, 즉 지금의 아드리아해를 말한다.
76 내륙으로, 즉 스퀴티스 지방으로.
77 이오니오스해란 이름은 소아시아 서부 해안지대와 그 부속 도서들로 이루어진 이오니아(Ionia) 지방과는 무관하며, 이오가 이 바다의 해변 길을 달렸던 데서 유래한 것이다.
78 이집트의 북서쪽 끝에.
79 훗날의 알렉산드레이아 근처에 있는 도시.
80 다나오스의 쉰 명의 딸들.
81 다나오스가 아르고스에 갔을 때 아르고스 왕.
82 아이귑토스의 쉰 명의 아들들의 시신.
83 아프로디테의 별칭 중 하나.
84 휘페르메스트라.
85 헤라클레스.
86 887~906행은 세 번째 정립가다.
87 해신 포세이돈은 지진의 신이기도 하다.
88 인간들의 오만을 벌하는 응보의 여신 네메시스의 별칭.
89 우라노스와 크로노스.
90 앞에 한두 행이 없어진 것으로 생각된다.
91 프로메테우스가 결박된 바위가 부서져 내려 그를 파묻어버릴 것이라는 뜻이다.
92 Z자 모양을 말한다.
93 지진.

옮긴이 해설_아이스퀼로스 비극의 세계

이 글은 현존하는 아이스퀼로스의 비극 7편에 대한 해설에 그의 생애와 시대적 배경에 관한 자료를 덧붙인 것으로, 아이스퀼로스의 비극 가운데 일부 또는 전부를 읽었거나 관심 있는 독자에게 길라잡이가 되었으면 한다. 이 글에서는 아이스퀼로스의 비극을 주제별로 묶어 설명하지 않고, 개별적으로 설명하는 방법을 택했다. 작품의 주제에 대한 이해는 대단히 중요한 작업이기는 하나, 그 또한 궁극적으로는 개별 작품을 이해하는 작업의 하나라고 생각하기 때문이다. 개별 작품의 이해를 위해 작품의 줄거리가 제시되는데, 이는 이미 그 작품을 읽은 독자의 기억을 새롭게 하고, 눈여겨보지 않은 부분에 주목하게 해줄 것이다.

1. 시대적 배경

앗티케(Attike)[1]의 고전 문화는 페르시아전쟁과 더불어 꽃피기 시작해 펠로폰네소스전쟁과 더불어 꽃이 지기 시작한다. 일종의 내전인 펠로폰네소스전쟁(기원전 431~404)은 아테나이가 그때까지 그리스 세계에서 누리던 우월한 지위에 종지부를 찍고 페리클레스(Perikles) 시대를 가능케 한 내적인 힘을 점차 소진시켜 아테나이뿐 아니라 폴리스(polis) 사회 전체의 쇠퇴를 가져온다. 반면에 페르시아전쟁(기원

---

[1] 그리스반도의 동남 지방으로, 그 수도가 아테나이(Athenai)다.

전 490~480)은 아테나이가 솔론(Solon)의 개혁,[2] 참주 페이시스트라토스(Peisistratos)의 적극적인 상공 및 문예진흥책,[3] 클레이스테네스(Kleisthenes)의 민주화[4] 등을 통해 서서히 축적해온 내적인 힘에 분출구를 제공함으로써 그때까지 문화의 불모지나 다름없던 아테나이[5]가 지적·예술적 활동의 중심지가 되고 또 그들 나름의 민주주의를 완성해 이른바 '그리스 중의 그리스' 또는 '그리스의 학교'가 되는 결정적인 계

[2] 기원전 8세기 중엽 아테나이에서는 왕권이 제한되고 귀족과두제가 세워져 토지 재산이 소수 귀족층에 집중되고 농민들이 빚을 갚지 못해 노예가 되거나 집을 떠나 유랑하게 된다. 무장할 재력이 없는 평민은 정권 참여에서도 제외된다. 그러나 기원전 7세기 경에 사용되기 시작한 화폐의 유통으로 평민 가운데서 부유한 상공업 계층이 대두하고, 또한 전술상의 변화로 종래의 기병 대신 중무장 보병의 중요성이 인정됨으로써 많은 평민들이 이에 참여하게 되고 그 결과 평민들의 정치적 발언권도 점차 커진다. 이러한 평민들의 요구는 기원전 7세기 초에 제정된 드라콘(Drakon)의 입법(기원전 621년)에 반영된다. 그러나 농민들의 경제적 처지는 개선되지 않았고 도시의 중산층은 민주 정책을 요구한다. 마침내 기원전 6세기 초 솔론의 주도 아래 개혁(기원전 594년)이 실시된다. 그는 중산층의 정치 참여를 허용하고 배심원 제도를 채택하는 등 정치적인 개혁과 더불어 경제적으로도 가난한 농민의 채무를 면제해주고 채무노예제를 금지하고 토지 소유의 상한선을 정하는 등 주목할 만한 개혁을 단행한다. 그러나 이러한 개혁도 사회 각 계층의 불만을 해소하지는 못해 아테나이는 정치적인 안정을 유지하지 못하고 혼란을 거듭하다가 기원전 6세기 중엽 마침내 페이시스트라토스의 독재정치를 초래하게 된다.
[3] 기원전 6세기 중엽 장군의 신분에서 일약 참주(僭主)가 된 페이시스트라토스가 베푼 독재정치는 일종의 계몽군주정이었다. 중산층과 농민의 이익을 보호하고 도로와 급수시설을 개선하고 문예를 진흥하는 등 나름대로 선정을 베푼다. 그러나 그의 가장 기억할 만한 업적은 기원전 539년 대 디오뉘소스 제를 연중행사로 만든 것이다. 이 행사에서 처음으로 비극경연대회가 개최되었기 때문이다.
[4] 참주정(僭主政)의 붕괴에 이은 내란과 혼란을 평민의 지지에 힘입어 수습할 수 있었던 클레이스테네스(전성기 기원전 515~494년)는 민회의 권한을 확대하고 도편추방제(陶片追放制 ostrakismos)를 창안하여 독재자의 출현을 막으려 했다.
[5] 이 무렵까지도 그리스 문화의 중심지는 소아시아의 이오니아(Ionia) 지방이었으며 아테나이의 주목할 만한 시인이래야 솔론 정도였다.

기가 되었다.

페르시아전쟁에 관한 여러 일화나 이야기에 따르면, 마라톤 전투가 있기 전 스파르테의 도움을 청하러 간 아테나이의 사자(使者)가 인적 드문 파르테니온(Parthenion)산을 지나 돌아오고 있을 때 판(Pan) 신이 나타나 아테나이인에게 우정과 도움을 약속했다고 한다. 그 뒤 과연 판 신은 약속을 지켰고 아테나이인은 보답으로 그를 위해 신전을 지어주었다고 한다.[6] 마라톤 전투 때는 농부의 저고리를 입은 어떤 사내가 군사들 사이에 나타나 쟁기의 날로 페르시아인들을 베어 눕혔는데, 그 사내는 다름 아닌 고국의 성스러운 대지에서 솟아오른 영웅 에케틀로스(Echetlos)였다고 한다.[7] 그리고 파멸 직전의 살라미스(Salamis)해전 때는 데메테르(Demeter) 여신의 비의(祕儀)로 유명한 엘레우시스(Eleusis)로부터 신비스러운 불빛이 비쳐왔으며, 아이기나(Aigina)섬으로부터 무장한 거인들이 팔을 내밀어 그리스인들의 함대를 보호해주었다고 한다.[8] 강력한 해군을 주장함으로써 이 전쟁을 승리로 이끈 테미스토클레스(Themistokles)가 "이 일을 해낸 것은 우리가 아니라 신들과 영웅들이었다."[9]고 말한 것은 이 전쟁을 몸소 겪은 당시 그리스인들, 그중에서도 특히 시인 아이스퀼로스의 감정을 단적으로 대변해준다.

그리고 이 전쟁에서 그리스인들 특히 아테나이인이 보여준 자유 수호의 단호한 결의에서,[10] 완전한 자유가 아니면 완전한 파멸을 원할 뿐

---

6 헤로도토스(Herodotos), VI, 105 참조.
7 파우사니아스(Pausanias), 1, 32 참조.
8 플루타르코스(Ploutarchos), 테미스토클레스전, 15 참조.
9 헤로도토스, VIII, 109 참조.
10 밀레토스(Miletos)시를 중심으로 반(反) 페르시아 운동이 일어났을 때(기원전 499년) 아테나이가 이를 후원한 까닭에, 페르시아 왕 다레이오스는 호시탐탐 그리스 본토를 공격할 기회를 엿보다가 침공 전 각 도시국가에 사자를 보내 '흙과 물'을 바치도록 요구했다. 대부분의 나라들이 이에 굴복해 요구에 응했다.

타협을 거부하는 절대의지에서 우리는 다음 수십 년 동안 앗티케의 비극 무대 위를 거닐게 될 인간상을 미리 만나볼 수도 있다.

이것이 곧 시인 아이스퀼로스를 만들어낸 시대이며, 또 어떤 의미에서는 아이스퀼로스가 만들어낸 시대이기도 하다. 그리스 정신의 가장 위대한 구현이라 할 앗티케 비극은 아이스퀼로스의 천재와 아테나이의 위대한 시대[11]가 만남으로써 비로소 완성되었다.[12] 그리고 이러한 행복한 만남이 이루어질 수 있었던 것은 아테나이와 아이스퀼로스가 이 전쟁에 함께 참가했고, 이 전쟁의 역사적 의미에 대해 같은 견해를 갖고 있었기 때문이기도 하다. 아이스퀼로스는 기원전 480년 45세 때 살라미스 해전에 참가하여 조국의 가장 위대한 순간을 몸소 체험했고, 또 10년 전에는 마라톤 전투에서 감격적인 승리를 맛보았다. 그러나 그의 형 퀴네이게로스(Kyneigeros)는 이 전투에서 전사했다.

아이스퀼로스 자신이 지은 것으로 추정되는 그의 묘비명[13]에는 작품에 관한 언급은 없고 마라톤 전투 때 페르시아인들과 싸운 사실만 언급되는데, 이처럼 시인으로 기억되기보다 마라톤의 전사로 기억되기를 원한 것은 조국의 자유 수호를 위한 이 위대한 전쟁에 참가한 것을 그가 평생 동안 얼마나 자랑스럽게 여겼는지를 짐작하게 한다. 헤로도토스가 쓴 『역사』의 앞서 말한 부분에서 테미스토클레스는 계속해서 말

---

11   아테나이인은 자신들의 도시와 신전이 약탈당하는 등 가장 큰 희생을 치렀으므로 이 위대한 승리를 자신들의 승리라고 생각했다.
12   페르시아전쟁 이후 비극이 탄생한 것은 아니지만 현존하는 비극들은 모두 페르시아전쟁 이후에 쓰여진 점으로 미루어 페르시아전쟁의 처절하고도 위대한 경험이 비극이 비극다워지는 데 어느 정도 기여한 것으로 봐야 할 것이다.
13   아이스퀼로스의 묘비명은 다음과 같다. "여기 이 돌 아래 에우포리온의 아들, 아테나이의 아이스퀼로스가 잠들도다. 그는 곡식이 풍성한 겔라(Gela)의 들판에서 죽음에 제압되었으나, 그의 힘과 용맹은 마라톤의 숲이 말해줄 것이며, 또한 이를 시험해본 더벅머리 페르시아인들이 전해주리라."

하기를, 신들이 그리스인들에게 도움을 준 것은 신들과 자연에 대해 죄를 짓는 교만한 인간이 혼자서 아시아와 유럽을 지배하기를 원치 않았기 때문이라고 했다. 이처럼 그리스의 승리를 힘에 대한 정의의 승리로, 굴종에 대한 자유의 승리로, 교만에 대한 자제의 승리로 보았다는 점에서 헤로도토스와 시인 아이스퀼로스의 세계관은 여러 부분에서 상통한다. 아이스퀼로스의 작품에서도 승리에 대한 도취가 아니라 역사의 흐름 속에서 정의의 실현을 체험한 한 인간의 깊은 감동이 느껴지기 때문이다. 그리고 바로 이러한 신과 인간 사이의 깊은 연관성, 국가와 개인 사이의 의미심장한 연대 등은 아이스퀼로스 비극의 토대가 된다. 신과 인간이 공생 공영하는 폴리스를 전제하지 않고서는 세계 내에서의 신의 의미와 제우스 신앙에 대한 그의 진지하고도 심오한 탐구는 불가능하다. 그런 의미에서 아이스퀼로스는 비극의 창조자요, 종교적 명상가라고 불리어 마땅할 것이다.

2. 생애

아이스퀼로스의 생애와 행적에 관한 자료는 많은 편은 아니나 그런 대로 그에 관하여 가장 중요한 정보를 제공해준다.

아이스퀼로스는 기원전 525/4년[14] 귀족인 에우포리온(Euphorion)의 아들로, 아테나이에서 서쪽으로 20킬로미터쯤 떨어진 엘레우시스에서 태어났다. 그곳은 여신 데메테르의 비의로 유명한 곳이다.[15] 예나 지금

---

14 고대 그리스의 연대 표시에서 525/4처럼 두 가지 숫자를 함께 쓰는 것은 당시의 역년(曆年)은 하지(夏至) 뒤 첫 초승달과 더불어, 그러니까 오늘날의 7월에 시작되므로 달을 정확히 모를 경우 달리 방법이 없기 때문이다.

15 고대 그리스에는 크게 두 가지 비의가 있었는데, 하나는 엘레우시스에서 거행되는 데메테르 여신의 비의이고, 다른 하나는 오르페우스(Orpheus)의 비의다. 이 비의들은 사후생활(死後生活)과 관련된 일종의 비밀 예배로서 그 교리는 오직 입문자(入門者)에게만 전수되었다고 한다. 엘레우시스 비의는 원래 가을 파

이나 많은 학자들이 그와 이 비의를 관련지어 보려고 부단한 노력을 기울였지만, 아직까지 그의 정신세계에 이 비의가 어떤 영향을 주었다는 증거는 발견되지 않고 있다. 아리스토텔레스의 말과 같이(fr. 15 R.) 습득의 대상이 아니라 헌신의 대상인 비의는 세계 내에서의 인간의 위치에 대한 해명을 궁극적인 목적으로 하는 비극과는 엄격히 구별된다. 그런 의미에서 그가 한때 이 비의를 모독한 죄로 재판을 받았는데, 그 내용을 알지 못하고 실수를 저질렀다는 이유로 무죄방면되었다는 이야기는 상당히 신빙성이 있어 보인다.

기원전 499년 24세의 나이로 아이스퀼로스는 처음으로 비극경연대회에 참가하여 프라티나스(Pratinas) 및 코이릴로스(Choirilos)와 우승을 다투었다. 관중을 위해 설치한 목조 좌석이 무너지는 불상사가 일어난 까닭에 이 경연은 사람들의 기억 속에 남게 된다. 그러나 파로스섬의 대리석판(Marmor Parium)[16]에 따르면, 그의 최초의 우승은 오랜 뒤 그가 40세 되던 기원전 484년에 이루어지고 그 후로 12번이나 우승을 차지한다. 그러니까 경연에서 모두 13번 우승한 셈이다. 『수다 사전』(*Souda*)[17]에 보이는 28이라는 숫자는 그의 사후에 재공연된[18] 횟수까지 포함된 것으로 보인다.

종 후에 풍년을 기원하는 농촌 축제에서 비롯되었는데, 나중에 풍년을 보내주는 지하의 신들 및 사후생활과도 연관을 맺게 되었다고 한다. 그리고 이 비의는 번쩍하는 불빛 속에서 환상을 보는 의식에서 절정에 달했다고 하나 그 환상이 어떤 성질의 것인지 알 길이 없다.

16　'파로스섬의 대리석판'이란 에게해의 파로스섬에서 발견된 대리석판이다. 기원전 16세기부터 기원전 263년까지의 정치, 군사, 종교, 문학에 관한 주요 사건들이 연대순으로 기록되어 있다.

17　『수다 사전』은 기원후 10세기 말에 편찬된 그리스 문학에 관한 백과사전이다. 그리스 문학과 역사에 관한 귀중한 자료들이 수록되어 있다.

18　기원전 5세기의 아테나이에서 비극은 적어도 대 디오뉘소스 제에서는 일회(一回) 공연이 원칙이었고, 에우리피데스의 『힙폴뤼토스』처럼 첫 번째 공연에서

살라미스 해전이 끝나고 몇 년 뒤 아이스퀼로스는 시칠리아섬의 쉬라쿠사이(Syrakousai)시 참주 히에론(Hieron)의 초청을 받아 그곳에 가서 새로 건설된 식민시 아이트네(Aitne)를 위해 축하 공연을 했는데, 그 제목이 『아이트네의 여인들』인지 『아이트네』인지 확실치 않다. 그는 또 살라미스 해전과 같은 시기에 시칠리아의 히메라(Himera)에서 카르케돈(Karchedon 라/Carthago)인을 섬멸한 이 서부 그리스의 패자(覇者)를 위해 자신의 『페르시아인들』을 재공연한 것으로 보이는데, 이 드라마는 기원전 472년 아테나이에서 우승의 영광을 안겨준 작품이다.

아이스퀼로스는 그 뒤 곧 아테나이로 돌아왔고 기원전 468년의 비극경연대회에서는 경연에 처음 참가한 28세의 소포클레스(Sophokles)에게 우승을 내주게 된다. 하지만 다음해 아이스퀼로스는 '테바이(Thebai) 3부작'으로 다시 우승을 하고, 기원전 458년에는 그의 가장 위대한 작품이며 현존하는 유일한 비극 3부작인 『오레스테이아』로 13번째이자 마지막 우승을 차지한다. 그때 그의 나이 68세였다. 그 뒤 그는 시칠리아의 겔라(Gela)에 가서 살다가 그곳에서 70세를 일기로 456/5년 세상을 떠났다. 그가 왜 그런 고령에 그토록 사랑하고 아끼던 아테나이를 떠나 겔라에 갔는지는 알 수 없다. 여러 억측이 구구한데 아리스토파네스(Aristophanes)는 희극 『개구리』(*Batrachoi* 라/*Ranae*)에서(807행) 아이스퀼로스가 아테나이를 떠난 것은 관중이 그의 작품을 이해하지 못하는 데 기분이 상해서라고 한다. 그러나 그의 마지막 작품으로 보이는 『오레스테이아』에서는 그런 기미를 전혀 찾아볼 수 없으니, 이 역시 추측이 아닌가 싶다.

> 우승하지 못한 비극들의 개정판만 재연(再演)이 허용되었다. 다만 아이스퀼로스의 경우 그의 사후 누구든지 그의 드라마들을 재연할 수 있도록 법령으로 정해졌다. 그러나 기원전 386년부터는 작가에 관계없이 이전의 비극들을 재연하는 것이 허용되었다.

사후 그의 묘지는 시인들의 경건한 발길이 끊이지 않는 명소가 되었고, 그의 작품에 대해서는 그를 추모하는 뜻에서 여러 가지 공연상의 특전이 주어졌다.[19] 그러나 이 위대한 비극시인을 위한 가장 독창적인 기념비는 아리스토파네스의 희극 『개구리』에서 찾을 수 있다. 이 작품은 비록 아리스토파네스 특유의 온갖 기괴하고 희화적인 요소들을 담고 있지만 위대한 아이스퀼로스 상(像)을 뚜렷이 보여주고 있으며, 그것은 백 가지 일화보다 더 귀중한 것이다.

아이스퀼로스는 사튀로스(Satyros) 극[20]을 포함해 모두 90편 정도의 작품을 썼다고 하는데, 지금 온전하게 남아 있는 것은 비극 7편뿐이다. 이 7편은 아마 학교 교재로 사용된 까닭에 살아남을 수 있었던 것으로 생각된다.

3. 공연 연대

아이스퀼로스의 현존하는 비극 7편 가운데 『페르시아인들』(기원전 472년)과 『테바이를 공격한 일곱 장수』(기원전 467년) 및 『오레스테이아』 3부작(기원전 458년)은 최초 공연 연대를 알 수 있다. 그러

---

19 주 13 참조.
20 사튀로스 극은 형식은 비극과 유사하지만, 소재는 신화나 전설 가운데 그로테스크한 부분을 택하거나 또는 신화나 전설을 그로테스크하게 다루는 것이 특징이다. 이 드라마는 코로스가 주신 디오뉘소스의 종자(從者)들인 반인반수(半人半獸)의 사튀로스들로 분장했기 때문에 사튀로스 극이라고 불렸다. 사튀로스 극은 고전시대에는 경연에 참가한 세 명의 비극작가들이 각각 무대에 올리게 되는 4부작 가운데 비극 3부작에 이어 제4부를 이루었으나 후기에는 비극경연대회 전체를 통틀어 단 한 편만 공연되었다고 한다. 플레이우스(Phleious) 출신의 프라티나스(Pratinas)가 사튀로스 극을 창안했다고 전해지는데, 이 말은 그가 처음으로 사튀로스 극을 디오뉘소스 제에 소개했다는 뜻으로 보는 이들도 있다. 3대 비극작가들은 모두 사튀로스 극을 썼으나 지금 온전하게 남아 있는 것은 에우리피데스의 『퀴클롭스』 한 편뿐이다.

나 『탄원하는 여인들』과 『결박된 프로메테우스』는 무대에 처음 올려진 연대를 알 수 없다. 하지만 문체상으로나 구성상으로 아이스퀼로스의 다른 작품과는 상당히 이질적인 『결박된 프로메테우스』는 그렇다 하더라도, 『탄원하는 여인들』의 경우 그 작품 구성으로 보아 아르카익(archaique) 시대[21]의 특징들이 가장 많이 담고 있어 그의 현존 비극 가운데 가장 먼저, 그러니까 마라톤 전투(기원전 490) 이전에 쓰여진 것으로 추정되어 왔다. 그러다가 얼마 전 새로운 파피루스(Oxyrhnchus Papyri. 2256, 3)가 발견됨으로써 그러한 주장은 견지하기 어렵게 됐다. 새로 발견된 파피루스에 따르면, 『탄원하는 여인들』이 속하는 비극 3부작은 소포클레스의 작품과 동시에 공연되었으며 이 경연에서 우승은 아이스퀼로스에게 돌아간 것으로 기록되어 있다. 그런데 소포클레스는 기원전 468년에 첫 우승을 차지했고 그것이 그의 첫 공연임이 밝혀졌으므로, 이 해에는 『탄원하는 여인들』이 공연되지 않았음이 확실하며 이는 다음해에도 마찬가지다. 그 다음해에는 아이스퀼로스가 '테바이 3부작'으로 우승했기 때문이다. 따라서 『탄원하는 여인들』은 '테바이 3부작'(기원전 467) 이후, 그리고 『오레스테이아』 3부작(기원전

---

[21] '아르카익'(archaique)이란 개념은 미술사에서 빌려온 것이다. 문학과 조형미술이 같은 법칙의 지배를 받는 것도 아니고 또 같은 시기에 같은 단계를 거치는 것은 아니라 하더라도, 그것들의 발전 과정에서 어떤 공통된 특징을 보일 때 우리는 그것들의 양식 원리를 공통된 것으로 받아들일 수 있을 것이다. 문학적 아르카익 시대는 대체로 기원전 8~6세기를 포괄하지만 아르카익 문체는 기원전 5세기에 들어와서도 눈에 띈다. 문학에서의 아르카익 시대의 보편적인 특징은 헤시오도스(Hesidos)의 작품에 가장 잘 나타나 있다. 호메로스(Homeros)의 작품은 여러 세대에 걸쳐 음송시인(rhapsodos)들에 의해 손질되고 다듬어진 까닭에 아르카익적 요소와 고전적 요소를 동시에 지니고 있다. 아르카익 문학의 가장 두드러진 특징은 낡은 생활습관, 소재와 문체의 다채로움, 사상의 복합성, 사건의 갑작스러운 전환, 개별 형식의 뛰어난 전개와 전체 형식의 미숙한 처리 등이다.

458) 이전에 공연된 것으로 보아야 한다.

그렇다면 그 연대를 전혀 추정할 수 없는 『결박된 프로메테우스』를 제외하고는 아이스퀼로스의 현존 작품 가운데 가장 오래된 것은 기원전 472년에 공연된 『페르시아인들』이다. 그가 24세의 나이로 비극경연대회에 처음 참가한 기원전 499년 이후부터 50세가 넘어서 쓴 이 작품에 이르는 초기 창작 활동에 관해서는 알려진 것이 없어 뭐라고 말하기가 어려운 실정이다. 그러나 그가 창작 활동을 시작하던 당시만 해도 배우는 한 명으로 한정되어 있었고 대화보다는 코로스(choros)의 역할이 절대적이었던 점으로 미루어 초기 작품들은 매우 단순했을 것으로 생각된다. 아리스토텔레스는 『시학』(1449a 16)에서 아이스퀼로스가 처음으로 배우의 수를 두 명으로 늘리고 코로스의 역할을 줄여 대화가 드라마의 중심이 되게 했다고 말하고 있는데, 아이스퀼로스의 이러한 공로는 연극 공연사에서 획기적인 발전을 의미하는 것이다.[22] 한 명의 배우만 등장하는 코로스 중심의 비극에서 그리스 비극의 걸작이라 할 『오레스테이아』에 이르는 길은 그야말로 멀고도 힘든 길이었으리라. 그런 의미에서 머리(Gilbert Murray)가 아이스퀼로스를 가리켜 '비극의 창조자'라고 한 것은 타당하며, 이런 호칭이야말로 아이스퀼로스의 업적에 가장 잘 어울린다.

그의 또 다른 업적은 『오레스테이아』에서 볼 수 있는 것과 같은 통일된 주제의 3부작, 즉 내용 3부작(die Inhaltstrilogie, the connected trilogy)을 창안해냈다는 점이다. 비극경연대회에서는 세 명의 작가가 각각 비극 3편(trilogia)과 사튀로스 극 1편으로 된 4부작(tetralogia)을 공연하게 되는데 이때 3편의 비극이 취급하는 주제가 하나의 통일된 전체를 이루면 이것이 곧 내용 3부작이다. 아이스퀼로스의 현존 작품 가운데 맨

---

22 제2의 배우가 등장함으로써 비로소 진정한 의미의 대화와 사건이 가능해졌다.

먼저 쓰여진 것으로 추정되는 『페르시아인들』이 속하는 3부작을 제외한 그 밖의 모든 3부작이 내용 3부작인 점으로 미루어, 『페르시아인들』을 쓰던 시기만 해도 아직 정착되지 못한 이 구성 방법이 아이스퀼로스에 의해 발전되었음이 분명하다.

4. 『페르시아인들』

기원전 472년 아이스퀼로스는 3편의 비극 『피네우스』(*Phineus*), 『페르시아인들』, 『포트니아이의 글라우코스』(*Glaukos Potnieus*)와 1편의 사튀로스 극 『불을 붙이는 프로메테우스』(*Prometheus Pyrkaieus*)로 된 4부작을 무대에 올려 우승을 차지한다. 이때 코로스의 의상과 훈련 비용을 담당하는 코레고스(choregos)는 25세의 페리클레스였다. 『페르시아인들』만 남고 나머지는 전해지지 않지만 남아 있는 단편들에 따르면, 『피네우스』는 눈먼 노인 피네우스를 하르퓌이아이들(Harpyiai)이라는 무서운 새떼로부터 구해주는 아르고호 선원들에 관한 전설을, 『포트니아이의 글라우코스』는 인육을 먹고 발광하는 자신의 말들에게 찢겨 죽는 포트니아이(Potniai) 사람 글라우코스의 운명을 주제로 한 것 같다. 사튀로스 극 『불을 붙이는 프로메테우스』는 프로메테우스가 하늘의 불을 땅 위로 가져와 첫 불을 붙이는 장면을 그린 듯하다. 이때 신기하게 생각한 사튀로스들이 달려와 처음 보는 불꽃을 끌어안고 입맞추려 하자 프로메테우스가 불의 사용법을 가르쳐주며 주의하라고 일렀으나 고약과 붕대란 말이 나오는 것으로 보아 그들은 결국 화상을 입은 것으로 생각된다.

　신화가 아닌 당대의 역사에서 비극의 소재를 구하는 일은 아이스퀼로스 이전에도 있었다. 예컨대 프뤼니코스(Phrynichos)는 기원전 493년 『밀레토스의 함락』에서 1년 전에 페르시아인들의 수중에 떨어진 이 도시의 참상을 적나라하게 그려 보였기에, 아테나이인의 노여움을 사 일천 드라크메의 벌금을 물고 재공연을 금지당한 일이 있었다고 한다.[23] 그리고 그는 이미 아이스퀼로스의 『페르시아인들』보다 4년 먼저(기원전 476년) 살라미스의 패전이 페르시아 궁정에 불러일으킨 충격을 주제로 한 『포이니케 여인들』(*Phoinissai*)이란 작품을 써 우승을 차지한 바 있었다. 프뤼니코스의 이 두 작품의 코레고스가 다름 아닌 살라미스 해전을 승리로 이끈 테미스토클레스였다는 사실 또한 흥미로운 일이다. 비극이 당대 역사에서 소재를 구하는 경향은 시민들에게 경각심을 불러일으키거나, 자신의 업적을 영원히 기억하게 하려는 정치가의 요구에서 비롯된 듯하나, 더이상 발전하지 못하고 이렇게 하나의 에피소드로 머문 것은 유감스러운 일이다.

　『페르시아인들』도 『포이니케 여인들』과 마찬가지로 살라미스 패전의 충격을 주제로 한다. 그러나 프뤼니코스가 내시의 프롤로고스를 통해 패전을 미리 말한 것과 달리 아이스퀼로스는 이 비참한 소식을 드라마 속으로 옮겨놓았는데, 이것은 극의 구성면에서 큰 진보를 의미한다. 그렇게 해야만 금방이라도 뇌우가 쏟아질 것 같은 긴장감과 불안한 예감 속에서 극을 전개해 나갈 수 있는 여유가 주어지는 것이다. 우리는 그 성공적인 예를 『아가멤논』에서 볼 수 있다.

　하지만 아이스퀼로스의 작품도 페르시아의 원로로 구성된 코로스의 등장으로 극이 시작된다든가, 등장가의 마지막 부분에서 회의 개최가 제의되었다가 모후(母后) 아톳사의 등장으로 무산된다든가, 회의를 개최하자던 '옛 궁전'이 무엇을 뜻하는지 분명치 않는 등 전대의 좋지 못한 유산에서 완전히 벗어나지 못한 느낌이다. 이는 먼저 내시를 내보내 원로들을 위해 좌석을 준비하게 하는 『포이니케 여인들』의 직접적인 영향이 아닌가 생각된다. 하지만 이것은 사소한 결함일 뿐이다. 이 작

23　헤로도토스, VI. 21 참조.

품이 보여주는 대담하고도 시원시원한 극의 진행과 그에 따른 감정의 고조와, 마지막으로 이 작품 속에 숨어 있는 심오한 사상에 눈길을 돌려야 이 작품을 올바로 이해할 수 있다.

먼저 페르시아의 원로로 구성된 코로스의 등장가에서는 그리스를 공략하러 떠난 페르시아 군세의 막강함과 오랫동안 그들로부터 소식이 없는 데 따른 불안을 공유한다. 이때 모후 아톳사가 등장해 아들 크세르크세스의 마차에 매이기를 거부한 거만한 여인에 관한 꿈 이야기를 함으로써 불안은 고조된다. 이윽고 사자가 등장해 자세한 전황 보고와 함께 패전의 참상을 알린다.

아이스퀼로스는 살라미스 해전의 가장 훌륭한 기념비라 할 사자의 보고를 통해 패배한 적에게 추호의 경멸이나 증오를 보이지 않고, 그리스인들이 가장 위대한 순간에 시간을 초월한 영원성을 부여한 것이다. 그리고 이것은 신의 섭리가 지배하는 세계 내에서 구체적인 역사적 사건이 갖는 참다운 의미를 규명해보려 한 그의 노력의 결과다.

코로스의 비탄에 이어 위대하고 굳건한 페르시아제국의 상징인 다레이오스의 혼백이 나타나 사건의 의미를 밝혀준다. 페르시아 군세의 파멸은 분수를 모르는 오만, 즉 히브리스(hybris)의 결과이며, 이러한 히브리스의 의미는 자연의 질서를 바꾸어 바다를 육지로 만들고 강력한 선교(船橋)의 사슬로 헬레스폰토스(Hellespontos)해협을 제압하려던 크세르크세스의 오만방자한 행동에 가장 잘 나타나 있다는 것이다. 마지막으로 패전한 당사자 크세르크세스가 등장하며 극은 떠들썩한 비탄으로 끝난다.

앞서 말한 히브리스 못지않게 이 작품의 앞부분(93행)에 나오는 아테(Ate) 역시 아이스퀼로스 비극에서 세계 해석의 기초가 되는 중요한 개념이다. 그리스인들은 이것을 하나의 통일된 개념으로 느꼈지만, 지금의 우리는 두 얼굴을 가진 이 개념을 한 단어로 포착하기가 쉽지 않다.

아테는 신들의 입장에서 보면 그들이 인간에게 내리는 운명이며, 인간의 입장에서 보면 처음에는 상냥하게 다가와 마음을 호린 다음 종국에는 파멸로 인도하는 미망(迷妄)이다. 그러므로 아테의 엄습을 받은 인간은 크세르크세스처럼 히브리스에 빠져 분수를 모르고 세계의 질서를 어지럽히다가 결국은 자신의 미망의 제물이 되고 만다.

너무 지나친 욕심은 제우스가 반드시 응징한다는 생각은 아이스퀼로스뿐 아니라 당시 대부분의 사람들이 품고 있던 생각이다. 그런데 742행에서 다레이오스 왕은 그와는 전혀 다른 신을 말한다. 인간이 서둘러 죄악의 길로 들어서도록 협조해주는 신(daimon sylleptor)이라는 독창적인 개념인데, 여기서는 아직 어둠 속에 묻혀 있지만 『오레스테이아』에서는 그 전체적인 의미가 뚜렷이 드러난다.

5. 『테바이를 공격한 일곱 장수』

기원전 467년 아이스퀼로스는 테바이 전설권을 소재로 한 4부작으로 비극경연대회에서 우승을 차지한다. 『라이오스』(*Laios*), 『오이디푸스』, 『테바이를 공격한 일곱 장수』와 사튀로스 극 『스핑크스』(*Sphinx*)로 된 이 4부작 가운데 『테바이를 공격한 일곱 장수』만 남아 있다. 남아 있는 단편들과 『테바이를 공격한 일곱 장수』 중에 나오는 코로스의 노래(720~791행)에 따르면 『라이오스』와 『오이디푸스』의 주제도 라이오스 가(家)의 3대째 이어져 내려오는 저주인 듯하다.

아이스퀼로스는 저주의 본질을 해석함에서도 독특한 윤리적 세계관을 보여준다. 신들은 죄진 자에게 그 당대가 아니더라도 자식이나 자식의 자식 대에 가서도 반드시 벌을 내린다는 생각을 심화시켜, 한번 지은 죄는 대를 이어 사악한 행동 속에 다시 그 모습을 드러내며 또 그러한 행동에는 반드시 재앙이 따른다고 생각한 것이다. 아이스퀼로스의 이러한 생각은 『오레스테이아』에서 그 전모를 드러내지만 여기서도 매우 뚜렷한 모습을 갖추고 있다.

테바이 왕가를 파멸로 이끈 저 무서운 저주는 라이오스가 지은 죄의 결실이다. 라이오스 때로 거슬러 가보자. 펠롭스에게는 아름답기로 이름난 미소년 크뤼십포스(Chrysippos)가 있었는데, 그에게 반한 라이오스가 그를 연동(戀童)으로 유괴해 테바이로 데려와 강간했다고 한다. 크뤼십포스는 충격을 받고 자살하는데 그의 아버지 펠롭스는 이때 라이오스를 저주한다. 아폴론 신은 그 벌로 라이오스에게 세 번이나 아들을 낳지 말도록 경고하며, 그가 아들을 낳게 되면 그의 도시가 온전하지 못할 것이라고 일러준다. 신의 경고에도 불구하고 라이오스는 아들을 낳아 산에 내다버리지만 결국 아들의 손에 죽게 되고, 아들은 스핑크스의 수수께끼를 풀고는 고국 테바이의 왕이 되어 어머니와 결혼하게 된다. 이것이 우리가 알 수 있는 『라이오스』의 내용이다. 『오이디푸스』에서는 주인공이 자신의 이러한 끔찍한 비행을 알게 되어 스스로 눈을 빼고 두 아들이 자기를 모욕했다며 "칼로 유산을 나누라!"며 아들들을 저주한다.

'테바이 3부작'의 마지막 작품인 『테바이를 공격한 일곱 장수』에서 오이디푸스의 두 아들인 에테오클레스와 폴뤼네이케스 사이에는 이미 긴장이 고조되어 있다. 폴뤼네이케스를 비롯한 아르고스의 일곱 장수들은 테바이 시를 포위했으며, 에테오클레스는 포위된 도시를 지키지 않으면 안 될 처지다. 에테오클레스는 도시를 수호하고 백성들을 보호해야 할 왕이면서 동시에 폴뤼네이케스와 마찬가지로 파멸을 면할 수 없는 오이디푸스의 저주받은 아들이다. 이처럼 양립하기 힘든 두 역할을 동시에 해내야 한다는 데서 그의 비극이 예견되는 것이다.

이 작품은 에테오클레스의 프롤로고스로 시작되는데, 여기서 그는 나라가 위기에 처해 있음을 알리고 시민들에게 저마다 직분을 다할 것을 당부한다. 정찰병이 돌아와 적의 공격이 임박했음을 알리는 한편 테바이의 처녀들로 구성된 코로스는 피난처를 찾아 도시를 수호하는 신상들을 모셔놓은 제단을 향해 무질서하게 몰려간다. 에테오클레스는 무절제한 비탄을 나무라고 신들에게 조용히 열렬히 기도드리도록 명령한다. 이어서 이 작품의 중간 부분에서는 에테오클레스와 다시 돌아온 정찰병 사이에 300행이 넘는 긴 대화가 오간다. 일곱 번씩 말을 주고받았다고 하여 흔히 '일곱 쌍의 대화'라고 불리는 이 박진감 넘치는 부분에서 정찰병은 테바이의 일곱 성문을 공격하는 적장의 이름과 모습을 일일이 말해주고, 에테오클레스는 거기에 맞춰 대안을 제시한다.

고르기아스(Gorgias)는 이 작품을 가리켜 '상무정신'(尚武精神)이 넘친다는 평을 했다는데 아리스토파네스에 따르면(『개구리』 1021행), 이러한 평은 당시 당연한 것으로 받아들여졌던 것 같다. 하지만 이러한 평은 피상적으로 보인다. 아이스퀼로스는 전쟁을 위한 전쟁을 찬미한 적이 없다. 『아가멤논』에서의 트로이아전쟁이 좋은 예가 될 것이다. 아이스퀼로스는 오직 불의와 침략으로부터 조국의 자유를 수호하려는 전사만을 높이 평가했는데, 에테오클레스도 이런 종류의 전사일 뿐이다. 그러나 그것도 그의 에테오클레스의 한 면모에 불과하며 일곱 쌍의 대화 중 마지막 대화에서는 그의 또 다른 면모가 무시무시한 모습으로 드러나기 시작한다. 일곱 번째 성문에 폴뤼네이케스가 버티고 있다는 보고를 받자 그토록 침착하던 그가 내뱉은 말은 신에게 미움 받은 그의 가문의 비참한 운명에 대한 절망적인 탄식이었다. 그러나 다음 순간 정해진 운명을 피할 수 없음을 알고 일곱 번째 성문에서는 스스로 적과 맞서기로 결단한다. 그럴 경우 그의 행동은 우선은 조국을 수호하기 위한 전투가 되겠지만, 그것은 또한 동기간의 골육상잔이 되어, 누가 이기든 승리자는 형제 살해자가 된다. 이처럼 동일한 행위가 숙명적으로 한순간에 두 얼굴을 가진다는 주제는 아이스퀼로스 비극의 특징 가운데 하나다. 에테오클레스는 결국 자신의 행위가 돌이킬 수 없는 범죄가 되리라는 것을 알면서도 도저히 피할 수 없는 운명임을 깨닫고는 자원해 그 행위를 자신의 의지 속에 받아들이는 것이다. 그리고 우리는 이와 같은 가문의 저주라는 외적인 힘과 인간의 의지라는 내적인 힘에 의한 이중적 동기 부여에서 다시 한 번 인간이 원할 경우 그를 죄악으로 인도하는 신(daimon sylleptor)과 만나게 된다. 그러나 이번에는 범죄에 대한 열망이 행위에 대한 명확한 인식과 결합됨으로써 시너지 효과를 산출한다.

이제는 코로스와 에테오클레스의 역할이 바뀌어 코로스는 어머니처럼 부드러운 말로 그의 행동을 제지하려 하고, 에테오클레스는 자신의 뜻을 굽히려 하지 않는다. 경건한 마음으로 제물을 바쳐 신들의 노여움을 풀고 다가오는 재앙을 막도록 하라고 코로스가 권유하지만 자신이 신들에게 버림받았음을 안 에테오클레스는 이를 단호히 거부하고 죽음을 향해 걸어가며 이렇게 말한다.

신들이 보내신 재앙은 피할 길이 없는 법이오.(719행)

이처럼 그는 피할 수 없는 운명을 자신의 의지 속에 받아들임으로써 극복하는 것이다.

아이스퀼로스의 작품에서 공통적으로 발견되는 구성상의 특징 가운데 하나는 전반부에서 드라마 전체의 분위기가 완만하게 그리고 폭넓게 전개되다가 후반부에서는 사건이 활발하게 그리고 신속히 종결을 향해 내닫는 것이다. 여기서도 코로스의 노래가 끝나자 사자가 짧막하게 테바이가 해방되고 두 형제가 전사했음을 알리고 이들의 시신 곁으로 가서 애도할 것을 명한다.

이 작품의 종결부는 안티고네와 이스메네의 등장으로 다시 극적 활기를 띠게 된다. 이들에 이어 앞으로 테바이를 통치하게 될 민회(民會)의 전령이 나타나 국가의 반역자인 폴뤼네이케스의 매장을 금한다. 그러나 안티고네가 이에 반항하고 코로스의 일부도 나라의 처사를 비난한다.

이 종결부의 진위에 관해서는 많은 논란이 있었다. 참고로 레스키(A. Lesky) 같은 연구자는 다른 사소한 문제는 차치하고 두 형제의 죽음으로 드라마의 갈등이 이미 해소되었는데 아이스퀼로스가 3부작을 새로운 갈등의 제시로 끝맺는다는 것은 생각할 수 없으며, 따라서 후세 사람들이 이 작품을 재공연하게 되었을 때 소포클레스의 『안티고네』의 영향을 받아 매장 모티브를 원래의 드라마에 첨가한 것으로 보인다고 주장한다.

6. 『탄원하는 여인들』

『탄원하는 여인들』은 다나오스(Danaos)의 딸들의 운명을 주제로 한 3부작(Danaidentrilogie)의 첫 번째 작품으로, 우리는 앞서 이 작품의 연대에 관해 잠시 언급한 바 있다. 이 비극은 『페르시아인들』과 마찬가지로 코로스의 등장으로 시작된다. 코로스는 낯선 복장을 한 다나오스의 딸들로 구성되어 있는데, 그들은 사촌 오라비들인 아이귑토스의 아들들과의 결혼을 피해 나일강 하구에서 바다를 건너 아르고스(Argos)로 도망해 온 것이다. 이곳 아르고스는 그들의 시조(始祖) 할머니인 이오의 고향으로, 그녀가 제우스의 사랑을 받아 암송아지로 변한 곳이다.

그래서 극이 시작되면 다나오스의 딸들은 이곳에서 구원을 청하고자 탄원자의 표지인 양털실을 감은 올리브나무 가지를 손에 들고 제단을 향해 걸어가며 자신들의 어려운 처지를 노래하고 제우스 신을 찬미한다.

무엇보다 '제우스'란 말로 작품이 시작되는 것이 인상적이다. 시인 아이스퀼로스에게 제우스는 신들과 인간들의 아버지라는 차원을 넘어 정의의 수호자, 나아가 세계의 궁극적인 의미로까지 승화된 신이며 그의 신앙의 가장 심오한 표현이라는 점을 고려할 때 거기에는 깊은 상징적 의미가 있는 것으로 생각된다.

코로스의 첫 번째 노래가 끝나면 다나오스가 국왕의 접근을 알리며 딸들에게 신변 안전을 위해 제단이 있는 언덕으로 올라가라고 명령한다. 이윽고 호위병을 거느린 국왕이 등장해 코로스와 긴 대화를 나누고, 그 결과 그들이 아르고스로 와서 구원을 청하게 된 까닭을 알게 된다.

그리하여 국왕 펠라스고스(Pelasgos)의 역할에서 처음으로 비극적 상황이 전개된다. 그들을 받아들이는 것은 아이귑토스의 아들들과의 전쟁을 의미하고, 그들을 물리치는 것은 손님의 권리를 보호해주는 제우스 신을 모독하는 처사인 것이다. 그들이 간절히 탄원할수록 국왕은 점점 더 결정하기 어려워진다. 국왕이 결정을 내리지 못하고 망설이자, 처녀들은 신상들에 목매달아 자살함으로써 이 도시에 저주가 내리도록 하겠다고 위협한다. 결국 국왕은 처녀들에게 양보하며, 시민들의 승인을 받아야 하니 기다리라고 한다. 여기서 국왕의 결정이 민회의 승인을 받아야 한다는 것은 비극이 신화의 옛 소재를 폴리스적 세계로 옮겨놓은 좋은 예가 된다.

잠시 뒤에 다나오스가 돌아와 아르고스인들이 그들을 받아들이기로 결정했다고 알리자 그들은 감사의 뜻으로 아르고스를 위해 축제의 노래를 부른다. 잠시 뒤 다시 혼란이 야기된다. 아이귑토스의 아들들이 상륙하고, 다나오스는 구원을 청하러 다시 시내로 간다. 처녀들은 겁에 질려 제단 쪽으로 피신하고, 그사이 아이귑토스의 아들들이 보낸 전령이 하인들을 데리고 나타나 그들을 끌고 가려 한다. 그러나 때마침 국왕이 호위병들을 거느리고 나타나 전령을 바닷가로 쫓아버린다.

이제 아무 방해도 받지 않고 아르고스 시내로 들어가게 된 다나오스의 딸들은 그들의 하녀들로 구성된 제2의 코로스와 화답하며 행렬을 지어 무대를 떠난다.

단순해 보이는 플롯과는 달리 이 작품의 내용 파악은 쉽지 않다. 이 작품이 속한 3부작의 나머지 두 작품이 없어져 주제의 전개를 정확히 추적할 수 없다는 점도 있고, 남아 있는 작품조차 모호한 데가 많기 때문이다. 대체 다나오스의 딸들이 아이귑토스의 아들들의 구혼을 그토록 기피하는 까닭은 무엇인가? 고대 그리스의 관습에 따르면, 아이귑토스의 아들들은 그들의 가장 가까운 친척으로서 맨 먼저 그들에게 구혼할 권리를 갖고 있지 않은가! 국왕도 이 점에 관해 물었지만 명확한 답변을 듣지 못한다. 그리고 처녀들이 작품의 첫머리(9행)에서 말하는 자생적 남성기피(自生的 男性忌避 autogenes phyxanoria)란 도대체 무슨 뜻인가? 타고난 남성 혐오를 뜻하는가, 아니면 강요가 아니라 자의에서 구혼자들을 피했다는 뜻인가? 그들은 극이 진행되는 동안 때로는 자신들의 야만적인 구혼자들을 기피하는 듯한 인상을 주는가 하면 때로는 결혼 자체를 혐오하는 듯한 인상을 주기도 한다.

이 작품의 종결부에서 아이스퀼로스는 지금까지 침묵을 지키던 그들의 하녀들로 하여금 갑자기 제2의 코로스를 이루어 노래를 부르게 하는데, 이들의 발언이 3부작 전체의 이해를 위해 그만큼 중요한 실마리가 되기 때문일까? 다나오스의 딸들이 제우스와 순결의 여신 아르테미스를 부르는 것과는 달리 그들의 하녀들은 사랑의 여신 아프로디테를 찬미하며 신의 뜻에 따를 것을 권한다. 여자의 궁극적 성취는 남자와의 결합에 있는 만큼 아프로디테를 무시하는 것은 히브리스라는 것이다.

우리는 아이스퀼로스가 이 3부작의 나머지 두 작품인 『아이귑토스의 아들들』(*Aigyptioi*)과 『다나오스의 딸들』(*Danaides*)에서 이러한 문제를 어떻게 풀어갔으며 사건은 어떻게 전개했는지 알지 못한다. 현재 남아 있는 단편 등을 통해 우리가 알 수 있는 것은 다음과 같은 것들이다.

두 번째 작품인 『아이귑토스의 아들들』에서는 코로스를 구성하는 이들 구혼자들이 전쟁에 의해서든, 협상에 의해서든 마침내 다나오스의 딸들로부터 결혼 승낙을 받아내는 데 성공한다. 그리고 첫날밤에 자신들의 남편들을 살해하려는 처녀들의 계획도 이 작품에 포함된 것으로 보인다.

세 번째 작품인 『다나오스의 딸들』은 코로스를 구성하는 이들 처녀들이 남편을 살해했다는 첫날밤이 지나고 그 이튿날 아침에 시작된다. 다나오스의 다른 딸들은 아버지의 명령에 따라 자신들의 남편을 죽였는데 휘페르메스트라(Hypermestra 또는 Hypermnestra)만은 남편 륑케우스(Lynkeus)를 살려주었기 때문에 재판을 받게 된다. 이때 여신 아프로디테가 나타나 그녀를 위해 변론한다. 현재 남아 있는 단편(fr. 44. N)에 따르면, 여신은 휘페르메스트라의 행동을 하늘과 땅의 결합에서 볼 수 있는 것과 같은 우주적 사랑의 한 표현으로 보았던 것 같다. 아프로디테의 이러한 발언은 『탄원하는 여인들』의 종결부와 분명 깊은 연관이 있는 듯하다. 그렇게 볼 때 아프로디테가 다나오스의 딸들의 죄를 정화해주고 그들을 다시 결혼으로 인도함으로써 이 3부작의 마지막을 장식했을 가능성도 배제할 수 없다. 다나오스가 자기 딸들에게 남편을 구해주기 위해 그들을 달리기 경주의 상(賞)으로 내놓았다는, 또 다른 전설이 이를 뒷받침해주고 있다. 다나오스의 딸들이 남편들을 죽인 죄로 저승에 가서 깨진 독에 물을 채우는 벌을 받는다는 이야기는 후기 전설에 속한다.

비행과 고통이 넘치는 이 3부작이 서로 대립하는 힘들의 화해와 신적인 질서에 대한 순응으로 끝난다는 것은 주목할 만하다. 『결박된 프로메테우스』가 속하는 3부작과 『오레스테이아』도 이와 마찬가지로 서로 대립하는 힘들의 화해로 끝나기 때문이다.

4부작의 마지막을 장식하는 사튀로스 극 『아뮈모네』(*Amymone*)는 다나오스의 딸 아뮈모네가 해신 포세이돈의 사랑을 받아 나우플리아

(Nauplia)시의 전설적인 건설자 나우플리오스(Nauplios)의 어머니가 된 다는 이야기를 무대에 올려 관객의 기분을 전환시켜 주었던 것 같다.

마지막으로 이 작품 구성에 관하여 몇 가지만 더 언급하기로 한다. 이 작품에서는 사건의 진행이 작품 전체에 걸쳐 고루 배분되어 있지 않고 끝부분에 집중되어 있다. 끝부분에 가서야 아이귑토스의 아들들이 상륙하고, 전령이 나타나 처녀들을 제단 옆에서 끌어내리려 하고, 국왕이 호위병을 거느리고 와서 처녀들을 구해준다. 이와는 대조적으로 노래와 대화가 완만하고 폭넓게 드라마의 분위기를 전개해 나가는 앞부분에서는 처녀들의 자살 위협 말고는 별로 극적인 상황이 없다. 이처럼 한쪽에는 서정적인 상황 묘사, 성찰, 기도 등을 배분하고 다른 쪽에는 사건의 진행을 배분하는 기법은 아이스퀼로스의 다른 작품들, 특히 『오레스테이아』의 처음 두 작품에서 그 전형적인 예를 볼 수 있다. 이러한 구성을 우리는 아르카익적 구성이라고 불러도 좋을 것이다. 소포클레스의 원숙한 고전적 작품에서는 앞서 말한 두 가지 요소들이 분리되어 있지 않고 완벽한 형태로 융합되어 있기 때문이다.

드라마의 전반부에서 코로스의 노래가 더 큰 비중을 차지하는 예는 특히 『아가멤논』에서 볼 수 있는데, 이 작품은 『탄원하는 여인들』을 제외하고는 3부작의 첫 번째 작품이라고 확언할 수 있는 유일한 작품이다. 그러므로 이 두 작품에서는 앞서 지적한 바 있는 아이스퀼로스 극의 구성상의 특징 외에도, 그 많은 노래들이 그 작품뿐 아니라 3부작 전체의 사상적 내용을 설명하고 있다는 점에 유의해야 한다. 더욱이 『탄원하는 여인들』의 경우는 코로스가 극의 주역임을 생각할 때 이 작품에서의 코로스적 요소의 우위는 당연하며, 이 점을 내세워 이 작품을 초기작으로 본다면 하나는 알고 둘은 모르는 처사라 하겠다.

전설에 따르면, 다나오스의 딸들은 50명이었다고 한다. 이것은 디튀람보스(dithyrambos)의 원형(圓形) 코로스의 구성원 수이며 또 폴룩스[24](4, 10)에 따르면 비극의 코로스도 원래는 50명의 가수로 구성되었다고 한다. 그러나 과연 아이스퀼로스가 50명의 다나오스의 딸들을 모두 무대 위에 세웠을까? 그렇다면 제2의 코로스를 구성하는 같은 수의 하녀들과, 처녀들을 끌고 가기 위해 상륙한 같은 수의 아이귑토스의 아들들과, 또 비슷한 수의 국왕 호위병을 모두 합쳐 200명 정도가 무대 위에 서게 되는데 이것은 상상하기 어려운 일이다. 그러므로 여기서도 아이스퀼로스의 다른 작품에서 볼 수 있는 바와 같이 코로스의 구성원 수를 12명으로 보는 것이 옳을 것이다.

이 작품의 무대에 관해서는 다른 작품의 경우보다 더 많은 것을 말할 수 있을 것이다. 아직 뚜렷한 무대 배경은 없고, 오르케스트라에는 사람이 올라갈 수 있는 단(壇) 모양의 단순한 구조물이 있는데, 이것은 여러 신들의 신상을 함께 모셔놓은 공동 제단을 의미한다. 그리고 이러한 구조물은 테바이의 아크로폴리스가 될 수도 있고, 다레이오스 왕의 무덤이 될 수도 있을 것이다.

7. 『결박된 프로메테우스』

다음에는 그의 『결박된 프로메테우스』를 살펴보기로 한다. 이러한 순서는 이 논의의 마지막을 그의 최대 걸작인 『오레스테이아』로 장식하고자 함이며 작품이 처음 공연된 연대의 순서와는 무관하다. 앞서 말한 바와 같이 『결박된 프로메테우스』의 최초 공연 연대는 추정이 불가능하다고 해도 과언이 아니기 때문이다.

---

24 폴록스(Julius Pollux 전성기 기원후 180년)는 그리스의 나우크라티스(Naukratis) 출신의 사전 편찬자로서 콤모두스(Commodus) 황제의 스승이었다. 그가 편찬한 『오노마스티콘』(*Onomastikon*)은 앗티케어(語)와 전문용어의 귀중한 보고로서 그리스의 극장과 아테나이의 행정 등에 관해서도 유익한 정보를 제공한다.

일찍이 제우스를 도와 권좌에 오르게 한 프로메테우스는 인간을 동정한 나머지 하늘에서 불을 훔쳐 지상의 인간들에게 가져다주었을 뿐아니라 온갖 기술을 가르쳐준다. 이를 벌하고자 제우스가 세상의 끝에 있는 카우카소스(Kaukasos)산의 암벽에 그를 결박하는데, 여기까지가 이 드라마의 전제다.

극이 시작되면 제우스의 명령에 따라 헤파이스토스 신이 '힘'과 '완력'의 도움을 받아 프로메테우스를 암벽에 결박한다. 동정심 많은 헤파이스토스와 난폭하고 인정머리 없는 '힘'의 대조적인 성격이 대화를 통해 잘 드러난다. 프로메테우스는 침묵하고 있다가 그들이 떠난 뒤에야 입을 열어 비참하고 억울한 자신의 처지를 한탄한다. 극은 이후 계속해서 에피소드적 성격을 띤 일련의 방문(訪問) 장면에 의해 진행된다. 그것은 아마 극의 주역인 프로메테우스가 꼼짝하지 못하게 묶여 있어 진정한 의미의 사건 진행이 불가능하기 때문일 것이다.

먼저 코로스를 구성하는 오케아노스의 딸들이 그에 대한 깊은 동정심에서 날개 달린 수레를 타고 등장한다. 오케아노스도 날개 달린 말을 타고 나타나 그에게 양보할 것을 종용하지만, 그의 호의적인 권유도 프로메테우스의 고집은 꺾지 못한다. 다음에는 이오가 무대 위에 뛰어든다. 그녀는 제우스의 사랑을 받은 까닭에 헤라의 미움을 사 암송아지로 변신한 채 온 세상을 떠돌아다니다가 여기까지 온 것이다. 프로메테우스는 그녀의 미래를 예언하던 중 제우스로부터 똑같이 극심한 고통을 받는 자신과 그녀 사이를 이어줄 인연에 관해 밝힌다. 즉 나일 강변에서 제우스는 가벼운 접촉을 통해 그녀에게 본 모습을 돌려주고 어머니가 되게 하는데, 바로 그녀의 피를 이어받은 후손 가운데 한 명인 헤라클레스가 그의 고통을 끝내주게 된다는 것이다. 이오가 떠난 뒤 프로메테우스는 이러한 극심한 고통 속에서도 제우스에 대해 우월감을 느낄 수 있는 것은 제우스에게 치명타가 될 어떤 비밀을 알고 있기 때문이라고 코로스에게 밝힌다. 즉 제우스가 맺게 될 어떤 결합에서—여신 테티스(Thetis)와의 결합을 말한다—더 강력한 아들이 태어나, 마치 제우스가 그의 아버지 크로노스를 쓰러뜨렸듯이, 제우스를 쓰러뜨리게 된다는 것이다. 제우스가 올륌포스(Olympos) 정상에서 이 말을 듣고 헤르메스를 보내 비밀을 알아내도록 하지만 프로메테우스는 헤르메스의 욕설과 위협은 물론이고 제우스의 벼락에도 굴하지 않고 비밀을 간직한 채 심연 속으로 사라진다.

가혹한 새 통치에 반항해 벌 받을 줄 알면서도 인류에게 불을 가져다주는가 하면, 극심한 고통을 당하면서도 타협을 거부하고 남의 불행을 위로해줄 만큼 자의식이 강하고 동정심 많은 이 위대한 신에 대해 우리는 진심으로 애정과 경의를 금할 수 없다. 하지만 몇 가지 이유에서 이 작품이 과연 아이스퀼로스의 것인지 의심스럽다는 점도 아울러 지적해두고자 한다.

먼저 그 시어가 다른 작품들에 비해 매우 소박하고 일상어에 가깝다는 점이다. 다음, 다른 작품들의 경우는 작품의 사상적 내용을 밝히는 것이 코로스의 주된 임무이고 그 노래의 분량도 『오레스테이아』에 이르기까지 증가하는 추세를 보여왔다. 그와는 달리 이 작품에서는 코로스를 구성하는 오케아노스의 딸들이 하는 일이래야 동정심이나 호기심을 갖고 이야기를 들어주는 것이 전부다. 구성상으로 보더라도 제우스와 프로메테우스가 충돌하는 첫 부분과 끝부분을 제외하고는 진정한 의미의 극적 사건이 전개되지 않는데 이 역시 그의 다른 작품에서는 볼 수 없는 현상이다.

하지만 이 작품이 취급하는 소재의 특수성과 아이스퀼로스에 관한 우리 지식의 제약성(그의 작품 90편 가운데 지금은 7편만 남아 있다)을 고려할 때 앞서 말한 이유만으로 이 작품이 아이스퀼로스의 작품이 아니라고 결론 내리는 것은 속단이 아니겠느냐는 신중론을 펴는 이들도 있다.

　그렇다면 이 작품의 제우스 상에 관해서는 어떻게 설명할 수 있을까? 이 작품에서 제우스는 얼마 전에 올림포스의 권좌에 오른 가혹하고 의리 없는 폭군이다. 그러나 우리가 다른 작품에서 보아온 제우스는 세계의 정의로운 조종자이며, 나아가 세계의 의미 그 자체였다. 두 제우스가 어떻게 화해할 수 있을까? 만일 어떤 화해가 있었다면, 3부작의 없어진 부분에서 이루어졌을 것이다. 『오레스테이아』의 종결부는 분명 아이스퀼로스가 우주 질서를 대립적인 힘의 화해로 보았음을 말해주고 있으며, '프로메테우스 3부작'도 제우스와 프로메테우스의 화해로 끝났음을 암시하는 여러 가지 증거들이 있다.

　우리가 알고 있는 프로메테우스 극 가운데 『불을 붙이는 프로메테우스』는 『페르시아인들』이 속하는 4부작의 마지막을 장식하는 사튀로스 극이므로 여기서 제외해도 좋을 것이다. 이제 남은 것은 『해방된 프로메테우스』(Prometheus Lyomenos)와 『불의 운반자 프로메테우스』(Prometheus Pyrphoros)인데 이 중 전자는 그 제목이 말해주듯 프로메테우스의 해방을 주제로 한다. 현존하는 단편들에 따르면, 티탄 신족이 코로스를 이루는 이 작품에서 헤라클레스는 다시 이 세상에 나온 프로메테우스를 위해 그의 간(肝)을 쪼아 먹는 독수리를 쏘아 죽인다. 그리고 후반부에서는 이것이 계기가 되어 제우스와 프로메테우스 사이에 화해가 이루어지는 것으로 추측된다. 끝으로 『불의 운반자 프로메테우스』는 그 내용도, 3부작 안에서의 순서도 확실치 않다. 만약 3부작의 첫 번째 작품이라면 프로메테우스가 불을 훔쳐 인간들에게 가져다주는 것을 소재로 했을 것이고, 세 번째 작품이라면 적대적인 힘들을 화해시키고 프로메테우스 찬미를 위해 종교의식을 제정했을 것으로 추측된다.

8. 『오레스테이아』 3부작

이제 마지막으로 아이스퀼로스의 최후 최대 걸작인 『오레스테이아』에 관하여 살펴보기로 한다. 기원전 458년 아이스퀼로스는 『아가멤논』, 『제주를 바치는 여인들』, 『자비로운 여신들』로 된 비극 3부작, 이른바 『오레스테이아』와 사튀로스 극 『프로테우스』(Proteus)를 무대에 올려 마지막이자 13번째로 비극경연대회에서 우승을 차지한다. 이 중 『프로테우스』는 없어졌지만 『오레스테이아』는 다행히 살아남아 현존하는 유일한 비극 3부작이 되었다.

8.1. 『아가멤논』

괴테(Goethe)가 훔볼트(W.v.Humnoldt)에게 보낸 1816년 9월 1일자 편지에서 첫 번째 작품 『아가멤논』에 관하여 "예술품 중의 예술품"이라고 말한 바 있는 이 3부작이야말로 익티노스(Iktinos)와 페이디아스(Pheidias)의 파르테논(Parthenon) 신전과 더불어 그리스 정신이 낳은 최대 걸작이며, 그 웅장한 구상과 사상의 심오함에서 미켈란젤로의 벽화 정도가 이에 견줄 수 있을 것이다.

이 3부작에서 고전적 형식이 완성되었다고 볼 수는 없다. 이 3부작 역시 그의 다른 작품들과 마찬가지로 아르카익적 요소를 많이 내포하는 것이 사실이다. 그러나 이러한 요소들은 완성을 향해 나아가는 그에게 방해가 되기보다는 오히려 특유의 생동감과 직접성 그리고 깊이를 심어주는 데 기여한 것으로 생각된다.

그런 의미에서 그리스 비극이 서정시의 우위에서 대화 우위로, 무용에서 행위로, 춤추는 가수에서 대사를 외우는 배우로 발전해 나가는 전체적인 과정에서 아이스퀼로스만큼 양자의 균형을 성공적으로 이룩한 사람은 없다고 해도 과언이 아니다.

극의 진행에서는 종전보다 상당히 여유 있는 인상을 준다. 제3의 배우가 아낌없이 사용되고 처음으로 본무대(本舞臺 skene) 구조물 앞면에 무대 배경을 보여주고 있다. 이러한 벽은 고전기를 통해 언제나 나무로 만든 임시 구조물이었는데, 여기서는 아트레우스(Atreus)의 아들들의 궁전을 나타낸다.

먼저 3부작의 첫 번째 작품인 『아가멤논』부터 살펴보기로 한다.

이 드라마는 먼동이 트기 직전 새벽에 시작된다. 한 파수병이 왕비 클뤼타이메스트라의 지시에 따라 지붕 위에 누워 트로이아의 함락을 알려줄 봉화를 기다리며 신세타령을 한다. 이때 봉화가 오르자 그는 기뻐 날뛰지만, 다음 순간 기쁨은 근심으로 변한다. 왕궁 안에 도사리고 있는 죄악과 위험 때문이다. 37행밖에 안 되는 파수병의 프롤로고스에는 작품 전체의 분위기가 잘 드러나 있다. 승전의 기쁨은 자꾸만 불길한 예감으로 질식되다가 마침내 그 예감은 시커먼 먹구름이 되어 하늘을 온통 덮어버린다. 그래서 번쩍이는 번개와 쏟아지는 소나기가 오히려 오랜 고통으로부터의 해방처럼 느껴질 정도다.

파수병의 프롤로고스와 아르고스의 노인들로 구성된 코로스의 등장가에 이어 많은 분량의 노래가 나오는 것은 이 노래들이 『아가멤논』뿐 아니라 3부작 전체의 사상적 내용을 담아야 하기 때문이다. 그렇게 볼 때에만 세 작품의 행수 배분(1673행, 1076행, 1047행)이 갖는 의미가 파악된다.

먼저 등장가는 함대가 출발하던 때의 일을 상기시킨다. 그리스 함대가 집결한 아울리스항에서 아가멤논은 여신 아르테미스의 노여움을 달래고 역풍을 잠재우기 위해 딸 이피게네이아를 제물로 바치지 않으면 안 되었다. 여기서 인간은 또다시 갈 수 없는 두 길 가운데 어느 한 길을 가지 않으면 안 되는 잔인한 필연의 멍에 밑에서 신음하게 된다. 그러나 결단을 내리지 못해 왕홀(王笏)을 땅에 꽂고 눈물을 흘리던 아가멤논도 한번 결단을 내린 뒤에는 어떤 사악한 짓이라도 해낼 각오 아래 딸을 제물로 바치고 함대를 출범시킨다. 인간이 일단 결단을 내리게 되면 그것이 강압에 의한 것이라 해도 자진해 거기에 순응하는 모습을 보이는 것이다. 아가멤논의 그러한 행동으로 말미암아 그의 집을 옭아매고 있던 죄와 벌의 사슬에 또 하나의 고리가 이어지게 되고, 그의 아내의 마음속에 증오와 복수의 불길이 타오르기 시작한다.

등장가의 중간 부분에 저 유명한 제우스 찬가가 나오는데 이 찬가는 그의 제우스 신앙에 대한 가장 명백한 증거다. 이 노래에서만큼 그의 목소리를 직접 들을 수 있는 대목도 많지 않다. 비록 호메로스의 제우스에서 발전한 모습이긴 하나 그와는 비교도 안 될 만큼 심화되어 있다.[25] 아이스퀼로스의 제우스는 여러 신들 가운데 한 신이 아니라, 신들의 신이며 정의로운 세계 질서의 보증자다. 제우스가 나아가는 길을 알기는 어려워도 그 궁극적 의미를 알 수 있다면 바로 그 의미를 아이스퀼로스는 이 찬가에서 노래하는 것이다. 그것은 곧 제우스가 인간을 고난의 길을 통해 지혜로 인도한다는 것이다. 그러므로 '고난을 통해 지혜를 얻는다'(pathei mathos)는 말은 그의 심오한 종교관의 표어인 셈이다. 그러나 이러한 인식은 그의 또 다른 인식, 즉 '죄지은 자는 벌 받기 마련'이라는 인식과 결합될 때 그 의미가 완성된다. 인간은 행동함으로써 죄를 짓게 되고, 죄는 고통스러운 벌을 수반하게 되고, 고통은 인간을 지혜로 인도한다는 것이다. 이러한 죄와 벌과 지혜의 인과관계 속에서 우리는 다시 한 번 인간이 죄를 짓고자 할 때 기꺼이 협조해주는 신

---

25 고대의 시인들 가운데 어느 누구도 종교적 깊이에서 아이스퀼로스와 비견될 수는 없을 것이다. 호메로스와 핀다로스는 오로지 올륌포스의 광명의 신들에게만 눈길을 돌린 까닭에 그에 비해 편협한 인상을 주며 젊은 극작가들은 빈곤한 느낌을 준다. 에우리피데스의 신들은 말할 것도 없고, 더 경건한 소포클레스의 신들도 아이스퀼로스의 신들에 비하면 절실한 느낌을 주지 못한다. 아이스퀼로스는 여러 얼굴을 가진 그의 신에게 우리도 똑같이 사로잡히기를 요구한다.

(daimon sylleptor)이라는 독특한 발상과 만나게 된다. 아이스퀼로스의 제우스는 고난을 통해 지혜로 인도하는 신이기 때문이다. 이렇듯 제우스 안에서는 흔히 가문의 저주라는 형태로 나타나는 운명의 강요와 인간의 자유의지 사이의 모순이 지양되므로 제우스는 곧 운명과 동일한 것이다.

코로스의 등장가가 끝나면 클뤼타이메스트라가 등장해 노인들에게 봉화가 도착한 경위를 장황하게 설명한다. 그러나 노인들은 환성을 올리지 않는다. 첫 번째 정립가에서 노인들은 주인의 권리를 짓밟고 남의 아내를 빼앗은 파리스(Paris)에 대한 제우스의 심판을 노래하고, 이어서 한 여인으로 인해 온 백성이 피를 흘리게 된 트로이아전쟁에 내려진 저주에 관해 말한다. 이때 전령이 등장해 왕의 상륙을 알리고는 고향에 돌아온 것을 기뻐하며 전장에서의 노고를 회상한다. 아이스퀼로스는 불길한 예감으로 답답하기만 하던 대목에서 사건의 내막을 전혀 알지 못하는 단순하고 호탕한 인물을 등장시킴으로써 극적 효과를 높인다. 이와 비슷한 예는 『제주를 바치는 여인들』의 유모에게서도 볼 수 있다.

두 번째 정립가는 재앙의 원인인 헬레네로부터 출발해 전체적인 의미 해석으로 나아간다. 여기서 아이스퀼로스는 신의 시기(猜忌)라는 당시의 믿음에 동조할 수 없다고 고백한다. 신이 벌을 내린다면 그것은 신이 인간의 지나친 행복을 시기해서가 아니라 정의의 원칙에 따라 이 세계를 조종하기 때문이라고 그는 말한다.

이 노래가 끝나면 아가멤논이 마차를 타고 등장한다. 그의 뒤에 그가 첩으로 데려온 트로이아 공주 캇산드라가 웅크리고 앉아 있는데, 여기서 『아가멤논』의 전반부를 덮고 있던 무거운 잿빛 구름은 시커먼 먹구름으로 변한다. 이미 남편을 배신한 지 오래인 클뤼타이메스트라는 냉정하고 소심한 아가멤논에게 열렬한 환영을 가장해 남편으로 하여금 자신이 펴놓은 자줏빛 융단을 밟고 궁전 안으로 들어가도록 만드는 데 성공한다.

한편 코로스는 왕의 귀국을 목격했음에도 왠지 불길한 예감을 떨쳐 버리지 못한다. 이때 클뤼타이메스트라가 궁전에서 다시 나와 그녀의 또 다른 제물을 집안으로 유인하려 한다. 그러나 캇산드라는 입을 다물고 꼼짝하지 않는다. 침묵이 하나의 표현수단으로서 이처럼 깊은 의미를 지니기도 쉽지 않다. 클뤼타이메스트라가 퇴장하자 캇산드라는 발작을 일으킨다. 일찍이 그녀에게 아무도 믿어주지 않는 예언의 능력을 부여한 아폴론이 그녀를 엄습한 것이다. 그녀는 발작적이고 환상적인 노래와 차분하고 암시적인 대사를 번갈아가며 하면서 저주받은 이 가문의 끔찍한 과거를 우리 눈앞에 펼쳐 보인다. 이 집은 한마디로 인간 도살장이다. 마룻바닥은 피로 얼룩지고 한쪽에는 아트레우스가 자신의 아우 튀에스테스를 접대하기 위해 살해한 아이들이 울고 있다. 그런가 하면 한 무리의 복수의 여신들이 그 안에 도사리고 앉아 술 취한 주정뱅이처럼 흉측한 노래를 부른다. 이 죄악의 사슬에 이제 또 하나의 고리가 새로 이어지려 한다. 집안에서 아내가 귀국한 남편을 살해할 준비를 하고 있는 것이다. 캇산드라 자신도 죽음을 피할 길이 없다. 그리하여 그녀는 마지막 순간 생에 대한 애착으로 몸부림치지만 결국은 침착하게 죽음을 향해 궁전 안으로 걸어간다.[26] 이어 아가멤논의 비명소리가 들린다. 코로스가 어쩔 줄 몰라 망설이고 있을 때 궁전의 문이 열리며 클뤼타이메스트라가 피 묻은 흉기를 들고 그녀의 두 제물 옆에 서 있는 모습이 보인다. 그녀는 자신의 행동에 도취되어 자신의 몸에 묻은 핏자국을 곡식을 자라게 해주는 하늘의 비에 비긴다. 코로스는 길고

---

26 산드라의 죽음은 한마디로 신 앞에서의 인간의 무력함을 말해준다. 그녀의 뛰어난 지혜도, 아가멤논의 위대한 행동력도 신이 그들에게서 돌아서는 순간 그들을 파멸에서 구해줄 수 없었던 것이다.

도 힘겨운 언쟁을 통해 그녀의 행동이 얼마나 무서운 것인지 알려준다. 그녀는 후회하기는커녕 자신의 행동이 정당하다는 주장을 굽히지 않는다. 그러면서도 과거에서 미래로 끝없이 이어질 이 가문의 죄와 벌의 사슬에 자신도 묶이게 되었음을 깨닫는다. 그녀는 더이상의 재앙이 일어나지 않도록 이 집의 악령과 계약을 맺으려 한다. 그때 마치 무슨 답변인 양 그녀의 정부 아이기스토스가 등장한다. 지금까지 뒤에서 그녀를 조종했고 앞으로 주인 행세를 하게 될 악당을 보자 노인들은 격분한다. 클뤼타이메스트라가 말리지 않았다면 공공연히 싸움이 벌어졌을 것이다. 지칠 대로 지쳐 딴사람이 돼버린 그녀는 더는 피를 보고 싶지 않은 것이다. 여장부가 아니라 한낱 평범한 여인으로서 그녀는 아이기스토스와 함께 앞으로 그들 둘이서 지배하게 될 궁전 안으로 사라진다.

8.2. 『제주를 바치는 여인들』

두 번째 작품인 『제주를 바치는 여인들』은 구성면에서 첫 번째 작품과 유사한 점이 많다. 여기서도 『아가멤논』에서처럼 한 인간이 범행을 통해 아트레우스 가를 옭아매고 있는 죄와 벌의 사슬 속으로 뛰어들게 되고, 또 일단 뛰어든 이상 좋든 싫든 그러한 인과관계의 의미를 깨닫지 않을 수 없다. 여기서도 여러 단계의 준비 과정을 거친 뒤에야 사건이 전개된다.

오레스테스가 아버지의 무덤가에서 말하는 프롤로고스는 단편밖에 남아 있지 않지만, 객지에서 살다가 갓 성년이 되어 귀향한 이 순진무구한 젊은이의 열렬한 기도는 『아가멤논』의 음울한 종결부와는 극적인 대조를 이룬다. 기도가 끝나기도 전에 엘렉트라의 인솔 아래 상복을 입은 여인들이 제주(祭酒)를 들고 오는 것이 보이자, 오레스테스는 이 행렬의 내막을 알아보기 위해 친구 필라데스(Pylades)와 몸을 숨긴다. 그런데 그것은 클뤼타이메스트라가 악몽을 꾸고 놀라 고인의 무덤에 화해의 제스처로 선물을 보내는 것이었다. 하지만 엘렉트라는 제주를 부으며 어머니를 위한 기도는 하지 않고 오레스테스가 돌아와 원수를 갚게 해달라고 기도한다. 이때 그녀는 오레스테스가 애도의 표시로 무덤에 바친 머리털 타래와 그의 발자국을 발견하고는 오라비가 왔음을 직감한다. 이어 오레스테스가 나와 자신의 신분을 밝히자 엘렉트라는 그를 아버지로, 오라비로, 왕으로 맞이한다. 한편 오레스테스는 자신이 아폴론 신으로부터 아버지의 원수를 갚으라는 추상 같은 명령을 받고 왔음을 말한다. 그리하여 두 남매와 코로스를 구성하는 상복의 여인들은 무덤가에서 화답하며 긴 애탄가를 부른 다음 오레스테스가 궁전 안으로 들어갈 계획을 세운다.

이 애탄가는 오레스테스의 앞으로의 행동에 중요한 의미를 지닌다. 물론 오레스테스는 아버지가 받은 모욕과 누이가 받은 수모를 다 들은 후 어머니를 살해하기로 결심한 것은 아니다. 그는 처음부터 그럴 결심을 품고 등장했다. 그러나 동기의 우선순위에 결정적 변화가 일어난다. 애탄가가 있기 전의 오레스테스는 아폴론의 추상 같은 명령을 이야기했지만, 애탄가에는 아폴론의 명령에 관한 언급이 없다. 아버지에 대한 모욕과 누이가 받은 수모에 관해 들은 후 "그녀(=클뤼타이메스트라)는 갚아야 해!"라고 외치는 순간 오레스테스는 아폴론의 명령은 염두에 없다. 모친 살해의 끔찍한 행동을 스스로 자신의 의지 속에 받아들여 자신의 책임 아래 행할 것을 결심한다. 우리는 여기서 또다시 신의 의지와 인간의 의지라는 이중적 동기 부여와 만나게 된다. 인간의 행동은 숙명적으로 한순간에 두 얼굴을 가진다는 것이 아이스퀼로스 비극의 특징이라면, 그러한 특징은 여기서 가장 뚜렷이 부각된다. 신의 명령에 복종해 아버지의 원수를 갚는 오레스테스는 효자 중의 효자지만 동시에 모친 살해자로서 그의 가문을 옭아매고 있는 죄와 벌의 사슬 속으로 뛰어들게 되는 것이다.

이 드라마에서도 극이 반쯤 진행된 뒤에야 진정한 의미의 사건이 전개된다. 오레스테스는 포키스(Phokis)의 여행자로 변장하고 클뤼타이메스트라 앞에 나타나 아들의 객사 소식을 전한다. 이어 그녀는 내객(來客)과 그의 동행자인 퓔라데스를 안으로 들이고 아이기스토스를 데려오도록 사람을 보낸다. 그 심부름을 오레스테스의 유모가 맡게 된다. 우리는 여기서 다시 한 번 사건의 내막을 알지 못하는 단순하고 순박한 인간이 극도로 긴장된 숨 막히는 장면에 뛰어들어 극적 효과를 끌어올리는 것을 보게 된다. 유모는 오레스테스가 죽었다는 소식을 사실로 믿고 어머니도 흘리지 않던 눈물을 흘리며 어린 오레스테스를 정성껏 기르던 일을 회고한다.

이 장면은 그 자체로도 뛰어나지만 극의 구성과 진행 면에서도 중요한 의미를 지닌다. 유모는 원래 아이기스토스를 무장 경호원들의 호위 속에 모셔 오라는 지시를 받았다. 그러나 사건의 내막을 알고 있는 코로스로부터 오레스테스가 죽지 않았다는 암시를 받는 결정적인 순간에 그 전달사항을 살짝 바꿔버린다.

코로스의 노래가 끝나면 아이기스토스가 경호원 없이 홀로 등장해 오레스테스의 칼에 쓰러진다. 이어 하인의 고함소리에 뛰어나온 클뤼타이메스트라는 "죽은 사람이 산 사람을 죽이고 있다."는 말을 듣고 사건의 전말을 일순간에 깨닫는다. 가문의 악령이 그녀 안에서 눈을 뜨고 그녀는 도끼를 가져오라고 부르짖는다. 그러나 이미 때는 늦어 그녀 앞에 오레스테스가 버티고 선다. 그녀는 "아들아!"를 연발하며 어떻게든 마음을 돌려보려 하지만 주어진 운명을 되돌리지 못한다. 오레스테스는 기어이 어머니를 살해하기 위해 궁전 안으로 그녀를 끌고 들어간다.

이후 『아가멤논』에서처럼 궁전의 문이 열리며 살인자가 두 제물 옆에 서 있는 것이 보인다. 그리고 『아가멤논』에서 클뤼타이메스트라가 그랬듯이, 오레스테스는 자기 행동의 정당성을 주장하려 한다. 그는 태양심을 자기 권리의 증인으로 부르며 아가멤논이 죽을 때 입었던 겉옷을 사람들에게 내보인다. 그러나 온갖 변명도 소용없다는 듯 공포의 검은 그림자가 그의 의식을 덮치기 시작한다. 어머니의 혼백이 불러낸 복수의 여신들의 끔찍한 모습이 눈앞에 떠오르자 그는 정신을 잃고 무대에서 뛰쳐나간다.

오레스테스의 정신착란으로 끝나는 이 작품의 종결부는 아이스퀼로스의 극에서 가장 박진감 넘치는 장면 가운데 하나다.

8.3. 『자비로운 여신들』

세 번째 작품인 『자비로운 여신들』의 프롤로고스는 평화로운 아침에 델포이(Delphoi)에서 시작된다. 아폴론의 예언녀가 경건한 기도를 올리며 신전에 들어서다 질겁을 하며 도로 뛰어나온다. 이어 신전 전면 중앙에 나 있는 문이 열리며 그녀가 본 무서운 광경이 관객의 눈앞에 펼쳐진다. 거기 신성한 대지의 배꼽 옆에 오레스테스가 피 묻은 칼과 올리브 가지를 손에 들고 앉아 있고, 그 주위에 복수의 여신들(Erinyes)의 무리가 잠들어 있다. 아폴론 신이 오레스테스에게 다가가 구원을 약속한다. 헤르메스가 그를 아테나이에 있는 아테나 여신의 신상 곁으로 인도하게 될 것이고, 그곳에서 그는 사건을 해결해줄 재판관을 만나게 된다는 것이다. 그리하여 오레스테스가 헤르메스의 인도 아래 아테나이로 떠난 뒤 광명의 신인 아폴론은 밤의 딸들인 복수의 여신들을 자신의 신전에서 내쫓는다.

오레스테스가 아테나이로 떠나는 대목은 아이스퀼로스가 전설을 임의로 변형한 것이다. 전설에 따르면, 모친 살해를 명령한 아폴론이 델포이에서 혼자 힘으로 오레스테스의 죄를 정화해주었다고 한다. 그러나 심오한 종교 사상가인 그에게는 인간의 피를 동물의 피로 정화한다든가, 신이 준 활로 복수의 여신들을 막는다는 식의 외적인 방식으로는 아트레우스 가문의 질서와 정의를 회복할 수 없다고 보았을 것이다. 이 작품에서 무대가 둘이라는 사실은 곧 아폴론의 정화에, 또 하나의 더 위대한 정화가 추가된다는 것을 상징적으로 말해주는 것이다.

이어서 무대는 아테나이의 아크로폴리스에 있는 팔라스 아테나의 신전으로 바뀐다. 오레스테스가 들어와 아테나의 신상을 붙잡는다. 복수의 여신들도 그를 발견하고는 쫓아 들어와 그를 에워싸고 윤무를 추며 '속박의 노래'(hymnos desmios)를 부른다. 이윽고 윤무의 율동이 완만해지자 복수의 여신들은 제우스의 위대한 세계 구도 안에 자신들도 명예로운 자리를 차지하고 있음을 알린다. 말하자면 결코 잊어버리는 일이 없는 그들 밤의 딸들은 한번 흘린 피에 대해서는 무슨 일이 있어도 속죄해야 한다는 사실을 사람들에게 일깨워주는 역할을 한다는 것이다. 이런 점은 잠시 뒤에(698~699행) 광명의 여신인 아테나도 인정한다.

두려운 것을 모두 도시에서 추방하지 말라고 나는 시민들에게 권하노라.
아무것도 두렵지 않다면, 사람들 중에 누가 언제나 의로울 수 있겠는가?

코로스의 노래에 이어 아크로폴리스로 돌아온 여신 아테나가 자신의 신상 옆에서 벌어진 기이한 광경을 보고 사건의 진상을 묻는다. 아테나의 처지는 『탄원하는 여인들』에서의 국왕의 처지와 비슷하다. 구원을 청하는 자도 박해자도 쫓아낼 수 없다. 그러나 제우스의 딸은 묘안을 생각해낸다. 여신은 앞으로 영원히 살인사건을 재판하게 될 법정을 창설할 양으로 가장 훌륭한 시민들을 데리러 간다.

다음 장면은 아레스의 언덕(Areios pagos 라/Areopagus)에서 진행되는 것으로 생각해야 할 것이다. 그러나 아레스의 언덕은 아크로폴리스 언덕의 연장선상에 있으므로 무대의 변경을 알릴 필요도 알릴 수도 없을 것이다. 아테나의 인도 아래 배심원으로 뽑힌 노인들이 입장하고 이어 아폴론 자신이 들어와 오레스테스를 위해 변론한다. 그런데 코로스장의 논고와 아폴론의 변론은 그 뒤에 숨어 있는 더 큰 규모의 갈등을 느끼게 해준다. 제우스의 아들인 아폴론은 일종의 부계 사회인 젊은 신들의 세계를 위해 변론한다. 따라서 그에게는 아가멤논의 죽음이 모친 살해보다 더 중죄에 해당된다. 한편 복수의 여신들은 어머니가 모든 것을 의미하던 구(舊)세계를 대변한다.

양편의 진술이 모두 끝나자 아테나는 최초의 판결에 들어가기에 앞서 지금 창설된 이 법정이 '아레스의 언덕'이라는 이름 아래 피의 복수를 대신할 정의의 보루로서 앞으로 영원히 살인사건을 재판하게 될 것임을 알린다.[27] 이어 투표가 진행되고, 개표 결과 양편의 표수가 똑같자 어머니 없이 제우스의 머리에서 태어난 아테나는 오레스테스를 위해 캐스팅 보트를 던진다. 표가 찬반 동수일 경우 피고는 무죄라고 여신은 개표에 들어가기 전에 미리 선언해두었던 것이다.

아이스퀼로스는 이 재판 장면을 통해 정의의 보루로서의 국가의 위엄을 크게 선양한 것이 사실이지만, 그는 또한 인간이 내리는 판결의 한계성도 보여주었다. 무엇보다도 표가 찬반 동수라는 사실이 『오레스테이아』의 갈등은 인간의 지혜로는 해결할 수 없음을 말해준다. 오레

---

[27] 이 극이 공연되기 4년 전에 에피알테스(Ephialtes)는 페르시아전쟁 이후 점증하는 민주화 요구에 부응하기 위해 새로운 입법을 통해 오래된 귀족원(貴族院)인 아레이오스 파고스(Areios pagos)의 실권을 모두 박탈하고 살인사건에 대한 재판권과 성물(聖物)의 관리권만을 남겨둔다. 아이스퀼로스는 이러한 개혁을 찬반의 의사 표시 없이 그대로 작품 속에 받아들이고는 있으나, 696행 이하에서 보면 이러한 개혁 정신을 매우 불안한 눈으로 보았던 것 같다.

스테스가 구원받고 죄와 벌의 사슬에서 해방될 수 있었던 것은 신의 은총 덕분이었다. 오레스테스는 감사의 눈물을 흘리며 자기를 구원해준 아테나이 시에 영원한 우정을 맹세한다. 앞으로 아르고스의 창(槍)이 앗티케 땅을 향하는 일은 결코 없을 것이라고 그는 약속한다.[28]

남은 일은 신의 세계에서 화해를 성립시키는 것이다. 재판에 진 복수의 여신들은 격분하여 아테나이에 재앙을 내리겠다고 위협한다. 긴 언쟁 끝에 아테나는 우아하고 명쾌하고 분별 있고 경건한 앗티케 정신의 온갖 매력을 유감없이 발휘하여 마침내 그들의 마음을 돌리는 데 성공한다.

죽음의 영역이면서 동시에 돋아나는 생명의 영역이기도 한 지하의 힘들은 복(福)을 가져다줄 능력도 갖고 있는 것이다. 따라서 복수의 여신들은 이제 '자비로운 여신들'로서 아테나이에 자신들의 성역을 갖고 아낌없이 복을 가져다줄 것이다. 종결부에서는 자비로운 여신들을 새로 마련된 처소로 안내하기 위한 횃불 행렬이 시작된다. 아테나 여신을 수행하는 여인들뿐 아니라 배우들과 배심원과 관중이 모두 참가하는 이 축제 행렬은 아테나의 인솔하에 노래를 부르며 극장 밖으로 나가 온 시가를 누빈다. 이제 신의 세계에서도 갈등은 원만히 해결되었다.

먼동이 트기 직전, 저주와 죄악으로 가득찬 뮈케나이 왕가에서 시작되어 민주적 신뢰와 정의가 지배하는 아테나이 시에서 축제의 횃불 행렬로 끝나는, 이 3부작의 상징적 의미는 암흑 뒤의 광명이다. 전 작품은

---

28 아이스퀼로스의 작품이 당시 아테나이의 정치적 현실에 부정적인 영향을 주지는 않았을 것으로 생각된다. 그는 『탄원하는 여인들』에서 당시 아테나이와 동맹관계에 있던 아르고스에 시의 적절한 찬사를 보내는가 하면, 또한 『오레스테이아』에서 극의 무대를 뮈케나이에서 아르고스로 옮겨놓고는 무죄방면된 오레스테스로 하여금 그를 구원해준 아테나이 시에 아르고스의 영원한 우정과 동맹을 서약케 하고 있으니 말이다.

암흑에서 광명으로, 격정에서 자제로, 야만에서 문명으로 나아가는 하나의 긴 행진이며, 그 한 걸음 한 걸음이 우리를 광명에 더 가까이 인도한다. 그리고 선(善)을 추구하려는 이러한 끝없는 투쟁 정신은 궁극적으로는 세계의 정의로운 조종자로서의 제우스에 대한 믿음에 뿌리박고 있다.

참고문헌

I. 텍스트와 주석

Aeschylus, ***Agamemnon***, edited with Commentary by E. Fraenkel, 3vols., Oxford, 1950, ^{2}1962(revised).

Aeschylus, ***Agamemnon***, edited by J. D. Denniston/D. Page, Oxford, 1957.

Aeschylus, ***Choephori***, edited with Introduction and Commentary by A. F. Garvie, Oxford, 1986.

Aeschylus, ***Eumenides***, edited by A. H. Sommerstein, Cambridge, 1989.

Aeschylus, ***The Persae***, edited with Introduction, Critical Notes and Commentary by H. D. Broadhead, Cambridge, 1960.

Aeschylus, ***Septem contra Thebas***, edited with Introduction and Commentary by G. O. Hutchinson, Oxford 1985.

Aeschylus, ***The Suppliants***, edited by H. F. Johansen/E. W. Whittle, 3vols., Kopenhagen, 1980.

Aeschylus, ***Prometheus Bound***, edited by M. Griffith, Cambridge, 1983.

II. 연구서

Blume, H-D., ***Einführung in das antike Theaterwesen***, Darmstadt, ^{3}1991.

Conacher, D. J., ***Aeschylus' Oresteia: A Literary Commentary***, University of Toronto Press, 1987.

Dover, K. J., "The Political Aspect of Aeschylus' Eumenides" in: ***The Journal of Hellenic***

Studies 77(1957), 233~235.

Easterling, P. E.(ed.), ***The Cambridge Companion to Greek Tragedy***, Cambridge, 1997.

Goldhill, S., ***Reading Greek Tragedy***, Cambridge, 1986.

Grube, G. M. A., "Zeus in Aeschylus", in: ***American Journal of Philology*** 91(1970), 43~51.

Hommel, H.(Hrsg.), ***Aischylos***, 2Bde., Darmstadt, 1974.

Latacz, J., ***Einführung in die griechische Tragödie***, Göttingen, 1993.

Lebeck, A., ***The Oresteia: a Study in Language and Structure***, Harvard University Press, 1971.

Lesky, A., ***Die tragische Kunst der Hellenen***, Gttingen, ³1972.

Lossau, M. J., ***Aischylos***, Hildesheim/Zürich/New-York, 1998.

Murray, G., ***Aeschylus, the Creator of Tragedy***, Oxford, 1940(repr. 1978).

Reinhardt, K., ***Aischylos als Regisseur und Theologe***, Bern, 1949.

Sommerstein, A. H., ***Aeschylean Tragedy***, Bari, 1996.

Winkler, J.J./Zeitlin, F. I., ***Nothing to do Dionysos? Athenian Drama in its Social Contexts***, Princeton, 1990.

Winnington-Ingram, R. P., ***Studies in Aeschylus***, Cambridge, 1983.

Zimmermann, B., ***Die griechische Tragödie, Eine Einführung***, München/Zürich, ²1992.

_____ ***Europa und die griechische Tragödie, Vom kultishen Spiel der Gegenwart***. Frankfurt a. M., 2000.

주요 이름

(ㄱ)

가비오이족(Gabioi) 정의롭기로 이름난 스퀴타이족(Skythai)의 한 부족.

가이아(Gaia) 카오스(Chaos)의 딸로, 대지의 여신이다. 우라노스(Ouranos '하늘')의 아내. 티탄(Titan) 신족의 어머니. 델포이 신탁소의 첫 번째 임자.

게뤼온(Geryon) 머리 또는 몸이 셋인 전설적인 거한(巨漢).

고르고(Gorgo 복수형 Gorgones) 머리털 한 올 한 올이 뱀인 무서운 여자 괴물로, 그녀를 보는 이는 돌로 변했다고 한다. 고르고 세 자매 중 죽을 운명을 타고난 메두사(Medousa)는 영웅 페르세우스가 직접 보지 않고 청동 방패에 비친 모습을 보고 목을 베어 왔는데, 그녀의 머리는 아테나 여신의 방패에 부착되었다.

그륍스(Gryps) 사자의 몸에 독수리의 날개와 부리를 가진 괴수.

(ㄴ)

네일로스(Neilos) 나일강의 그리스어 이름.

(ㄷ)

다나오스(Danaos) 이오의 증손으로, 벨로스(Belos)의 아들. 아이귑토스의 아우. 그에게는 쉰 명의 딸이 있었는데 사촌간인 아이귑토스의 아들들과 억지로 결혼하게 되자 아버지가 시킨 대로 첫날밤에 휘페메스트라(Hypermestra 또는 Hypermnestra) 한 명만 제외하고 모두 신랑을 살해한다.

다나오스 백성들(Danaoi) 좁은 의미로는 아르고스인들, 넓은 의미로는 그리스인들.

다레이오스(Dareios) 페르시아의 왕. 재위 기간 기원전 521~486년. 크세르크세스의 아버지. 아톳사의 남편.

다울리아(Daulia) 파르낫소스산 동쪽에 있는 포키스(Phokis) 지방의 한 지역.

델로스(Delos) 에게해의 남동부 퀴클라데스(Kyklades) 군도의 중앙에 위치한 작은 섬. 아폴론과 아르테미스 남매 신이 태어난 곳.

델포이(Delphoi) 아폴론의 신전과 신탁으로 유명한 중부 그리스의 소도시.

델포스(Delphos) 델포이에 이름을 준 그리스 영웅.

도도네(Dodone) 그리스의 북서부 에페이로스(Epeiros) 지방에 있는 곳. 제우스의 가장 오래된 신탁소로 유명했다. 그곳에서는 사제가 참나무 잎이 바람에 살랑거리는 소리를 듣고 신의(神意)를 풀이했다고 한다.

디르케(Dirke) 테바이의 강 또는 샘.

디오뉘소스(Dionysos) 제우스와 세멜레(Semele)의 아들. 주신(酒神). 일명 박코스.

디케(Dike) 정의의 여신.

(ㄹ)

라스테네스(Lasthenes) 호몰로이스 문(Homoloides pylai)을 지킨 테바이군 장수.

라이오스(Laios) 오이디푸스의 아버지.

레다(Leda) 제우스에 의해서는 헬레네와 폴뤼데우케스(Polydeukes)의, 스파르테 왕 튄다레오스에 의해서는 클뤼타이메스트라와 카스토르(Kastor)의 어머니가 된 스파르테의 왕비.

레르나(Lerna) 아르고스 남쪽의 늪지대.

레아(Rhea) 크로노스의 아내. 제우스, 포세이돈, 하데스, 헤라, 데메테르, 헤스티아의 어머니. 가끔 모든 신들의 어머니로 여겨진다. 훗날에는 프뤼기아의 지모신(地母神) 퀴벨레(Cybele)와 동일시된다.

레토(Leto) 제우스에 의해 아폴론과 아르테미스의 어머니가 된 여신.

렘노스(Lemnos) 에게해 북동부, 트로이아 서쪽에 있는 큰 섬.

록시아스(Loxias) 예언의 신으로서의 아폴론의 별칭. loxos('애매하다'는 뜻) 또는 logos('말'이라는 뜻)라는 단어에서 유래한 것으로 보인다.

뤼디아(Lydia) 소아시아 중서부 지방. 수도는 사르데이스(Sardeis).

뤼라(lyra) 하프와는 달리 현의 길이가 모두 같은 고대 그리스의 발현악기(撥弦樂器)로, 기원전 7세기 경에는 일곱 현으로 확정되었다. 뤼라는 서정시의 반주에 가장 널리 사용되었다. 소리가 잘 울리게 뤼라를 개량한 것이 키타라다.

리뷔에(Libye) 제우스와 이오의 손녀. 에파포스의 딸. 포세이돈에 의해 아게노르와 벨로스의 어머니가 된다. 북아프리카의 그리스어 이름. 지금의 리비아란 이름은 그녀에게서 유래한 것이다.

뤼키아(Lykia) 소아시아의 남서 지방.

뤼케이오스(Lykeios) 아폴론의 별칭 중 하나. '늑대'라는 뜻의 그리스어 lykos에서 유래한 것은 확실하나 그 연관성에 대해서는 의견이 구구하다.

(ㅁ)

마라톤(Marathon) 아테나이 북동쪽에 있는 평야. 기원전 490년 다레이오스가 함선에 실어 보낸 페르시아군이 아테나이군에게 패한 곳.

마르도스(Mardos) 페르시아제국의 왕위 찬탈자.

마이오티스호(Maiotis limne) 흑해 북동부에 있는 지금의 아조프(Azov)해.

메가레우스(Megareus) 크레온의 아들로, 네이스 문(Neistai pylai)을 지킨 테바이군 장수.

메디아(Media) 페르시아제국의 북서부에 있던 오래된 왕국. 나중에 페르시아에 합병된다.

멜라닙포스(Melanippos) 프로이토스 문(Proitides pylai)을 지킨 테바이군 장수.

메넬라오스(Menelaos) 아트레우스의 아들. 아가멤논의 아우. 헬레네의 남편.

몰롯시아(Molossia) 그리스 북서부 에페이로스 지방의 한 지역.

뮈시아(Mysia) 뤼디아 북부에 인접해 있는 지방.

미망(迷妄)의 여신(Ate) 인간으로 하여금 법도를 무시하게 하는 여신.

(ㅂ)

박트리아(Baktria) 페르시아제국의 극동 지방.

밤의 여신(Nyx) 카오스(Chaos)의 딸. 낮과 복수의 여신들의 어머니.

배꼽 돌(omphalos) 대지의 배꼽, 즉 중심으로 여겨졌던, 델포이의 돌.

벨로스(Belos) 이오의 증손자. 리뷔에의 아들. 아게노르와 형제간. 아이귑토스와 다나오스의 아버지.

보레아스(Boreas) 북풍의 신.

보스포로스(Bosporos) '소가 건넌 여울'이라는 뜻으로 보통은 마르마라해와 흑해를 이어주는 '트라케의 보스포로스'를 말하는데, 아이스퀼로스의 『페르시아인들』(1179, 1215행)에서는 헬레스폰토스해협 즉 지금의 다르다넬스해협을 말한다.

복수의 여신(Erinys 복수형 Erinyes) 가족의 손에 피살된 자가 부르면 저승에서 나와 가해자를 뒤쫓으며 광증에 걸리게 하는 복수의 정령들.

브로미오스(Bromios) 주신 디오뉘소스 일명 박코스의 별칭 중 하나. '떠들썩한 자'라는 뜻.

(ㅅ)

사르데이스(Sardeis) 소아시아 뤼디아 지방의 수도.

사튀로스(satyros) 그리스 신화에 나오는 반인반수(半人半獸)의 정령. 주신 박코스의 떠들썩하고 음탕한 종자(從者)들.

살라미스(Salamis) 앗티케 지방 서해 바다에 있는 섬. 기원전 490년 이곳에서 페르시아 해군은 테미스토클레스(Themistokles)가 이끄는 아테나이 해군에 궤멸된다.

살뮈뎃소스(Salmydessos) 흑해 서남쪽 해안에 있는 도시.

스카만드로스(Skamandros) 트로이아 평야의 가장 큰 강.

수사(Sousa) 페르시아제국의 수도.

스퀴티스(Skythis) 지금의 남러시아 지방으로 기마 유목민족인 스퀴타이족(Skythai)이 살던 곳.

스퀼라(Skylla) 1)바위 동굴에 살며 지나가는 선원을 잡아먹는다는 전설상의 바다괴물. 2)메가라(Megara)왕 니소스(Nisos)의 딸로, 적장 미노스(Minos)에게 반해 아버지와 조국을 배신한다.

스틱스(Styx) 저승을 흐르는 강들 중 하나.

스트로피오스(Strophios) 포키스의 전설적인 왕. 오레스테스의 죽마고우인 퓔라데스의 아버지.

스트뤼몬(Strymon) 트라케 지방의 강.

스파르토이들(Spartoi) '뿌려진 자들'이라는 뜻으로, 카드모스가 샘을 지키던 용을 죽이고 그 이빨들을 뿌리자 대지에서 태어났다고 하는 전사들을 말한다. 이들의 자손들이 테바이의 지배계급이 되었다.

스핑크스(Sphinx) 여자의 얼굴에 사자의 몸과 새의 날개를 가진 괴물로, 지나가는 행인에게 수수께끼를 내어 맞히지 못하면 잡아먹었다고 한다.

시모에이스(Simoeis) 트로이아 평야의 강. 스카만드로스강의 지류.

시켈리아(Sikelia) 시칠리아섬의 그리스어 이름.

시퓔로스(Sipylos) 소아시아 뤼디아 지방의 산.

실레니아이(Sileniai) 트로파이온(Tropaion)곶 근처의 살라미스섬 해안지대.

(ㅇ)

아가멤논(Agamemnon) 아트레우스의 아들. 메넬라오스의 형. 클뤼타이메스트라의 남편. 이피게네이아, 엘렉트라, 오레스테스의 아버지. 아르고스(=뮈케나이) 왕으로, 트로이아전쟁 때 그리스군 총사령관.

아게노르(Agenor) 페니키아 지방에 있는 튀로스(Tyros)시의 왕. 카드모스의 아버지.

아라비아(Arabia) 그리스인들은 대개 아라비아가 지금의 사우디아라비아에 있는 것으로 여겼으나, 아이스퀼로스는 일부 아라비아인들은 카우카소스(Kaukasos)산 근처에도 사는 것으로 여기고 있다.

아드라스테이아(Adrasteia) 응보의 여신 네메시스(Nemesis)의 별칭. '피할 수 없는 여자'라는 뜻이다.

아드라스토스(Adrastos) 아르고스 왕. 테바이를 공격한 아르고스군 총사령관. 일곱 장수 중 그만이 살아서 돌아온다.

아레스(Ares) 전쟁의 신. 아프로디테에 의해 하르모니아의 아버지가 된다.

아레이오스 파고스(Areios pagos '아레스의 언덕'이라는 뜻) 아테나이의 최고법정으로 '아레스 언덕'에 있기 때문에 그렇게 불렸다.

아르고스(Argos) 1) 펠로폰네소스반도의 북동부에 있는 도시로 그리스 비극에서는 흔히 뮈케나이(Mykenai)와 동의어로 쓰이며, '아르고스인들'은 넓은 의미로는 '그리스인들'이라는 뜻이다. 2) 제우스의 사랑을 받다가 암송아지로 변신한 이오를 감시하도록 헤라 여신이 보낸 온몸에 눈이 달린 목자인데, 헤르메스에게 살해된다.

아르타프레네스(Artaphrenes) 찬탈자 마르도스(Mardos) 암살 음모를 주도한 페르시아 귀족.

아르테미스(Artemis) 레토의 딸. 아폴론의 쌍둥이 누이. 사냥과 출산과 달의 여신. 야생동물의 보호신.

아리마스포이족(Arimaspoi) 동쪽 끝에 산다는 전설상의 외눈박이 부족.

아마조네스족(Amazones) 흑해 남안에 살았다는 궁술에 능한 호전적 여인족. 아테나이까지 침입한 적이 있다.

아울리스(Aulis) 에우보이아(Euboia)섬 맞은편, 에우리포스(Euripos)해협에 있는 보이오티아(Boiotia) 지방의 해안 도시. 트로이아전쟁 때 그리스군은 이곳에 집결해 트로이아로 출항을 하려는데 역풍이 불어 항해를 할 수 없게 되자, 아가멤논은 예언자 칼카스가 시키는 대로 딸 이피게네이아를 제물로 바친다.

아이게우스(Aigeus) 아테나이의 전설적인 왕. 영웅 테세우스의 아버지.

아이귑토스(Aigyptos) 이오의 증손으로, 벨로스(Belos)의 아들. 다나오스의 형. 그에게는 쉰 명의 아들이 있었는데 사촌간인 다나오스의 쉰 명의 딸들과 억지 결혼을 한 후 첫날밤에 륑케우스만 제외하고 모두 신부에게 살해된다. '이집트'의 그리스어 이름.

아이기스토스(Aigisthos) 튀에스테스의 아들. 클뤼타이메스트라의 정부(情夫). 아가멤논의 왕위 찬탈자.

아이아스(Aias) 살라미스(Salamis) 왕 텔라몬(Telamon)의 아들. 트로이아전쟁 때 그리스군 장수.

아이트네(Aitne) 시칠리아섬 동북부에 있는 화산. 이 화산이 폭발하는 것은 괴물 튀폰이 제우스가 던진 시칠리아섬에 깔려 신음하며 몸부림치는 것이라고 한다.

아이티오페스족(Aithiopes) 대지의 남쪽 끝에 산다는 부족. 아이스퀼로스는 그들이 사는 나라가 멀리 인도에 맞닿아 있는 것으로 생각하는 것 같다.

아이티옵스(Aithiops) 아이스퀼로스에 따르면, 대지의 남쪽 끝에 있다는 강.

아카이오이족(Achaioi) 트로이아전쟁 당시 그리스에서 가장 강력했던 종족으로 펠로폰네소스반도 북부 등에 웅거했다. 대개는 여기서처럼 '그리스인들'이라는 뜻으로 쓰인다.

아케론(Acheron) 저승의 강.

아탈란테(Atalante) 그리스 신화에 나오는 처녀 사냥꾼이자 전사. 결혼을 거부하다가 펠리아스 장례식 경주에서 지게 되어 힙포메네스(Hippomenes)와 결혼하게 된다. 그들 사이의 미남 아들 파르테노파이오스(Parthenopaios)는 테바이를 공격한 일곱 장수 중 한 명이다.

아테(Ate) 인간으로 하여금 법도를 무시하게 하는 미망(迷妄)의 여신.

아테나(Athena) 제우스의 딸. 아테나이의 수호여신. 전쟁과 공예와 직조의 여신.

아토스(Athos) 마케도니아 지방의 칼키디케(Chalkidike)곶 최동단에 있는 높은 산.

아톳사(Atossa) 페르시아 황제의 어머니.

아트레우스(Atreus) 펠롭스(Pelpos)의 아들. 아가멤논과 메넬라오스의 아버지.

아틀라스(Atlas) 프로메테우스와 형제간. 티탄 신족과의 전쟁 때 프로메테우스가 올륌포스 신들 편을 든 것과는 달리 아틀라스는 티탄 신족 편을 든다. 그 까닭에 전쟁이 끝난 뒤 아틀라스는 대지의 서쪽 끝 어딘가에서 하늘이 대지로 내려앉지 않도록 어깨로 하늘을 떠메는 벌을 받는다.

아폴론(Apollon) 아르테미스의 쌍둥이 오라비. 음악, 궁술, 치유, 예언, 광명의 신.

아프로디테(Aphrodite) 미와 사랑의 여신. 퀴프로스(Kypros 지금의 사이프러스)섬 앞바다의 바다 거품에서 태어난 까닭에 퀴프리스라고도 불린다.

아피아(Apia) 펠로폰네소스반도의 다른 이름. 아르고스의 옛 왕 아피스에게서 유래했다.

아피스(Apis) 아르고스의 전설적인 왕 겸 치료자.

악토르(Aktor) 오이놉스(Oinops)의 아들로, '북문'(北門 Borrhaiai pylai)을 지킨 테바이군 장수.

안티고네(Antigone) 오이디푸스의 딸. 에테오클레스와 폴뤼네이케스의 누이.

알렉산드로스(Alexandros) 파리스의 본명. '남자 또는 적을 물리친 자'라는 뜻.

알타이아(Althaia) 테스티오스(Thestios)의 딸. 칼뤼돈(Kalydon) 왕 오이네우스의 아내. 아들 멜레아그로스(Meleagros)를 죽인다.

암피아라오스(Amphiaraos) 오이클레스(Oikles)의 아들. 아폴론의 사제. 테바이의 일곱 성문 중 호몰로이스 문(Homoloides pylai)을 공격한 아르고스군 장수.

암피온(Amphion) 발현악기 뤼라 연주로 돌이 저절로 움직이게 하여 성벽을 쌓았다는 테바이의 영웅. 제우스와 안티오페(Antiope)의 아들.

앗티케(Attike) 그리스의 남동 지방. 그 수도가 아테나이다. 앗티카라는 라틴어 이름으로 더 잘 알려져 있다.

에뉘오(Enyo) 전쟁의 여신.

에렉테우스(Erechtheus) 아테나이의 전설적인 왕. 아크로폴리스에 있는 그의 사당은 에렉테이온(Erechtheion)이라고 불린다.

에우리포스(Euripos) 보이오티아 지방과 에우보이아섬 사이의 좁은 해협.

에테오클레스(Eteokles) 오이디푸스의 아들.

에테오클로스(Eteoklos) 테바이의 네이스 문(Neistai pylai)을 공격한 아르고스군 장수.

에파포스(Epaphos) 제우스가 이집트에서 암송아지로 변신한 이오를 어루만짐으로써 태어난 아들. 그는 이집트의 왕이 되었고, 그의 자손 가운데 다수가 왕이 되었다.

엑바타나(Ekbatana) 메디아 지방의 수도.

엘렉트라(Elektra) 아가멤논과 클뤼타이메스트라의 딸. 오레스테스의 누이로, 그의 친구 퓔라데스와 결혼한다. 오레스테스가 아버지의 원수를 갚을 수 있도록 적극 돕는다.

오뒷세우스(Odysseus) 라에르테스(Laertes)의 아들. 페넬로페(Penelope)의 남편. 텔레마코스(Telemachos)의 아버지. 이타케(Ithake)의 왕.

오레스테스(Orestes) 아가멤논과 클뤼타이메스트라의 아들. 이피게네이아와 엘렉트라의 오라비. 아버지가 개선하던 날 어머니와 그녀의 정부 아이기스토스에게 살해되자, 어려서 망명생활을 시작한 그는 성년이 되자 고향으로 돌아 누이 엘렉트라의 도움으로 어머니와 아이기스토스를 죽이고 아버지의 원수를 갚는다.

오르페우스(Orpheus) 트라케의 전설적인 가인(歌人). 그의 노래를 들으면 맹수들도 유순해졌다고 한다. 그가 죽은 아내 에우뤼디케(Eurydike)를 찾으러 저승에 갔을 때 저승의 신 하데스도 그의 음악에 감동해 그의 아내를 이승으로 데려가도록 허락해주었다고 한다.

오이디푸스(Oidipous) 라이오스의 아들. 에테오클레스, 폴뤼네이케스, 안티고네, 이스메네의 아버지.

오케아노스(Okeanos) 가이아와 우라노스의 아들. 테튀스의 남편. 수많은 요정들의 아버지. 대지를 감돌아 흐르는 세상에서 가장 큰 강.

우라노스(Ouranos '하늘') 대지의 여신 가이아의 남편. 티탄 신족의 아버지. 막내아들

크로노스에 의해 거세되고 권좌에서 축출된다.

운명의 여신들(Moirai) 운명을 관장하는 세 명의 여신. 헤시오도스(Hesiodos)에 따르면, 그들은 밤의 여신의 딸들이며, 이름은 클로토(Klotho), 라케시스(Lachesis), 아트로포스(Atropos)다.

이나코스(Inachos) 오케아노스의 아들. 이오의 아버지. 아르고스 지방의 강 겸 하신(河神).

이노(Ino) 카드모스의 딸.

이데(Ide) 트로이아 근처의 산. 태어나자마자 내다버려진 파리스가 목자들의 손에 구출되어 자란 곳.

이스메네(Ismene) 오이디푸스의 딸.

이스메노스(Ismenos) 테바이의 강.

이오(Io) 이나코스의 딸. 제우스의 사랑을 받게 된 이오가 암송아지로 변신하자 헤라가 아르고스라는 온몸에 눈이 있는 목자를 보내 감시하게 한다. 아르고스가 헤르메스에게 살해되자 헤라는 쇠파리를 보내 이오가 온 대지를 떠돌아다니게 만든다.

이오니오스해(Ionios pontos) 그리스 서해안, 이탈리아반도의 발 부분, 시칠리아섬 사이의 바다. 때로는 북쪽의 아드리아스해(Adrias 지금의 아드리아해)까지 포함한다.

이피게네이아(Iphigeneia) 아가멤논과 클뤼타이메스트라의 딸. 오레스테스의 누이. 엘렉트라의 언니. 그리스 함대를 트로이아로 실어줄 순풍을 얻기 위해 아울리스항에서 제물로 바쳐진다.

익시온(Ixion) 라피타이족(Lapithai)의 왕. 구혼 선물을 받으러 온 장인을 불구덩이에 빠뜨려 죽임으로써 처음으로 친인척을 죽였지만 제우스에게 탄원해 정화받는다. 그러나 제우스의 관용을 악용하여 헤라 여신을 겁탈하려다 저승에 가서 쉴 새 없이 돌아가는 불 수레바퀴에 영원히 묶이는 벌을 받게 된다.

일리온(Ilion) 트로이아 왕 일로스(Ilos)에게서 유래한 트로이아의 다른 이름.

(ㅈ)

제우스(Zeus) 그리스 신화에서 최고신. 올륌포스(Olympos) 신들의 아버지. 크로노스와 레아의 아들. 헤라의 남편.

(ㅋ)

카노보스(Kanobos 라/Canopus) 나일강 서쪽 하구에 있는 도시.

카드모스(Kadmos) 페니키아 지방에 있는 튀로스 왕 아게노르(Agenor)의 아들. 테바이의 전설적 건설자. 하르모니아와 결혼해 테바이 왕가의 시조가 된다.

카우카소스(Kaukasos) 흑해 동쪽의 산맥으로, 아이스퀼로스는 이 산맥의 낮은 봉우리 중 한 봉우리에 프로메테우스가 결박된 것으로 믿고 있는 것 같다.

카파네우스(Kapaneus) 테바이의 엘렉트라 문을 공격한 아르고스군 장수.

칼뤼베스족(Chalybes) 쇠를 다루는 데 능한 부족. 헤로도토스에 따르면, 흑해 남안에 산다고 하는데, 아이스퀼로스는 프로메테우스가 결박되어 있는 장소의 북쪽 어딘가에 사는 것으로 여기고 있다.

칼카스(Kalchas) 트로이아전쟁 때 그리스군 예언자. 아가멤논의 딸 이피게네이아를 제물로 바치지 않으면 그리스 함대가 출항할 수 없을 것이며, 아킬레우스가 참전하지 않으면 트로이아가 함락되지 않을 것이라고 예언한다.

칼키스(Chalkis) 에우보이아섬의 항구.

캇산드라(Kassandra) 트로이아 왕 프리아모스와 헤카베의 딸. 아폴론의 여사제. 아폴론의 구애를 거절한 까닭에 아폴론은 예언의 능력은 주되 아무도 그녀의 예언을 믿지 않게 한다. 전쟁포로로 그리스로 끌려갔다가 아가멤논과 함께 클뤼타이메스트라의 손에 죽는다.

케르크네이아(Kerchneia) 아르고스 서남쪽, 레르나 샘에서 멀지 않은 마을.

코퀴토스(Kokytos) 저승의 강.

콜키스(Kolchis) 흑해 동안의 도시.

퀴로스(Kyros) 페르시아제국의 창건자. 재위 기간 기원전 559~529년.

퀴프리스(Kypris) 아프로디테의 별칭 중 하나. 퀴프로스섬 앞바다의 바다 거품에서 태어난 까닭에 붙여진 이름이다.

크로노스(Kronos) 가이아와 우라노스의 막내아들로, 제우스의 아버지다. 아버지 우라노스를 권좌에서 축출하고 우주의 지배자가 되었으나, 10년 전쟁 끝에 막내아들 제우스가 이끄는 올륌포스 신들에게 패해 형제들인 다른 티탄 신족과 함께 땅속의 가장 깊은 곳인 타르타로스에 유폐된다.

크세르크세스(Xerxes) 다레이오스와 아톳사의 아들. 그리스를 침공하다가 살라미스 해전과 플라타이아이 전투에서 참패한 페르시아 왕. 재위 기간 기원전 486~465년.

클뤼타이메스트라(Klytaimestra 또는 Klytaimnestra) 스파르테 왕 튄다레오스와 레다의 딸. 아가멤논의 아내. 아이기스토스의 정부. 이피게네이아, 엘렉트라, 오레스테스의 어머니. 아르고스의 왕비.

키스테네(Kisthene) 먼 동쪽 지방. 아이스퀼로스가 지어낸 지명인 것 같다.

키타라(kithara) '뤼라' 참조.

키타이론(Kithairon) 테바이 남쪽에 있는 산. 오이디푸스가 태어나자마자 내다버려지고, 펜테우스가 디오뉘소스 신앙을 제지하려다가 어머니 일행에게 찢겨 죽은 곳이다.

킬리키아(Kilikia) 소아시아 남동 해안지대. 괴물 튀폰이 살던 곳.

킴메리아 지협(Isthmos Kimmerikos) 지금의 크림반도. 크림이란 이름은 그리스어 Kimmeria('킴메리오이족의 나라'라는 뜻)에서 유래했다.

킷시아(Kissia) 페르시아제국의 수도 수사 주변 지역인 수시아네(Sousiane)의 옛 이름.

(ㅌ)

타르타로스(Tartaros) 우주에서 가장 깊고 어두운 곳으로, 대지가 하늘에서 떨어져 있는 거리만큼 대지 아래 자리잡고 있다. 제우스는 티탄 신족과의 전쟁에서 이긴 뒤 아버지 크로노스와 삼촌들인 다른 티탄 신족을 이곳에 가둔다. 그 밖에도 탄탈로스, 익시온처럼 신들에게 죄를 지은 자들이 이곳에 갇혀 있다.

탄탈로스(Tantalos) 소아시아 뤼디아(Lydia) 지방의 왕으로, 펠롭스→아트레우스→아가멤논→오레스테스로 이어지는 탄탈로스 가(家)의 시조.

테르모돈(Thermodon) 흑해 남안으로 흘러드는 소아시아의 강.

테미스(Themis) 법도(法度)의 여신.

테미스퀴라(Themiskyra) 흑해 남안의 소도시.

테세우스(Theseus) 아테나이의 전설적인 국민적 영웅.

테스프로토이족(Thesprotoi) 그리스 북서부 에페이로스 지방의 남부에 살던 부족.

테우멧소스(Teumessos) 보이오티아 지방의 소도시.

테우크로스(Teukros) 트로이아 왕국을 처음 건설한 전설적인 왕.

테이레시아스(Teiresias) 테바이의 눈먼 예언자.

테튀스(Tethys) 오케아노스의 아내.

튀데우스(Tydeus) 테바이의 프로이토스 문을 공격한 아르고스군 장수.

튀에스테스(Thyestes) 펠롭스의 아들. 아트레우스의 아우. 아가멤논의 왕위를 찬탈한 아이기스토스의 아버지.

튀폰(Typhon 또는 Typhoeus) 타르타로스에 의해 잉태한 대지의 여신 가이아의 막내아들. 백 개의 뱀 머리와 불타는 눈과 엄청나게 큰 목소리를 가진 거대한 괴물. 티탄 신족이 제우스에게 패한 뒤 그가 마지막으로 제우스에게 대항하며 격전을 벌였으나 제우스의 벼락을 맞고 아이트네산에 깔린다. 아이트네산의 잦은 화산 폭발은 그가 괴로워 몸부림치는 데 따른 현상이라고 한다.

튄다레오스(Tyndareos) 스파르테 왕. 레다의 남편. 클뤼타이메스트라, 헬레네, 카스토르, 폴뤼데우케스의 아버지.

트라케(Thraike) 그리스 북동쪽, 에게해 북안 지방. 그리스인들은 그곳 주민들을 야만족으로 여겼다.

트로이아(Troia) 에게해에서 흑해로 들어가는 다르다넬스해협의 초입에 있던 도시. 프리아모스 왕의 아들 파리스가 그리스에 사절로 갔다가 스파르테 왕비 헬레네를 데려간 까닭에 그리스 연합군이 10년 동안 포위한 끝에 목마(木馬)의 계략으로 성채 페르가몬을 함락하고 도시 전체를 폐허로 만든다.

티탄(Titan 복수형 Titanes) 신족 우라노스와 가이아의 여섯 아들. 막내 크로노스의 주도로 아버지 우라노스를 거세하고 권좌에서 축출한 뒤 우주를 지배하였으나 크로노스의 막내아들 제우스 형제와 그의 아들들에게 패해 타르타로스에 유폐된다. 우라노스와 가이아의 여섯 아들 외에 아틀라스와 프로메테우스 같은 그들의 아들들과, 레토 같은 딸도 티탄 신족에 포함된다.

(ㅍ)

파르낫소스(Parnassos 또는 Parnasos) 그리스 중부 포키스 지방의 큰 산. 그 남쪽 비탈에 아폴론의 신탁으로 유명한 델포이 시가 자리잡고 있다.

파르테노파이오스(Parthenopaios) '처녀의 아들'이라는 뜻으로, 미녀 사냥꾼 아탈란테의 아들. 아르카디아인. 테바이의 북문을 공격한 아르고스군 장수.

파리스(Paris) 트로이아 왕 프리아모스와 헤카베의 아들. 그리스에 가서 절세미인 헬레네를 트로이아로 데려감으로써 트로이아전쟁이 발발한다.

파시스(Phasis) 콜키스 옆을 지나 흑해 동안으로 흘러드는 강.

판(Pan) 산야와 숲과 목자들의 신.

팔라스(Pallas) 아테나 여신의 별칭 중 하나. '처녀' 또는 '무기를 휘두르는 자'라는 뜻.

페르가몬(Pergamon 또는 Pergama) 트로이아의 성채.

페르세우스(Perseus) 제우스와 다나에(Danae)의 아들. 머리털 한 올 한 올이 뱀들로 되어 있어 보는 이를 돌로 변하게 한다는 무서운 괴물들인 고르고 자매 중 한 명인 메두사의 목을 베어 와 아테나 여신에게 바친다.

페르세포네(Persephone) 제우스와 데메테르의 딸. 저승의 신 하데스의 아내.

페이토(Peitho) 설득의 여신.

펠라스고스(Pelasgos) 아르고스의 전설적인 왕. 대지의 여신 가이아의 자손.

펠라스기아(Pelasgia) 그리스, 특히 아르고스 주변 지역의 옛 이름으로, 아르고스의 전설적인 왕 펠라스고스에서 유래했다.

펠로폰네소스(Peloponnesos) 그리스 본토 남부의 큰 반도. 뮈케나이, 코린토스, 아르고스, 티륀스, 스파르테 같은 그리스의 주요 도시가 자리잡고 있다.

펠롭스(Pelops) 탄탈로스의 아들. 아트레우스의 아버지. 아가멤논과 메넬라오스의 할아버지.

포르퀴스(Phorkys) 해신 네레우스(Nereus) 또는 폰토스(Pontos)의 아들. 그라이아이 자매들(Graiai)과 고르고 자매들과 스퀼라의 아버지.

포세이돈(Poseidon) 크로노스의 아들. 바다와 지진의 신. 삼지창은 그의 권력의 상징이다.

포이니케(Phoinike) 지금의 시리아 연안 지대인 페니키아의 그리스어 이름. 그곳 주민들은 예로부터 항해와 무역에 능했으며, 그곳의 큰 도시 튀로스에서 이름을 따와 '튀로스인들'이라고도 불렸다.

포이베(Phoibe) 가이아와 우라노스의 딸들인 여자 티탄들 중 한 명. 아폴론의 외조모.

포이보스(Phoibos) 아폴론의 별칭 중 하나. '빛나는 자' '정결한 자'라는 뜻.

포키스(Phokis) 코린토스만 북안에 있는 그리스 중부 지방.

폴뤼네이케스(Polyneikes) 오이디푸스의 아들. 아르고스군 장수.

폴뤼폰테스(Polyphontes) 엘렉트라 문을 지킨 테바이군 장수.

퓌토(Pytho) 델포이의 옛 이름. 아폴론이 전에 그곳을 지키던 퓌톤(Python)이라는 용을 죽인 데서 붙여진 이름이다.

퓌티아(Pythia) 델포이에 있는 아폴론 신전의 여사제.

퓔라데스(Pylades) 포키스 왕 스트로피오스의 아들. 오레스테스의 죽마고우. 오레스테스가 클뤼타임네스트라와 아이기스토스를 죽이도록 도와주고 엘렉트라와 결혼한다.

프로메테우스(Prometheus) '사전에 생각하는 자'라는 뜻. 티탄 신족과 제우스를 우두머리로 한 젊은 신족 사이에 전쟁이 벌어졌을 때, 권좌에 오르도록 제우스를 돕는다. 그러나 일설에는 인간을 만들어냈다고 하는 그가 인간들의 딱한 처지를 동정하여 하늘의 불을 훔쳐내 인간들에게 준 까닭에 제우스의 미움을 사 카우카소스산의 암벽에 사슬로 결박당한다.

프뤼기아(Phrygia) 소아시아의 한 지방으로, 고대에는 그 경계가 유동적이었다. '프뤼기아'는 비극 작품들에서는 대개 소아시아 북서부 트로이아 주변의 트로아스(Troias)와 '프뤼기아인들'은 트로이아인들과 동의어로 쓰인다. 그러나 『페르시아인들』에서는 뮈시아와 뤼디아의 동쪽 소아시아의 중앙에 있는 것으로 되어 있다.

프리아모스(Priamos) 트로이아의 마지막 왕. 캇산드라, 파리스, 헥토르 등의 아버지.

플라타이아이(Plataiai 또는 Plataia)   테바이 남쪽에 있는 보이오티아(Boiotia) 지방의 소도시. 기원전 479년 이곳에서 페르시아군이 그리스군에 참패하여 그리스를 떠나 페르시아로 완전 퇴각한다.

플레이스테네스(Pleisthenes)   아가멤논의 선조 중 한 명.

플레이스토스(Pleistos)   델포이 아래쪽 협곡으로 흘러내리는 시내.

플레이아데스(Pleiades)   아틀라스와 플레이오네(Pleione)의 일곱 딸들. 사냥꾼 오리온에게 쫓기자 제우스가 별자리로 만든다. 이 별자리는 고대 그리스인들에게 농사와 항해의 적기를 알려주었다.

플루톤(Plouton)   대지의 먼 동쪽에 있는 강. 아이스퀼로스가 지어낸 이름인 것 같다.

피네우스(Phineus)   트라케의 왕. 괴조(怪鳥)들인 하르퓌이아이들(Harpyiai)에게 괴롭힘을 당한다.

(ㅎ)

하데스(Hades)   크로노스와 레아의 아들. 제우스 및 포세이돈과 형제간으로 저승의 신 또는 저승.

하르모니아(Harmonia)   아레스와 아프로디테의 딸. 카드모스의 아내.

하르퓌이아이들(Harpyiai)   여자의 얼굴에 새의 몸을 가진 괴조. 남의 음식을 낚아채거나 오염시켜 먹지 못하게 한다.

헤라(Hera)   제우스의 누이 겸 아내. 결혼의 여신. 아르고스의 수호여신.

헤라클레스(Herakles)   제우스와 알크메네(Alkmene)의 아들. 그리스의 대표적인 영웅. 사후에 신들의 반열에 오르기까지 그가 겪어야 한 수많은 시련 중 이른바 12고역이 유명하다.

헤르메스(Hermes)   제우스와 마이아(Maia)의 아들. 신들의 전령. 사자(死者)들의 혼백을 저승으로 인도하는 혼백 인도자. 상인과 도둑들의 보호자.

헤스페리데스(Hesperides)   '서쪽의 소녀들' 또는 '저녁의 소녀들'이라는 뜻. 황금 사과가 자라는 정원을 지키는 요정들. 먼 서쪽, 아틀라스의 이웃에 산다고 생각되었다.

헤시오네(Hesione)   오케아노스의 딸. 프로메테우스의 아내.

헤카테(Hekate)   그리스 신화에서 밤, 마법, 피 등과 관계가 깊은 여신. 때로는 아르테미스와 동일시되기도 한다. 제우스에게서 아이들을 돌보는 임무를 맡았다.

헤파이스토스(Hephaistos)   제우스와 헤라의 아들. 또는 헤라가 제우스와 교합하지 않고 혼자서 낳은 아들. 절름발이로 불과, 불을 이용한 금속공예의 신.

헬라스(Hellas)   그리스인들이 자신들의 나라를 가리켜 부르는 이름.

헬레(Helle) 아타마스(Athamas)와 네펠레(Nephele)의 딸. 계모 이노를 피해 오라비 프릭소스(Phrixos)와 함께 황금 양털의 숫양을 타고 하늘을 날아 도망치다가 지금의 다르다넬스해협에 떨어져 죽었는데, 그 뒤로 그 바다는 '헬레의 바다'(Hellespontos)라고 불리게 되었다고 한다.

헬레네(Helene) 제우스와 레다의 딸. 클뤼타이메스트라와 자매간이다. 파리스가 그녀를 트로이아로 데려감으로써 트로이아인들과 그리스 연합군 사이에 10년 전쟁이 벌어져 결국 트로이아는 패망하고 만다.

헬리오스(Helios) 태양신.

휘브리스테스(Hybristes) 가공적인 강 이름.

휘페르비오스(Hyperbios) 오이놉스의 아들. 테바이군 장수.

힙포메돈(Hippomedon) 테바이를 공격한 일곱 장수 중 한 명.